Idealistische Philologie
und Textanalyse

Herrn Professor Christmann
mit freundlichen Grüßen!

Heidi Aschenberg

22. 2. 84

Tübinger Beiträge zur Linguistik

herausgegeben von Gunter Narr

200

TBL

Heidi Aschenberg

Idealistische Philologie und Textanalyse

Zur Stilistik Leo Spitzers

gnv Gunter Narr Verlag Tübingen

CIP-Kurztitelaufnahme der Deutschen Bibliothek

Aschenberg, Heidi:
Idealistische Philologie und Textanalyse: zur Stilistik Leo Spitzers/Heidi Aschenberg. — Tübingen: Narr, 1984.
(Tübinger Beiträge zur Linguistik; 200)
ISBN 3 - 87808 - 200 - 2
NE: GT

Gedruckt mit Unterstützung der Deutschen Forschungsgemeinschaft

Druck: Müller+Bass, Tübingen
Printed in Germany

ISBN 3 - 87808 - 200 - 2

VORWORT

Leo Spitzer hat ein umfangreiches Werk hinterlassen, das immer wieder diskutiert worden ist. Die Stellungnahmen zu seinen Schriften sind kontrovers: ungeteiltes Lob für intuitive Genialität auf der einen, heftige Kritik an sprunghafter Phantasterei auf der anderen Seite.

Mit der vorliegenden Arbeit wird der Versuch unternommen, im Zuge einer weniger wissenschaftsgeschichtlichen als systematisierenden Untersuchung ein Bild von Spitzers Beiträgen zur Neubegründung der Stilistik und seiner Stilinterpretationen zu erstellen und zu einem Urteil über das von ihm auf diesem Gebiet Geleistete zu kommen. Angeregt wurde die Arbeit durch Professor Eugenio Coseriu, näherhin durch seine Vorlesung zur Textlinguistik im Wintersemester 1977/78, in der er den Spitzerschen Ansatz als eine ausbaufähige Vorform der sprachwissenschaftlich geleiteten Textanalyse vorstellte. – Ihm möchte ich an dieser Stelle für all das, was ich bei ihm lernen durfte, danken, insbesondere für die Vermittlung von Einsichten in die allgemeine Sprachtheorie und Sprachphilosophie sowie für großzügige und tolerante Förderung während der Jahre meines Studiums in Tübingen.

Für klärende Hinweise und für kritische Einwände danke ich ferner Professor Jörn Albrecht (Mainz/Germersheim) und Professor Hans-Helmut Christmann (Tübingen). – Des weiteren bin ich der Studienstiftung des deutschen Volkes zu Dank verpflichtet, die mich von April 1976 bis September 1980 förderte. – Und schließlich danke ich Reinhold Aschenberg: für Gespräche vor allem über theoretische Fragen; für die Hilfen in der "vie quotidienne", die mir kontinuierliches Arbeiten und das Fertigstellen der Untersuchung ermöglichten.

Tübingen, im Januar 1982 H. A.

Ergänzung zum Vorwort:

Die Arbeit wurde von der Philosophischen Fakultät der Universität Tübingen im Sommersemester 1982 als Dissertation angenommen. Der Kreis derer, denen ich zu danken habe, ist inzwischen größer geworden. Ich denke an die Gutachter meiner Dissertation Professor Brummack, Professor Christmann, Professor Coseriu und Privatdozent Kloocke; ihrer konstruktiven Kritik verdanke ich manche Anregung für die vorliegende überarbeitete Fassung, mit der die ursprüngliche Version zwar nicht im grundsätzlichen, jedoch in Details hie und da verändert wurde. Und ich denke an die DFG, die durch Gewährung eines großzügigen Zuschusses die Drucklegung der Dissertation in dieser Form ermöglichte.

Tübingen, im August 1983 H. A.

INHALT

III. Ausblick: Sprachwissenschaft und Textanalyse

0. EINLEITUNG

Die idealistische Philologie und die aus ihr hervorgegangene Neubegründung der Stilistik mögen heute – angesichts der auch im Rahmen der Sprachwissenschaft angestrengten grundlagentheoretischen Reflexionen und angesichts einer sich z. T. in wildwüchsigen 'Formelwäldern' verschanzenden Textlinguistik – als angestaubte Ladenhüter erscheinen, an denen allenfalls skurrile Geister noch Gefallen finden. Gemessen an modernen theoretischen Standards werden die Überlegungen Vosslers und Spitzers häufig naiv und unzureichend anmuten; dennoch gebührt ihnen, so scheint mir, mehr als ein bloß wissenschaftsgeschichtliches Interesse[1]: mit ihnen werden Fragen angesprochen und aufgeworfen, deren Diskussion auch in Anbetracht der jüngeren Wissenschaftsgeschichte noch nicht als abgeschlossen gelten dürfte; man denke z.B. an Fragen wie die nach dem systematischen Verhältnis von Sprach- und Literaturwissenschaft, nach der Motivierung und Begründung sprachwissenschaftlicher Textanalyse, nach der Legitimität psychologischer Literaturinterpretation, nach der Auslegung des Methodenbegriffs in Hinblick auf die Analyse literarischer Texte.

Wenn Spitzer selbst auch seine Konzeption der Stilistik nicht in direktem Kontakt mit Vossler und seiner Schule entwickelte, so hat er nichtsdestoweniger dessen Arbeiten als Pionierleistung für das Zustandekommen einer fruchtbaren Stilforschung in Deutschland gewürdigt:

> "Les études de style systématiques n'ont pu se développer que grâce à un concours de circonstances. Il fallait une idéologie qui accordât a la stylistique une place à laquelle elle n'avait pu prétendre jusque-là, et il fallait des hommes prêts à justifier cette position auguste. L'idéologie nécessaire allait se fonder sur des objections d'humanistes contre le positivisme du XIXe siècle"[2].

1 Cf. dazu Christmann, der in seiner wissenschaftsgeschichtlichen und zugleich systematisierenden Darstellung der idealistischen Philologie (*Idealistische Philologie und moderne Sprachwissenschaft*) ihre Entwicklungslinien bis zur Gegenwart in aller Klarheit nachgezogen hat. Cf. dazu auch Coseriu, *Textlinguistik – Eine Einführung;* Coseriu betrachtet die literarische Stilistik neben der alten Rhetorik als eine "Textlinguistik *ante litteram*" und die Stilforschung Spitzers im besonderen als eine "entwicklungsfähige Vorform der Textlinguistik" (cf. ib., 9ff. und 122ff.).

2 Spitzer, "Les études de style et les différents pays", 24.

Die "Humanisten", von denen hier die Rede ist, sind Karl Vossler und Benedetto Croce. Angeregt durch die ästhetischen Schriften des italienischen Philosophen hat Vossler zu Beginn dieses Jahrhunderts ein Programm für eine ästhetische Reform der positivistisch geprägten Sprachwissenschaft entworfen, in dem der Stilistik eine leitende Rolle zugedacht wird. Das Wesen von Sprache vor allem in der Schöpfung des Individuums zu sehen und entsprechend ihr Leben in den Werken der Dichter zu studieren, dazu ruft Vossler in seinen frühen Schriften auf.

Spitzer hat mit seinen Stilforschungen den Versuch unternommen, Sprach- und Literaturwissenschaft in der sprachwissenschaftlichen Analyse literarischer Texte einander anzunähern und damit eine Brücke zwischen diesen beiden lange Zeit getrennten Disziplinen zu schlagen; dabei ist er von ähnlichen Überlegungen ausgegangen wie Vossler; im nachhinein hat er denn die eigenen Arbeiten auch als eine Realisierung Vosslerscher Vorstellungen beurteilt.

Im Zentrum der vorliegenden Arbeit steht die Stilistik Spitzers, die in zahlreichen fachwissenschaftlichen Publikationen auch nach seinem Tode noch ein lebhaftes Echo gefunden hat. Die Motivierung, die theoretischen Grundlagen und anhand einiger ausgewählter Beispiele die Durchführung seiner Konzeption von Stilforschung sollen in ihren Zusammenhängen nachgezeichnet, neu überdacht, beurteilt, und, wo es sich anbietet, mit moderneren Positionen und Stellungnahmen konfrontiert werden. Mit der Konzentration auf die Stilistik Spitzers ist freilich nur eine – allerdings die wesentliche – Komponente seiner breiten Forschungstätigkeit erfaßt; eine Monographie zum Werk oder gar zur Person Spitzers sollte man hier folglich nicht erwarten. Trotz der Einschränkung auf Spitzers Beiträge zur sprachwissenschaftlichen Textanalyse im Rahmen der Stilistik werden die anderen Bereiche seiner Forschungspraxis mit den sie leitenden Arbeitsprinzipien hie und da auch angesprochen. – Der Gelehrte Spitzer und seine Persönlichkeit dürfen im Verlauf der Arbeit ebenfalls nicht zu einem Torso verkümmern: die – oft polemisch geführte – Auseinandersetzung mit den Thesen seiner Freunde und Rivalen sowie das eigene Temperament sind für sein Arbeiten in einem Maße prägend gewesen, daß sie selbst im Zuge einer systematisierenden Nachbildung seines Standpunktes aus dem Splitterwerk seiner Aufsätze nicht ganz ausgespart bleiben können.

Die Arbeit ist in drei Teile gegliedert: im ersten geht es um die Theorie ästhetischer Sprachbetrachtung und der aus ihr erwachsenen Konzeption von Stilistik. Gleichsam in Vogelschauperspektive werden die für dieses Thema wichtigen Gedanken Croces und Vosslers vorgestellt und auf ihre Plausibilität hin überprüft. Vor diesem Hintergrund, an dem sich einige – für die gesamte Arbeit maßgebliche – Leitfragen bereits abzeichnen, kommen die Gedanken Spitzers zur Stilistik zu stehen, die ihrerseits Anleitung für den zweiten Teil geben; mit dem Anhang zum ersten Teil wird die Vogelschauperspektive verlassen; hier kommt das *wissenschaftsgeschichtliche* Motiv der Arbeit zum Tragen, indem die Beziehungen zwischen Croce, Vossler und Spitzer gerade auch unter Berücksichtigung ihrer direkten akademischen und persönlichen Kontakte untersucht werden. – Mit dem zweiten Teil soll im Ausgang von den Selbstdarstellungen Spitzers ein Einblick in seine Stilanalysen gegeben werden. Die außerordentliche Vielseitigkeit des Romanisten Spitzer wird hier allerdings unterbelichtet: es ist zwar gelungen, mit der Auswahl der Studien Texte unterschiedlicher Gattungszugehörigkeit in ihrer Interpretation durch Spitzer vorzuführen, doch entstammen sie fast alle der französischen Literatur: die Polyglottie Spitzers, seine Kenntnisse der romanischen Literaturen vermag die Auswahl folglich nicht widerzuspiegeln, was für die Charakterisierung seines *methodischen* Vorgehens allerdings auch nicht relevant ist. – Im dritten Teil der Arbeit versuche ich, in der Form eines kurzen Ausblicks die phänomenologischen Ansätze in Spitzers Grundvorstellungen zur Stilistik zu verdeutlichen und durch Anleihen bei phänomenologischen Theorien zu konkretisieren. Dieser Teil schließt mit einem Kapitel über Coserius Beurteilung der Spitzerschen Position, der in ihr einen erfolgversprechenden Anfang linguistischer Arbeit am Text sieht.

Sieht man einmal von Vossler ab, ist Spitzer selbstverständlich nicht der einzige gewesen, der im Verlauf der ersten Hälfte dieses Jahrhunderts eine Vermittlung von sprach- und literaturwissenschaftlicher Arbeit in der Textinterpretation angestrebt hat. Die geistige Verwandtschaft mit Auerbach, Curtius und Walzel, um nur diese drei zu nennen, hat Spitzer immer wieder hervorgehoben. Es würde jedoch den Rahmen dieser Arbeit sprengen, auch ihre Auffassungen zur Texthermeneutik und ihre Literaturinterpretationen genauer vorzuführen. – Stattdessen möchte ich mich mit einer Darstellung und Kritik der Spitzerschen Stilistik bescheiden, um seine im Ausgang von der Sprachwissenschaft begründete Textforschung im Detail verfolgen und beurteilen zu können. Nichtsdestoweniger sollen auch Spitzer verwandte Geister zu Wort kommen: sei es in der Nachzeichnung ihrer Kritik an seinen Aufsätzen, oder umgekehrt, in der Wiedergabe des Echos, das sie bei ihm gefunden haben, sei es in einer kurzen Skizze ihrer Gedanken im Vergleich zu den Auffassungen Spitzers.

Dem kritischen Leser dieser Einleitung kann das hier vorgestellte Unterfangen als hybrid und darum als suspekt erscheinen: Philosophische und sprachtheoretische Überlegungen, ein Kapitel zur Wissenschaftsgeschichte im ersten Teil, kleiner Grenzverkehr mit der Literaturwissenschaft im zweiten und wieder Theoretisches im dritten, eine solche Symbiose verschiedener Betrachtungsweisen in Anbetracht der Stilforschung Spitzers mögen ihn befremden; für den Verfasser dieser Arbeit lag in der Möglichkeit dieser Symbiose der besondere Reiz des Themas beschlossen.

I. Die Konzeption von Sprache und Sprachwissenschaft bei Croce, Vossler und Spitzer

1. CROCE

1.0. Einleitung

Die philosophischen Schriften Croces, vornehmlich die frühen Aufsätze und die *Estetica,* sind für die Konzeption der idealistischen Philologie und ineins damit für die Neubegründung der Stilistik von entscheidender Bedeutung gewesen. In seinen Arbeiten *Positivismus und Idealismus in der Sprachwissenschaft* (1904) und *Sprache als Schöpfung und Entwicklung* (1905), die als Manifeste der idealistischen Philologie gefeiert wurden, hat Vossler sich weitgehend an der Theorie Croces inspiriert und diese, wenn auch "in einer gewissen Verkürzung", den eigenen Vorstellungen zum Programm der neuen Sprachwissenschaft zugrundegelegt[1]. Daß der Sprachwissenschaftler Vossler sich gerade an den Gedanken des Philosophen Croce orientierte, ist folgendermaßen zu begründen: Wie Croce im Bereich der Philosophie, so wollte Vossler in der Sprachwissenschaft einen Feldzug gegen die Herrschaft des Positivismus starten[2]; neben diesem wissenschaftsgeschichtlichen darf das sachlich-theoretische Motiv für Vosslers Bezugnahme auf den italienischen Philosophen nicht vergessen werden. Croce hat dem Thema 'Sprache' einen ganz ausgezeichneten Platz in seiner Ästhetik eingeräumt. Seine These von der Identität von Sprache und Dichtung sowie seine Forderung einer – zumindest partiellen – Verschmelzung von Sprachwissenschaft und Ästhetik haben das Denken des jungen Vossler nachhaltig beeinflußt.

1.1. Die *Estetica* im Rahmen der *Filosofia dello Spirito*

Bevor Croces Thesen zu Ästhetik, Sprache, Dichtung, Kunstkritik und Sprachwissenschaft im Hinblick auf die Konstituierung der idealistischen Philologie nachgezeichnet werden, sei zunächst kurz der Kontext skizziert, in dem diese Thesen zu stehen kommen.

1 Cf. Christmann, *Idealistische Philologie und moderne Sprachwissenschaft,* 11ff.
2 Cf. dazu O. Vosslers "Einleitung" zum *Briefwechsel Croce – Vossler,* 14f. – Vosslers z. T. recht scharfe Polemik ist vor allem gegen Meyer-Lübke (cf. PI, 5ff. u. ö.), E. Wechßler (cf. ib., 47ff.), Bremer (cf. ib., 53) und gegen andere Vertreter der positivistischen Denk- und Forschungsweise gerichtet.

Die *Estetica* bildet das Fundament der *Filosofia dello Spirito,* mit der Croce die verschiedenen Formen des Geistes zu erfassen beabsichtigt. Als Lehre von der ersten Stufe des erkennenden Geistes beinhaltet sie nicht allein eine Theorie der Kunst, sondern auch eine Erkenntnistheorie, genauer gesagt: eine Theorie der intuitiven Erkenntnis. Mit dieser Verknüpfung von Erkenntnis- und Kunsttheorie stellt sich Croce in die Tradition Baumgartens und vor allem Vicos, den er als den eigentlichen "Entdecker" der ästhetischen Wissenschaft betrachtet (cf. Est., 242f.). Vico, dem Croce sich in engster geistiger Verwandtschaft verbunden fühlte[3], hatte die "fantasia" als ein gegenüber dem Verstand autonomes Erkenntnisvermögen ausgezeichnet, das sich vor allem in der Dichtung zu entfalten vermag (cf. ib., 243ff.)[4]. – Aufgestuft auf der Lehre von der Intuition erscheinen als weitere Teile der als System konzipierten "filosofia dello spirito" die Logik, die zusammen mit der Ästhetik die *theoretische* Tätigkeit, das Erkennen, zum Gegenstand hat, und die Ökonomik und die Ethik, in denen Croce seine Philosophie der Praxis (des Handelns und des Wollens) entfaltet. Das System ist inhaltlich nach den klassischen Transzendentalien "pulchrum", "verum", "bonum" strukturiert, wobei Croce mit der Ökonomik zusätzlich eine Theorie des "utile" vorgelegt hat[5]. Die verschiedenen Systemteile sind durch "regressive Implikation" miteinander verbunden (cf. Est., 68), d. h. ein Systemabschnitt hat die ihm vorangehende(n) Systemstufe(n) zur Voraussetzung[6].

Obwohl als System angelegt, stellt die "filosofia dello spirito" nicht ein in sich geschlossenes theoretisches Gebäude dar[7]: Da Croce eine direkte Bezogenheit der Philosophie auf die Geschichte, ja sogar eine Identität von "filosofia" und "storia" annimmt, wäre es seinen Vorstellungen zufolge absurd, das philosophische Denken, das sich ja wie die Geschichte in einem Prozeß ständiger Veränderung befindet, in ein starres System pressen zu wollen. – Die historische Bedingtheit der Philosophie motiviert Croce u. a. durch die Tatsache, daß sie ihr Entstehen stets bestimmten Individuen verdankt, die

3 Cf. Croce, "Contributo alla critica di me stesso", 336.

4 Cf. dazu auch Schiaffini, "El lenguaje en la estética de Croce", 17f.

5 Einen einführenden Überblick über die *Filosofia dello Spirito* gibt Feist in seiner Einleitung zur deutschen Übersetzung der *Estetica* (cf. *Ästhetik als Wissenschaft vom Ausdruck,* XIIIff.). – Eine knappe, aber prägnante zusammenfassende Darstellung der gesamten Philosophie Croces findet man in der Philosophiegeschichte von Abbagnano (*Storia della filosofia,* II, 2, 471–486).

6 Zweifel an der Plausibilität der Croceschen Theorie meldet Cione an; er meint, daß Croces System "alcunché di formalistico e d'estrinseco" an sich habe (cf. id., *Benedetto Croce ed il pensiero contemporaneo,* 143).

7 So betrachtet Croce selbst seine Philosophie nicht als 'System' im eigentlichen Sinn, sondern als eine "serie di sistemazioni" ("Contributo alla critica di me stesso", 350).

zu einer bestimmten Zeit und an einem bestimmten Ort ihre philosophischen Gedanken in einer bestimmten Sprache auszudrücken versucht haben (cf. Log., 199). Der permanent fortlaufende Erneuerungsprozeß der Philosophie setze bereits in dem Moment ein, wo ein Individuum die Gedanken eines anderen sich aneignet, indem es sie in seine eigene Sprache übersetze (cf. ib., 202f.)[8]. – Die philosophische Position Croces kann man als eine radikal hermeneutische, oder, mit Abbagnano, auch als "storicismo assoluto" bezeichnen[9]: Für die Zentralthese von der historischen Relativität der Philosophie wird die Endlichkeit der philosophieschaffenden und der verstehenden Subjektivität geltend gemacht.

Die in der *Logica* bloß flüchtig skizzierten Gedanken zur Geschichte und Geschichtsschreibung hat Croce in einem weiteren, der *Filosofia dello Spirito* integrierten Band wieder aufgenommen. Dieses Buch, das den Abschluß der Philosophie des Geistes bildet, hat er selbst nicht als ein gegenüber den ersten vier Teilen neues, autonomes Systemstück angesehen: die *Teoria e storia della storiografia* vertiefe vielmehr jene bereits in der *Logik* entfalteten Ideen zur Geschichte:

> "... il problema della comprensione storica è quello verso cui tendevano tutte le indagini da me condotte intorno ai modi dello spirito, alla loro distinzione ed unità, alla loro vita veramente concreta che è svolgimento e storia, e al pensiero storico, che è l'autocoscienza di questa vita".[10]

1.2. Die Lehre von der Intuition

Im Zentrum der Croceschen *Estetica* steht die Lehre von der Intuition. Während z. B. bei Kant, dem für die moderne Erkenntnistheorie maßgeblichen Autor, Erkenntnis als ein Zusammenspiel von sinnlicher Wahrnehmung ("Anschauung") und Verstandesbegriff ("Kategorie") gedacht wird, zeichnet Croce die "conoscenza intuitiva" (wie Vico die "fantasia") als eine selbständige, keiner fremden Hilfe bedürftige Erkenntnisform aus: "... la conoscenza intuitiva non ha bisogno di padroni" (Est., 4). Gegenüber der "conoscenza logica", die – so Croce – für die Erkenntnis des Universellen zuständig ist, hat die Intuition als Erkenntnis durch Bilder die Erfassung der Einzeldinge, des Individuellen zu leisten (cf. ib., 3). Von der Wahr-

8 Zu Croces These der Identität von Philosophie und Geschichte cf. auch Abbagnano, "Croce: Vita e scritti", 482ff.

9 Cf. ib., 472.

10 Croce, *Teoria e storia della storiografia*, VII.

nehmung ("percezione") grenzt er die Intuition mit dem Hinweis ab, daß für die Bestimmung der letzteren die Unterscheidung von Wirklichkeit und Nichtwirklichkeit völlig irrelevant sei (cf. z. B. ib., 6 und NS, 16).

Um den Begriff der Intuition darüberhinaus gegenüber dem der Empfindung abzuklären, benutzt Croce das Begriffspaar "Form" und "Materie": Im Gegensatz zur "Empfindung", die er als bloß passives Moment des menschlichen Geistes, als psychische Materie deutet, versteht er die "Intuition" als schöpferische, formierende geistige Tätigkeit; diesen Aspekt der Intuition nennt er "Expression":

> "Ogni vera intuizione o rappresentazione è, insieme, *espressione*. Ciò che non si oggettiva in una espressione non è intuizione o rappresentazione, ma sensazione e naturalità. Lo spirito non intuisce se non facendo, formando, esprimendo" (Est., 11).

Gemäß dieser Textstelle kommt der "Expression" die Funktion zu, der Intuition Gestalt zu verleihen, sie zu "objektivieren" und d. h. schließlich: sie zu veräußerlichen. Der Begriff der Expression umfaßt nach Croce in diesem Zusammenhang neben den verbalen auch die nicht-verbalen Ausdrucksweisen des Menschen, z. B. Linien, Farben, Töne. – Intuition und Expression – dies hat Croce wiederholt betont – repräsentieren nicht verschiedene Aktivitäten des Geistes, sie bilden vielmehr eine unauflösliche Einheit.

Die Verbindungen zwischen den erkenntnistheoretischen Überlegungen zur Intuition und seiner Lehre von der Kunst stellt Croce im zweiten Kapitel der *Estetica* mit der These her, daß intuitive Erkenntnis *par excellence* die Kunst sei. Die Kunst erscheint Croce als dasjenige Medium, in dem die Intuition, die er ja auch als Erkenntnis durch Phantasie (cf. ib., 3) bestimmt hatte, zu ihrer vollen Entfaltung zu gelangen vermag: Von der Intuition im allgemeinen unterscheidet sie sich quantitativ, durch ein "mehr" (cf. ib., 15f.). – Croce führt in diesem Kontext zusätzlich den Begriff der Impression ein, um mit ihm die Materie bzw. den Inhalt der Intuition zu bezeichnen (cf. ib., 16 und 18f.). Wie bereits im ersten Kapitel macht er auch hier noch einmal deutlich, daß das materielle und das formative Moment der Intuition, die künstlerische Impression und Expression, nicht eine bloß äußerliche Verbindung eingehen, sondern zu einem unauflöslichen Ganzen verschmelzen:

> "Nell'atto estetico, l'attività espressiva non si aggiunge al fatto delle impressioni, ma queste vengono da essa elaborate e formate ... L'atto estetico è, perciò, forma, e niente altro che forma" (ib., 19).

Die Expression stiftet Einheit in der Vielheit, oder, wie Croce auch sagt: "L'espressione è sintesi del vario, o molteplice, nell'uno" (ib., 23).

Für den ästhetischen Akt in seinem gesamten Verlauf macht Croce vier "Stadien" geltend:

1. die Impressionen;
2. die Expression oder auch "sintesi spirituale estetica";
3. die hedonistische Begleitung oder Lust am Schönen ("piacere estetico");
4. die Übersetzung des ästhetischen Faktums in physische Phänomene (Töne, Kombinationen von Linien und Farben etc.); (cf. ib., 105).

Das für den ästhetischen Prozeß wichtigste Moment ist das zweite (cf. ib.): Ja, Croce geht sogar so weit, das Kunstwerk wesentlich durch geistige Synthese zu bestimmen:

> "Il fatto estetico si esaurisce tutto nell'elaborazione espressiva delle impressioni. Quando abbiamo conquistato la parola interna, concepito netta e viva una figura o una statua, trovato un motivo musicale, l'espressione è nata ed è completa: non ha bisogno d'altro ... Si suol distinguere l'opera d'arte interna dall'opera d'arte esterna: la terminologia ci pare infelice, perché l'opera d'arte (l'opera estetica) è sempre *interna;* e quella che si chiama *esterna* non è più opera d'arte" (ib., 56f.).

Damit erschöpft sich das Kunstwerk in Croces Augen in der durch die Expression rein geistig vollzogenen Synthese der Impressionen. Die im Werk gesetzte Veräußerlichung der in diesem Sinne verstandenen Expression – in welchem Kunstmedium auch immer – ist für das ästhetische Faktum selbst belanglos. Den Formen der Realisierung billigt Croce eine lediglich praktische Funktion zu, nämlich Hilfsmittel für unser Gedächtnis, "stimoli fisici della riproduzione" zu sein (cf. ib., 106)[11].

Diese Pointierung des Expressionsbegriffs steht im Widerspruch zu der im ersten Kapitel der *Estetica* entwickelten Deutung (cf. supra, Est., 11): Während die Expression hier als Objektivierung der Intuition vorgestellt wurde, wobei Croce ausdrücklich Linien, Farben, Töne etc. in den Expressionsbegriff mit einbezog, wird dergleichen in der zuletzt wiedergegebenen Passage als für das ästhetische Faktum irrelevant aus dem Expressionsbe-

11 Die Schwierigkeiten, die aus dieser Auffassung heraus für die Kritik von Dichtung entstehen, hat Leo so formuliert:

> "Eine der extremsten Folgen von Croces Spiritualismus ist seine Überzeugung, daß das Kunstwerk überhaupt nur Kunstwerk sei, so lange es sich im Zustande des Ausdrucks ... innerhalb der Seele des Dichters befindet. Das Aufschreiben selber, ferner das Feilen, Erneuern, Unter-die-Lupe-Nehmen ..., überhaupt das Weiterleben des Werkes auf der Erde, ist für Croce nur noch Angelegenheit der kunstfremden 'fisica' – nichts als eine Verfälschung des echten Ausdrucks – womit ja eigentlich die Dichtungs*kritik* von vornherein geleugnet ist; denn wie kann jemand dasjenige verstehend nachschaffen – 'kritisieren' –, was er nicht zuvor lesen konnte?" (id., *Stilforschung und dichterische Einheit,* 12).

griff im eigentlichen Sinne gerade ausgeklammert: Ihm zufolge liegt die ästhetische Leistung des Künstlers lediglich in der Idee, nicht in der Gestaltung seines Werkes beschlossen. – Die unscharfe Verwendung des Expressionsbegriffs ist bedauerlich, zumal er ebenso wie der Begriff der Intuition eine ganz zentrale Stellung in Croces *Estetica* einnimmt (cf. I.1.3.).

1.3. Sprache und Sprachwissenschaft in der "frühen" Version

Einige Kritiker haben sich veranlaßt gesehen, innerhalb der Croceschen Sprachtheorie zwischen einer „prima" und einer "seconda linguistica" zu unterscheiden. Zur Begründung dieser Unterscheidung haben sie angeführt, daß Croce sich in den späten Aufsätzen zu Sprache und Sprachwissenschaft von seiner in der *Estetica* entwickelten Grundauffassung, Sprache und Kunst seien identisch, distanziert habe[12]. Wenn ich hier ebenfalls eine "frühe Version" der Croceschen Sprachphilosophie von einer "späten" trenne, so geschieht dies weniger aus sachlichen, denn aus darstellungstechnischen Gründen: Für das Programm der idealistischen Philologie sind insbesondere die frühen sprachtheoretischen Schriften Croces von Bedeutung gewesen. Da mit den späten Aufsätzen, in denen er das Thema "Sprache" anschneidet, die frühen Vorstellungen, wie ich meine, nicht modifiziert, sondern komplettiert werden, sollen sie im folgenden Kapitel berücksichtigt werden.

Croce hat die fundamentalen Thesen seiner frühen Sprachkonzeption in einigen Aufsätzen, im *Breviario di Estetica* und schließlich in der *Estetica* selbst formuliert. Den Kern der frühen Sprachtheorie bildet die These, daß Sprache schöpferische, ästhetische Tätigkeit sei und man von daher Sprache und Kunst, bzw. Sprache und Dichtung als ein und dasselbe ansehen müsse. Diese – berühmte und viel diskutierte – Identifizierung von Sprache und Dichtung und die damit verbundene Identifizierung von Sprachwissenschaft und Ästhetik bahnt Croce über den Begriff der Expression an. Croce hatte die Expression in den Anfangskapiteln der *Estetica* mit der Intuition gleichgesetzt und sie als das gegenüber der psychischen Materie schöpferische Moment bestimmt; darüberhinaus hatte er die Expression, verstanden als rein geistige Synthese, von deren Manifestation in Musik, Malerei und Sprache er bewußt abgesehen hatte, als ästhetisches Faktum schlechthin ausgezeichnet. Da Croce Sprache wesentlich als Expression begreift, kann er nun die Identität von Sprache und Kunst behaupten:

12 Cf. de Mauro, "Origine e sviluppo della linguistica crociana", 380f.; cf. de Simone, "Die Sprachphilosophie von Benedetto Croce", 7.

"E invero, perché la Linguistica fosse scienza *diversa* dall'Estetica, essa non dovrebbe avere per oggetto l'espressione, ch'è per l'appunto il fatto estetico; vale a dire, si dovrebbe negare che linguaggio sia espressione. Ma una emissione di suoni, che non esprima nulla, non è linguaggio: il linguaggio è suono articolato, delimitato al fine dell'espressione" (Est., 156).

Diese Textstelle macht deutlich, daß der für die Sprache geltend gemachte Ausdrucksbegriff ebenso doppelsinnig ist wie der zuvor unabhängig von der Sprache entwickelte Begriff der "espressione". Sprache ist zum einen Ausdruck im Sinne des "fatto estetico", der rein geistig vollzogenen Synthese; zum anderen aber ist sie Ausdruck auch durch die "suoni", die lautliche Artikulation; dank ihrer materiellen Organisation vermag Sprache die ursprüngliche (im eigentlichen Sinne *ästhetische*) Expression zu vermitteln. Croce braucht gerade diesen für die künstlerische Intuition *nicht* spezifischen (und zuvor – zumindest an einigen Textstellen – bewußt ausgeklammerten) Ausdrucksbegriff, um Sprache vor den anderen menschlichen Ausdrucksformen auszuzeichnen und die Identität von Sprache und Dichtung behaupten zu können.

Die Gleichsetzung von Sprache und Kunst erfolgt im *Breviario di Estetica* auf dieselbe unbekümmerte Weise wie in der *Estetica* selbst:

"La qual cosa [Sprache und Dichtung miteinander zu identifizieren] a noi invece appare, quanto ineluttabile, altrettanto agevole, avendo stabilito il concetto dell'arte come intuizione e dell'intuizione come espressione, e perciò implicitamente la identità di essa col linguaggio: sempre, beninteso, che il linguaggio venga concepito in tutta la sua estensione, senza arbitrariamente escluderne il tonico, il mimico, il grafico, e in tutta la sua intensione, cioè preso nella sua realtà che è l'atto stesso del parlare" (NS, 44).[13]

13 Cf. dazu auch id., *Problemi di Estetica,* 16, wo Croce ebenfalls für die These der Gleichsetzung von Sprache und Kunst die Sprache in ihrer unmittelbaren Realität ("in tutte le sue manifestazioni, articolate e cantate, foniche e grafiche") geltend macht. Sein Verständnis vom expressiven Wesen der Sprache versucht er hier zusätzlich durch Aristoteles' Begriff des *logos semantikos* zu klären:

"Il linguaggio è arte, non in quanto apofantico ma in quanto è semantico: di esso importa osservare l'aspetto nel quale è espressivo e nient'altro che espressivo, e cioè nel linguaggio quello sole che lo fa linguaggio' (ib.).

Exkurs: De Mauros Auffassung zum Ursprung der Zentralgedanken von Croces Sprachtheorie

De Mauro charakterisiert die "prima linguistica" Croces durch zwei Theoriezüge:

1. durch "la concezione dell'atto linguistico come libera creazione dello spirito" und
2. durch "la asserzione dell'identità di linguaggio e poesia"[14].

Die historische und systematische Genese dieser Thesen beurteilt er so: Croce habe nicht - wie er es selbst darstelle – zuerst seine Kunsttheorie sowie die These vom schöpferischen Charakter der Sprache und dann erst die Lehre von der Identität von Sprache und Dichtung entwickelt; die Chronologie dieser Thesen sei vielmehr genau umgekehrt[15]. Selbst wenn man die von Croce behauptete Reihenfolge akzeptierte, könnte sie nicht zu systematisch plausiblen Schlußfolgerungen verhelfen, denn die These von der Identität von Sprache und Dichtung lasse sich nicht aus der These vom schöpferischen Charakter der Sprache herleiten. De Mauro begründet dieses Urteil durch Hinweis auf die verschiedenen Ursprünge der Croceschen Thesen. Die Annahme der Identität von Sprache und Dichtung sei durch Croces Bemühung um eine Klärung des Formbegriffs der Ästhetik de Sanctis' zustandegekommen. Croce habe "Form" zunächst als Erscheinungsweise des Kunstwerks, dann als Sprache bestimmt. So sei er zu der Erkenntnis gelangt, daß sich die "Form" der *Commedia* und der *Promessi Sposi* der Sprache verdanke: "Ma perché la forma fosse linguaggio era ovviamente necessario ammettere che il linguaggio fosse, esso stesso, poesia"[16]. – Diese außerhalb der Sprachtheorie entstandene These habe ihn zur Auseinandersetzung mit anderen, zur damaligen Zeit bekannten Sprachkonzeptionen und zum Entwurf seiner eigentlichen Sprachphilosophie veranlaßt, in dem er dann die These vom schöpferischen Charakter des Sprechaktes entfaltet habe[17]. Mag die Trennung dieser beiden Aspekte von Croces Sprachtheorie, so wie de Mauro sie vornimmt, *historisch* auch gerechtfertigt sein[18], *systematisch* erscheint sie mir nicht plausibel, zumindest dann nicht, wenn man die theoretischen Bemühungen Croces in der *Estetica* respektiert. Denn schließlich hat Croce zumindest versucht, die Bestimmung von Sprache als Dichtung

14 Cf. de Mauro, "Origine e sviluppo della linguistica crociana", 377.
15 Cf. ib.
16 Cf. ib., 378.
17 Cf. id., *Introduzione alla semantica,* 95.
18 De Simone schließt sich den Ausführungen de Mauros voll und ganz an (cf. "Die Sprachphilosophie von Benedetto Croce", 5).

über seinen Ausdrucksbegriff anzubahnen, der in der ästhetischen Version ja gerade schöpferische, geistige Tätigkeit bedeutet. Daß ihm dabei begriffliche Ungenauigkeiten unterliefen, mag für die Schwierigkeit einer *systematischen* Herleitung seiner Thesen symptomatisch sein. Vermutlich hätte Croce seine Auffassung überzeugender rechtfertigen können, wenn er sie nicht in so knapper Form dargelegt und vor allem mit ausführlicheren erkenntnistheoretischen Überlegungen zu Sprache und Kunst entwickelt hätte.

Im Ausgang von den eigenen Gedanken zur Sprachphilosophie hat Croce sich von verschiedenen Sprachkonzeptionen distanziert, in denen die Bestimmung der Sprache im Sinne von schöpferischer Tätigkeit entweder gar nicht oder bloß partiell akzeptiert wird. Da die Auseinandersetzung mit diesen Positionen ein Licht auch auf Detailaspekte seiner Auffassung zurückwirft, sei sie hier in systematisierter Form skizziert.

1. Die Assoziationstheorie

Die Assoziationstheorie birgt nach Croce den Fehler in sich, daß sie das Wort nicht als eine expressive Einheit, sondern als eine Reihe von Bildern versteht; hier sei derselbe Einwand geboten wie im Falle des ästhetischen Assoziationismus: Die zu deutende Expression könne nicht durch die Reihe erklärt werden, vielmehr setze diese jene erst noch voraus (cf. Est., 157).

2. Die eklektizistische Theorie

"Eklektizistisch" nennt Croce jene Theorien, die den Ursprung von Sprache zwar als geistige Schöpfung, ihre Weiterentwicklung jedoch als Assoziation deuten (cf. ib., 158). Da Croce den Begriff "Ursprung" im Sinne von "Natur", "Wesen" ("natura", "indole") versteht, kann er eine für Sprachursprung und Sprachentwicklung unterschiedliche Erklärung nicht akzeptieren: "... se il linguaggio è creazione spirituale, sara sempre *creazione*" (ib.). Und in den *Problemi di Estetica* heißt es: "La creazione primitiva (*Urschöpfung*) e il parlare quotidiano sono una sola e medesima cosa" (Prob., 184). Was die psychologistische Theorie durch Assoziation erkläre, nämlich die Tatsache, daß ein Wort in seiner Verwendung immer wieder neue Bedeutungsnuancen erhalte, sei auf geistige Schöpfung zurückzuführen[19].

19 Dementsprechend vertritt Croce in *Problemi di Estetica* die Auffassung, daß das Wort nicht etwas abstrakt Fixierbares sei, es seine Bedeutung vielmehr erst durch den Kontext, in dem es stehe, erhalte (cf. ib., 196f.).

3. Die Konventionalitätsauffassung

Die Konventionalitätsauffassung lehnt Croce mit demselben Argument ab wie die Assoziationstheorie: Da das Wort in seinem Ursprung nicht konventionelles Zeichen gewesen sei, könne es dies auch im Verlauf seiner Entwicklung nicht geworden sein, "perché le attività spirituali non cangiano natura" (ib., 183).

4. Die Theorie der Universalsprache

Gegen den Gedanken der Universalsprache wirft Croce ein, daß dieser auf einer völlig falschen Grundvorstellung beruhe, nämlich auf der Annahme, die Sprache sei ein Werkzeug, das sich der Mensch geschaffen habe, um die eigenen Gedanken seinesgleichen mitzuteilen (cf. ib., 190). Dieser Ansicht zufolge liege der Gedanke – ohne formuliert zu sein – bereits fertig im Geiste des Menschen vor: "il linguaggio gli si aggiungerebbe poi, per atto pratico, in vista del utile e del comodo" (ib.). Diese Konzeption kann Croce schon deshalb nicht billigen, weil sie zu seinen philosophischen Grundideen in krassem Widerspruch steht. Da er das Wesen von Sprache als schöpferische Tätigkeit begreift, gilt ihm jegliche Sprachverwendung als autonomer theoretischer Akt. Der Gedanke, das Logische hingegen hat – gemäß dem Croceschen System – das ästhetische Erkennen, in diesem Fall die Sprache, zur Voraussetzung. So bemerkt er selbst, daß die "forma logica" von der "forma grammaticale (estetica)" nicht trennbar sei, die letztere von der ersteren hingegen wohl (cf. Est., 158).

Die gegen die verschiedenen Typen von Sprachtheorie vorgebrachten Einwände zeigen noch einmal in aller Schärfe, mit welcher Radikalität Croce den Gedanken vom schöpferischen Charakter der Sprache, genauer gesagt: der Sprachtätigkeit vertritt. Sprache wird in den frühen Schriften letztlich bloß als Sprechen, als ästhetische Expression thematisiert. Wie im Zuge einer solchen Konzeption etwa das Miteinandersprechen und das gegenseitige Verstehen in der konkreten Situation zu deuten sind, darüber gibt die *Estetica* keinen Aufschluß. – In seinem Aufsatz "La lingua universale" hat Croce zu dieser Frage kurz Stellung genommen. Hier vertritt er in der Tat die These, dies läßt sich aufgrund des Gesagten bereits vermuten, daß die Vorstellung einer verschiedenen Individuen gemeinsamen, identischen Sprache absurd sei. Selbst wenn zwei Individuen denselben Gedanken in sich trügen, vermöchten sie ihn nicht auf dieselbe Weise auszudrücken[20], denn die Sprache

20 Streng genommen ist Croces eigener Theorie zufolge die Annahme eines – unabhängig von der sprachlichen Formulierung – identischen, von zwei Individuen gedachten Gedankens unstatthaft. In der Kritik an der Konzeption der Universalsprache hat Croce ja gerade die Vorstellung eines vor dem sprachlichen Ausdruck fertigen Gedankens abgelehnt.

in ihrer Wirklichkeit, d. h. das Sprechen, sei "spontan, individuell, variabel". Desungeachtet ist nach Croce gegenseitiges Verstehen möglich:

> "...la diversità del parlare secondo gl'individui e le situazioni psicologiche in cui ciascuno di essi si trova, non esclude il reciproco intendersi; perché intendere vuol dire appunto adeguarsi alla psicologia altrui movendo dalla propria e a questa tornando" (Probl., 193).

Die zentralen Thesen zu Croces Konzeption der Sprachwissenschaft findet man ebenfalls in der *Estetica.* – Croce betrachtet Sprache als intuitive, schöpferische Tätigkeit, als Kunst. Im Zuge einer solchen Auffassung werden die mit Sprache und Kunst befaßten Disziplinen, die Sprachwissenschaft und die Ästhetik, mit denselben Fragen und Problemen konfrontiert sein; so erscheint es nur als konsequent, wenn er ihre Verschmelzung zu einer Wissenschaft fordert. Daß er dabei, wie noch zu zeigen sein wird, "linguistica" in einer ganz besonderen Bedeutung versteht, haben seine Kritiker oft übersehen. Und gerade dieses besondere Verständnis von Sprachwissenschaft gilt es zunächst genau unter die Lupe zu nehmen, will man dem von ihm entworfenen Programm nicht voreilig Unrecht tun[21]. Croce hat die Forderung einer Identifizierung von Sprachwissenschaft und Ästhetik – gerade im Hinblick auf die Sprachwissenschaft – mit einer sehr wichtigen Einschränkung formuliert:

> "... la ricercata scienza linguistica, Linguistica generale, *in ciò che ha di riducibile a filosofia,* non è se non Estetica. Chi lavora sulla Linguistica generale, ossia sulla Linguistica filosofica, lavora su problemi estetici, e all' inverso. *Filosofia del linguaggio* e *filosofia dell' arte* sono *la stessa cosa*" (Est., 155f.).

Die von Croce ins Auge gefaßte Sprachwissenschaft ist somit durch zwei Charakteristika definiert: Sie ist

1. allgemeine Sprachwissenschaft, d. h. nicht Wissenschaft einer bestimmten historischen Sprache; sie kann
2. nur insoweit mit Ästhetik gleichgesetzt werden, als sie ihren Gegenstand *philosophisch* zu erfassen sucht.

21 Cf. dazu besonders Coseriu, *Teoría del lenguaje y lingüística general,* der auf die besondere Bedeutung der Begriffe "Sprache" und "Sprachwissenschaft" bei Croce hinweist:

> "Nos encontramos aquí, como en otros puntos de la doctrina de Croce, con simples convenciones semánticas presentadas como verdades teóricas demostradas o demostrables: no se trata del 'lenguaje' y de la 'lingüística'. Los dos términos son empleados por el filósofo italiano en senso restrictivo ... Son éstas, convenciones semánticas que encuentran su aplicabilidad en la interpretación y comprensión del sistema de Croce, pero no fuera de él".

Da der Gegenstand einer Wissenschaft und die Weise seiner Erfassung immer in einem Korrelationsverhältnis stehen, soll im folgenden geklärt werden, wie sich Croce den Gegenstand und entsprechend die Methode der "Linguistica generale" vorstellt.

Zuvor möchte ich jedoch versuchen, die verschiedenen in Croces Ästhetik miteinander verwobenen Theoriestränge zu identifizieren und ihren Zusammenhang aufzuzeigen. Eine solche systematisierende Rekonstruktion der Struktur der *Estetica* hat einerseits den Nachteil, daß sie Theoriestücke isoliert, die bei Croce gar nicht explizit getrennt sind; andererseits vermag sie jedoch – ohne, wie ich meine, der Theorie Gewalt anzutun – Einsichten in strukturelle Zusammenhänge zu geben, die sich vom Text her durchaus belegen lassen. – Die Crocesche Ästhetik ist, wie bereits dargelegt wurde, Erkenntnistheorie und Kunsttheorie in einem: In seiner Lehre von der Intuition konnte Croce diese beiden Theoriestränge miteinander verknüpfen. Auf dieser Theorieebene entwickelt er so etwas wie eine Ontologie der Kunst und der Sprache, indem er ihr Wesen zu fassen sucht. So spricht er selbst von der "natura", der "indole" der Sprache, wenn er sie als geistige Schöpfung bestimmt. Darüberhinaus – und hier wäre eine weitere Theorieebene anzusetzen – enthält die *Estetica* auch Überlegungen zur Fundierung und Methode des konkreten Studiums von Kunst und Sprache. Diese Überlegungen beziehen sich jedoch nicht auf die bereits vorhandene, sondern auf eine erst noch zu realisierende Kunst- und Sprachwissenschaft. Croces "Wissenschaftstheorie" ist also nicht regressiv angelegt, d. h. etwas Vorhandenes begründend. Ihm geht es vielmehr um den Entwurf einer neuartigen ästhetischen Sprachwissenschaft; die bereits vorhandene Sprachwissenschaft wird nur insoweit berücksichtigt, als Gegenstand und Methode der "linguistica generale" in Abgrenzung von ihr skizziert werden.

Da Croce das Wesen von Sprache als schöpferische Tätigkeit versteht, muß er auch der gewünschten "Linguistica generale", soll diese nicht etwas Unwesentliches studieren, einen entsprechenden Sprachbegriff zugrundelegen. Seinen Vorstellungen zufolge sollte die ästhetische Sprachwissenschaft "filosofia del parlare", Wissenschaft der Expression sein (Est., 163). Der Begriff des "parlare", der Expression ist dabei so weit gefaßt, daß er nicht allein, wie man aufgrund der von Croce angenommenen Identität von Sprache und Dichtung vermuten könnte, das dichterische, sondern auch das nicht-dichterische Sprechen umfaßt. So hat Croce denn auch das Sprechen des Menschen schlechthin mit dem des Dichters gleichgesetzt, weil beide in unmittelbarer Weise ihren Eindrücken und Gefühlen Ausdruck verleihen; die Sprache der Dichtung stelle nicht eine "lingua a parte", eine Sprache der Götter dar, sie sei vielmehr ein menschliches Allgemeingut (cf. NS, 44f.). Wenn Croce dennoch in der näheren Bestimmung des Gegenstands der "filosofia del parlare" vornehmlich an die Werke der Dichter denkt, so hat man dies damit zu begründen, daß in ihnen die schöpferische sprachliche Tätigkeit gleichsam in potenzierter Form in Erscheinung tritt[22]. Gegenstand der von Croce anvisierten ästhetischen Sprachwissenschaft ist also in erster Linie die Dichtung in ihren konkreten Erscheinungsformen:

> "Le lingue non hanno realtà fuori delle proposizioni e nessi di proposizioni realmente pronunziati o scritti, presso dati popoli, in determinati periodi; cioè fuori delle *opere d'arte* ... in cui concretamente esistono" (Est., 160).

Wie soll nun – entsprechend ihrem Gegenstand – die gewünschte Sprachwissenschaft methodisch arbeiten? Croce wendet sich zunächst gegen eine mit Redeteilen wie "Substantiv", "Verb" etc. arbeitende Analyse; diese könne dem eigentlichen Gegenstand der ästhetischen Sprachwissenschaft nicht gerecht werden, da sie ihn bloß "zerstückele": "L'espressione è un tutto indivisibile; il nome e il verbo non esistono in essa, ma sono astrazioni foggiate da noi col distruggere la sola realtà linguistica ch'è la *proposizione*" (ib., 159). Dabei versteht Croce die "proposizione" nicht im üblichen grammatischen Sinn, sondern als eine organische, in sich geschlossene Einheit, die ebenso in der Form eines kurzen Ausrufs wie in der eines langen literarischen Textes auftreten kann (cf. ib., 159f.). – Ebenso lehnt er ein die physischen Fakten klassifizierendes Verfahren ab, denn Sprechen ist – so Croce – ein Kontinuum, das durch künstliche Einheiten wie Silben, Wörter etc. gerade nicht beschrieben werden kann (cf. ib., 162f.); und gemäß seiner Idee der "filosofia del parlare" spricht sich Croce gegen alle sprachwissenschaftlichen Bemühungen aus, die sich nicht auf die sprachliche Tätigkeit, sondern auf die Sprache als solche richten, wie die normative Grammatik (cf. ib., 161) und die Klassifikation von Sprachen (cf. ib., 160).

Mit der Ablehnung dieser Verfahrensweisen will Croce die Klassifikationen etc. jedoch nicht aus der Sprachwissenschaft schlechthin verbannen. Sie haben ihren legitimen Ort in der empirisch arbeitenden Sprachwissenschaft und sind etwa für didaktische Zwecke nützlich. Anspruch auf *philosophische* Wahrheit kann man mit ihnen allerdings nicht erheben.

Croces ästhetische Sprachwissenschaft hingegen soll, wie seiner Kritik unschwer zu entnehmen ist, nicht klassifizierend verfahren, sondern Sprechen und Dichtung in ihrer Individualität erfassen. Croce stellt sich vor, daß dies in Form einer Geschichte der Literatur resp. der 'Akte des Sprechens' in 'all ihren Besonderheiten' erfolgen kann (cf. ib., 160). Die von

22 Entsprechend hatte Croce ja auch in der Lehre von der Intuition die künstlerische von der "gemeinen" Intuition/Expression quantitativ, d. h. durch ein "mehr" unterschieden (cf. S. 11).

ihm geforderte Sprachwissenschaft kommt somit einer Hermeneutik gleich, die das sprachliche Kunstwerk in seiner Partikularität zu beschreiben hat. So sagt Croce selbst – und an dieser Stelle wird die Unterscheidung von Ästhetik und der an ihr orientierten ästhetischen Sprachbetrachtung noch einmal besonders deutlich:

> "Fuori dell'*Estetica,* che dà la conoscenza della natura del linguaggio, e della *Grammatica empirica,* ch'è un espediente pedagogico, non resta altro che la *Storia delle lingue* nella loro realtà vivente, cioè la storia dei prodotti letterari concreti, sonstanzialmente identica con la *Storia della letteratura*" (ib., 162).

1.4. Sprache und Sprachwissenschaft in der "späten" Version

Croce hat die "späte" Version seiner Auffassung von Sprache und Sprachwissenschaft nie in der Form eines systematischen Gesamtentwurfs dargelegt. Dennoch meinen einige Kritiker – unter ihnen besonders de Mauro und de Simone – in Croces sprachtheoretischen Schriften zwischen einer "prima" und einer "seconda linguistica" unterscheiden zu können. Die letztere habe Croce in der *Poesia* (1936) und in den Aufsätzen "La filosofia del linguaggio e le sue condizioni presenti in Italia" (1941) und "Sulla natura e l'ufficio della linguistica" (1946) entwickelt. Die frühe Konzeption sei in diesen Texten insofern verändert, als er nun

1. der Sprache im Sinne von de Saussures "langue" "eine gewisse Realität" eingeräumt und
2. die strenge Ineinssetzung von Sprache und Dichtung aufgegeben habe[23].

Ansätze zu dieser "zweiten" Sprachtheorie zeichnen sich nach de Mauro und de Simone bereits in der *Logica* ab, wo Croce vom "linguaggio ... come mero fatto estetico" den "linguaggio come espressione del pensiero" abgrenzt (Log., 71)[24]. – Das Verhältnis von Individuellem und Sozialem werde nicht allein im Rahmen der Sprachphilosophie neu reflektiert, sondern auch innerhalb der *Filosofia della Pratica* thematisiert[25]; daß Croce dieses nicht als ein abstraktes Gegensatzverhältnis denkt, belegt de Simone zusätzlich mit einem Brief an Vossler, in dem Croce, sich ausdrücklich auf die entsprechenden Passagen in der *Filosofia della Pratica* beziehend, schreibt: "... il mio individuo [das Individuum als sprachschöpferisches Wesen] non è l'individuo

23 Cf. de Simone, "Die Sprachphilosophie von Benedetto Croce", 6f.

24 Cf. de Simone, "Die Sprachphilosophie von Benedetto Croce", 8f.; cf. de Mauro, "Origine e sviluppo della linguistica crociana", 382.

25 Cf. *Filosofia della Pratica*, 158ff.; cf. de Simone, "Die Sprachphilosophie von Benedetto Croce", 7.

astratto ed empirico: è l'individuo come situazione storica e perciò sociale" (Cart., 284). – Als geschichtliches erscheint das Individuum somit immer schon an die Sphäre des Sozialen rückgebunden, so daß innerhalb des Croceschen Verständnisses der sprechenden Subjektivität der Gegensatz zwischen Individuellem und Allgemeinem von vornherein ausgeschlossen bleiben soll.

Zur Erklärung der Genese von Croces "zweiter" Linguistik bezieht sich de Mauro schließlich noch auf die Schriften "L'intuizione pura e il carattere lirico dell'arte" (Probl., 1–31) und "Il carattere di totalità dell'espressione artistica" (NS, 117–134): Da Croce in diesen Texten die künstlerische Tätigkeit als Darstellung des Gefühls und die Darstellung selbst durch "Totalität" charakterisiert habe, sei seine Theorie der Identität von Sprache und Dichtung ins Wanken geraten; denn besonders die These vom Totalitätscharakter der Kunst, derzufolge das individuelle Kunstwerk etwas Universelles darstelle, habe er nicht für die sprachliche Tätigkeit schlechthin geltend machen können, so daß eine Neuformulierung seines Sprachbegriffs notwendig geworden sei[26]. – Soweit zu Croces Interpreten. Doch wie sieht Croce selbst das Verhältnis zwischen seinen frühen und den späten Überlegungen zum Thema "Sprache" und "Sprachwissenschaft"? Und ist aus dieser Perspektive die Unterscheidung zwischen einer "prima" und einer "seconda linguistica" berechtigt?

Zweifelsohne ist es richtig, daß Croce in der *Poesia* seine Sprachauffassung in differenzierterer Weise formuliert hat als in der *Estetica,* da er hier vom dichterischen Ausdruck die "espressione sentimentale o immediata" (*Poesia,* 3ff.), die "espressione prosastica" (ib., 12ff.), die "espressione oratoria" (ib., 19ff.) und die "espressione letteraria" (ib., 31ff.) abgrenzt. Doch scheinen mir diese Unterscheidungen keineswegs in Widerspruch zu der in der *Estetica* dargelegten Theorie zu stehen: Innerhalb der Croceschen Sprachkonzeption sollte man klar trennen zwischen den Aussagen, die den Status von Wesensbestimmungen haben, und denjenigen, die Sprache als Konkretum betreffen. Was Croce in der *Poesia* entwickelt, sind ausführlichere Überlegungen zur Sprache als konkreter Tätigkeit. Dabei hält er jedoch – und das weist gerade auf die Kontinuität in seiner Sprachauffassung hin – an dem bereits in der *Estetica* formulierten Wesensbegriff fest. Dies wird in der *Poesia* u. a. darin deutlich, daß Croce die verschiedenen Formen konkreter sprachlicher Tätigkeit wesentlich vom Gesichtspunkt der Dichtung her bestimmt, in der ja, wie er meint, das Wesen von Sprache am deutlichsten in Erscheinung tritt (cf. ib., z. B. 6f., 13f., 17f., 31, 33 u. ö.).

Die Kontinuität in Croces Grundverständnis von Sprache läßt sich auch mit den bereits zitierten späteren Aufsätzen belegen, in denen sich Croce

26 Cf. de Mauro, "Origine e sviluppo della linguistica crociana", 380.

erstmals der Bestimmung des der *empirischen* Sprachwissenschaft zugrundeliegenden Sprachbegriffs zuwendet. Gleich im ersten Abschnitt des Artikels über den Aufgabenbereich der Sprachwissenschaft bezieht er sich auf seine frühere Schrift "La filosofia del linguaggio e le sue condizioni presenti in Italia", an deren Inhalt er nichts zu korrigieren gedenkt. Schon in diesem Text hatte er unterstrichen, daß er die These von der Sprache als schöpferischer Tätigkeit in bewußtem Gegensatz zu den um die Jahrhundertwende vorherrschenden naturalistischen, positivistischen und psychologistischen Theorien aufgestellt habe[27]. Niemals habe er jedoch die Legitimität jener sprachwissenschaftlichen Forschungen bestreiten wollen, die sich mit Fragen der Semantik, der Etymologie, Phonetik etc. befassen. Doch habe er sich zu jener Zeit keine Gedanken über den der Sprachwissenschaft zugrundeliegenden Sprachbegriff gemacht[28]. – Interessant ist die Veränderung in Croces Sprachgebrauch, die in diesem Aufsatz zutage tritt: Während er in der *Estetica* den Begriff "linguistica" sowohl für die empirische als auch für die an seinem Wesensbegriff von Sprache orientierte, erst noch zu begründende ästhetische Sprachbetrachtung benutzt hatte, reserviert er diesen Begriff hier ausschließlich für die Bezeichnung der empirischen Sprachwissenschaft[29].

Wie in der *Estetica* vertritt Croce auch weiterhin die Auffassung, daß das Wesen der Sprache ("[il] linguaggio nella sua genuità e purità, nella sua natura") Ausdruck der "fantasia" und daß sie von daher mit Dichtung zu identifizieren sei[30]. In Hinblick auf diesen Wesensbegriff unterscheiden sich dichterische und nicht-dichterische Sprache – dieser Gedanke ist ebenfalls nicht neu – bloß graduell voneinander: Auch die prosaische Sprache enthalte, allerdings in geringerem Maße als die dichterische, poetische Elemente, wie z. B. Metaphern, lautliche Harmonie etc.[31].

Den der Sprachwissenschaft zugrundeliegenden Sprachbegriff bestimmt Croce als "fare pratico". Der Sprachwissenschaftler untersuche Sprache, wie sie in der "vita morale" des Menschen funktioniere, d. h. sein Begehren, sein Wünschen und Wollen, seine Handlungen und Gewohnheiten ausdrücke[32]. In sprachwissenschaftlicher Perspektive sei Sprache als "istituto" zu verstehen,

27 Cf. Croce, "La Filosofia del linguaggio e le sue condizioni presenti in Italia", 169.
28 Cf. ib., 173f.
29 So notiert Croce selbst die verschiedenen Akzentuierungen, die er seiner ästhetischen Sprachwissenschaft verliehen hat: zunächst "linguistica generale", dann "filosofia del parlare" und schließlich "filosofia della poesia e dell' arte" (cf. ib., 177).
30 Cf. ib., 170.
31 Cf. ib.

der zusammen mit den anderen "istituti e costumi" die Geschichte der Gesellschaft dokumentieren könne[33].

Die Vorteile seiner Sprachtheorie sieht Croce so: Da er Sprache als schöpferische Tätigkeit denke, bedürfe seine Theorie keiner hypostasierenden Sprachursprungserklärungen. Und auch das Problem des gegenseitigen Verstehens sei durch seine Philosophie gelöst:

> "Anche il problema del reciproco intendersi dei parlanti ha perduto il velo misterioso che l'avvolgeva, perché è stato riportato al concetto dello spirito, universale-individuale, che è intrinsecamente comunicazione e società degli esseri tra loro, senza la quale né la storia si moverebbe né il mondo sarebbe".[34]

All diese Thesen wiederholt Croce noch einmal in etwas knapperer Form in "Sulla natura e l'ufficio della linguistica". Auch hier hält er an der Auffassung fest, daß der Gegenstand der Sprachwissenschaft außerhalb des "linguaggio", im Sinne des Wesensbegriffs als ästhetischer Ausdruck verstanden, liege. Aufgrund seiner vergegenständlichenden Betrachtungsweise könne der Sprachwissenschaftler die Sprache gerade nicht in ihrer eigentlichen Wirklichkeit, d. h. als Ausdruckskontinuum erfassen[35]; und über den frühen Aufsatz hinausgehend fordert Croce mit Nachdruck, daß der Sprachwissenschaftler sich nicht – einem seiner Arbeit unangemessenen Wissenschaftsideal nachhängend – als Naturwissenschaftler verstehen solle; vielmehr solle er

32 Cf. dazu auch Croce, "Definizione della linguistica", 124.

33 Cf. Croce, "La Filosofia del linguaggio e le sue condizioni presenti in Italia", 174.

34 Cf. ib., 177. – Kritik an Croces Theorie des Individuums hat Cione geübt: Croce habe von der konkreten Subjektivität keine angemessene Theorie liefern können, da er die schöpferische Tätigkeit losgelöst vom Individuum als Formen eines hypostasierten "spirito universale superiore ai singoli soggetti" verstanden habe (*Benedetto Croce ed il pensiero contemporaneo*, 145). Cione selbst optiert gegenüber Croces "monismo del spirito universale" für einen "pluralismo metafisico fondato sulla sperimentata molteplicità dei soggetti"; und Croces "teocentrismo, che negava il singolo facendolo smarrire nello spirito universale" stellt er seine Konzeption eines "personalismo cristiano" gegenüber, "che salva l'autonomia della persona e rende effettivamente possibile la religione intesa come soggezione e come partecipazione dell'individuo alla vita del Tutto" (ib., 162f.). – An Ciones Ansichten scheint mir so viel richtig, daß Croce mit der *Filosofia dello Spirito* eine in sich abgerundete Theorie des Individuums nicht bietet und nicht bieten kann, da er die Formen des Geistes (und dementsprechend den diesen zugrundeliegenden Begriff von Subjektivität) *sukzessive* entfaltet. Um auf der Basis von Croces Philosophie zu einer vollständigen Theorie des Individuums zu kommen, müßte man – und darauf weisen seine Bemerkungen zu diesem Thema selbst hin – bei seiner Theorie von Geschichte und Geschichtlichkeit ansetzen, da in ihr – gleichsam wie in einer Matrix – alle Formen des Geistes eingebunden sind.

35 Cf. Croce, "Sulla natura e l'ufficio della linguistica", 248.

als "storico" sich der allgemeinen Geschichtswissenschaft anschließen und im "campo del conoscere" arbeiten[36].

Vergleicht man diese Ausführungen Croces mit seiner Theorie von Sprache und Sprachwissenschaft in der "frühen Version", so ist folgendes festzuhalten: Am Entscheidenden seiner Sprachkonzeption, nämlich dem Wesensbegriff von Sprache als schöpferischer ästhetischer Tätigkeit, hat Croce auch in seinen späten Aufsätzen unbeirrt festgehalten[37]. Während er in der *Estetica* die empirisch arbeitende Sprachwissenschaft nur heranzog, um *via negationis* seine eigenen Vorstellungen einer "linguistica generale" zu entfalten, bemüht er sich nun auch um eine Bestimmung des der *empirischen* Sprachwissenschaft zugrundeliegenden Sprachbegriffs. Die Überlegungen zum Gegenstand der empirischen Linguistik kann man – im Gegensatz zum Entwurf der erst noch zu realisierenden ästhetischen Sprachwissenschaft – "regressiv" nennen, da sie den Grundbegriff einer bereits vorhandenen Wissenschaft zu klären suchen. Durch diese Überlegungen werden die "frühen" Thesen aber nicht annulliert, sondern komplettiert. Was sich verändert hat, ist lediglich Croces Sprachgebrauch.

Die Unterscheidung der "prima linguistica" von einer "seconda linguistica" scheint mir insofern nicht sinnvoll, als sie suggerieren kann, Croce habe mit der letzteren das ursprünglich entworfene Programm revidieren wollen; dem aber widerspricht nicht allein die Kontinuität des Wesensbegriffs, sondern auch die Tatsache, daß die "prima" und die "seconda linguistica" etwas völlig Verschiedenes bezeichnen: Der in der *Estetica* skizzierte Entwurf der "linguistica generale" sollte in der Form einer sprachästhetisch-historischen Betrachtung von Literatur, d. h. letztlich als Literaturgeschichte durchgeführt werden; in den späteren Aufsätzen hingegen bezieht Croce sich mit dem Begriff "linguistica" auf die bereits vorhandene, empirisch arbeitende Sprachwissenschaft allein. – Mag Croce auch selbst aufgrund seines eigenwilligen Sprachgebrauchs an dieser Verwirrung nicht schuldlos sein, so sollten sich doch zumindest seine Interpreten in ihrer Sprache vor Unklarheiten hüten. Und wollten die Interpreten trotz der obigen Einwände auf der Unterscheidung von "früher" und "später" Linguistik bei Croce beharren, so könnten kleine Anführungszeichen für die Bezeichnung der ersteren (der philosophischen Sprachbetrachtung) zur Abgrenzung von der letzteren (der Sprachwissenschaft im herkömmlichen Sinn) schon hilfreich sein.

36 Cf. ib., 251.

37 Cf. dazu auch Christmann, *Idealistische Philologie und moderne Sprachwissenschaft*, 12. Cf. auch Pittau, "La concezione crociana del linguaggio", 549.

1.5. Zur Kritik an Croces Sprachtheorie

Schon aus Platzgründen ist es im Rahmen dieser Arbeit nicht möglich, allen Stimmen, die sich zu Croces Sprachtheorie geäußert haben, Gehör zu schenken[38]. Deshalb möchte ich mich darauf beschränken, die Rezeption von Croces Sprachtheorie in groben Zügen nachzuzeichnen, um dann zwei ausgewählte, in ihrem Urteil divergierende Kritiker zu Wort kommen zu lassen. – Das Echo, das Croces Überlegungen zu Sprache und Sprachwissenschaft gefunden haben, reicht von strikter Ablehnung (ich denke an die Polemik Halls, cf. infra) bis hin zu dem Bemühen, Croces ästhetischer Sprachkonzeption auch im Hinblick auf die Sprachwissenschaft ein affirmatives Verständnis entgegenzubringen (wie dies Coseriu getan hat, cf. infra).

Doch zunächst zu den allgemeinen Tendenzen der Croce-Rezeption. – Auch solche Kritiker, die der Sprachtheorie Croces eher ablehnend gegenüberstehen (wie z. B. de Mauro, der Croces Theorie schlichtweg eine "bomba piena di esplosiva follia" genannt hat[39], würdigen es als Leistung Croces, der positivistischen Sprachauffassung entgegengewirkt zu haben[40]. Dank ihrer antipositivistischen Grundkonzeption habe die Philosophie Croces verschiedenen – gerade nicht am Positivismus orientierten – linguistischen Schulen wie den Idealisten, den Neolinguisten und den Areallinguisten wichtige Anregungen für die Entwicklung der eigenen Lehre vermitteln können[41]. Darüberhinaus würdigt de Mauro, daß Croce die Aufmerksamkeit auf die "frase", den "discorso" als "sola realizzazione del linguaggio" gelenkt habe[42]. Aufgrund der besonderen Bestimmung der "frase" bei Croce, derzufolge diese nicht eine syntaktische, sondern eine expressive Einheit darstellt, müßte man de Mauros Formulierungen dahingehend präzisieren, daß gerade die Literatur- und Stilstudien innerhalb der von Croce beeinflußten Sprachwissenschaft eine "Aufwertung" erfahren haben[43].

Negativ beurteilt wird im allgemeinen Croces Forderung einer Gleichsetzung von Ästhetik und Sprachwissenschaft. Denn durch eine solche Gleichsetzung, so hat man eingewandt, werde "die Grenze zwischen zwei

38 Ausführliche bibliographische Hinweise sowie eine knappe, aber präzise Zusammenfassung der wichtigsten Stellungnahmen zu Croces Sprachtheorie findet man in dem bereits zitierten ausgezeichneten Forschungsbericht von de Simone, "Die Sprachphilosophie von Benedetto Croce", 10ff.
39 Cf. de Mauro, *Introduzione alla semantica*, 107.
40 Cf. de Mauro, "Origine e sviluppo della linguistica crociana", 388; cf. dazu auch Gazdaru, "Influjos de Benedetto Croce sobre la lingüística contemporanea", 118f.
41 Cf. Gazdaru, ib. und Leroy, "Benedetto Croce et les études linguistiques", 344.
42 Cf. de Mauro, "Origine e sviluppo della linguistica crociana", 338.
43 Cf. Coseriu, *Teoría del lenguaje y lingüística general*, 34.

stets getrennt gehaltenen Gebieten", nämlich Sprach- und Literaturwissenschaft aufgehoben. Und von daher sei es auch nicht verwunderlich, wenn "Croces Lehre für die eigentliche Linguistik unfruchtbar blieb"[44]. Dieses Argument scheint mir insofern nicht stichhaltig, als Croce ja nicht, gleichsam durch eine Parforcetour, die "eigentliche", bereits vorhandene Sprachwissenschaft in die Ästhetik eingliedern wollte. Denn die These der Identität von Sprachwissenschaft und Ästhetik hat er, und das muß immer wieder betont werden, mit einer entscheidenden Einschränkung formuliert (cf. S. 17); und mit seinem Programm wollte er ja keineswegs der empirisch arbeitenden Sprachwissenschaft das Existenzrecht bestreiten, wie er auch in den späteren Aufsätzen immer wieder hervorgehoben hat. Daß es zu diesem Mißverständnis kommen konnte, hat Croce allerdings nicht zuletzt sich selbst zuzuschreiben; hätte er in seinen frühen Schriften die von ihm anvisierte ästhetische Disziplin und die bereits vorhandene empirische Sprachwissenschaft nicht mit demselben Wort "linguistica" belegt, wäre wahrscheinlich manchem Mißverständnis vorgebeugt worden.

Darüberhinaus wird kritisiert, daß Croce

1. eine Theorie der Sprache im Sinne von Gemeinsprache nicht geliefert bzw.
2. dieses Problem in seinen späteren Aufsätzen nur unbefriedigend gelöst habe.

Zu 1.:

Diese Kritik hat u. a. Vossler in seinem Aufsatz über die Sprachphilosophie Croces formuliert. Er bemängelt, daß bei Croce das Problem der Sprache als Gemeinschaft und damit das der Stammes- und Volkssprachen etc. nicht gelöst sei[45]. Vosslers Bemerkungen sind deshalb zutreffend, weil sein Aufsatz vor den ausführlicheren Stellungnahmen Croces zum Gegenstand der Sprachwissenschaft erschienen ist, er sich also nur auf die vor 1941 veröffentlichten Schriften Croces beziehen konnte. – Andererseits sollte man jedoch auch Croces eigene Aussagen respektieren, nämlich daß er sich in seinen frühen Abhandlungen nicht für den Gegenstand der empirischen Sprachwissenschaft interessiert habe; und dies mag wohl letztlich das entscheidende Motiv dafür gewesen sein, daß er Begriffe wie Stammes- und Volkssprache nicht thematisiert, geschweige denn befriedigend geklärt hat.

44 Arens, *Sprachwissenschaft. Der Gang ihrer Entwicklung von der Antike bis zur Gegenwart*, 425; cf. de Simone, "Die Sprachphilosophie von Benedetto Croce", 18f.

45 Cf. Vossler, "Benedetto Croces Sprachphilosophie", 320.

Einen dem Vosslerschen ähnlichen, jedoch eher auf Croces Wesensbegriff von Sprache abzielenden Einwand macht Friedrich geltend, wenn er schreibt, Croce habe Schwierigkeiten, vom Individuum zur Gemeinschaft zu kommen: "Aus diesen Schwierigkeiten führt die Philosophie Croces nicht mehr heraus. Alles was über den individuellen Schöpfungsakt ... hinausgeht, verweist sie ins Reich der Empirie, deren Verlauf philosophisch nicht mehr bestimmbar ist"[46]. Zur Verteidigung Croces könnte man an dieser Stelle den bereits zitierten Brief Croces an Vossler noch einmal bemühen und von dem dort angedeuteten Begriff des Individuums her argumentieren, daß aufgrund seiner geschichtlichen Bestimmtheit das Individuum bei Croce ja immer schon als ein soziales verstanden ist, so daß zumindest der Theorieintention nach Individuelles und Allgemeines nicht in einem abstrakten Gegensatzverhältnis stehen sollen.

Andererseits spricht jedoch für den Einwand Friedrichs – und darin scheint mir das entscheidende Versäumnis von Croces Sprachtheorie zu liegen – daß er den *Wesensbegriff* von Sprache unterbestimmt gelassen hat, indem er diese auschließlich als schöpferischen geistigen Ausdruck faßte (cf. dazu auch die Kritik von Coseriu, infra).

Zu 2.:
Nencioni bezieht sich in seiner Kritik ausdrücklich auch auf die späten Aufsätze Croces. Er vertritt die Auffassung, daß Croce mit seinen Ausführungen in diesen Schriften den Sprachwissenschaftler desorientiert, ja ihm den Boden unter den Füßen weggezogen habe; dabei habe Croce zwar weder die Berechtigung der sprachwissenschaftlichen Arbeit noch die ihrer methodischen Vorgehensweise in Frage gestellt; doch habe er der Sprachwissenschaft ihren Gegenstand insofern strittig gemacht, als diese sich weder mit der "lingua" noch mit der "materia dell'espressione linguistica" befassen solle, sondern mit "certe 'cose' o 'fatti pratici'", deren nähere Bestimmung Croce seinem Leser vorenthalte[47]. Darüberhinaus werde die Sprachwissenschaft nicht als autonome Wissenschaft anerkannt, sondern zu einer Hilfsdisziplin degradiert:

> "Il linguista vede – e ciò massimamente gl'importa – che l'oggetto della propria ricerca non è già la lingua, il fatto linguistico, ma qualcosa che non si può meglio definire che come 'fatto pratico'; vede la propria scienza non già giustificata nella sua faticosamente raggiunta autonomia, ma ridotta a sussidio filologico dell' interpretazione estetica o condannata ad annullarsi in discipline ben diverse da sé".[48]

46 Cf. Friedrich, "Croces Ästhetik und Vosslers Sprachphilosophie", 213.
47 Cf. Nencioni, *Idealismo e realismo nella scienza del linguaggio*, 34.
48 ib., 39f.

Soweit zu den generellen Tendenzen in der Rezeption der Croceschen Sprachkonzeption. Abschließend möchte ich – gleichsam als Prototypen einer negativen und einer konstruktiven Kritik – die Stellungnahmen Halls und Coserius zu Croce vorstellen.

Hall hat nicht allein gegen Croces Sprachkonzeption, sondern auch gegen die sie fundierende philosophische Theorie polemisiert. Nach Hall beruht Croces *Estetica* auf Voraussetzungen, die eher den Charakter 'axiomatischer Postulate' haben. Als ein solches Postulat betrachtet Hall die These von der "existence of spirit as distinct from matter". 'Axiomatisch' nennt Hall dieses 'Postulat' deshalb, weil Croce es "without definition or justification" aufstelle[49]. Da Croce zudem die Überlegenheit des Geistes über die Materie behaupte und dementsprechend im historischen Teil der *Estetica* die verschiedenen philosophischen Theorien beurteile, vertrete er ein Wertsystem, das dem Mittelalter und der Renaissance entstiegen sei[50]. Gegen Croces Vorstellungen von Sprache und Sprachwissenschaft erhebt Hall folgende Einwände:

1. Durch Croces Auffassung von Sprachwissenschaft werde das *wissenschaftliche* Arbeiten desavouiert und dem Dilettantismus Tür und Tor geöffnet. Mit seinen Ideen falle Croce hinter alle Errungenschaften in Wissenschaftlichkeit und Methodik zurück, deren das 19. Jahrhundert sich habe rühmen dürfen. Kurz gesagt: Croces Theorie bedeute "reaction ... not progress"[51].
2. Da Croce Sprache ausschließlich als individuelles Phänomen betrachte, sei ihm die "social, conventional habitual nature" von Sprache entgangen[52].
3. Wenn der Sprachwissenschaftler Croces Vorstellungen folge, werde er arbeitslos, da Croce das Studium der Sprache der Logik und der Sprachwissenschaft entziehe, indem er es an die Geschichtswissenschaft, die Literatur- und die Kunstkritik delegiere[53].

Halls Polemik gegen Croce überzeugt nicht. Obwohl man gewiß gegenüber Croces philosophischen Gedankengängen einige Vorbehalte anmelden kann, sollte dies nicht in der oberflächlichen Art und Weise geschehen, die Halls Ausführungen zueigen ist. Den Dogmatismus, den er Croce anlastet, kann man ihm selbst ankreiden, da er seine Kritik mit keinem Wort rechtfertigt und begründet. Die Rechtfertigung der eigenen Kritik hätte ja nicht

49 Cf. Hall, "Benedetto Croce and 'Idealistic' Linguistics", 27.
50 Cf. ib., 29 und id., *Idealism in Romance Linguistics*, 32.
51 Cf. Hall, "Benedetto Croce and 'Idealistic' Linguistics", 30.
52 Cf. ib., 31.
53 Cf. ib.

unbedingt einen philosophischen Gegenentwurf zu Croces Gedanken erfordert, sondern unter Hinweis auf die eine oder andere – aus der philosophischen Tradition bekannte – Alternative erfolgen können. – In seiner Kritik an Croces Sprachkonzeption ist Hall dem Irrtum aufgesessen, Croce habe die Forderung einer Identifizierung von Ästhetik und Linguistik im Hinblick auf die Sprachwissenschaft schlechthin aufgestellt. Bedauerlich ist weiterhin, daß er lediglich auf die *Estetica* Bezug nimmt. Manches wäre (ihm) wahrscheinlich klarer geworden, hätte er auch die späteren Aufsätze Croces zum Gegenstand der Sprachwissenschaft zu Rate gezogen.

Coseriu, der, wie bereits erwähnt, auf das besondere Verständnis des Begriffs "Sprachwissenschaft" bei Croce mit Nachdruck hingewiesen hat, sieht Croces Gedanken mehr aus philosophischer Perspektive. Und in dieser Perspektive erscheinen philosophische und sprachwissenschaftliche Sprachbetrachtung als voneinander geschieden, so daß es zu einem Konflikt zwischen beiden Betrachtungsweisen nicht kommen kann:

> "... si Croce tiene perfecta razón al colocarse, como filósofo del lenguaje, en la realidad concreta de éste, que es el *hablar,* también tiene sus razones Saussure al exigir que el lingüista, como científico, se coloque en el plano de la abstracción que llamamos *lengua* ..., del sistema lingüístico que también Croce ve, de alguna manera, como opuesto a la expresión individual, pero que, según él, sería "una construcción empirica sin existencia real. Con este último enunciado, un poco modificado ("una abstracción sin existencia concreta") pueden estar de acuerdo la mayoría de los lingüistas, pero ninguno de ellos piensa por ello quitar valor a su investigación dado que justamente esa abstracción es objeto de gran parte de la lingüística".[54]

Die These der Identität von Sprache und Dichtung akzeptiert Coseriu ebenfalls. Als "reines Schaffen von Bedeutungen" sei die Sprache mit der Dichtung gleichzusetzen. Wie für die Sprache, so sei auch für die Dichtung die Unterscheidung von "wahr" und "falsch", von "Existenz" und "Nichtexistenz" irrelevant. Doch wäre es unzulänglich, sich dem Glauben hinzugeben, mit der Bestimmung von Sprache als Dichtung wäre es getan. Denn, so schreibt Coseriu – und an diesem Punkt distanziert er sich von Croce –:

> "das Verhältnis Sprachschöpfer – Sprache ist nur *eine* Dimension der Sprache. Die Sprache hat aber noch eine andere Dimension, die durch die 'Alterität' des Subjekts gegeben ist, durch die Tatsache, daß das sprachschaffende Bewußtsein ein offenes ist. Dies ist nicht bloß im Sinne der Kommunikation als Mitteilung zu interpretieren. Die Kommunikation als Mitteilung *an* einen anderen ist etwas Prak-

54 Coseriu, *Teoría del lenguaje y lingüística general,* 32f.

> tisches, sie kann unter Umständen fehlen und muß von der Kommunikation *mit* einem anderen getrennt werden, die dagegen in jedem sprachlichen Akt vorausgesetzt wird. Die Sprache ist nämlich immer, auch als primäre Schöpfung auf einen anderen ausgerichtet".[55]

Und gerade in dieser Hinsicht – so scheint mir – versagt die Philosophie Croces. Sie versagt zum einen, weil sie einen reduktiven Wesensbegriff von Sprache entwirft, mit dem die "natura" der Sprache lediglich als Dichtung bestimmt wird. Und sie versagt in dieser Frage zum zweiten, weil Croces Ausführungen zum Begriff des Individuums zu knapp sind, als daß man von hier aus seinen Sprachbegriff um die "Alteritätsdimension" hätte bereichern können. Zweifelsohne wäre es für Croce nicht möglich gewesen, diesen Aspekt im Rahmen der *Estetica* abzuhandeln, da hier nur der theoretische Geist (die erkennende Subjektivität) thematisch ist. Doch könnte man sich vorstellen, daß dies etwa in der *Filosofia della Pratica* hätte geschehen können. Hätte Croce sein Grundverständnis von Sprache durch Berücksichtigung ihrer Alteritätsdimension erweitert, dann wäre in Orientierung an einem so verstandenen Wesensbegriff auch eine differenzierte Entfaltung des institutionellen, sozialen Aspektes von Sprache möglich gewesen. Und dies hätte sicherlich vor allem jenen weitergeholfen, die gegen seine sprachästhetischen Vorstellungen Sturm gelaufen sind: den Sprachwissenschaftlern.

1.6. Die Theorie von Kunst- und Literaturkritik

Aus dem bisher Gesagten könnte man den Eindruck gewinnen, Croce habe sich ausschließlich um Fragen der Produktionsästhetik gekümmert, da sich seine Ausführungen vornehmlich auf das Schaffen von Kunst und Sprache und dementsprechend auf die kunst- bzw. sprachschaffende Subjektivität konzentrierten. Komplementär dazu hat Croce jedoch auch differenzierte Auffassungen zum Thema Kunstrezeption und Kunstkritik entwickelt, so daß in seiner Theorie Überlegungen zur Produktions- und zur Rezeptionsästhetik zusammengehen. Wenn ich bisher den rezeptionsästhetischen Theoriestrang eingeklammert habe, so geschah dies allein aus darstellungstechnischen Gründen, doch sind auch Croces Gedanken zur Kunst- und Literaturkritik für uns von Belang, und zwar insofern, als sie zu präzisieren vermögen, wie sich Croce eine Realisierung der "linguistica generale" näher vorstellt[56].

55 Id., "Thesen zum Thema 'Sprache und Dichtung' ", 187f.

56 Buck hat darauf hingewiesen, daß Croces Theorie der Kunstkritik bei den "Vertretern der Vosslerschule" nur geringes Interesse gefunden habe, da diese – wie z. B. Spitzer – "ihre eigenen Wege" gegangen seien (cf. "Benedetto Croces Literaturkritik", 323). – Ich möchte Croces Gedanken zu Kunst- und Dichtungskritik dennoch berücksichtigen, und zwar gerade auch, um sie später von Spitzers Vorstellungen zur Literaturdeutung abgrenzen zu können.

Mit seiner Theorie von Kunst- und Literaturkritik wendet sich Croce gegen all diejenigen, die das Kunstwerk nicht als eine Einheit *sui generis* verstehen, sondern es durch ihm äußerliche Bestimmungen zu erfassen suchen. Da Croces Vorstellungen zufolge Form und Inhalt eines Kunstwerks eine Synthese eingehen (cf. I.1.2.), wäre es von vornherein verfehlt, den literarischen Text etwa ausschließlich unter dem Aspekt seiner reimtechnischen, rhetorischen, metrischen etc. Gestaltung zu sehen (cf. Cart., 21). Denn in einer solchen Perspektive würde die Form-Inhalt-Einheit gerade zerstört und das Werk durch Kategorien beschrieben, die – schon aufgrund ihrer allgemeinen Anwendbarkeit – seiner eigentlichen Individualität gerade nicht gerecht zu werden vermögen (cf. Est., 75ff.). In diesen Zusammenhang gehört auch Croces Kritik an Gröbers Begriffen der "syntaxis figurata" und der "syntaxis regularis" sowie an Vosslers Cellini-Studie: Gröbers Unterscheidung von affektiver und verstandesmäßiger Syntax ist nach Croce eine bloß willkürliche Einteilung mit 'Pseudoevidenz', die dem Verstehen des literarischen Ausdrucks völlig unangemessen sei (cf. Probl., 146). Vossler, der diese Kategorien seiner Studie über Cellinis *Vita* zugrundegelegt hat, macht sich in Croces Augen gleich zweier Vergehen schuldig: nämlich zum einen, den literarischen Gehalt von der Syntax her erfassen zu wollen, die nur ein 'einziges', 'abstraktes' Element des Gehaltes darstelle; zum anderen, von der Analyse des Stils auf die Psyche des Autors schließen zu wollen; denn, so erklärt Croce mit aller Entschiedenheit: "dallo stile alla psiche reale dello scrittore non c'è nessun passaggio" (Probl., 151). – Trotz dieser Kritik an den Kategorien der Stilistik und Rhetorik erkennt Croce, wie auch im Falle der grammatischen Kategorien, ihre praktische Nützlichkeit an (ib., 164f.). So polemisiert er in der *Poesia* gegen jene "dilettanti di poesia e letteratura", die die Arbeit des Philologen nicht gebührend würdigen, in der Meinung, die Dichtung müsse 'von selbst' sprechen. Der ästhetische Eindruck, so betont Croce, ist vielmehr erworben, d. h. es bedarf gewisser philologischer Vorkenntnisse, um der Dichtung 'Folge leisten' zu können (*Poesia*, 69ff.).

In der positiven Formulierung seines Programms stellt sich Croce bewußt in die Tradition der Romantik, die den Blick des Kunstkritikers auf die historische Eigentümlichkeit des Kunstwerks gelenkt habe (cf. NS, 166f.). Dies ist auch das Ziel der von ihm gewünschten ästhetischen Literaturkritik: den Text in seiner geschichtlichen Individualität zu verstehen. Ein geschichtliches Verständnis ist schon allein deshalb notwendig und unabdingbar, weil nach Croce alle Worte, alle Redewendungen geschichtlichen Charakter haben, "perché *tutta la lingua è fatto storico* e il significato di essa non ci è noto se non per tradizione storica" (Probl., 35).

Im Zuge eines solchen geschichtlichen Verstehens hat der Kritiker sich in den Autor zu versetzen, die ursprüngliche Intuition des Autors in sich selbst nachzuvollziehen (*Poesia,* 80; Est., 130). Die Nachschöpfung gelingt in dem Fall optimal, wo Dichter und Kritiker einander ähnlich, ja kongenial sind. – Aber die Tätigkeit des Kritikers beschränkt sich nicht auf den intuitiven Nachvollzug allein; denn Literaturkritik ist nicht bloß Nachdichtung, sondern auch Urteil[57]. So hat der Kritiker gleichsam in einem zweiten Arbeitsschritt seiner ästhetischen Nachempfindung Ausdruck zu verleihen, ein Urteil über den gelesenen Text zu fällen. Und gerade darin, daß die ästhetische Nachempfindung als *Urteil* formuliert wird, unterscheidet sich Kritik von Dichtung; aufgrund ihres Urteilscharakters wird die Kritik zu einem wahrheitsdifferenten Gebilde: "La sensibilità non erra mai; ... ma il giudizio che mette il nome alle cose, che dice la verità di esse, è al bivio dell'errore" (*Poesia,* 137; cf. Probl., 53).

In seiner Kritik soll der Interpret eine 'Charakterisierung' – wie Croce es nennt – des Kunstwerks erbringen; diese Charakterisierung hat ihren Ausgang nicht von den formalen Beschaffenheiten des Textes zu nehmen, sondern vom Inhalt, von dem im Text ausgedrückten Gefühl. Damit meint Croce nicht, daß der Kritiker den realen psychischen Motivationen des Dichters nachzuspüren und diese etwa als Ursache für das im Text Ausgesprochene zu proklamieren habe. Der Autor eines Textes kommt in der von ihm entworfenen Kunstkritik nur als schöpferische, nicht jedoch als praktisch-konkrete Subjektivität in den Blick.

Wie aber verträgt sich dies mit Croces historistischer Grundposition, mit seinem Programm, das Kunstwerk in seiner geschichtlichen Besonderheit zu begreifen? Die Ausklammerung der praktisch-konkreten Subjektivität des Autors bedeutet für Croce nicht ein ahistorisches Verstehen der jeweiligen Texte. Da er vom Dichter sagt, daß er "nient'altro che la sua poesia" sei (*Poesia,* 147), kann man sich das Verhältnis von historischer und schöpferischer Subjektivität des Autors so zu verdeutlichen suchen: Dichtung ist in ihrer individuellen Erscheinungsweise Ausdruck des Universellen; so wie sie

57 In diesem Punkt weicht Croces Theorie von der romantischen Konzeption der Literaturkritik ab. Denn die Romantiker – ich denke dabei vor allem an F. Schlegels Programm der "Transzendentalpoesie" und der ihr entsprechenden "poetischen Kritik" – bescheiden sich nicht mit der Forderung, daß der Kritiker das Werk nachzuschaffen habe. (Dies sollte nach Schlegels Vorstellungen so vor sich gehen, daß der Interpret den transzendentalpoetischen Charakter des Werkes, die Weise der Selbstdarstellung des Werkes, in seinen reflexiven Strukturen aufzeigt). Schlegels Programm ist insofern ehrgeiziger als Croces, als es nicht nur Nachschöpfung, sondern Vervollkommnung des Werkes durch den Kritiker verlangt; diesen Typus von Literaturkritik hat Schlegel in der Rezension zu Goethes *Wilhelm Meister* zu praktizieren versucht, die gleichermaßen seine Idee der Transzendentalpoesie wie das Programm der poetischen Kritik zu illustrieren vermag (cf. Schlegel, *Charakteristiken und Kritiken,* I, 204; ib., 126–146).

erscheint, verdankt sie sich dem Dichter als historischem Individuum, der zu einer bestimmten Zeit, an einem bestimmten Ort, in einer bestimmten Sprache den Text verfaßt. In der Dichtung artikuliert sich der Dichter jedoch – und hier wäre die Ebene des Universellen erreicht – als schöpferische Subjektivität, als exemplarisches Individuum. – Die historische Subjektivität des Autors ist für Croce also nur insofern interessant, als sie konstitutiv ist für die schöpferische, sich in der schöpferischen gleichsam selbst transzendiert. Bedauerlicherweise hat Croce das Verhältnis von schöpferischer und historischer Subjektivität nicht einer näheren Klärung unterzogen[58]. Er weist nur immer wieder darauf hin, daß die "personalità poetica" von der des "uomo poeta" streng getrennt werden müsse; dementsprechend sei es auch nicht statthaft, von der Biographie des Dichters qua "personalità poetica" Rückschlüsse zu ziehen auf die des "uomo poeta" und umgekehrt (cf. *Poesia,* 150f.)[59]. Das Gesamtbild eines Dichters sollte vielmehr aus seinem Gesamtwerk selbst erschlossen, Literaturgeschichte in der Form von Dichtermonographien geschrieben werden (cf. NS, 174).

Croces Ausführungen zur Literaturtheorie haben vonseiten der Literaturwissenschaftler ähnliche Kritik erfahren wie seine Gedanken zur Linguistik von den Sprachwissenschaftlern. Hier wie dort hat man vor allem moniert, daß Croce von seiner Position her den Kategorien der Literatur- bzw. der Sprachwissenschaft nur eine beschränkte Brauchbarkeit zugestehe. – Da Croce aufgrund der Identifizierung von Intuition und Expression, von Form

58 In der Philosophie hat es immer wieder Bemühungen gegeben, die historisch-konkrete Subjektivität als erkenntnisleistende, als transzendentale auszuweisen. So hat z. B. Husserl versucht, mit seiner Theorie der phänomenologischen Reduktion die transzendentale Subjektivität aus der konkreten herauszupräparieren (cf. Husserl, *Ideen zu einer reinen Phänomenologie und phänomenologischen Philosophie*, 1. Buch, §§ 31f.). Zu erinnern ist hier auch an die Theorie Hönigswalds, der das Subjekt als "Prinzip" und als "Faktum" zugleich, als "letztdefinierte Instanz" und als psychologisch beschreibbares Ich verstanden hat (cf. z. B. Hönigswald, *Die Systematik der Philosophie aus individueller Problemgestaltung entwickelt,* I, 229f.).

59 Eine in ihrem Gehalt der Croceschen Theorie von Kunst und Kunstkritik verwandte Auffassung vertritt Proust. In seiner Polemik gegen Sainte-Beuve unterscheidet er das "moi profond" (das schöpferische Ich des Künstlers) vom "moi extérieur" (cf. Proust, *Contre Sainte-Beuve*, 224); da sich Sainte-Beuve in Detailuntersuchungen zum "moi extérieur" des Schriftstellers verliere, habe er nie verstehen können, "ce qu'il y a de particulier dans l'inspiration et le travail littéraire" (ib., 140). Auch Croces These, daß das Kunstwerk als individuelles etwas Universelles ausdrücke, findet man bei Proust in ähnlicher Form: ".... ce qu'il s'agit de faire sortir, d'amener à la lumière, ce sont nos sentiments, nos passions, c'est-à-dire les passions, les sentiments de tous" (*A la recherche du temps perdu*, III, 907).

und Inhalt die Tauglichkeit der stilistischen und rhetorischen Kategorien in Frage stelle, komme es – so Wellek – zu einer 'theoretischen Paralyse'. Dem Interpreten seien, folge er Croces Programm, die Einsichten in den poetischen Vorgang verstellt, da ihm alle Unterscheidungen verwehrt seien[60]. Ähnlich urteilt Kayser, wenn er schreibt, daß diejenigen sprachlichen Elemente, die die "Angelpunkte" der Struktur des Werkes ausmachen, für die Bestimmung der poetischen Qualität eines Textes nicht in Frage kämen[61]. Und Buck schließlich befürchtet für die Literaturkritik die Gefahr eines "unkontrollierten Subjektivismus"[62].

Am weitesten in seiner Kritik ist Stefanini gegangen: Folge der Kunstkritiker der Forderung Croces, die dem Kunstwerk eigene Individualität durch Nachschöpfung der ursprünglichen Intuition des Autors zu verstehen, so sei die letzte Konsequenz das Schweigen:

> "Il nuovo universale è l'individuo, e quindi l'individuo è la nuova categoria dell'arte; ma l'individuale è ineffabile, e perciò alla critica non resta che fare dell'arte essa stessa (ciò che è energicamente escluso dal Croce) o darsi all'impressionismo (che pure è escluso) oppure ... tacere ... Il problema dell'espressione dell'ineffabile, essenziale per la critica d'arte, non è risolto da questa estetica".[63]

Ein Croce wohlgesonnener Interpret könnte wie den Sprachwissenschaftlern so auch den Literaturwissenschaftlern, die Croces Theorie kritisieren, entgegenhalten, daß er die *praktische* Brauchbarkeit der rhetorischen und stilistischen Kategorien nie bestritten hat; dabei wäre vor allem auf die *Poesia* hinzuweisen, wo Croce die philologische Vorarbeit des Interpreten ja geradezu als Voraussetzung für die Bildung des ästhetischen Urteils ansieht (cf. *Poesia,* 69). Daß Croces Theorie der Literaturkritik dennoch einige Schwierigkeiten enthält, ist allerdings nicht von der Hand zu weisen. In thesenhafter Form seien folgende genannt:

1. Dem Kritiker ist die ursprüngliche Intuition des Autors, die er in der ersten Rezeptionsphase nachzuschaffen hat, nur über ihre sprachliche Formulierung, den Text zugänglich. Da aber, wie Croce selbst sagt, zwei Individuen nie dieselbe Sprache sprechen, kann das Verstehen allenfalls approximativ gelingen. Der Kritiker kann also schon im Moment der intuitiven Rezeption, und nicht erst, wie Croce meint, bei der Formulierung des ästhetischen Urteils in die Irre gehen.

60 Cf. Wellek und Warren, *Theory of Literature*, 184.
61 Cf. Kayser, *Das sprachliche Kunstwerk*, 15.
62 Cf. Buck, "Benedetto Croces Literaturkritik", 328.
63 Stefanini, *Arte e critica*, 224.

2. Kunstkritik tritt in der Form von Urteilen auf, die auf das Beurteilte zutreffen oder nicht zutreffen werden. Wer aber entscheidet über die Richtigkeit des vom Kritiker gefällten Urteils? Da nach Croce Kunstkritik sich in der Formulierung des individuellen Nachvollzugs der ursprünglichen Intuition erschöpft, gibt es kein Korrektiv, das zur Beurteilung der Angemessenheit einer Interpretation herangezogen werden könnte; jeder Interpret wird auf seiner Intuition beharren, es sei denn, er ist bereit, sich eines Besseren belehren zu lassen.

1.7. Résumé

Den systematischen Grundentwurf seiner Sprachauffassung hat Croce in der *Estetica* skizziert, die als erste Systemstufe der *Filosofia dello Spirito* die Lehre von der Intuition beinhaltet; da er die Kunst als intuitive Erkenntnis *par excellence* auszeichnet, vermag er in seiner Lehre Erkenntnis- und Kunsttheorie miteinander zu verknüpfen.

Die Intuition bestimmt Croce als unauflösliche Einheit von Impression und Expression; gegenüber der Impression, die er als Empfindungs*materie* deutet, fungiert die Expression als formatives Moment. Darüberhinaus hat Croce den Begriff der Expression nicht eindeutig festgelegt und verwendet: Zum einen versteht er sie als wesentliches Stadium des künstlerischen Schaffensprozesses, als rein geistig vollzogene Synthese, deren materielle Erscheinungsweise im Kunstwerk für dessen ästhetische Beschaffenheit selbst jedoch belanglos ist; zum anderen aber sieht er gerade auch das Moment der Objektivierung der Intuition als der Expression zugehörig an. – Die These von der Identität von Sprache und Kunst leitet er über den Begriff der Expression her: Da die Sprache nach Croce primär Ausdruck ist, wobei er für diesen Ausdrucksbegriff auch ihre materielle Organisation geltend macht, kann er ihr Wesen als geistige Tätigkeit, als Kunst und damit als Dichtung fassen.

Auf der Grundlage dieser Gedanken skizziert er das Programm einer ästhetischen Sprachwissenschaft (auch "linguistica generale" oder "filosofia del parlare" genannt), deren Gegenstand – entsprechend dem Wesensbegriff von Sprache – die sprachschöpferische Tätigkeit sein soll, wie sie besonders im sprachlichen Kunstwert, in der Dichtung, in Erscheinung tritt; in ihrer Durchführung konvergiert die ästhetische Sprachwissenschaft daher mit der Literaturwissenschaft. – Im Rahmen der detaillierteren Überlegungen zum Thema Literaturwissenschaft und Literaturkritik kommt Croce auf den spezifisch *sprachschöpferischen* Aspekt von Dichtung und dessen konkreter Untersuchung nicht mehr eigens zu sprechen; seiner Auffassung zufolge versagen die von der traditionellen Sprachwissenschaft und von der Rhetorik bereitgestellten Kategorien denn auch, wenn es um das Verständnis der ästhetischen Individualität der Expression geht. – Trotz der Bekundungen, daß Form und Inhalt im Kunstwerk eine unauflösliche Synthese eingehen, legt Croce dem Interpreten nahe, in der Auslegung beim Inhalt, dem im Kunstwerk ausgedrückten Gefühl anzusetzen.

Wie das Kunstschaffen, so gründet sich nach Croce auch die Kunstkritik wesentlich auf die Intuition: Der Kritiker hat die ursprüngliche Intuition des Autors nachzuschaffen und diesen Nachvollzug als Urteil zu formulieren. Im Zuge seiner historistischen Grundposition, derzufolge jedes geistige Phänomen aus der Geschichte heraus verstanden werden sollte, möchte Croce auch die Literaturkritik als Literaturgeschichte durchgeführt sehen: Literaturgeschichte sollte in der Form von Dichtermonographien geschrieben werden.

Da Croce das Wesen von Sprache ausschließlich als ästhetische Schöpfung bestimmt, vernachlässigt er eine andere, der Sprache wesentliche Dimension: die ihrer "Alterität". Und wegen dieses reduktiven Sprachbegriffs sucht man eine philosophische Klärung von Sprache als "mit einem Anderen sprechen" vergebens; auf den sozialen Aspekt von Sprache kommt Croce (sieht man einmal von den spärlichen Bemerkungen zum sprachschöpferischen Individuum ab) lediglich in seinen späten Aufsätzen zur empirischen Sprachwissenschaft zu sprechen. Während er sich in der *Estetica* zwecks Formulierung des Programms der von ihm anvisierten "linguistica generale" von der empirischen Linguistik bloß negativ abgegrenzt hatte, versucht er in den späten Aufsätzen auch den dieser zugrundeliegenden Sprachbegriff positiv zu bestimmen: Die empirische Sprachwissenschaft untersucht Sprache im Hinblick auf ihre soziale Funktionsweise, als "istituto" bzw. als "fare pratico"; im Rahmen der empirischen Sprachwissenschaft kommt Sprache demzufolge auch im Sinne der Gemeinsprache und nicht bloß – wie in der "linguistica generale" – als schöpferische Tätigkeit des Einzelnen in den Blick. Bezeichnenderweise gebraucht Croce den Begriff "linguistica" in seinen späteren Artikeln für die empirische Sprachwissenschaft allein; da er sich hier mit einem ganz anderen Thema befaßt als in den frühen Schriften, sollten die in den späten Aufsätzen enfalteten Gedanken zu Sprache und Sprachwissenschaft nicht als Revision, als eine "seconda linguistica" gegenüber einer "prima linguistica", sondern als Vervollständigung der frühen Sprachtheorie angesehen werden.

Denjenigen, die gegen Croces Theorie der Identität von Linguistik und Ästhetik polemisiert haben, ist die doppeldeutige Bestimmung des Begriffs "Sprachwissenschaft" in den frühen Arbeiten entgangen. Croce beabsichtigt nicht, die Sprachwissenschaft schlechthin in Ästhetik umzuwandeln; mit diesem Programm bezieht er sich lediglich auf die erst noch zu realisierende "filosofia del parlare", nicht aber auf die bereits vorhandene Sprachwissenschaft, deren Existenzrecht und praktische Nützlichkeit er nie bestreiten wollte.

Für die Herausbildung der idealistischen Philologie sind verschiedene Gedanken der Croceschen Sprachtheorie von Bedeutung gewesen. In Hinblick besonders auf die Arbeiten Vosslers, aber auch auf die Spitzers gilt es, folgende Gesichtspunkte im Auge zu behalten:

1. Croce mißt der Intuition sowohl für den Prozeß der künstlerischen Produktion als auch für die Kritik von Kunst eine ganz außerordentliche Bedeutung bei.
2. Die gesamte Sprachtheorie Croces ist um die These der Identität von Sprache und Dichtung zentriert.
3. Die Forderung der Verschmelzung von Ästhetik und "linguistica generale" führt in ihrer Realisierung zur Einmündung der sprachästhetischen in die literaturwissenschaftliche Deutung von Dichtung.

2. VOSSLER

2.0. Einleitung

Vossler hat das Programm der idealistischen Sprachwissenschaft im wesentlichen in seinen beiden Schriften *Positivismus und Idealismus in der Sprachwissenschaft* (1904) und *Sprache als Schöpfung und Entwicklung* (1905) skizziert. Bereits vor der Veröffentlichung dieser Bücher hatte er nicht nur im Rahmen des Briefwechsels, sondern auch in kleineren Publikationen zu Croces Thesen Stellung genommen. So verteidigt er in der Erwiderung auf Croces Gröber-Kritik den sprachpsychologischen Ansatz Gröbers sowie seine eigene auf diesen Ansatz gegründete Cellini-Studie[64]; und in einem Artikel aus dem Jahre 1902 in der Allgemeinen Zeitung stellt er die wichtigsten Gedanken der Croceschen Ästhetik dem deutschen Leserpublikum vor[65].

Eine detailliertere Auseinandersetzung mit Croces Theorie – sieht man einmal von den auch im Briefwechsel diskutierten wichtigen Fragen ab – findet jedoch erst in Vosslers Streitschriften gegen den Positivismus statt, wo er "auf die wichtigsten Probleme der Sprachwissenschaft die Grundsätze der idealistischen Ästhetik" anzuwenden beabsichtigt (PI, IV). – Als weiteren bedeutenden Gewährsmann für die eigene Arbeit erwähnt er Humboldt: Dieser habe wie Croce versucht, die "Sprachwissenschaft auf den Boden des kritischen Idealismus zu stellen" (ib., V).

Der Einfluß Croces wird nicht allein in Vosslers Vorstellungen zum methodischen Vorgehen innerhalb der Sprachwissenschaft spürbar, sondern auch in der von ihm geforderten Rangordnung der sprachwissenschaftlichen Disziplinen. In *Sprache als Schöpfung und Entwicklung* setzt er andere Prioritäten als in seinem ersten Buch. Die Unterschiede zwischen dem ersten Entwurf der idealistischen Sprachwissenschaft und seiner Modifizierung in der Schrift von 1905 gilt es folglich genau in den Blick zu bekommen. – Bevor Vosslers Vorstellungen zum Programm der idealistischen Sprachwissenschaft bis hin zu seinen Quellen verfolgt und nachgezeichnet werden, gilt es zunächst, sein Verständnis von Positivismus und Idealismus zu klären.

64 Cf. Vossler, "Benedetto Croce, 'Di alcuni principii di sintassi e stilistica psicologiche del Gröber' "; cf. dazu auch die Kritik an Croce in der Rezension "G. Lisio, *L'arte del periodo nelle opere volgari di Dante Alighieri e del secolo XIII, saggio di critica e di storia letteraria*", 357.

65 Cf. Vossler, "Benedetto Croces Ästhetik als Wissenschaft des Ausdrucks".

2.1. Das Verständnis von Positivismus und Idealismus

Vossler deutet die Begriffe "Positivismus" und "Idealismus" in zweierlei Hinsicht: zum einen als "methodologische", zum anderen als "metaphysische" Begriffe. Als methodologische Begriffe bezeichnen "Positivismus" und "Idealismus" zwei verschiedene Betrachtungsweisen des wissenschaftlichen Gegenstands. Während der methodologische Positivismus durch das Interesse an der "genauen Beschreibung des Tatbestandes" sowie an der "Kenntnis des 'Materials' " bestimmt ist (ib., 2), charakterisiert Vossler den methodologischen Idealismus durch eine intuitive Verfahrensweise. Die Intuition – in Berufung auf Croce – als für die Sprachwissenschaft angemessenen Erkenntnismodus auszuzeichnen, ist denn auch eines der Ziele seiner Untersuchung:

> "Da ich die Sprachwissenschaft – ganz wie Croce – zur Gruppe der auf das Anschauungsvermögen (intuitive Erkenntnis) gegründeten historischen Disziplinen rechne, so kann es sich in dieser Schrift in letzter Linie um nichts anderes handeln als um die Frage nach der richtigen Anwendung unseres intuitiven Erkenntnisvermögens zum Zwecke objektiver historischer Forschung" (ib., 2f.).

Trotz des prinzipiell subjektivistischen Ansatzes der neuen Sprachwissenschaft möchte Vossler auf wissenschaftliche Seriosität nicht verzichten. So hält er den methodologischen Positivismus für durchaus verträglich mit der idealistischen Sprachwissenschaft (cf. ib., 5). Was sich hingegen nicht verträgt, sind "Positivismus" und "Idealismus" im metaphysischen Sinn. Als metaphysische Begriffe grenzt Vossler "Positivismus" und "Idealismus" unter dem Gesichtspunkt ihrer im Grundsätzlichen divergierenden Fragestellungen voneinander ab; während sich der Idealist um das "warum" und "wozu" einer Erscheinung kümmere, diese folglich im Ausgang von einer kausalen und teleologischen Sehweise zu verstehen sich bemühe, sei das Interesse des Positivisten auf das "was ist", "was geschieht" eingeschränkt; daß die sich um eine solche Fragestellung rankende Wissenschaft auch noch als "strenge, objektive Wissenschaft" gerühmt wird, hält Vossler für völlig unangebracht:

> "Tatsächlich ist das *gar* keine Wissenschaft. Es ist der Tod des menschlichen Denkens, der Untergang der Philosophie. Es bleibt nur noch ein Chaos von Rohstoff, ohne Form, ohne Ordnung, ohne Zusammenhang. Man entziehe unserer Vernunft den Kausalitätsbegriff, und sie ist tot" (ib., 4).

Diese Aussagen könnten den Eindruck erwecken, der Gegensatz zwischen metaphysischem Idealismus und metaphysischem Positivismus liege für Vossler in der Berücksichtigung des Kausalitätsprinzips durch den Idealismus und in seiner Ignorierung durch den Positivismus beschlossen. Der Eindruck trügt: An anderer Stelle bestimmt Vossler den Unterschied zwischen beiden wissenschaftlichen Einstellungen durch die *verschiedene Auslegung* des Kausalitätsprinzips: "Der Idealist sucht das Kausalitätsprinzip in der menschlichen Vernunft, der Positivist sucht es in den Dingen, in den Erscheinungen selbst" (ib., 3).

Abgesehen von dieser Ungenauigkeit[66] ist es merkwürdig, daß Vossler Positivismus und Idealismus gerade durch den Kausalitätsbegriff voneinander abzugrenzen sucht. Da er sein Verständnis von Kausalität nicht näher expliziert[67], erscheint es zumindest als fraglich, ob er vom Positivismus tatsächlich so weit abrückt, wie das für den eigenen Standpunkt gewählte Etikett "Idealismus" suggerieren könnte. Die Annahme des Ursache-Wirkung-Schemas zwecks Rückführung der "Dinge", der "Erscheinungen" auf die "Vernunft" garantiert nicht von vornherein eine nicht-positivistische Einstellung: Der Weg in den Psychologismus steht nach wie vor offen. Die entscheidende Unbekannte in Vosslers Formulierung ist die hier "Vernunft" genannte, die Dinge bedingende Instanz.

Aus dem bisher Gesagten lassen sich für das Programm der idealistischen Sprachwissenschaft folgende Perspektiven aufzeigen:

1. Die von Vossler entworfene Sprachwissenschaft wird die sprachlichen Erscheinungen als durch "geistige Ursachen" bedingt (wie immer dies auch näherhin ausgelegt wird) zu verstehen suchen.
2. Vossler wird dem methodologischen Positivismus, d. h. einer die sprachlichen Fakten klassifizierenden Verfahrensweise auch innerhalb der idealistischen Sprachwissenschaft ein gewisses Recht einräumen.
3. Er wird das intuitive Verstehen im Rahmen der sprachwissenschaftlichen Arbeit mit Nachdruck verteidigen.

66 Vossler selbst hat übrigens ein Klagelied über begriffliche Ungenauigkeiten in seinen Arbeiten angestimmt. In einem Brief an Croce heißt es:

> "So bene che è facile trovare delle inesattezze nella mia terminologia. Io sono stato sempre sciatto in questo punto e ci vuol poco per cogliermi in fallo" (Cart., 137).

67 Die Auslegung des Kausalitätsprinzips in Hinblick auf die "Erscheinungen der Welt" ist nicht so einfach und eindeutig, wie Vosslers Formulierungen vermuten lassen könnten. So hat Kant von der "Kausalität durch Natur" die "Kausalität durch Freiheit" unterschieden; die Frage, ob die eine oder andere als Erklärungsprinzip der "Erscheinungen" angenommen werden muß, handelt er bekanntlich in der sogenannten "dritten Antinomie" ab (cf. Kant, *Kritik der reinen Vernunft*, A 443/B 471 ff.).

2.2. Ästhetik und Psychologie

Vossler betrachtet die *Estetica* Croces als eine philosophische Fundamentaltheorie, deren Einsichten er auf die Probleme der Sprachwissenschaft anwenden zu können glaubt (PI, Vf.). Die Psychologie lehnt er als Fundament für die sprachwissenschaftliche Arbeit ab, und zwar mit dem triftigen Argument, daß dieser aufgrund ihres *empirischen* Charakters die notwendige begründungstheoretische Kapazität fehle, um als Grundlage der Sprachwissenschaft fungieren zu können (cf. SSE, 21); akzeptiere man die Psychologie als fundierende Disziplin, so seien einer ausschließlich naturwissenschaftlich orientierten Sprachbetrachtung Tür und Tor geöffnet (cf. ib.). Vossler grenzt die Ästhetik von der Psychologie so ab: "Ästhetik und Logik untersuchen den Geist, insofern er Schöpfer und unbedingte Ursache ist, die Psychologie untersucht ihn als ein bedingtes Geschöpf und Phänomen" (ib., 23). Damit zeichnet sich die ästhetische Sprachwissenschaft vor der ausschließlich empirischen bzw. positivistischen Sprachwissenschaft darin aus, daß sie das sprachliche Phänomen als freie Schöpfung des Geistes bzw. aus der "Geistesart des Sprechenden" zu verstehen versucht (cf. PI, 24): *"Die Aufgabe der Sprachwissenschaft ist darum keine andere als die: den Geist als die alleinig wirkende Ursache sämtlicher Sprachformen zu erweisen"* (ib., 63). So weit, so gut; stutzig wird man allerdings an der Stelle, wo Vossler die Begriffe "ästhetisch" und "psychologisch", die er zunächst als Etikette für zwei völlig konträre wissenschaftliche Methoden verwendet, miteinander identifiziert (ib., 94). Dies ist umso erstaunlicher, als ja Vosslers Gewährsmann Croce in der *Estetica* gerade gegen den Psychologismus hatte ins Feld ziehen wollen. So hatte Croce im Rahmen seiner Kunst- und Literaturtheorie immer wieder betont, daß das Werk nicht durch Rückgang auf die empirische Subjektivität zu erklären, sondern als Leistung der schöpferischen Subjektivität zu verstehen sei. – Da Vossler selbst keine Referenzen bezüglich des von ihm im *positiven* Sinn verwendeten Begriffs von Psychologie angibt, muß dieser näher unter die Lupe genommen werden.

Bezeichnend für Vosslers Einstellung gegenüber der Psychologie scheint mir zu sein, auf welche Weise er sich in *Positivismus und Idealismus in der Sprachwissenschaft* von der zuvor gegenüber Croce verteidigten Cellini-Studie distanziert. In dieser Studie hatte er versucht, die *Vita* Cellinis unter Anwendung der Gröberschen Distinktionen von "syntaxis regularis" und "syntaxis figurata" zu analysieren. Dabei war er zu Aussagen über Cellinis psychische Disposition, sein cholerisches Temperament, seine Selbstsicherheit gekommen[68]. Die Selbstkritik, die er im nachhinein übt, ist *nicht,* wie

68 Cf. Vossler, "Benvenuto Cellini's Stil in seiner Vita. Versuch einer psychologischen Stilerklärung", 450.

man von der Orientierung an Croces *Estetica* her erwarten könnte, gegen den Ansatz im Grundsätzlichen gerichtet: Vossler kritisiert also nicht die sprachpsychologische Vorgehensweise schlechthin, d. h. das Verfahren, von der sprachlichen Organisation des Textes auf die ihr zugrundeliegenden konkreten psychischen Eigenheiten des Autors zurückzuschließen, sondern die Art der Durchführung seiner Analyse. Durch die Anwendung starrer syntaktischer Kriterien habe er den Text Cellinis seziert und ihn nicht mehr als Einheit *sui generis* verstehen können. Außerdem sei die strikte Zuordnung von verstandesmäßiger Syntax und analytisch-logischem Intellekt sowie die von affektischer Syntax und synthetisch-künstlerischem Intellekt unsinnig, da es nicht "zwei wesensverschiedene Arten von Sprache gäbe: das logische Sprechen und das künstlerische" (PI, 41). Und schließlich sei innerhalb der von Gröber getroffenen Einteilungen bloß die verstandesmäßige und affektive, nicht aber – wie bereits Croce zu bedenken gegeben habe (cf. Probl., 147) – die Ausdrucksweise des Willens berücksichtigt worden.

Ein weiteres Indiz dafür, daß Vosslers Vorstellungen einer idealistisch-psychologischen Verfahrensweise von Croces Gedanken der ästhetischen Interpretation erheblich abweichen, ist der Begriff des Sprachgeistes, der als kollektivpsychologisches Pendant zu dem des sprachschöpferischen Individuums angesehen werden kann. Vossler führt diesen Begriff ein, um mit ihm die durch die "geistige Eigenart eines Volkes" geprägte Bestimmtheit einer Sprache, ihre nationale Bedingtheit zu bezeichnen. Obwohl der "Sprachgeist" gerade zum Zwecke idealistischer Erklärungen eingesetzt werde, erfolge seine je konkrete Bestimmung auf positivistische Weise:

> "Mit Unrecht haben positivistisch gesinnte Philologen gegen den Begriff des Sprachgeistes polemisiert, denn er ist ein Gewächs aus ihrem eigenen Garten, ein relativer, kollektiver, auf statistischem Wege gewonnener Begriff – allerdings im Dienste der idealistischen Forschung geschaffen" (PI, 17).

Wie man allerdings ausschließlich durch Sprachstatistik den Sprachgeist soll erschließen können, ist fraglich. Denn mit Hilfe von Sprachstatistiken lassen sich allenfalls Aussagen über die jeweilige Einzelsprache, nicht aber über den ihr angeblich zugrundeliegenden Sprachgeist machen. Vosslers Beispiele für den Sprachgeist, wie "die rationelle Geistesrichtung der französischen Nation" (cf. ib.), die "Phantasie und Neigung des Italieners, die Dinge zu konkretisieren und zu idealisieren" (ib., 21), stellen denn auch nichts anderes als in die Form von nichtssagenden Pauschalurteilen eingekleidete, psychologisch naive Hypostasierungen dar. Abgesehen davon, daß derartige Pauschalurteile sehr stark durch die Privatmeinung ihres Urhebers gefärbt sind, vermögen sie zu einer differenzierten Erklärung der sprachlichen Fakten nichts beizutragen. Und in Zeiten zunehmender nationaler Empfindlichkeit stellen sie zudem eine nicht unerhebliche Gefahr dar: nämlich die, durch irrationale Spekulationen über die einer historischen Sprache zugrundeliegenden Volkspsyche Mißverständnisse heraufzubeschwören[69].

Wie wenig sorgfältig Vossler mit den Termini der eigenen Sprachtheorie umgeht, wird noch einmal in der Verwendung des Begriffs "Sprachgeist" offenkundig. Während er in *Positivismus und Idealismus in der Sprachwissenschaft* gemäß dem idealistischen Kausalitätsprinzip mit "Sprachgeist" eindeutig die *Ursache* bestimmter sprachlicher Erscheinungen bezeichnet, bezieht er sich in *Sprache als Schöpfung und Entwicklung* auf allgemeine Tendenzen und Richtungen in den *sprachlichen Fakten selbst.* Den "Sprachgeist" betrachtet Vossler hier als einen "konstruktiven Sammel- und Willkürbegriff", der mit dem Begriff "Sprachtendenz" austauschbar sei (SSE, 120). Damit wird der ursprünglich rein sprachpsychologisch motivierte zu einem ausschließlich für die entwicklungsgeschichtliche Sprachbetrachtung angenommenen Begriff:

> "Indem man eine Sprachgrenze zieht, faßt man die Besonderheiten einer Vielheit von Sprachphänomenen zusammen, und, was geographisch als Grenze erscheint, stellt sich entwicklungsgeschichtlich als Sprachgeist dar" (ib., 121).

Die Gegenüberstellung von Ästhetik und Psychologie in Vosslers Verständnis macht deutlich, daß die Grenzen zwischen beiden Disziplinen – gerade was die Auslegung der sprachschöpferischen Instanz angeht – nicht so scharf gezogen ist, wie man aufgrund der Orientierung Vosslers an Croces *Estetica* annehmen sollte. Aus ästhetischer Perspektive bestimmt Vossler den Geist zwar als *unbedingte* Ursache sprachlichen Wandels, die Interpretationen der sprachlichen Fakten *in concreto* zeigen jedoch, daß er in Wahrheit die Verbindungen zur Psychologie nicht vollkommen abzubrechen vermag: durch ein Hintertürchen erhält der – zunächst geschmähte – Psychologismus Zutritt zur Domäne der idealistischen Philologie.

2.3. Die Sprachtheorie

Die Sprachauffassung Vosslers ist in ihren Grundzügen der *Estetica* Croces direkt verpflichtet. Während Croce sich jedoch zumindest bemühte, die Zentralthese seiner Sprachkonzeption, die Identität von Sprache und Kunst,

69 Cf. dazu Spitzers Kritik an der Vossler-Schule, "Eine Strömung innerhalb der romanischen Sprachwissenschaft", 122ff. Cf. auch Christmann, *Idealistische Philologie und moderne Sprachwissenschaft*, 58ff.

über die Begriffe "Intuition" und "Expression" herzuleiten, beschränkt sich Vossler weitgehend darauf, diese These zu übernehmen. Auch bei Vossler sind die Überlegungen zum Wesensbegriff von Sprache und die Bestimmung des sprachwissenschaftlichen Grundbegriffs miteinander verschlungen; in der Ausarbeitung seiner Konzeption wählt er z. T. dieselben Begriffe und Formulierungen wie Croce.

Vossler faßt das "Wesen von Sprache" als "*innere* Tätigkeit", als "Intuition" (PI, 50), bzw. als "Vorstellung" und "Anschauung" (ib., 42). Damit ordnet er genau wie Croce die Sprache dem Bereich der vorlogischen Erkenntnis zu:

> "Der Mensch projiziert seine eigene Geistesart in die Dinge hinein. Sein Sprechen ist individuelle Tätigkeit seines auf Erkenntnis des Individuellen gerichteten Vermögens: Phantasie, Intuition, ästhetische Schöpfung und enthält auch nicht das leiseste logische Element" (ib., 29).

Ausgangsbasis der Vosslerschen Sprachtheorie ist also die ästhetische Wesensbestimmung von Sprache: Sprache als schöpferische, intuitive Tätigkeit, als Sprechen des Einzelnen. Analog diesem Wesensbegriff entfaltet er den Grundbegriff der Sprachwissenschaft; dabei könnte man auf den ersten Blick meinen, daß er sich auch hier – mit der Forderung, die ästhetische Sprachwissenschaft habe sich mit Kunst bzw. Dichtung zu befassen (cf. ib., 42) – Croces Vorstellungen voll und ganz anschließt. Doch der erste Blick trügt: Die entscheidende Abweichung von Croces Auffassung tritt an der Stelle zutage, wo Vossler den individuellen Sprachgebrauch als "Stil" definiert: "Stil = individueller geistiger Ausdruck" (ib., 16). Im Gegensatz zu Croce, der den Stil für sich betrachtet als *ein* abstraktes Moment des Kunstwerks angesehen hatte (cf. NS, 169f.; cf. Probl., 160ff.), setzt Vossler somit die sprachschöpferische Tätigkeit, das Kunstwerk mit dem Stil gleich. Aus dieser Gleichsetzung folgt, daß die von Croce entworfene ästhetische Linguistik nur sehr eingeschränkt mit Vosslers Programm der idealistischen Sprachwissenschaft vergleichbar ist[70].

Croce hatte mit der These der Identität von Sprache und Dichtung eine neue, von ihm "linguistica generale" genannte Sprachbetrachtung begründen wollen, die in der Form einer monographischen Literaturgeschichtsschrei-

70 Eine bei weitem differenziertere Darstellung und Beurteilung der Croceschen Sprachphilosophie als in den frühen programmatischen Arbeiten hat Vossler mit seinem Aufsatz aus dem Jahre 1941 gegeben (cf. "Benedetto Croces Sprachphilosophie"). Die vor dem Hintergrund der Sprachtheorie Croces unzulänglich anmutende Gleichsetzung von sprachschöpferischer Tätigkeit und Stil hat Vossler hier nicht vorgenommen.

bung durchgeführt werden sollte. Die "Alteritätsdimension" der Sprache war, sieht man einmal von den Bemerkungen zum sprachschöpferischen Individuum ab, in der Bestimmung des Wesensbegriffs unberücksichtigt geblieben. Den sozialen Aspekt von Sprache thematisiert Croce erst im Rahmen der Überlegungen zum Grundbegriff der empirischen Sprachwissenschaft. – Vossler hingegen will die Erkenntnisse Croces auf die zeitgenössische Sprachwissenschaft *anwenden*. Ihm geht es also nicht um die Fundierung einer ganz neuartigen Disziplin, sondern um eine unter dem Motto "Idealismus" durchzusetzende *Reform* der bereits vorhandenen Sprachwissenschaft. Deshalb kann er nicht wie Croce den sozialen Charakter von Sprache in seinen Überlegungen aussparen. Der Grundbegriff von Sprache, den er entwickelt, muß vielmehr so weit gefaßt sein, daß er als Fundament der Sprachwissenschaft insgesamt, als Grundlage aller ihrer Disziplinen taugen kann.

Vosslers Bestimmung der Sprache als soziales Faktum sowie die Überlegungen zum wissenschaftstheoretischen Status dieses Sprachbegriffs speisen sich aus verschiedenen Quellen; die wichtigsten scheinen mir folgende zu sein:

1. die Philosophie Croces: Im Ausgang von dem der Croceschen *Estetica* entlehnten ästhetischen Wesensbegriff versucht Vossler, Sprache als soziales Phänomen von der schöpferischen Tätigkeit des Einzelnen her verständlich zu machen;
2. die Sprachtheorie Humboldts, an der Vossler sich mit der Übernahme des Gedankens der nationalen Bedingtheit von Sprache, der *energeia*-These und schließlich (vor allem in den späteren Aufsätzen) des Begriffs der inneren Form inspiriert;
3. die von Rickert entwickelte Theorie der Begriffsbildung in Natur- und Geisteswissenschaften.

Vossler gibt zwar selbst seine verschiedenen Inspirationsquellen an, ohne jedoch die aus ihnen jeweils herstammenden Erklärungen voneinander zu trennen. In den folgenden Abschnitten möchte ich versuchen, diese aus den Schriften Croces, Humboldts und Rickerts herrührenden Theoriestränge in seinen Ausführungen zu isolieren und in ihrer nicht immer glücklichen Verschlingung aufzuzeigen.

Zu 1.

Im Ausgang von der These, daß Sprache als schöpferische Tätigkeit sich dem einzelnen Individuum verdankt, versteht Vossler den allgemeinen Sprachgebrauch als "ungefähre Summe womöglich aller, oder, wenigstens der wichtigsten Sprachgebräuche" (PI, 16). Diesen Aspekt von Sprache nennt er auch "Konvention".

Eine solche, vom Sprachgebrauch des Einzelnen ausgehende Erklärung der sprachlichen Konvention hat den Nachteil, daß sie diese nur als quantitativ verschieden von der individuellen Sprachtätigkeit darstellen kann: Sie vermag Sprache als soziales Phänomen nur atomistisch, d. h. als Funktion der Sprachverwendungen der Einzelnen, nicht aber als etwas von der Summe der individuellen Sprachgebräuche *qualitativ* Verschiedenes zu begreifen. Das der sozialen Dimension von Sprache Spezifische, das Miteinandersprechen der Individuen, die diesem zugrundeliegende und aus ihm hervorgehende Sprache kann mit einer atomistischen Konzeption gerade nicht verständlich gemacht werden.

Darüberhinaus findet man bei Vossler noch eine zweite, bei der Sprachtätigkeit des Einzelnen ansetzende Version der Erklärung sprachlicher Konvention; diese zweite Version besagt, daß die Sprache als soziales Phänomen auf den Mangel an Sprachschöpfung, auf "geistige Passivität" zurückzuführen sei. Denn sobald sich der Einzelne seiner "Umgebung in Anschauungen, Sitten und Gebräuchen und Sprache" anpasse, werde er in seiner Individualität eingeschränkt (ib., 51). Damit macht Vossler das Defizit an sprachschöpferischer Tätigkeit für das Zustandekommen der sprachlichen Konvention geltend.

Die an Croces Wesensbegriff (Sprache als schöpferische Tätigkeit des Individuums) anknüpfende Bestimmung des sozialen Charakters von Sprache, die Vossler im Hinblick auf die Arbeit des Sprachwissenschaftlers entwickelt, erscheint somit in zwei Fassungen:

1. Die sprachliche Konvention ist Summe der individuellen Sprachverwendungen.
2. Die sprachliche Konvention ist gegenüber der individuellen schöpferischen Tätigkeit defizient.

Diese Überlegungen leiten ihn zu der Forderung, daß die Konvention letztlich aus der individuellen Schöpfung heraus gedeutet werden müsse, denn jedes "Ausdrucksmittel war, bevor es konventionell und syntaktisch wurde, schon oft und lange individuell und stilistisch" (ib., 16).

Zu 2.

Obwohl Vossler der Sprachtheorie Humboldts entscheidende Anregungen verdankt, fallen die direkten Bezugnahmen auf seine Schriften recht knapp aus: Genaue Textreferenzen, Referat oder Kommentar der übernommenen Thesen, all dies glaubt Vossler seinem Leser vorenthalten zu können. Da die für ihn relevanten Gedanken Humboldts somit nur wenig konturiert in seine Ausführungen zum Sprachbegriff einfließen, möchte ich sie im folgenden kurz nachzeichnen.

Die Sprachtheorie Humboldts fußt auf dem Gedanken, daß das Wesen der Sprache Vermittlung – und dies in zweierlei Hinsicht – sei:

> "Denn die Sprache ist überall Vermittlerin, erst zwischen der unendlichen und der endlichen Natur, dann zwischen einem und dem andern Individuum; zugleich und durch denselben Act macht sie die Vereinigung möglich, und entsteht aus derselben; nie liegt ihr Wesen in einem Einzelnen, sondern muss immer zugleich aus dem andern errathen, oder erahnet werden".[71]

Die Vermittlung von Welt, die "Objektivitätsdimension" der Sprache, und die Vermittlung anderer Subjektivität, ihre "Alteritätsdimension", erscheinen in Humboldts Konzeption folglich als miteinander verbunden[72]. – Die Nationalsprachen stellen nach Humboldt insofern verschiedene Realisierungsformen der Idee von Sprache dar, als in ihnen die Vermittlung der Welt auf unterschiedliche Weise erfolgt, sie ihren Sprechern somit ein je spezifisches Weltbild nahelegen. Desungeachtet hält Humboldt die Verständigung zwischen zwei verschiedensprachigen Individuen für möglich: Trotz ihrer unterschiedlichen historischen Erscheinungsformen sind die Sprachen als miteinander verwandt anzusehen, da ihr Urheber in jedem Fall der Mensch ist[73] und "die Gesetze des Denkens bei allen Nationen streng dieselben sind"[74]:

> "Denn der Organismus aller Sprachen ist doch wieder ein gemeinsamer, und die Verschiedenheit und selbst der Gegensatz dürfen nur innerhalb dieser allgemeinen Identitaet genommen werden. Sprache kann auch nicht, gleichsam wie etwas Körperliches, fertig erfasst werden; der Empfangende muss sie in die Form giessen, die er, für sie bereitet, hält, und das ist es, was man *verstehen* nennt".[75]

Die Weltbildthese in der Version Humboldts ist folglich nur als gemäßigt relativistisch bzw. als "perspektivistisch" zu bezeichnen[76].

71 Humboldt, "Ankündigung einer Schrift über die vaskische Sprache und Nation, nebst Angabe des Gesichtspunktes und Inhalts derselben", 296.

72 Zur Unterscheidung dieser beiden Dimensionen cf. Coseriu, *Die Geschichte der Sprachphilosophie von der Antike bis zur Gegenwart. Eine Übersicht,* II, 17ff.; cf. auch id., *Sprache. Strukturen und Funktionen,* 138ff. und 152.

73 Cf. Humboldt, *Werke,* III, 156.

74 Cf. ib., 365.

75 Ib., 156

76 Den Begriff "Perspektivismus" zur Charakterisierung der Humboldtschen Position hat Coseriu in seiner *Vorlesung zur Geschichte der Sprachphilosophie* (WS 1975/76, 3. 2. 76; bisher unveröffentlicht) benutzt. Zur Einschätzung Humboldts in Hinblick auf den Sprachrelativismus cf. auch Albrecht, "Nietzsche und das 'Sprachliche Relativitätsprinzip' ", 227f. sowie Christmann, "Beiträge zur Geschichte der These vom Weltbild der Sprache".

Mit dem Gedanken der nationalen Bestimmtheit der Einzelsprachen[77] hängt der Begriff der inneren Sprachform zusammen. Humboldt verwendet diesen Begriff zunächst zur Bezeichnung des "inneren" und "rein intellectuellen Theils" der Sprache[78]; aufgrund des bisher Gesagten könnte man vermuten, das "intellectuelle Verfahren" sei in allen Sprachen dasselbe; dies trifft jedoch nicht zu. Humboldt räumt zwar ein, daß die Verschiedenheiten bezüglich der inneren Sprachform geringer sind als die etwa in der materiellen Organisation der Sprachen, doch meint er, Divergenzen auch zwischen der inneren Form verschiedener Sprachen annehmen zu müssen, weil die "spracherzeugende Kraft" bei den verschiedenen Völkern unterschiedliche Ausprägung finde und zudem neben dem Intellekt auch Phantasie und Gefühl an der Erzeugung der inneren Form mitbeteiligt seien:

> "Phantasie und Gefühl bringen individuelle Gestaltungen hervor, in welchen wieder der individuelle Charakter der Nation hervortritt und wo, wie bei allem Individuellen, die Mannigfaltigkeit der Art, wie sich das Nemliche in immer verschiedenen Bestimmungen darstellen kann, ins Unendliche geht"[79].

Am deutlichsten tritt die Individualität der Einzelsprache, ihre "nationelle Eigenthümlichkeit" nach Humboldt in der unterschiedlichen Bezeichnung der Welt in Erscheinung.

Der letzte, für unseren Zusammenhang wichtige Aspekt der Humboldtschen Sprachtheorie ist die *Energeia*-These. Den Gehalt dieser These hat Humboldt bereits in den frühen sprachtheoretischen Arbeiten zum Ausdruck gebracht; den Begriff "Energeia" benutzt er allerdings erst in seiner Schrift "Über die Verschiedenheit des menschlichen Sprachbaues und ihren Einfluss auf die geistige Entwicklung des Menschengeschlechts" (1830–35). Diese so oft zitierte These besagt, daß die Sprache nicht Werk ("Ergon"), sondern Tätigkeit ("Energeia") sei[80]. Die Charakterisierung "Energeia" bezieht Humboldt nicht allein auf die Realisierung der Sprache, das konkrete Sprechen, sondern auch auf die Sprache qua Einzelsprache: "Die Sprachen als

77 Die Einzelsprache betrachtet Humboldt als "Erzeugniss ... einer Nation" (cf. *Werke*, III, 162) und dementsprechend die Nation als eine "durch eine bestimmte Sprache charakterisierte geistige Form der Menschheit, in Beziehung auf idealische Totalität individualisiert" (ib., 160).

78 Cf. ib., 463.

79 Ib., 464f.

80 Cf. ib., 418. – Wie Humboldt sich mit diesen Begriffen auf die Philosophie des Aristoteles bezieht und wie vor dem Hintergrund dieser Tradition diese Begriffe näher verstanden werden sollten, hat Coseriu gezeigt (cf. id., *Sincronía, diacronía e historia*, 45ff.).

eine Arbeit des Geistes zu bezeichnen, ist schon darum ein vollkommen richtiger und adäquater Ausdruck, weil sich das Daseyn des Geistes überhaupt nur in Thätigkeit und als solche denken läßt"[81].

Damit ist Humboldts Begriff der sprachschöpferischen Tätigkeit wesentlich weiter gefaßt als der Croces, da dieser allein das Sprechen als schöpferische geistige Tätigkeit ansieht, die Einzelsprachen hingegen als dem Bereich des Praktischen zuzuordnende "istituti".

Vossler greift Humboldts Gedanken der nationalen Bestimmtheit der Einzelsprache auf. Für die sprachwissenschaftliche Arbeit folgt daraus, daß sie die einzelnen sprachlichen Fakten in ihrer nationalen Bedingtheit, in Vosslers Worten: durch Rückgang auf den "Sprachgeist", die "geistige Eigenart eines Volkes", zu klären hat. Und indem er die These der sprachschöpferischen Tätigkeit nicht bloß für das Sprechen des Individuums, sondern auch für die historische Sprache geltend macht, kann er diese als "*kollektive* geistige Tätigkeit" bezeichnen (PI, 91).

In der Formulierung des sprachwissenschaftlichen Grundbegriffs kommt es zu einem Konflikt, bzw. – wie Vossler sagt – zu einer "scheinbaren Antinomie" (ib., 91), die, wie mir scheint, darin begründet liegt, daß er sich sowohl an Humboldt als auch an Croce orientiert: Aus der Sicht der Croceschen Sprachtheorie, d. h. im Ausgang vom einzelnen sprachschöpferischen Individuum, muß Sprache als soziales Phänomen, als Konvention, durch ein "Defizit" an sprachlicher Kreativität, bzw. durch "Passivität" erklärt werden; der Rekurs auf Humboldt hingegen ermöglicht es Vossler, die Sprache zugleich auch als "kollektive geistige Schöpfung" zu verstehen (cf. ib., 94). Vossler versucht, diese Klippe in der Weise zu umschiffen, daß er grundsätzlich zwei Perspektiven für die sprachwissenschaftliche Arbeit annimmt. Der Sprachwissenschaftler hat Sprache

1. im "Moment des absoluten Fortschritts oder der freien individuellen Schöpfung" zu untersuchen;
2. im "Moment des relativen Fortschrittes oder der sogenannten gesetzmäßigen Entwicklung und der gegenseitig sich bedingenden kollektiven Schöpfung" (ib., 93 f.).

Die Inspiration an der Sprachauffassung Humboldts hat bei Vossler darüberhinaus eine Erweiterung des Begriffs des Individuums zur Folge; denn nicht nur sollen die sprachlichen Ausdrucksweisen der Einzelnen, sondern auch die Nationalsprachen in ihrer Individualität verstanden werden. In dieser Sichtweise fungiert der Einzelne nur als Repräsentant der jeweiligen Sprachgemeinschaft, so daß Vossler in der Deutung einzelner sprachlicher Fakten von "dem Franzosen", "dem Italiener" etc. sprechen wird.

81 Ib., 419.

Zu 3.
In seinem zweiten Buch zum Programm der neuen Sprachwissenschaft nimmt Vossler den bereits in *Positivismus und Idealismus in der Sprachwissenschaft* eingeführten Terminus "Entwicklung" wieder auf, um – angeregt durch Rickerts Abhandlung über die Grenzen der naturwissenschaftlichen Begriffsbildung – den wissenschaftstheoretischen Status dieses Begriffs zu klären. – Um die Bezugnahme auf Rickert besser zu verstehen, seien auch dessen Gedanken, soweit sie für die Ausführungen Vosslers von Bedeutung sind, hier kurz vorgestellt.

Rickert betrachtet die Wirklichkeit als eine "unübersehbare Mannigfaltigkeit"[82], als ein "heterogenes Kontinuum"[83]. Diese Manigfaltigkeit läßt sich vereinfachen, indem sie "begrifflich beherrscht", das "Kontinuum in ein Diskretum" verwandelt wird[84]. Eine solche begriffliche Erfassung der Wirklichkeit auszuarbeiten, sie rational einsehbar zu machen, ist Aufgabe der Wissenschaften.

Während sich die Vertreter des Marburger Neukantianismus darauf konzentrierten, das theoretische Fundament der Naturwissenschaften zu entwerfen, bemüht sich Rickert darüberhinaus auch um eine Theorie der Geschichts- bzw. Kulturwissenschaften. Zur Abgrenzung der Kultur- von den Naturwissenschaften nimmt er ein "materiales" und ein "formales" Einteilungsprinzip an[85]. Das materiale Einteilungsprinzip besagt, daß wir im Rahmen der Kulturwissenschaften über die naturwissenschaftlichen Fragestellungen hinausgehen, indem wir Fragen an den Gegenstand richten, die ihn gerade nicht mehr als Natur-, sondern als Kulturgegenstand betreffen[86]. Der Kulturgegenstand unterscheidet sich nach Rickert vom Naturgegenstand darin, daß er eine "besondere Bedeutung" für uns hat, oder, wie Rickert auch sagt, daß ein "Wert" an ihm "haftet", der als allgemein anerkannt gilt[87]. Gemäß dem *formalen* Einteilungsprinzip werden Natur- und Kulturwissenschaften aufgrund ihrer divergenten Zielsetzungen und Methoden voneinander geschieden. Die Naturwissenschaft befaßt sich mit der empirischen Wirklichkeit als Natur, d. h. "*mit Rücksicht auf das Allgemeine*", die Kulturwissenschaft hingegen betrachtet die Wirklichkeit als Geschichte "*mit Rücksicht auf das Besondere und Individuelle*"[88]. Die Kultur- resp. historischen Wissenschaften haben

82 Cf. Rickert, *Die Grenzen der naturwissenschaftlichen Begriffsbildung*, 101.
83 Cf. id., *Kulturwissenschaft und Naturwissenschaft*, 32.
84 Cf. ib., 33.
85 Cf. ib., 14.
86 Cf. ib.
87 Cf. ib. und ib., 18.
88 Cf. id., *Die Grenzen der naturwissenschaftlichen Begriffsbildung*, 224.

folglich die verschiedenen Aspekte der Wirklichkeit in ihrer Individualität darzustellen. In der Auswahl der darzustellenden historischen Individuen bezieht sich der Wissenschaftler auf Werte, die "für Alle" Werte sind, und die es ihm gestatten, das Wesentliche vom Unwesentlichen zu trennen. Aufgrund dieser Beziehung auf Werte können die Kulturwissenschaften einen Anspruch auf Allgemeingültigkeit erheben, der allerdings von dem der Naturwissenschaften verschieden ist[89]. Eine solche in Wertbeziehung gegründete Analyse impliziert eine teleologische Gesamtperspektive:

> "Wie aber zum Begriff des historischen Individuums überhaupt die Beziehung auf einen Wert gehört, so muß auch die teleologische Entwicklungsreihe auf einen Wert bezogen werden, damit Entwicklungs*geschichte* im logischen Sinne, d. h. Darstellung einmaliger und individueller Entwicklung entsteht".[90]

Vossler macht sich diese Gedanken Rickerts zunutze, um sein Verständnis des Begriffs "Entwicklung" zu präzisieren, mit dem er, dies wurde bereits erwähnt, die Sprache als Konvention bezeichnet. Den Begriff "Entwicklung" wählt Vossler vermutlich deshalb, weil er den konventionellen Charakter von Sprache in historischer Perspektive untersucht sehen will. Warum er sich dabei ausgerechnet auf Rickert beruft, ist unschwer zu erraten: Gerade Rickert hat ja immer wieder, was Vosslers Grundüberzeugungen sehr entgegenkommen muß, auf die individualisierende Verfahrensweise der Kulturwissenschaften abgehoben. – Vossler charakterisiert den Begriff "Entwicklung" durch "Zweck" und "Geschichte". Mit beiden Charakterisierungen nimmt er Bezug auf Rickerts Theorie des Wertbegriffs. Wie Rickert geht auch Vossler davon aus, daß der Geschichtsschreiber gezwungenermaßen einen gewissen Standpunkt wählt, und daß die Wahl dieses Standpunktes in Hinblick auf bestimmte Werte erfolgt (cf. SSE, 8ff.). Den Begriff der Entwicklung sieht Vossler näherhin als ein Konstrukt an, das eine bestimmte Ordnung in der Wirklichkeit, in diesem Fall: in der sprachlichen Wirklichkeit aufzuzeigen gestattet. Geschichtsschreibung ist somit immer willkürlich, d. h. unmittelbar abhängig von den Wertbegriffen, die der Betrachtung zugrundegelegt werden. Bezogen auf die Sprachgeschichte bedeutet dies folgendes: Auch die geschichtliche Betrachtung von Sprache muß, da sie notwendigerweise unter Auswahl bestimmter Aspekte erfolgt, als willkürlich, d. h. als an die Subjektivität des Interpreten mehr oder weniger deutlich gebunden angesehen werden. Mit seinen Ausführungen zu diesem Thema bezieht Vossler erneut Position gegenüber denjenigen, die sich wähnen, Sprache bzw. Sprachgeschichte in *objektiver* Weise beschreiben zu können.

89 Cf. ib., 320f.
90 Ib., 416.

Von Rickert weicht Vossler an der Stelle ab, wo er – diesmal wieder in Anlehnung an Croce – die theoretische von der theoretisch-praktischen Geschichte unterscheidet. Da Croce die Kunst (bzw. Sprache als Schöpfung) der theoretischen Tätigkeit des Geistes zugeordnet hatte, meint nun Vossler, daß auch die Geschichte der Kunst (die Geschichte der Sprache als Schöpfung) theoretischen Charakter haben müsse. – Sprache als ein im "praktischen Verkehr der Individuen untereinander" funktionierendes Kommunikationsmittel, Sprache als "kollektive Schöpfung" bzw. als "Entwicklung" gehöre hingegen dem Bereich des Praktischen an (cf. ib., 19). Die auf diesen Aspekt von Sprache bezogene geschichtliche Erkenntnis, die mit Typen, Gesetzen und Zweckbegriffen arbeite, habe dementsprechend theoretisch-praktischen Charakter (cf. ib., 17ff.) Vosslers Schluß von der theoretischen bzw. praktischen Bestimmtheit eines Gegenstandes auf den theoretischen bzw. praktischen Charakter der ihn behandelnden Wissenschaft ist ein Fehlschluß. Denn jede Wissenschaft als ein mit Geltungsansprüchen auftretender Aussagenkomplex ist notwendigerweise theoretischer Natur, unbeschadet der Entscheidung, ob man ihren jeweiligen Gegenstand dem Bereich des Praktischen oder dem des Theoretischen zuordnet[91].

Auch in den späteren Aufsätzen zur Sprachtheorie ist Vossler seinen idealistischen Grundüberzeugungen treu geblieben; der Einfluß Humboldts schlägt hier jedoch wesentlich stärker zu Buche als in den Schriften von 1904 und 1905. Themen der späteren Sprachtheorie sind das Verhältnis der Sprachwissenschaft zu anderen ihr nahestehenden wissenschaftlichen Disziplinen (bes. GA), sowie die Sprache in ihren "Verflechtungen mit den übrigen Tätigkeiten des Geistes" (GK, V). Da Vossler sich nicht mehr auf vornehmlich methodologische Überlegungen beschränkt, muß die hier entfaltete Sprachtheorie schon allein aufgrund der angesprochenen Themenkreise als reicher und differenzierter angesehen werden. Nach wie vor hält er an dem von Croce übernommenen Gedanken fest, daß das "wahre sich selbst bestim-

91 Eine ähnliche Kritik, allerdings in einem anderen Kontext, macht Coseriu geltend, wenn er schreibt, daß Vosslers Schluß von der 'Alogizität' der Sprache auf den entsprechend unlogischen Charakter der Sprachwissenschaft auf einer Verwechselung der Ebene der Sprache mit derjenigen der Sprachwissenschaft beruhe:

> "Vossler confunde ... el plano del lenguaje y el plano de la lingüística y establece una oposición imposible entre lenguaje, por un lado, y lógica y ciencia, por el otro, como si se tratara de cosas que se hallan en el mismo plano: la disposición científica no hay que encontrarla en el lenguaje, sino en la lingüística. Toda ciencia es lógica por ser *ciencia,* y no por ser ciencia de un *objeto lógico*" (*Teoría del lenguaje y lingüística general,* 252).

mende schöpferische, unübertragbare und konkrete Wesen der Sprache nicht Dienst und nicht Funktion und kein Betrieb, sondern Dichtung ist"[92].

Am Begriff des Stils, den Vossler in den frühen Arbeiten mit der individuellen schöpferischen Sprachtätigkeit gleichgesetzt hat, fällt in den späteren Schriften eine neue Akzentuierung auf: Hier bezeichnet er die Nationalsprachen als Stile, ja sogar als Dichtung. Nationalsprache und Dichtung seien darin gleich, daß sie beide eine "deutende" Fähigkeit aufweisen (cf. GK, 156).

Nicht allein der Stilbegriff, auch der Sprachbegriff findet in den späteren Aufsätzen eine Erweiterung: Sprache als soziales Faktum wird nicht mehr nur als "Entwicklung", als gegenständliches Korrelat einer historisch arbeitenden Sprachwissenschaft pointiert. Vossler betrachtet nun die Sprache auch als ein "System", das als "Werkzeug" in seinem "Funktionieren *für* das Leben", in seinem "Sein" und in seiner "Natur", in seinem "Automatismus und Mechanismus" untersucht werden müsse (cf. GA, 104).

Einer der Zentralbegriffe der späteren Sprachauffassung Vosslers ist der von Humboldt übernommene, jedoch modifizierte Begriff der inneren Sprachform; Vosslers Deutung dieses Begriffs ist bezeichnend für sein spätes Sprachdenken. Vossler versteht unter "innerer Sprachform" ein zwar auf die jeweilige Einzelsprache hin orientiertes, aber dennoch gleichsam vorsprachliches "Meinen" (GK, 203), das je nach dem geistigen Kontext, in dem es sich vollzieht, als "Gewißheit oder Glaube" (in der "religiösen Sprache"), als "Begreifen" oder "Rechnen" (im "wissenschaftlichen Ausdruck"), als "Ergriffenheit" (im "Gefühlsausdruck") etc. zu verstehen ist (ib., 159). Im Verstehensprozeß hat das Individuum das ursprüngliche Meinen seines Gesprächspartners nachzuvollziehen, indem es dies in sein eigenes Meinen übersetzt: "Man übersetzt immer und überall, wo man die Rede eines anderen oder die eigene von ehedem in sich aufnimmt" (GK, 201 f.).

Die Dichtung zeichnet sich nach Vossler darin aus, daß in ihr die Spannung von "innerer Sprachform" und sprachlicher Veräußerlichung (Vossler nennt diese auch "äußere Sprachform") aufgehoben wird (cf. ib., 260). Denn die Dichtung symbolisiert nicht wie die anderen Audrucksformen etwas der Sprache Äußerliches, Fremdes (wie religiösen Glauben, logisches Begreifen etc.): In der Dichtung stellt sich Sprache vielmehr selbst dar in der Weise, daß es hier nur noch auf Sprache als Gestaltung ankommt (cf. ib., 243). Die Dichtung ist also Entelechie des sprachlichen Ausdrucks schlechthin, insofern als sich in ihr die Differenz zwischen vorsprachlichem Meinen und sprachlicher Artikulation auf ein Minimum reduziert. Damit mündet die um den Begriff der inneren Sprachform zentrierte Theorie

92 Vossler, "Der Kampf gegen den Abstraktismus in der heutigen Sprachwissenschaft", 325. Cf. dazu auch GA, 14ff. und GK, 244ff.

Vosslers in die durch Croces Einfluß geprägte Lehre vom dichterischen Wesen der Sprache ein. Vossler beschließt seine Gedanken mit dem ihm eigenen Pathos so:

> "Die als Dichtung erscheinende Sprache ist individuell und universal, national und allgemein menschlich, formal und sachlich, ausgeprägt und empfunden, erlebt und gestaltet, zeitlich und ewig, landschaftlich verwurzelt und geistig beschwingt, greifbar und unfaßlich, offen für die unendliche und romantische Mannigfaltigkeit und Zerrissenheit des Lebens und geschlossen zugleich in der Eigengesetzlichkeit ihres intuitiven klassischen Gestaltungswillens. Sie ruht beschaulich und tendenzlos in sich selbst und strahlt wie eine Sonne nach allen Seiten die Wirkung ihres Lichts" (ib., 261).

2.4. Die sprachwissenschaftlichen Disziplinen

Vosslers Überlegungen zu den sprachwissenschaftlichen Disziplinen stehen in unmittelbarem Zusammenhang mit seiner Sprachtheorie. Was die Rangordnung der Disziplinen betrifft, kommt es allerdings in den Schriften von 1904 und 1905 zu einer unterschiedlichen Akzentuierung, die auch im Hinblick auf die Anschauungen Spitzers von Interesse sein wird.

Entsprechend seinen Grundvorstellungen, denen zufolge sich das Wesen von Sprache in der schöpferischen Tätigkeit, also vornehmlich in der Dichtung konkretisiert, fordert Vossler, daß sich der Sprachwissenschaftler in erster Linie mit dem kreativen Aspekt von Sprache zu befassen habe. In Abweichung von Croce hat Vossler den individuellen Sprachgebrauch als "Stil" definiert (cf. S. 44), so daß er die Stilistik als diejenige sprachwissenschaftliche Disziplin auszeichnen kann, deren "Wesen in der idealistischen Ergründung des sprachlichen Ausdrucks als einer *rein individuellen Schöpfung* liegt" (PI, 36). Ja, er geht sogar so weit zu behaupten, "Sprachwissenschaft im reinen Sinne des Wortes" sei "nur die Stilistik" (ib., 42). Die Stilistik betrachtet Vossler als diejenige Disziplin, in der Croces Idee der ästhetischen Sprachwissenschaft gleichsam in reiner Form verwirklicht werden soll. So überträgt er denn alle Vorstellungen, die Croce zur "linguistica generale" entwickelt hatte, auf die Stilistik: Ihr Gegenstand ist die individuelle sprachschöpferische Tätigkeit, also vornehmlich die Dichtung. Der im Rahmen der Stilistik arbeitende Forscher hat das sprachliche Kunstwerk in seiner Individualität zu begreifen; dabei kann und soll der Text nicht in Hinblick auf eventuell bestehende feste Normen beurteilt, sondern nur mit sich selbst verglichen werden. Wie Croce verlangt auch Vossler, daß der Kritiker die ursprüngliche Intuition des Autors nachzuschaffen habe. In diesem Zusammenhang artikuliert er erneut die Forderung, der Sprachwissenschaftler solle *intuitiv* vorgehen. Denn um die Aufgaben der neuen Sprachwissenschaft erfüllen zu können, reiche die Geduld des faktensammelnden Positivisten nicht aus, der Sprachwissenschaftler müsse vielmehr auch über eine intuitive Begabung verfügen:

> "Das ästhetisch-kritische Ingenium ist also eine Begabung: geradesogut wie das ästhetisch-produktive oder das logische oder das mathematische etc. Zur positivistischen Philologie, d. h. zur Materialsammlung, genügt es, wenn man fünf oder vielleicht auch nur vier Sinne und eine gehörige Portion Geduld hat. Zur eigentlichen Sprachwissenschaft aber braucht man das, was die Italiener *bernoccolo* nennen" (ib., 43).

Unter den sprachwissenschaftlichen Disziplinen zeichnet Vossler die Stilistik als "oberste Disziplin" aus, in der "Lautlehre, Flexionslehre, Wortbildung und Syntax ... ihre letzte einzige und wahre Erklärung ... finden" (ib., 10). – Die positivistische Einteilung und Reihenfolge der sprachwissenschaftlichen Disziplinen: erst Lautlehre, dann Flexions- und schließlich Satzlehre lehnt er ab; diese Gliederung sei durch eine bloß "mechanische Teilung" zustandegekommen und auf die Sprache als "Zustand", aber nicht als "Werden" bezogen (ib., 8). Außerdem suggeriere eine solche Einteilung einen falschen Kausalzusammenhang: Mit der Behauptung, daß die Worte den Satz "konstituieren", sei der "Fehlsprung" vom methodologischen zum metaphysischen Positivismus getan (cf. ib., 9). Tatsächlich aber müsse der Geist als Ursprung aller sprachlichen Ausdrucksformen angesehen werden. Im folgenden geht Vossler sämtliche Disziplinen der Sprachwissenschaft durch (in der Reihenfolge: Flexionslehre und Wortbildungslehre, Satzlehre, Bedeutungslehre, Lautlehre; auch Akzent- und Verslehre werden berücksichtigt), um anhand von ausgewählten Beispielen seine Vorstellungen zur ästhetischen resp. stilistischen Interpretation der sprachlichen Fakten zu illustrieren. Entsprechend dem idealistischen Sprachverständnis hebt er immer wieder hervor, daß die sprachlichen Fakten nicht durch "äußerliche Klassifikation" (ib., 44), sondern als geistige Schöpfungen verstanden werden müßten; dabei ist der Begriff der geistigen Schöpfung so weit gefaßt, daß er zum einen auf das einzelne Individuum, zum anderen aber auch (wie besonders im Kapitel zur Flexion deutlich wird) auf die ganze Sprachgemeinschaft beziehbar ist. Diesen beiden Akzentuierungen des Sprachbegriffs: Sprache als individuelle Schöpfung bzw. Sprache als kollektive Schöpfung resp. "Entwicklung" entsprechen zwei verschiedene Betrachtungsweisen: der ersteren die rein ästhetische, der zweiten die ästhetisch-historische Sprachbetrachtung. Die erstere soll – und hier werden wieder die Anklänge an Croces Theorie spürbar – monographisch verfahren, die Ausdrucksformen auf "ihre Individualität, auf ihren eigentlichen Gehalt hin" untersuchen. Für die zweite sieht Vossler die Aufgabe vor,

> "die sprachlichen Formen nach Völkern und Zeiten einerseits chronologisch nach Zeitaltern und Perioden, andererseits geographisch nach Nationen und Rassen und schließlich nach 'Völkerindividuen' und geistiger Verwandtschaft"

zu untersuchen (ib., 94). Hier ist dann nach Vossler der Ort, wo der methodologische Positivismus voll und ganz zu seinem Recht kommen muß, wo das Arbeiten mit ausschließlich zu forschungspraktischen Zwecken angenommenen Klassifikationen notwendig ist.

In *Sprache als Schöpfung und Entwicklung* setzt Vossler die Akzente etwas anders. Dabei hält er zwar an den in *Positivismus und Idealismus in der Sprachwissenschaft* entwickelten ästhetischen Grundvorstellungen von Sprachwissenschaft fest, doch beurteilt er jetzt den Stellenwert der Stilistik neu. Die Stilistik fungiert in diesem Modell nicht mehr als oberste sprachwissenschaftliche Disziplin. Vossler gesteht sich hier vielmehr selbst ein, daß die Wissenschaft von der Sprache als Schöpfung – so wie er sie entworfen hat – nur "Einsicht in das Besondere und Individuelle" zu vermitteln vermag (SSE, 96). Aus dieser Erkenntnis heraus ordnet er die Stilistik nun sowohl dem Bereich der Sprachwissenschaft als auch der Literaturgeschichte zu. Diese Zuordnung erscheint insofern als plausibel, als nach Vossler der Gegenstand der Stilistik ja vornehmlich der dichterische Text ist und dieser, wie auch die exemplarisch vorgeführte Interpretation von "Le Corbeau et le Renard" zeigt (cf. ib., 83–95), im Ausgang von der sprachlichen Gestaltung gedeutet werden soll. Und genau an diesem Punkt fällt ein weiterer Unterschied zu Croces "linguistica generale" auf: Während sich Croces ästhetische Sprachwissenschaft als bloße Literaturgeschichte entpuppte, wobei, wie seine Literaturtheorie verdeutlichte, die Interpretationen letztlich beim Gehalt, bei dem in der Dichtung ausgedrückten Gefühl ansetzen sollten, interessiert sich Vossler, da er die ästhetische Betrachtung primär im Rahmen der Stilistik durchgeführt sehen möchte, von vornherein vor allem für die sprachliche Beschaffenheit des poetischen Textes. So erscheint es denn nur als konsequent, wenn er die Stilistik als Bindeglied zwischen Sprach- und Literaturwissenschaft ansiedelt.

Mit der neuen Beurteilung des Standortes der Stilistik als Lehre von der Sprachschöpfung verändert sich auch die Einschätzung der Lehre von Sprache als "Entwicklung". Während er die Stilistik in *Positivismus und Idealismus in der Sprachwissenschaft* als "Sprachwissenschaft im reinen Sinne des Wortes" bezeichnet hatte (cf. S. 54), spricht er dies nun der entwicklungsgeschichtlichen Sprachbetrachtung zu: "Sobald man aber die Sprache als Entwicklung betrachtet, ist man in das eigentliche und ausschließliche Gebiet der Sprachwissenschaft im engeren Sinne hinübergetreten" (SSE, 97).

Der Stilistik in der Konzeption Vosslers kommt somit die Aufgabe zu, eine sprachwissenschaftliche Deutung des schöpferischen Sprachgebrauchs, wie er in Literatur und Dichtung in Erscheinung tritt, zu liefern. Dabei geht es Vossler nicht um eine klassifikatorische Feststellung solcher sprachlicher Verfahren, die verschiedenen Texten gemeinsam sind und etwa um die Analyse und Begründung von Textsorten; er verspricht sich vielmehr von seiner Stilforschung Einsichten in das Individuelle literarischer Textgestaltung; seine Stilistik ist somit nichts anderes als eine sprachwissenschaftlich orientierte Texthermeneutik.

Auch in den späteren Aufsätzen fordert er, daß Sprach- und Literaturwissenschaft wenigstens partiell, zum Nutzen beider Disziplinen Hand in Hand arbeiten sollten. Diese Forderung formuliert er hier jedoch nicht im Ausgang von seinem Entwurf von Stilistik, sondern in Hinblick auf eine Verbindung von Sprach- und Kulturgeschichte, von Sprach- und Literaturgeschichte. – Die Geschichte einer Sprache könne nur dann in angemessener Form erfaßt werden, wenn die für sie wichtigen politischen, administrativen und geographischen Faktoren, vor allem aber der "sprachliche Zeitgeschmack" berücksichtigt würden: "Denn dies ist der entscheidende Punkt, alle sprachliche Wandlung und Entwicklung ist, in letzter Instanz, das Werk des Geschmackes oder Kunstgefühles der Sprechenden" (GA, 16). Und gerade in der Literaturgeschichte treten die Ausdrucksmittel und die "Gefühls- und Geschmacksrichtungen", die für den Charakter und für die Entwicklung einer Sprache prägend sind, besonders deutlich zutage (cf. ib., 37f.). So solle sich der Sprachhistoriker immer auch mit den großen Dichtern einer Epoche befassen, da in ihren Werken "die vielen kleinen verborgenen Tendenzen ihrer Muttersprache sozusagen potenziert, karikiert und in einem Vergrößerungsspiegel zusammengefaßt sind" (ib., 38).

Trotz einiger Akzentverlagerungen hat Vossler somit den idealistischen Maximen der frühen Arbeiten insgesamt die Treue gehalten. Das Interesse an der Sprache als sozialem Faktum, als einem kulturhistorischen Phänomen ist in den späteren Aufsätzen gewachsen. Die Kontinuität zu den frühen Gedanken tritt jedoch immer wieder deutlich in Erscheinung: Nach wie vor sieht Vossler das Wesen von Sprache in der Sprachschöpfung des Individuums, namentlich in der des Dichters konkretisiert; und auch im Hinblick auf die geschichtliche Entfaltung der Einzelsprachen gilt es, der Dichtung als ein für diese wesentliches Moment besondere Aufmerksamkeit zu schenken.

2.5. Zur Kritik an Vossler

Vosslers Programm der idealistischen Philologie ist von philosophischer und vor allem von sprachwissenschaftlicher Seite z. T. sehr heftig attackiert worden. Obwohl die Kritik von Vertretern verschiedener Disziplinen und verschiedener wissenschaftlicher Grundauffassung vorgebracht wurde, gab es einen einheitlichen Tenor: So wurde vor allem und immer wieder die Übernahme Crocescher Gedanken moniert.

Nencioni hat diese Kritik nicht allein in Hinblick auf einzelne Details der Vosslerschen Sprachtheorie, sondern als einen das Grundsätzliche betreffenden Einwand formuliert. Er wirft Vossler vor, seine eigenen Einsichten zur Sprachwissenschaft in eine "camicia di forza" gesteckt zu haben, indem er auf diese eine ihnen fremde philosophische Theorie angewandt habe[93]. Diese Kritik ist insofern gerechtfertigt, als Vossler auch nicht mit einem einzigen Wort das durchaus nicht unwichtige Problem des Verhältnisses von Philosophie und Einzelwissenschaft, der Anwendung der Erkenntnisse der ersteren auf die letztere erwähnt. Unbekümmert überträgt er vielmehr Croces Gedanken zur ästhetischen Sprachbetrachtung auf die zu reformierende Sprachwissenschaft; da Croces Idee der "linguistica generale" mit "Sprachwissenschaft" im herkömmlichen Sinn recht wenig zu tun hat (denn sie sollte ja letztlich in der Form von Literaturgeschichte realisiert werden), mußte ihre direkte Anwendung auf die bereits bestehende Sprachwissenschaft zu Schwierigkeiten führen. Vossler hat dies vermutlich selbst gespürt und die Konsequenzen gezogen, indem er die Stilistik, die ja sowohl von ihrem Gegegenstand als auch weitgehend von ihrer Methode her das Pendant zu Croces "linguistica generale" darstellen sollte, nicht mehr als oberste sprachwissenschaftliche Disziplin auszeichnet, sondern sie als zwischen Sprach- und Literaturwissenschaft beheimatet ansetzt[94].

Cassirer sieht den Mangel der ästhetischen Sprachtheorien Croces und Vosslers in der Reduzierung des Sprachproblems: Denn werde die Sprachbetrachtung ausschließlich in die Ästhetik verlegt, könne Sprache nicht in ihrer vollen Komplexität erfaßt werden:

> "Soll die Sprache als eine wahrhaft selbständige und ursprüngliche Energie des Geistes erwiesen werden, so muß sie in das Ganze dieser

93 Cf. Nencioni, *Idealismo e realismo nella scienza del linguaggio*, 83f.

94 Schuchardt beurteilt die Möglichkeit einer fruchtbaren Verbindung von Sprach- und Literaturwissenschaft als zweier gleichrangiger Disziplinen zurückhaltend:
> "Ich halte auch jetzt noch an der Ansicht fest: 'Die Wechselbeziehung zwischen Sprachwissenschaft und Literaturwissenschaft mag eine so lebhafte sein, wie sie wolle, die eine spielt der anderen gegenüber immer nur die Rolle einer Hilfswissenschaft' " (id., "Individualismus", 8).

> Formen eingehen, ohne mit irgendeinem anderen schon bestehenden Einzelglied derselben zusammenzufallen – so muß ihr bei aller systematischen *Verknüpfung*, die sie mit der Logik und Ästhetik eingeht, eine ihr *eigentümliche* Stelle in diesem Ganzen zugewiesen und damit ihre 'Autonomie' gesichert werden".[95]

Daß die vom einzelnen sprachschöpferischen Individuum ausgehende ästhetische Sprachtheorie in ihrer Leistungsfähigkeit in der Tat sehr begrenzt ist, machten Vosslers Versuche, Sprache als soziales Phänomen zu fassen, nur allzu deutlich. Denn gerade hier versagte die ästhetische Theorie, da sie den kollektiven Sprachgebrauch nur als quantitativ verschieden von der individuellen Sprachverwendung darzustellen vermochte. – Kritische Einwände zu diesem Punkt blieben denn auch nicht aus: Man findet sie bei Nencioni, Hall und in sehr vorsichtiger Formulierung bei Schuchardt. Nencioni – und in ähnlicher Weise auch Hall – meinen, daß aufgrund des Ansatzes beim Individuum Vossler die für das Verständnis des Sozialen notwendigen Begriffe der Institution und des Systems gefehlt haben, so daß ihm nichts anderes übrig geblieben sei, als die "fatti di natura collettiva" im Sinne einer "somma aritmetica di molti fatti individuali" zu bestimmen[96]. Schuchardt, der sich zum "Idealismus im allgemeinsten Sinne" bekennt, will Vosslers Konzeption von Sprache als Ausdruck nicht "bekämpfen", sondern ihr nur seine entgegenstellen, "die die Sprache als Mitteilung definiert ... Auch für mich geht der Mitteilung der Ausdruck voraus und begleitet sie weiterhin, aber ich rede von Sprache erst dann, wenn Mitteilung vorhanden ist"[97]. – Jaberg schließlich sieht die entscheidenden Folgen dieser theoretischen Schwierigkeit in der Einengung der Sprachwissenschaft: Mit der Orientierung an Croce könne allenfalls eine Linguistik des Sprechens, die ihrerseits auf die Erforschung des intuitiven Sprechens reduziert sei, begründet werden; die Linguistik der Sprache bleibe hingegen ausgespart[98].

95 Cassirer, *Philosophie der symbolischen Formen* I, 123.
96 Cf. Nencioni, *Idealismo e realismo nella scienza del linguaggio*, 156; cf. auch Hall, *Idealism in Romance Linguistics*, 37f.
97 Schuchardt, "Individualismus", 3.
98 Cf. Jaberg, "Idealistische Neuphilologie", 8. – Wartburg hat die aus dem Ansatz Vosslers folgenden Schwierigkeiten in Hinblick auf die Deutung des Sprachwandels so formuliert:

> "Voßler hat die Neigung, stets von der Sprache als Ausdruck auszugehen, d. h. also von der Rede. Wenn eine neue Ausdrucksweise aufkommt, so sieht er nur das Neue daran, aber nicht die Relativität, die das Neue als Fortsetzer des Alten hat ..."; auf diese Weise "löst Voßler den Umbildungsvorgang ganz aus seiner Beziehung mit dem, was im vorliegenden sprachlichen Ausdruckssystem gegeben ist, heraus" (*Einführung in Problematik und Methodik der Sprachwissenschaft*, 102).

An all diesen Einwänden scheint mir soviel richtig, daß Vossler aufgrund des ästhetischen Ansatzes zu einer kohärenten Theorie des sozialen Charakters von Sprache nicht kommt und nicht kommen kann. Zurückgewiesen werden muß jedoch die Behauptung Halls, Vossler habe die soziale Dimension von Sprache in seinen Ausführungen vernachlässigt bzw. "little or no idea" von ihr entwickelt[99]. Denn immerhin hat Vossler sich zumindest bemüht, den sozialen Charakter von Sprache durch zusätzlichen Rekurs auf andere Theorien zu klären; daß der aus seinem Vorgehen folgende Synkretismus nicht zu einer befriedigenden Konzeption des Verhältnisses von Sprache und Sprechen führt und alles andere als eine glückliche Lösung des Problems darstellt, bedarf keiner weiteren Erörterung[100].

Des weiteren wird Vossler angelastet, daß er – trotz allen Einsatzes für eine idealistische Sprachwissenschaft – sich vom Positivismus letztlich nicht habe lösen können und daß er, so Pagliaro, einen "Kompromißstandpunkt" vertrete:

> "La sua distinzione della lingua in creazione e sviluppo e la conseguente divisione della linguistica in una stilistica, che sarebbe la vera e propria linguistica, e in una grammatica che coi metodi delle scienze naturali descriva il meccanismo della lingua, sono il risultato di un compromesso fra la concezione idealista della lingua come creazione e la concezione positivista e sociologica che vede in essa uno strumento della vita sociale esistente al di fuori dell'individuo".[101]

Daß Vossler positivistischen Vorstellungen verhaftet bleibt, wird auch in anderen Zusammenhängen deutlich. Man denke nur an den Begriff des Sprach-

99 Cf. Hall, *Idealism in Romance Linguistics*, 37.

100 Vosslers Versuch einer im Ausgang von philosophischen Überlegungen entworfenen Reform der Sprachwissenschaft ist auch aus rein kontingenten Gründen problematisch. Um eine Theorie der intuitiven Erkenntnis und ihrer Bedeutung für die Einzelwissenschaften zu entwickeln, reicht intuitive Begabung allein nicht aus. Ohne die Haltung des arroganten Besserwissers einnehmen zu wollen, darf man wohl behaupten, daß – so feinfühlig Vossler in ästhetischen Fragen auch immer gewesen sein mag – ihm die notwendigen analytischen Fähigkeiten fehlten, um seine Auffassung von Sprache und Sprachwissenschaft in eine in sich stringente Theorie einkleiden zu können. Dies macht sich schon in Kleinigkeiten auf empfindliche Weise bemerkbar: So ist er z. B. nicht in der Lage, Begriffe klar und eindeutig zu bestimmen und sie in der einmal festgelegten Bedeutung durchgehend zu gebrauchen. – Diese Schwäche hat u. a. Funke hervorgehoben, der darauf hinweist, daß Vossler vor allem die Begriffe aus der Sphäre der Philosophie äquivok verwende (cf. Funke, *Studien zur Geschichte der Sprachphilosophie*, 98).

101 Pagliaro, *Sommario di linguistica arioeuropea*, 94; cf. auch Devoto, *Studi di stilistica*, 10ff.

geistes, der – obwohl zu idealistischen Erklärungszwecken eingeführt – auf empirischem Wege bestimmt und gleichsam monokausal für die Erklärung der sprachlichen Fakten eingesetzt wird. – Vosslers Verständnis dieses Begriffs birgt im übrigen genau diejenige Schwäche in sich, die er den Positivisten hinsichtlich ihrer theoretischen Einschätzung z. B. der Lautgesetze vorwirft: die Hypostasierung einer bloß zu bestimmten Erklärungszwecken angenommenen fiktiven Größe[102].

Eine zwiespältige Haltung nimmt Vossler auch gegenüber der Psychologie ein. Einerseits distanziert er sich immer wieder von der zeitgenössischen Psychologie und lehnt die Annahme ihrer Begründungsfunktion für die Einzelwissenschaften ab (cf. SSE, 21 ff.), andererseits scheut er sich nicht, die Begriffe "ästhetisch" und "psychologisch" gleichzusetzen (PI, 94). Da er seinem Leser eine Darstellung der im affirmativen Sinn zu verstehenden Psychologie vorenthält, kann dieser zumindest vermuten, daß Vossler auch an diesem Punkt dem Positivismus mehr verpflichtet ist, als er sich vielleicht selbst eingestehen würde. Um diese Vermutung zu begründen, könnte man erneut den Begriff des Sprachgeistes bemühen, hinter dem sich ja letztlich nichts anderes als die für die Sprachwissenschaft relevante, auf empirischem Weg zu bestimmende Konkretisierung des Begriffs der Volkspsyche verbirgt[103].

Ipsen formuliert den Konflikt zwischen idealistischer und positivistischer Sprachwissenschaft als den Konflikt zwischen einem die Sprache verdinglichenden, in Einzelheiten zerstückelnden Vorgehen und einer geisteswissenschaftlichen Verfahrensweise. Solange Vossler einen methodologischen Positivismus dulde, sei die "gesuchte Geisteswissenschaft von der Sprache unmöglich"[104]. Ungeachtet dieser Kritik hebt Ipsen lobend hervor: "Der Einsatz Vosslers stimmt, das ist entscheidend; *seine Frage ist die erste Wahrheit,*

102 Cf. dazu Schuchardt, "Individualismus", 4; cf. Wechssler, "Karl Vossler, *Positivismus und Idealismus in der Sprachwissenschaft*", 139.

103 Dittrich meint, daß die Psychologie in der ästhetischen Sprachbetrachtung zu kurz komme; so werde von den "konstanten, dispositionellen Willensrichtungen" abgesehen, deren Relevanz für die Beurteilung von Kunstwerken nicht zu unterschätzen sei (cf. id., "Karl Vossler, *Positivismus und Idealismus in der Sprachwissenschaft*", 478).

104 Cf. Ipsen, "Besinnung der Sprachwissenschaft. Karl Voßler und seine Schule", 27. – Auch in einem späteren Aufsatz vertritt Vossler übrigens noch die Auffassung – diesmal in grundsätzlicher Form in Hinblick auf Natur- und Geisteswissenschaften formuliert – daß die letzteren nie "mit der geschichtlichen Methode allein auskommen" können, sondern auch mit "naturwissenschaftlicher Fragestellung" arbeiten müssen (cf. id., "Zur Philosophie der Geisteswissenschaft", 798).

die Vossler gefunden hat[105]. – Diesem Urteil Ipsens ist voll und ganz zuzustimmen; so unzulänglich und inkohärent die Ausführungen Vosslers im Detail auch sein mögen, mit seinen engagierten Streitschriften wider den Positivismus hat er zweifelsohne frischen Wind in die Sprachwissenschaft geblasen und diese aus ihrer positivistischen Erstarrung aufgerüttelt. Daß der Kulturgeschichte mehr Aufmerksamkeit geschenkt wurde[106], die Stilforschung durch die idealistische Schule neue Impulse erhielt, dies sind schließlich Verdienste Vosslers, die es uneingeschränkt zu würdigen gilt[107].

2.6. Résumé

Mit seinen Streitschriften gegen den Positivismus beabsichtigt Vossler, eine idealistische Reform der zeitgenössischen Sprachwissenschaft anzuregen. Zu Zwecken dieser Reform versucht er – in Anlehnung vor allem an Croce, aber auch an Humboldt und an Rickert – einen umfassenden Sprachbegriff zu erarbeiten, der als Grundlage aller sprachwissenschaftlichen Disziplinen fungieren kann. Ausgehend von der *Estetica* Croces deutet er das Wesen von Sprache als schöpferische Tätigkeit des Individuums, als Kunst; von der Sprachtheorie des italienischen Freundes weicht Vossler an dem Punkt ab, wo er den individuellen Sprachgebrauch mit "Stil" gleichsetzt. Darüberhinaus bemüht er sich, auch den Begriff von Sprache als Konvention im Hinblick auf die sprachwissenschaftliche Arbeit zu klären. Da sich dieser Sprachbegriff aus verschiedenen Quellen speist, laufen in ihm Akzentuierungen sehr unterschiedlichen Charakters zusammen. Sprache als soziales Phänomen ist nach Vossler Summe der individuellen Schöpfungen, kollektive Schöpfung, Ausdruck eines Volkes und schließlich ein zu praktischen Zwecken entworfenes Kommunikationsmittel. Diesen Charakterisierungen von Sprache als

105 Ipsen, "Besinnung der Sprachwissenschaft. Karl Voßler und seine Schule", 10. – Cf. dazu auch die Rezension von Pos, der Vossler als einen Wissenschaftler würdigt, der philosophische mit allgemein sprachwissenschaftlichen Fragen zu verbinden, seine theoretischen Thesen mit konkreten sprachwissenschaftlichen Einzeluntersuchungen zu illustrieren wisse. Insgesamt betrachtet Pos die Sprachkonzeption Vosslers als "preludies op een wetenschapelijke wijsbegeerte der taal" (cf. id. "Karl Vossler, *Gesammelte Aufsätze zur Sprachphilosophie*", 312).

106 In seinem Aufsatz "Der Kampf gegen den Abstraktismus in der heutigen Sprachwissenschaft" hat Vossler die Möglichkeit, direkte Verbindungslinien zwischen Sprach- und Kulturgeschichte zu ziehen, übrigens sehr zurückhaltend beurteilt: "Es ist nicht die Regel, sondern die Ausnahme, daß Sprache und sonstige Kultur parallel nebeneinander herlaufen" (ib., 327f.).

107 Cf. dazu Christmann, *Idealistische Philologie und moderne Sprachwissenschaft*, 54ff; cf. Coseriu, *Teoría del lenguaje y lingüística general*, 34.

sozialem Faktum entspricht in methodologischer Hinsicht der Begriff "Entwicklung": Im Rahmen der neuen Sprachwissenschaft kommt Sprache qua kollektives Phänomen vor allem unter dem Aspekt ihres geschichtlichen Werdens in den Blick.

Entsprechend dem Wesensbegriff von Sprache zeichnet Vossler die Stilistik als oberste sprachwissenschaftliche Disziplin aus; der Stilforscher hat, und hier spürt man die Prägung durch das Vorbild, die "linguistica generale" Croces, vor allem den literarischen Text zu studieren und in seiner je besonderen Eigentümlichkeit verständlich zu machen. Der Intuition des Sprachwissenschaftlers mißt er dabei einen wichtigen Stellenwert bei: Nur wenn dieser über eine intuitive, ästhetische Begabung verfüge, sei er in der Lage, den Aufgaben der neuen Sprachwissenschaft gerecht zu werden. – Mit der Begründung, die von ihm konzipierte Stilistik vermöge Einsichten bloß in das Individuelle, Besondere zu vermitteln, hat Vossler ihr in seiner Schrift von 1905 einen neuen Platz zugewiesen, indem er sie nun als eine zwischen Sprach- und Literaturwissenschaft vermittelnde Disziplin einordnet.

Mir der Unterscheidung von "methodologischem" und "metaphysischem" Positivismus hat Vossler zu verdeutlichen versucht, daß er im Rahmen der idealistischen Philologie nicht auf jene methodologischen Errungenschaften zu verzichten gedenkt, die die zeitgenössische Sprachwissenschaft und die Sprachforschung des späten neunzehnten Jahrhunderts hervorgebracht haben. Seine Kampfansage gilt vielmehr denjenigen, die die Sprache als ein abstraktes totes Gebilde betrachtend, ihr Sein und Werden durch Aufstellung von Gesetzen zu beschreiben und zu erklären versuchen. Der von Vossler dem metaphysischen Positivismus entgegengestellte Idealismus reicht indessen nicht so weit wie der Croces: Während dieser sich gegen jede Spielart des Psychologismus gewendet hatte, vermag Vossler nicht, von psychologischen Erwägungen ganz Abstand zu nehmen.

Die sprachwissenschaftliche Analyse von literarischen Texten im Rahmen einer neuen Stilistik angeregt sowie kulturhistorische Betrachtungen der Sprache vorangetrieben zu haben, dies sind entscheidende Leistungen, die die Sprachwissenschaft dem Begründer der idealistischen Philologie zu verdanken hat.

3. SPITZER

3.0. Einleitung

Im Vergleich zu den Intentionen Croces und Vosslers, die "linguistica generale" philosophisch zu begründen bzw. die zeitgenössische Sprachwissenschaft ästhetisch zu reformieren, nehmen sich die wissenschaftlichen Bemühungen Spitzers geradezu bescheiden aus: Spitzer erhebt mit seinen Arbeiten zu Sprache, Sprachwissenschaft und Stilistik keinerlei philosophische Ansprüche[108]. Ihm lag es fern, ein Thema systematisch und philosophisch zu traktieren; seinem Temperament und seiner Arbeitsweise entsprach eher die Abfassung kleinerer Schriften, deren Zentralgedanken nicht selten in der polemischen Auseinandersetzung mit aktuellen Thesen seiner Kollegen ihren Ursprung nahmen. Spitzer hat ein breit angelegtes Werk hinterlassen, das zahlreiche, in einigen Anthologien zwar versammelte, jedoch zum großen Teil in den verschiedensten Zeitschriften verstreute Artikel und Aufsätze umfaßt, unter denen nur wenige die Form einer längeren Abhandlungen aufweisen. Daß er sich in den verschiedenen romanischen Sprachen und in den verschiedenen Disziplinen der Sprachwissenschaft zu Hause fühlte, und – die Grenzen seines eigentlichen Fachgebietes verlassend – auch im Bereich der Literaturwissenschaft gearbeitet hat, deutet an, wie vielfältig seine Interessen waren. – Die Gesamtzahl seiner Publikationen dürfte sich nach vorsichtigen Schätzungen Welleks auf ca. achthundert belaufen[109]. – Aber nicht allein die – zugegeben bloß äußeren – Umstände eines thematisch heterogenen und weit verstreuten Werkes erschweren den Zugang zu seinem Denken: Stilistische Weitschweifigkeit und gedankliche Sprunghaftigkeit verlangen dem Leser bei allem Respekt vor Spitzers Einfallsreichtum und Begabung häufig eine ordentliche Portion Geduld ab[110].

108 Cf. Giachery, "Leo Spitzer (1887–1960)", 442; cf. Fubini, "Critica stilistica e storia del linguaggio di Leo Spitzer", 511.

109 Cf. Wellek, "Leo Spitzer (1887–1960)", 311. Eine Gesamtbibliographie zum Werk Spitzers liegt bislang nicht vor. Eine Übersicht über verschiedene Auswahlbibliographien findet man bei Christmann, *Idealistische Philologie und moderne Sprachwissenschaft*, 36; einige wichtige Stellungnahmen zu Spitzer vonseiten italienischer Kritiker, bei denen seine Arbeiten – schon mit den zahlreichen Übersetzungen – ein besonders lebhaftes Echo gefunden haben, verzeichnet de Mauro, "Linguaggio, poesia e cultura nel pensiero e nell'opera di Leo Spitzer", 149.

110 Die mangelnde Sorgfalt in der sprachlichen und gedanklichen Fassung der Texte

Spitzers Beiträge zur Stilistik kann man in zwei Gruppen einteilen: in die große Gruppe jener Aufsätze, die die stilistische Analyse eines Textes bzw. mehrerer Texte oder auch bestimmter sprachlicher Erscheinungen zum Gegenstand haben; und in die wesentlich kleinere Gruppe derjenigen Schriften, in denen er Überlegungen vorwiegend zur Theorie von Sprache und von Stilistik anstellt. Da er auch diese theoretisch orientierten Artikel nicht in der Form systematischer Abhandlungen abgefaßt hat, ist eine Gesamtdarstellung seiner Auffassung von Sprache und Stilistik, wie de Mauro zu Recht bemerkt, 'nicht einfach':

> "le affermazioni di carattere metodologico e filosofico non sono quasi mai formulate da lui come conclusioni di un esplicito ragionamento, ma compaiono inopinatamente nel mezzo d'un discorso volto a tutt' altri fini o nel corso di frequenti *excursus* autobiografici".[111]

In der Tat findet man die zentralen Gedanken Spitzers zur Theorie und 'Methodologie' der Stilistik vor allem in seinen autobiographischen Aufsätzen wie "Linguistics and Literary History", "Sviluppo di un metodo", "La mia stilistica", und dies liegt, wie noch zu zeigen sein wird, im Ansatz seiner Position selbst begründet.

Im folgenden möchte ich versuchen, Spitzers Auffassung von Sprache, Sprachwissenschaft und Stilistik aus den verschiedenen Artikeln und Rezensionen, die diese Themen in irgendeiner Form behandeln oder auch nur streifen, herauszupräparieren und aus den vielen Mosaiksteinen, die auf diesem Wege zusammengetragen werden, so etwas wie ein einheitliches Bild herzustellen[112]. Dabei sollen auch, obwohl dies dem nächsten Abschnitt der Arbeit zumindest partiell vorgreifen wird, die Verbindungen zu den Ansichten Croces und Vosslers jeweils berücksichtigt werden.

Spitzers haben seine Kritiker immer wieder moniert: cf. z. B. Auerbach, "Leo Spitzer, *Romanische Stil- und Literaturstudien*", 362f.; Barth, "Leo Spitzer, *Stilstudien*", 488; Starobinski, "La estilística y sus métodos: Leo Spitzer", 404; Enkvist, "*Linguistics and Style*", 9.

111 De Mauro, "Linguaggio, poesia e cultura nel pensiero e nell'opera di Leo Spitzer", 150.

112 Die Auffassung Starobinskis, Spitzer habe seine "méthodologie" *a posteriori* formuliert, ist ohne weiteres zu akzeptieren (cf. id., "Leo Spitzer et la lecture stylistique", 30). Wenn in meiner Arbeit, dieser Einsicht anscheinend zum Trotz, der Teil zur "Methodologie" dem zu den Textanalysen vorangestellt wird, so geschieht dies aus dem Grund, daß eine vorgängige Klärung von Spitzers Verständnis der Stilistik und ihrer methodischen Vorgehensweisen Anregungen und Anleitung für die Strukturierung des zweiten großen Abschnitts der Arbeit zu geben vermag, für die Typologisierung der verschiedenen Interpretationsverfahren und für die Auswahl einiger exemplarisch zu untersuchender Textanalysen.

3.1. Die Sprachauffassung

3.1.1. Sprache als Mitteilung und Konvention

Ungeachtet aller Übereinstimmungen mit Vossler hinsichtlich des Ziels, der Neubegründung einer zwischen Sprach- und Literaturwissenschaft vermittelnden Stilistik, hat Spitzer sich den theoretischen Überlegungen, die für die Verwirklichung dieses Ziels leitend sein sollten, nicht angeschlossen. Spitzer lehnt Vosslers Idee einer Reform der Sprachwissenschaft im Ausgang von der Ästhetik nicht deshalb ab, weil er etwa an der begründungstheoretischen Kapazität dieser Disziplin zweifelte. Sein Argument ist eher den Einwänden Schuchardts und Cassirers verwandt (cf. I.2.5.), nämlich daß die Ästhetisierung der Sprachwissenschaft eine Verengung des Sprachbegriffs zur Folge habe; denn im Rahmen einer ästhetischen Konzeption werde Sprache bloß als Ausdruck, nicht aber auch als Mitteilung gesehen (cf. SS II, 499ff.); die von Vossler anvisierte "Überleitung der Sprachwissenschaft in die Ästhetik" sei somit nicht zu akzeptieren[113]. Spitzers Ablehnung einer grundsätzlichen Orientierung an der Ästhetik wurzelt in dem von Croces und von Vosslers Theorie abweichenden Sprachbegriff.

Die Kritik an der ästhetischen Sprachtheorie verdeutlicht, daß Spitzer die Alteritätsdimension von Sprache für besonders wichtig erachtet. Dementsprechend verleiht er der Mitteilungsfunktion den Primat vor der Ausdrucksfunktion: "Sprache ist vor allem Mitteilung, Kunst vor allem Ausdruck, Sprache vor allem sozial, Kunst individualistisch" (ib., 502). Aufgrund der unterschiedlichen Gewichtung dieser beiden Sprachfunktionen kann er die von Croce und Vossler angenommene Wesensgleichheit von Sprache und Kunst nicht billigen. Damit bleiben ihm all jene Schwierigkeiten erspart, die sich Vossler in dem Moment in den Weg stellten, wo er im Ausgang von der ästhetischen Sprachkonzeption zum Begriff von Sprache als sozialem Faktum zu gelangen versuchte.

Spitzer betrachtet die Sprache als ein konventionelles, arbiträres Zeichensystem (LP, 201). Durch seine Geburt werde der Mensch nicht allein in eine bestimmte Rasse, in ein bestimmtes Volk, in eine bestimmte soziale Schicht, sondern auch in eine bestimmte Sprache hineingestellt[114]. Der Mensch verdanke der Sprache die Vermittlung von anderer Subjektivität und die Erschließung von Objektivität; durch die Sprache werde ihm die Welt in einer "arbitrary stylization" erfahrbar. Diese "arbitrary stylization" sei auf allen

113 Cf. Spitzer, "Eine Strömung innerhalb der romanischen Sprachwissenschaft", 112.
114 Cf. id., "The Individual Factor in Linguistic Innovations", 71.

sprachlichen Ebenen spürbar: auf der artikulatorischen, der morphologischen, der syntaktischen und schließlich auf der semantischen (cf. ib., 203 ff.). Was auf dieser letzteren Ebene als arbiträr erscheine, sei "the result of irreversible historical developments of thought" (ib., 205). Vor allem durch die semantische Beschaffenheit der Sprache wird nach Spitzer das Denken des einzelnen Sprechers ganz entscheidend geprägt, denn jede Sprache lege ihren Sprechern eine bestimmte "Weltanschauung", ein "metaphysical word-picture" nahe (ib.). Ohne den Namen Humboldt in diesem Zusammenhang zu erwähnen, knüpft er mit diesen Gedanken an dessen Sprachtheorie, namentlich an die Weltbildthese, an (cf. I.2.3.).

Mit der These, die Sprache sei nicht ein System von eindeutigen Zeichen, das der Sprecher im Gespräch nur abzurufen brauche, bezieht Spitzer sich ausdrücklich auf Humboldt (cf. ib., 202). Um zu wissen, was ein Wort in seiner aktuellen Verwendung bedeute, sei man stets auf die Kenntnis des jeweiligen Kontextes angewiesen. Jedes Wort habe einen festen semantischen Kern, dessen Randzone verwischt sei: "Unterstanding is then based only on that semantic kernel of the words on which all speakers of a language are agreed, while the semantic fringes are blurred" (ib.).

Der einzelne Sprecher sei sich dieses Sachverhalts ebensowenig wie des arbiträren Charakters seiner Muttersprache bewußt. Im Gespräch gebe er sich vielmehr der Illusion hin, von seinem Partner vollkommen verstanden zu werden. Und gerade diese Illusion sei für das positive Verhältnis des Menschen zu seiner Umwelt entscheidend; dank der Zugehörigkeit zu einer Sprachgemeinschaft vermöge das Individuum am "collective spirit" zu partizipieren, und es werde ihm "the feeling of being surrounded by a friendly world" vermittelt (ib., 203).

Indem Spitzer die Haltung des naiven Sprechers für letztlich ausschlaggebend ansieht, münden die zentralen Thesen seiner Sprachauffassung, die Gedanken vom arbiträren Charakter der Sprache, von der sprachlichen Relativität und von der Unmöglichkeit des vollkommenen Verstehens, die ebensogut zum Sprachskeptizismus führen können, in ein grundsätzlich affirmatives Verständnis von Sprache ein. Allein dank der Sprache vermag sich der Mensch in der Welt zu orientieren, zu artikulieren und verständlich zu machen; Spitzers Vertrauen in die Sprache wird eine von seinen Kritikern nicht immer gebilligte Voraussetzung für seine Stilanalysen sein.

3.1.2. Sprachgeschichte und Kulturgeschichte

In den verschiedenen Stellungnahmen und Rezensionen zu den Schriften Vosslers hebt Spitzer immer wieder lobend hervor, daß die Forschung Vossler den "Hinweis auf die Wichtigkeit der Verbindung von *Sprache und Kultur*" verdanke[115]. – Trotz dieser Übereinstimmung im Grundsätzlichen hat Spitzer gegenüber Vosslers Vorgehensweise im Detail Bedenken anzumelden. So kritisiert er an Vosslers Buch *Frankreichs Kultur im Spiegel seiner Sprachentwicklung* den "Systemzwang", nämlich daß der Autor "immer ein *direktes* Einwirken der kulturellen auf die sprachlichen Faktoren" annehme[116]. Die Möglichkeit einer direkten Parallelisierung von Sprach- und Kulturgeschichte beurteilt Spitzer sehr zurückhaltend: Nicht jede sprachliche Veränderung sei auf das der Sprache äußere Kulturgeschehen beziehbar; vielmehr müsse auch die Wirkung der Sprache auf ihre eigene Entwicklung berücksichtigt werden[117].

Vorsicht ist nach Spitzer auch geboten bei allen psychologisierenden Spekulationen über Volkscharaktere und "deren Auswirkung in den einzelnen Teilgebieten der Kulturen"[118]. Die Völkerpsychologie – dieser Seitenhieb gilt der Vossler-Schule – sei noch nicht so weit entwickelt, daß sie eine solide Grundlage für die Untersuchung sprachlicher Fakten bieten könne. Auch das Verfahren, von "Augenblicksattitüden" eines Einzelnen auf das Sprachverhalten eines ganzen Volkes zu schließen, lehnt Spitzer ab[119].

Spitzer hat seine eigene Auffassung von der Möglichkeit einer Einbeziehung der Kultur- in die Sprachgeschichte vor allem im Vorwort zu den *Essays in Historical Semantics* dargelegt. Semantische Untersuchungen zur Sprachgeschichte sollten, soweit sie europäische Sprachen zum Gegenstand haben, stets die Tradition der *civilitas romana* des Mittelalters berücksichtigen. Die

115 Cf. id., "Eine Strömung innerhalb der romanischen Sprachwissenschaft", 112.

116 Cf. id., "Karl Vossler, *Frankreichs Kultur im Spiegel seiner Sprachentwicklung. Geschichte der französischen Schriftsprache von den Anfängen bis zur klassischen Neuzeit*", 140.

117 Cf. id., "Karl Vossler, 'Form und Bedeutung. Die Grundfragen der Sprachwissenschaft' ", 148f.

118 Cf. id., "Der Romanist an der deutschen Hochschule", 244.

119 Cf. id., "Eine Strömung innerhalb der romanischen Sprachwissenschaft", 119ff. – Trotz dieser Kritik an völkerpsychologischen Spekulationen hat Spitzer selbst sich gegen eben solche nicht immer feien können. Im Nachwort zu seiner Untersuchung über die italienische Umgangssprache zieht er – in Berufung auf Vossler – folgendes Fazit:

> "Wenn wir ... mit Vossler die Spiegelung des Volksgeistes im Sprachgeist nachzeichnen wollen, so ergibt sich im Sprachlichen wie im italienischen Nationalcharakter das widerspruchsvolle Beieinander entgegengesetzter Erscheinungen: zügelloses Ausleben des Ich neben berechnendem Raffinement, individuelle Selbstbefreiung durch das Sprechen neben rücksichtsvollem Eingehen auf den Nebenmenschen, Trumpf neben Trick ... Der Italiener ist in seiner Rede wie in seinem Wesen naiv und berechnend, leidenschaftlich und lebensklug. Das Widerspruchsvoll-Irrationale zweier psychologischer Eigenheiten, die wir nicht auf einen Nenner bringen können, braucht uns an diesem Volk der Kinder und Politiker nicht zu befremden ..." (*Italienische Umgangssprache*, 290).

civilitas romana stellt nach Spitzer die Verschmelzung vier verschiedener Kulturen dar: der hebräischen, der griechischen, der römischen und der christlichen; im Laufe der Geschichte seien die drei ersteren in die letztere eingegangen und in ihr bewahrt[120]. Der den Bereich des Geistigen bezeichnende Wortschatz der europäischen Sprachen sei ganz entscheidend durch Religion und Weltanschauung des Mittelalters geprägt. Spitzer führt dies darauf zurück, daß die Gelehrten des Mittelalters die für die damalige Kultur zentralen Begriffe in ihre Theologie übernommen hätten. Die Religion stelle somit in Hinblick auf die Sprachgeschichte einen nicht zu unterschätzenden "fixing factor" dar.

Die methodische Durchführung der Analyse des Zusammenspiels von Sprach- und Kulturgeschichte denkt sich Spitzer so: Der Sprachwissenschaftler kann sowohl semasiologisch als auch onomasiologisch vorgehen. Er sollte sich dabei jedoch nicht auf eine Sprache beschränken, sondern die Entwicklung des zu untersuchenden Begriffs in verschiedenen Sprachen verfolgen. Auch sollten vor allem solche Wörter berücksichtigt werden, die aufgrund ihrer nicht gesetzmässigen Lautentwicklung und wegen der Annahme, daß sie dem Volk nicht geläufig gewesen seien, in den Untersuchungen zur Sprachgeschichte stets stiefmütterlich behandelt wurden: die gelehrten Wörter; gerade in ihnen werde die kulturelle Tradition besonders deutlich spürbar[121]. Dabei solle die Geschichte eines Begriffs immer im Zusammenhang mit der Entwicklung der ihm nahestehenden Begriffe geschrieben werden:

> "For it is clear, after Hans Sperber's investigations, that a concept which, at a certain period, has acquired an emotional appeal, must come to color all the words which are brought into relationship with it – attracting them into its orbit or expanding towards them".[122]

120 Cf. id., *Essays in Historical Semantics*, 7.

121 Zu Spitzers Bemühungen, die Kulturgeschichte sowohl in der Theorie als auch in den praktischen Untersuchungen zur Sprachgeschichte zu berücksichtigen, äußert sich de Mauro kritisch:

> "Negli studi linguistici di Spitzer appaiono gli stessi miti [wie in den Analysen literarischer Texte]: da un lato vi è un particolare linguistico, avulso dal sistema linguistico di cui fa parte, dall'altro vi è la 'cultura francese', la 'cultura medievale', la 'cultura ebraico-greco-latino-protocristiana'. Lo Spitzer salta, per così dire, da una parte all'altra, travalica secoli e millenni, inferisce da un mutamento fonetico i caratteri di due o tre civiltà, e se le date e i fatti, la storia e i risultati di secoli di storiografia, sono contro di lui, ebbene egli li sdegna, accusando chi si permetta di farglielo osservare di aridità mentale, positivismo, 'antimentalismo' e – sommo fra i reati – di comportamentismo" (id., "Linguaggio, poesia e cultura nel pensiero e nell'opera di Leo Spitzer", 162).

122 Spitzer, *Essays in Historical Semantics*, 5.

Auch in seinem bereits im Jahre 1925 veröffentlichten Artikel zur Methode in der Etymologie hat Spitzer die Sprachwissenschaftler aufgefordert, die fachwissenschaftliche Borniertheit abzustreifen und die Wortforschung zur "Lebensforschung" werden zu lassen[123]. Die Arbeit des Etymologen solle sich nicht auf die bloß lautliche Herleitung einzelner Wörter beschränken, vielmehr solle er sich dazu durchringen, der semantischen Untersuchung Vorrang vor der phonetischen zu geben; dabei reiche es allerdings nicht aus, gleichsam neben dem "Sprachkleid" die "Dinge" zu betrachten[124]: "Ein Wort kennen, d. h. also seine Seele kennen, heißt nicht nur seine Gebrauchsweise, seine Häufigkeit, seine Formen kennen, sondern auch die Obertöne, die mitschwingen, seinen Affektgehalt, seine stilistische Wertigkeit"[125]. Diese Sätze verdeutlichen, daß für Spitzer die eigentliche Kenntnis der sprachlichen Ausdrucksmittel erst mit der Erfassung der stilistischen Aussagekraft erfolgt, die er an dieser Stelle mit "Affektgehalt" gleichsetzt. Die in diesem Sinne verstandene Stilforschung wird folglich nicht auf die Disziplin Stilistik beschränkt sein (cf. I.3.2.2.).

3.1.3. Sprachwandel

Spitzer hat seine Thesen zum Sprachwandel vor allem in den Aufsätzen "Why does Language Change?" und "The Individual Factor in Linguistic Innovations" entfaltet. Diese beiden Artikel sind für sein gesamtes Arbeiten insofern signifikant, als sich in ihnen abzeichnet, welch große Wichtigkeit er der Sprachtätigkeit des Einzelnen beimißt. Unter diesem Gesichtspunkt bietet sich eine kurze Skizze seiner Gedanken zum Sprachwandel als Überleitung zur Darstellung seiner Auffassung von Stil und Dichtung geradezu an.

Der Ursprung von Sprachwandel liegt nach Spitzer in der Sprachtätigkeit des Einzelnen begründet:

> "the community would not change its language were it not for certain *individuals* who habe reasons to change it in a certain way and who for some reason have the possibility (power, influence etc.) of imposing the change they have devised".[126]

123 Cf. id., "Aus der Werkstatt des Etymologen", 131.
124 Cf. ib.
125 Ib., 133. – Nach Chiappelli ist die Einbeziehung der Kulturgeschichte in semantische und etymologische Untersuchungen direkt auf den Einfluß Vosslers zurückzuführen. Mit der Berücksichtigung der Kulturgeschichte sei die Etymologie zur "etimologia tridimensionale" geworden, "in cui all'originale dimensione fonologica, alla successiva dimensione semasiologica, si aggiunge in tutto il suo peso quella culturistorica" (id., "Sul rapporto fra lingua e cultura", 7).
126 Spitzer, "The Individual Factor in Linguistic Innovations", 73.

Sprachneuerung ist somit rückgebunden an die Sprachschöpfung einzelner, exponierter Sprecher; doch reichen 'Macht' und 'Einfluß' der Einzelnen (Spitzer nennt sie "forerunners" und "stragglers") nicht aus, um die individuelle Innovation zu einer der Allgemeinheit verfügbaren sprachlichen Möglichkeit werden zu lassen. Erst wenn eine große Anzahl von Sprechern (die "mass of people in the middle") die Schöpfung des Einzelnen übernommen hat, kann diese mit Recht als sprachliches Allgemeingut angesehen werden[127]. Neuerung durch den Einzelnen und Übernahme durch die Gemeinschaft sind folglich die Voraussetzungen jeden Sprachwandels[128]. – Die der Schöpfung des Einzelnen zugrundeliegende Motivation beruht nach Spitzer auf dessen Unzufriedenheit mit seiner Sprache. Der Sprecher ist unzufrieden mit seiner Sprache, weil sie ihm die für seine Mitteilungsbedürfnisse notwendigen Ausdrucksmittel nicht zur Verfügung stellt:

> "It is ultimately a dissatisfaction with the accepted language which certain individuals may feel more keenly than others and may feel more keenly in certain areas of expression. A dissatisfaction with *which quality* of the general language? Its ever *waning expressivity*".[129]

Sprachschöpfung erfolgt also stets in Hinblick auf einen Mangel, der, wie Spitzer betont, nicht allein von dem betreffenden Einzelnen, sondern in den meisten Fällen auch von anderen Sprechern bereits empfunden worden sei. Mit seiner Schöpfung komme der Einzelne somit den latenten kommunikativen Bedürfnissen der Gemeinschaft entgegen[130]. Andererseits sieht Spitzer jedoch auch einen Konflikt zwischen Kommunikation und sprachlicher Innovation. Denn jede Sprachschöpfung bedeute notwendig eine Abweichung von der bestehenden sprachlichen Ordnung, die ihrerseits Grundvoraussetzung für gelingende Verständigung sei[131].

127 Cf. Spitzer, "The Individual Factor in Linguistic Innovations", 73.

128 Ausführliche Überlegungen zu diesen beiden Aspekten des Sprachwandels findet man bei Coseriu, *Sincronía, diacronía e historia*, Kap. III.

129 Spitzer, "The Individual Factor in Linguistic Innovations", 78. Den Begriff der Expressivität übernimmt Spitzer von Menéndez Pidal: dieser hatte den "need for expressivity" zur Erklärung von Lautwandel im Altspanischen eingeführt (cf. Spitzer, "Why does Language Change?", 421). Spitzer erweitert die Erklärungskapazität dieses Begriffs offensichtlich dahingehend, daß er die "waning expressivity" als Ursache nicht allein für Lautwandel, sondern für Sprachwandel schlechthin annimmt.

130 Der Auffassung Schuchardts, daß Sprachwandel auf Sprachmischung zurückzuführen sei, vermag Spitzer nicht zuzustimmen; er schließt sich vielmehr der Kritik des Schuchardt-Schülers von Ettmayer an: "The speaker does not mix languages, he speaks" ("The Individual Factor in Linguistic Innovations", 73).

131 Cf. ib., 78f.

Spitzer weist immer wieder darauf hin, daß aller Sprachwandel vor dem Hintergrund einer grundsätzlich konservativen Haltung der Sprecher gesehen werden müsse. Als Beispiel führt er die sprachliche Situation Galliens zur Zeit der Frankeninvasionen an: Obwohl die Sprecher zahlreiche Fakten aus dem fränkischen Superstrat übernommen hätten, sei die vulgärlateinische Morphologie von diesen Veränderungen nicht in Mitleidenschaft gezogen worden. Daraus schließt Spitzer, daß es einige, uns allerdings nicht bekannte "linguistic leaders" gegeben haben müsse, die sich dem Einfluß des Germanischen dort widersetzt hätten, wo das Romanische bedroht gewesen sei[132]. – Auch die modernen Sprachen seien durch das Nebeneinander von Konservatismus und Innovation zu charakterisieren. So habe man in den europäischen Sprachen vor allem in den Bereichen Wortschatz und Wortbildung zahlreiche Neologismen zu verzeichnen, während sich die Sprecher auf dem Gebiet der Grammatik und Phonetik meist konservativ verhielten.

Spitzers Konzeption des Sprachwandels in den beiden Aufsätzen "Why does Language Change?" und "The Individual Factor in Linguistic Innovations" läßt auf ein finalistisches und dynamizistisches Grundverständnis von Sprache schließen. "Finalistisch"[133] kann man die Konzeption insofern nennen, als Sprachwandel nicht auf eine Ursache, etwa die Geistesart der jeweiligen Sprachgemeinschaft zurückgeführt, sondern als aus der freien schöpferischen Tätigkeit des Individuums erwachsen gedeutet werden soll: In Ermangelung der angemessenen expressiven Mittel schafft der Einzelne sich neue sprachliche Ausdrucksmöglichkeiten, die seinen Mitteilungszwecken gerecht zu werden vermögen. – Und "dynamizistisch" ist Spitzers Sprachverständnis schließlich deshalb, weil seiner Auffassung zufolge entsprechend den sich wandelnden Ausdrucksbedürfnissen der Sprecher sich auch die

132 Cf. ib., 78. – Spitzers Auffassung, die sprachlichen Neuerungen seien dem Einfluß einiger exponierter "linguistic leaders" zuzuschreiben, scheint mir eine für die Sprachgeschichte nur beschränkt fruchtbare Arbeitshypothese zu sein. Die Schwierigkeit tritt bereits in dem von ihm selbst angeführten Beispiel der Frankeninvasionen zutage. Aufgrund des großen Zeitenabstands und aufgrund mangelnder Quellen vermag man in einem solchen Fall nämlich gerade nicht jene, für ein bestimmtes Entwicklungsstadium der Sprache maßgeblichen 'sprachlichen Führer' auszumachen. Der Gedanke der sprachlichen Führerschaft verschiedener Einzelner ist für sprachhistorische Forschungen nur dann sinnvoll, wenn die politisch-sozialen Verhältnisse der zu untersuchenden Sprachgemeinschaft so beschaffen sind, daß der Sprachgebrauch der Exponierten tatsächlich als Vorbild oder sogar als präskriptive Norm fungieren kann (ein Beispiel wäre etwa die sprachliche Situation Frankreichs im siebzehnten Jahrhundert); und wenn der Sprachwissenschaftler tatsächlich über das entsprechende Dokumentationsmaterial verfügt, das seine Vermutungen betreffs der jeweiligen "linguistic leaders" zu bestätigen vermag.

133 Zum Begriff der Finalität des Lautwandels cf. Coseriu, *Sincronía, diacronía e historia*, Kap. VI.

Sprachen im Laufe der Geschichte fortwährend verändern; in der beständig sich wiederholenden Alternation von Neuerung und Übernahme ist Sprache ewiges Werden[134].

3.1.4. Der Stilbegriff

Spitzers Ausführungen zum Stilbegriff sollten ebenso wie die Gedanken zum Thema Dichtung vor dem Hintergrund seiner Auffassung von Sprache und Sprachwandel gesehen werden. Spitzer hat seine Vorstellungen zu Stil und Dichtung in verschiedenen Aufsätzen mit jeweils unterschiedlichen Akzentuierungen formuliert. Um ein Bild von seiner Position zu gewinnen, empfiehlt es sich, die entsprechenden Textstellen auszuwerten.

In seiner Doktorarbeit *Die Wortbildung als stilistisches Mittel exemplifiziert an Rabelais* bestimmt Spitzer "Stil" als "planvolle Verwendung der durch die Sprache gelieferten Materialien"[135]. Der Sprecher könne Sprache grundsätzlich auf zweierlei Weise gebrauchen, nämlich entweder vorwiegend "reproduktiv", d. h. "sprachverwertend", oder "produktiv", d. h. "sprachumschaffend". Seine Sprechweise sei in jedem Fall bedingt durch das "Ausmaß" des ihm eigenen "schöpferischen Willens"[136]. "Stil" nach diesen Passagen ist also jegliche Form von Sprachverwendung, sei sie kreativ oder "reproduktiv".

Eine ähnliche, diesmal finalistisch formulierte Bestimmung findet man im Vorwort der *Stilstudien,* wo Spitzer "Stil" "im Sinne der bewußten Verwendung sprachlicher Mittel zu irgendwelchen Ausdruckszielen" versteht

134 Cf. Spitzer, "Why does Language Change?", 425. – Eine völlig unangemessene Darstellung und Beurteilung der Spitzerschen Auffassung des Sprachwandels kann man bei de Mauro nachlesen, der offensichtlich bestrebt ist, von Spitzer das Bild eines wirrköpfigen, aller Wissenschaftlichkeit abholden Phantasten zu entwerfen. De Mauro unterstellt Spitzer, jeglichen Sprachwandel auf den Mythos eines nicht näher spezifizierten Kulturwandels bzw. auf einen ebenso geheimnisvollen "spirito della Nazione" anstatt auf die "normalissimi uomini che parlano" zurückzuführen (id., "Linguaggio, poesia e cultura nel pensiero e nell'opera di Leo Spitzer", 169f.). Diese Kritik mag auf die bereits zitierten Passagen aus dem Nachwort zu *Italienische Umgangssprache* zutreffen, in Hinblick auf Spitzers Auffassung insgesamt geht sie jedoch fehl. Die Rezensionen zu den Schriften Vosslers und die Ausführungen zum Sprachwandel haben sehr deutlich gezeigt, daß Spitzer die Parallelisierung von Sprach- und Kulturgeschichte nur mit Vorbehalten akzeptiert und den Sprachwandel gerade und vor allem durch die Ausdrucksbedürfnisse der Sprecher motiviert. Man kann sich des Verdachts nicht erwehren, daß de Mauro – in Unkenntnis der für dieses Thema entscheidenden Texte Spitzers – diesem eine Position ansinnt, die eher diejenige Vosslers ist.

135 Spitzer, *Die Wortbildung als stilistisches Mittel exemplifiziert an Rabelais*, 1.

136 Cf. ib.

(SS I, IX). Im Rahmen der *Stilstudien* untersucht er, wie bereits die Untertitel der beiden Bände deutlich machen, sowohl "Sprachstile" als auch "Stilsprachen". Mit diesen beiden Termini übernimmt er eine Unterscheidung Vosslers[137], um sie für seine Zwecke dienstbar zu machen. Der Begriff "Sprachstil" ist auf die Gemeinsprache bezogen und meint diejenigen sprachlichen Mittel, die die "Geisteshaltung" einer Sprachgemeinschaft oder auch bestimmter Sprechergruppen widerspiegeln. Der Begriff "Stilsprache" hingegen bezeichnet den Sprachgebrauch des Einzelnen, oder, wie Spitzer sagt, "die Ausdruckssysteme ..., die sich erlesene Geister in ihrer Individualsprache geschaffen haben" (ib.). Mit dem Begriff "Stilsprache" verbindet sich somit die in der Doktorarbeit gewählte Akzentuierung von Stil als eines kreativen, "sprachumschaffenden" Sprechens.

Auch in den späteren Aufsätzen behält Spitzer die Unterscheidung von individuellem und allgemeinem Sprachgebrauch bei, betont hier jedoch die sprachschöpferische Komponente des Stilbegriffs stärker. Mit der These von der "sprachneuernden Kraft des Stils" habe er sich – ohne daß ihm dies zunächst bewußt gewesen sei – der Stilkonzeption Vosslers angeschlossen[138]. – Da Spitzer Sprachneuerung u. a. als Abweichung, als Verstoß gegen die bestehende sprachliche Ordnung versteht, faßt er "Stil" von daher

1. als Gesamtheit der sprachlichen Merkmale eines Sprechers, die vom allgemeinen Sprachgebrauch abweichen; und
2. als die im Sinne Ballys emotionalen bzw. affektiven Abweichungen einer Sprachgemeinschaft von einem allgemein gebräuchlichen Sprachmuster[139].

Diese beiden Akzentuierungen des Stilbegriffs stimmten darin überein, daß "in both cases style is bent toward emotionality and innovation – it is the *creative* aspect of language which is not satisfied with the codified intellectualized language"[140], wobei – wie Spitzer einschränkend hinzufügt – dies vor allem für den Individualstil gelte. Diesem Verständnis von Stil entsprechend meint er, daß die alte, positivistische Sprachauffassung, derzufolge Sprache als "gewordenes, gesetzmäßig zustandegekommenes Verständigungsinstrument" angesehen worden sei, erweitert werden müsse: Denn Sprache sei ebenso etwas "Geschaffenes, ... Ausdruck von Gefühltem und daher dem Gefühl zugänglich" (RSLS I, 30). – Wie bereits im Abschnitt zum Sprachwandel angedeutet wurde, gilt Spitzers Interesse zunächst vornehmlich der emotional motivierten sprachschöpferischen Tätigkeit des

137 Cf. Vossler, "Leo Spitzer, 'Der Unanimismus Jules Romains' im Spiegel seiner Sprache' ", 1965.

138 Cf. Spitzer, "L'état actuel des études romanes en Allemagne", 584.

139 Cf. id., "The Individual Factor in Linguistic Innovations", 81.

140 Ib., 82.

Individuums. Und dieser Ansatz hat – dies wird noch näher auszuführen sein – auch für das methodische Vorgehen des Sprachwissenschaftlers wichtige Konsequenzen: Gefühl und Intuition werden für Spitzers Methodenverständnis eine bedeutende Rolle spielen[141].

Auch in seinem letzten, erst postum veröffentlichten Vortrag "Les études de style et les différents pays" unterscheidet Spitzer zwei Stilbegriffe und entsprechend zwei Möglichkeiten stilistischer Analyse. Stilistik sei zum einen "la science traitant *les choix possibles* offerts à l'usager d'une langue" und zum anderen "une science traitant *les choix effectifs* que *certains* usagers de la langue *distingués,* grands auteurs et poètes *ont faits* parmi les matériaux que leur offrait leur langue"[142]. Bally, Devoto und Marouzeau hätten den ersten Typ von Stilistik vertreten. Den zweiten Typ, die "stylistique esthétique" oder "stylistique d'auteurs", die weitgehend seine eigene Position bezeichne, hätten diese Autoren – "par peur du subjectivisme inhérent à la critique esthétique" vermutet Spitzer – ängstlich gemieden[143].

Die Stilforschung Spitzers ist somit in erster Linie auf die Analyse des Sprechens, des schöpferischen Sprechens des Einzelnen konzentriert. Damit steht sie – wie dies bereits seine Selbsteinschätzung andeutet – in diametralem Gegensatz zu der von Bally begründeten Richtung. Bally, der "style" im Sinne des individuellen Ausdrucks eines Ich als nicht zum Gegenstandsbereich seiner Stilistik gehörig betrachtet[144], bestimmt diese als Erforschung der "valeur affective des faits du langage organisé" und der

141 Enkvist lehnt sowohl den Begriff des Individualstils als auch die Bestimmung von Stil als emotional oder situationell bedingte oder auch künstlerische Sprachverwendung ab. Auf der Grundlage eines solchen Sprachbegriffs sei es unmöglich zu allgemein verbindlichen Kategorien zu kommen:

> "If style is defined as the aesthetic or emotive area of language, or even as a link between text and situation, the linguist will at once deplore the lack of firm and universally acceptable classifications of emotions, aesthetic responses or communication situations feeling he has little or nothing to build on" (id., "On Defining the Place of Style in Some Linguistic Theories", 50).

Entsprechend vermißt Enkvist denn auch bei den Anhängern der Vossler-Schule, namentlich bei Spitzer, eine einheitliche Theorie der Methode stilistischer Analyse (cf. id., *Linguistics and Style*, 8f.).

142 Spitzer, "Les études de style et les différents pays", 23.

143 Cf. ib. – Interessant ist, daß Spitzer in diesem Vortrag das Adjektiv "esthétique" zur Bezeichnung der eigenen Arbeit im Rahmen der Stilistik wählt. Denn vor allem in ihren Anfängen – etwa bis Ende der zwanziger Jahre – war Spitzers Stilistik keineswegs primär *ästhetisch* motiviert und orientiert; diese Charakterisierung trifft eher – auch seinem Selbstverständnis zufolge – auf die Arbeiten der späteren Periode zu (cf. dazu I. 3. 3. 9.).

144 Cf. Bally, *Précis de stylistique*, 11.

"action réciproque des faits expressifs qui concourent à former le système des moyens d'expression d'une langue"[145]. Während er bestrebt ist, die Fakten der "parole" lediglich im Hinblick auf das in ihnen enthaltene Allgemeine zu erfassen[146], geht es Spitzer um die Beschreibung gerade des Besonderen, Individuellen eines Stils[147].

Obwohl Spitzer seinen Sprach- und Stilbegriff nicht von der Ästhetik Croces her entwickelt hat, ergeben sich mit der Stilkonzeption Vosslers einige wichtige Berührungspunkte. Im Ausgang von der ästhetischen Sprachauffassung bestimmt Vossler das Wesen von Sprache als individuelle Schöpfung und als Kunst und dementsprechend "Stil" als individuelle Sprachschöpfung und als Dichtung. Dichtung unterscheidet sich vom alltäglichen Sprachgebrauch quantitativ, d. h. durch ein Mehr an Schöpfung, so daß sie als ausgezeichneter Gegenstand der Stilistik zu gelten hat. – Spitzers in der Dissertation und in den *Stilstudien* vorgestellter Stilbegriff scheint – allerdings nur auf den ersten Blick – weiter gefaßt zu sein, da er "Stil" zunächst mit Sprachtätigkeit schlechthin gleichsetzt und mit dieser sowohl das "reproduktive" als auch das schöpferische Sprechen meint. Die qualitative Differenzierung wird jedoch auch bei ihm auf eine quantitative reduziert, indem er die produktive und die reproduktive Sprachtätigkeit jeweils im *Ausmaß* des schöpferischen Willens des Sprechers begründet sieht. Mit Vossler stimmt Spitzer weiterhin darin überein, daß er den Stilbegriff nicht auf die Bezeichnung der sprachschöpferischen Tätigkeit des Einzelnen einschränkt, sondern ihn auch für das Sprechen bestimmter Sprechergruppen bzw. für bestimmte Züge einer historischen Sprache geltend macht: Wenn er auch die völkerpsychologischen Spekulationen der idealistischen Schule für die eigene Arbeit ablehnt, so findet man doch auch bei ihm den Begriff "Nationalstil" (SS I, IX), bzw. die Bestimmung von Stil als Ausdruck von "Geisteshaltungen" in den Einzelheiten der Gemeinsprache.

Spitzer entfernt sich in seiner Sprachauffassung von Vossler an dem Punkt, wo er die Mitteilung als gegenüber dem Ausdruck primäre sprachliche Funktion auszeichnet; dies schlägt sich in seinem Stilbegriff unmittelbar nieder. Da Mitteilung resp. gelingende Kommunikation seiner Ansicht zufolge immer an das Einhalten der sprachlichen Ordnung rückgebunden ist, muß jede sprachliche Schöpfung und somit auch "Stil" als Abweichung gegenüber dem kodifizierten Sprachgebrauch angesehen werden; Stil erscheint demzufolge vor

145 Cf. id., *Traité de stylistique française*, 1.
146 Cf. id., *Précis de stylistique*, 12.
147 Guiraud hat die Stilistik Ballys eine "stylistique de la langue et non de la parole" genannt (cf. id., *La stylistique*, 44). Die Stilistik Spitzers bezeichnet er demgegenüber als "stylistique idéaliste", als "une critique fondée sur l'étude des caractères stylistiques de l'oeuvre" (ib., 65).

dem Hintergrund der Allgemeinsprache als negativ bestimmt. Daß es jedoch einseitig und verfehlt wäre, Spitzer auf eine Abweichungskonzeption festzulegen, kann man schon von den Ausführungen zum Sprachwandel her erahnen. Denn Spitzer hatte hier die Sprachschöpfung positiv charakterisiert, indem er sprachliche Neuerung als Aufhebung eines – nicht nur von einem Sprecher empfundenen – expressiven Mangels der Sprache auffaßte.

3.1.5. Sprachschöpfung, Stil und Dichtung

Eine genaue Antwort auf die Frage nach dem Verhältnis des zum einen negativ als Abweichung akzentuierten Schöpfungsbegriffs und seiner zum anderen positiven Deutung, die ihn als Aufhebung der expressiven Mängel einer Sprache vorstellt, kann man, so scheint mir, in Spitzers Verständnis von Dichtung finden, dem im übrigen einige weitere wichtige Übereinstimmungen mit der idealistischen Philologie innewohnen.

Wie für Croce und Vossler ist für Spitzer die Dichtung, oder, wie er sagt, die "Sprachkunst" derjenige Ort, wo sich die sprachschöpferische Tätigkeit am intensivsten entfaltet (cf. SS II, 164; RSLS I, 6; RLS, 611). Da Spitzer "Stil" vornehmlich als Sprachschöpfung pointiert hatte, kann er den Stilbegriff – und dies erinnert schon vom Wortlaut her direkt an die Konzeption Vosslers – nun auch so formulieren: "Sprache als Kunst verwendet, heißt Stil" (SS II, 4).

Die Sprache lebt nach Spitzer vor allem in den Werken der Dichter: Hier lassen sich Neuerungen gleichsam "in flagranti" ertappen (RSLS I, 6), und hier manifestieren sich die ansonsten bloß latent vorhandenen Tendenzen einer Sprache[148]. Bezieht man diese Gedanken auf die in den Schriften zum Sprachwandel entwickelten Thesen, so könnte man die Dichter als eine Gruppe jener "linguistic leaders" bezeichnen, die einem allgemeinen Kommunikationsbedürfnis entgegenkommend, in Abweichung von der sprachlichen Ordnung deren expressive Schwächen durch ihre Schöpfungen beseitigen. So fordert Spitzer die Sprachwissenschaftler mit Nachdruck auf, das Leben der Sprache in den Werken der Dichter zu studieren: "Wenn die Sprache eine 'Energie' ist, müssen die Sprachschöpfer, die Werkmeister der Sprache am Werk gezeigt werden" (SS II, 3)[149]. Mit dem Begriff "Energie" bezieht sich

148 Cf. Spitzer, "Aus der Werkstatt des Etymologen", 151; Cf. auch id., "Stilistisch-Syntaktisches aus den spanisch-portugiesischen Romanzen", 211f.

149 Kritik an dieser Auffassung von Dichtung und Sprachwandel hat Mukařovský geübt. Seinen Vorstellungen zufolge stellt die Sprache der Dichtung eine gegenüber der Standardsprache verschiedene Sprache mit einer ihr eigenen Funktion dar. (cf. id., "Standard Language and Poetic Language", 26f.). In der Dichtung werde

Spitzer zweifelsohne auf die Sprachtheorie Humboldts; indem er somit – wenn auch nicht im Ausgang von ästhetischen Überlegungen – die These vom schöpferischen Wesen der Sprache akzeptiert, stimmt zumindest partiell auch seine Grundvorstellung von Sprache mit derjenigen Croces und Vosslers überein. Der Unterschied liegt, wie bereits erwähnt, in der unterschiedlichen Beurteilung der Relevanz der Sprachfunktionen beschlossen.

Wie aber ist es nun um die Verträglichkeit der Abweichungskonzeption des Stils mit der Auffassung der im positiven Sinn zu verstehenden Sprachschöpfung bestellt? Sind diese Thesen überhaupt miteinander vereinbar? Denn im ersten Fall ist dichterische Sprache nur sekundär, d. h. im Hinblick auf eine wie auch immer jeweils festzulegende Alltagssprache interpretierbar, im zweiten hingegen erscheint sie als gegenüber der Alltagssprache geradezu ausgezeichnet, und zwar in der Weise, daß sich in ihr das Wesen von Sprache schlechthin realisieren soll. Dank seinem Verständnis der dichterischen Sprache schlummert in Spitzers Konzeption dieser Konflikt im Verborgenen. Die Sprache der Dichtung weicht, so Spitzer, von der Alltagssprache ab, indem sie den "arbitrary words of the language" "motivation" verleihe

> "... and that is precisely what poetry generally achieves: to produce, by language-constructs differing from normal speech, adumbrations of a metaphysical world in which the laws of science, causality, practicality, as we know them in our workaday world, seem no longer to obtain and in which we come to visualize *other* laws" (LP, 87).[150]

Damit erweist sich Dichtung als der Ort, wo sich Sprache gleichsam selbst transparent macht, sie ihren arbiträren Charakter verliert, und wo der all-

die Norm der Standardsprache absichtlich verletzt, aufgehoben; Mukařovský nennt diesen Prozeß "Entautomatisierung" der standardsprachlichen Muster oder auch "foregrounding": der kommunikative Akt werde in der Dichtung – oft auf Kosten des Gehalts – in den Vordergrund gerückt (cf. ib., 19). Auf der Grundlage eines solchen Verständnisses kann Mukařovský eine Konzeption wie die Spitzersche nicht billigen:

> "First of all, it is worth mentioning that the poetic foregrounding of linguistic phenomena, since it is its own purpose, can not have the purpose of creating new means of communication (as Vossler and his school think). If anything passes from poetic language into the standard, it becomes a loan in the same way as anything taken over by the standard from any other linguistic milieu ... If, however, *poetic* neologisms were formed in view of their general usability, their aesthetic function would be endangered thereby; they are, therefore, formed in an unusual manner, with considerable violence to the language, as regards both form and meaning" (ib., 28).

150 Cf. auch Spitzer, "Language – the Basis of Science, Philosophy and Poetry", 87; cf. id., *Interpretationen zur Geschichte der französischen Lyrik*, 19.

tagssprachliche Mangel an Expressivität überwunden wird[151]. Dichtung ist in Spitzers Augen jedoch nicht, und dies wäre in der Tat eine notwendige Voraussetzung für eine strikte Abweichungskonzeption, eine gegenüber der Alltagssprache besondere sprachliche Funktion. – Die aus seinem Dichtungsverständnis folgenden Konsequenzen hat er allerdings nicht gezogen: Wenn in der Dichtung die Möglichkeiten von Sprache schlechthin artikuliert werden, dann muß ihr gegenüber, wie Coseriu dies in aller Schärfe klargestellt hat, jede andere Form von Sprache, also auch die Alltagssprache, als defizient angesehen, die Abweichungsrelation also genau umgekehrt angesetzt werden[152].

Als Norm, an der sich Spitzer zumindest auf der Ebene der Theorie für seine Abweichungskonzeption orientiert, fungiert die Alltagssprache. Ob und in welcher Form die Theorie in diesem Punkt tatsächlich in die praktische Textanalyse hineinspielt, gilt es bei der Untersuchung seiner Stilinterpretationen nachzuprüfen. Festzuhalten ist an dieser Stelle noch folgendes: Die dichterische Kreativität ist nach Spitzer nicht auf die Bereicherung der Alltagssprache eingegrenzt in dem Sinne, daß dank des Schaffens von neuen Bezeichnungen der Einzelsprache auch neue Bedeutungsmöglichkeiten erschlossen würden. Dies ist zweifellos ein Aspekt der dichterischen Schöpfung, aber es gibt noch einen anderen: Durch die Dichtung werden nicht allein neue Möglichkeiten der Sprache, sondern auch neue Sinndimensionen eröffnet, die, wie Spitzer sagt, gerade nicht mehr den Gesetzen unserer "workaday world" unterstehen[153].

Exkurs: Dichtung, Stil und Abweichung

Klotz gehört zu jenen Kritikern Spitzers, die die Auffassung von Stil und Dichtung als Abweichung von der normalen Sprache als einen sinnvollen Interpretationsansatz akzeptieren: "Was da 'normaler Sprachgebrauch' genannt wird – ein Phänomen, dessen Greifbarkeit freilich der hier gegebenen

151 Cf. dazu auch id., "E. Winkler, 'Die neuen Wege und Aufgaben der Stilistik' ", 90; cf. *A Method of Interpreting Literature*, 15.

152 Cf. Coseriu, "Thesen zum Thema 'Sprache und Dichtung' ", 185.

153 Diesen Sachverhalt hat Coseriu so ausgedrückt:

> "Als Tätigkeit des jeweils relativen Subjekts ist die Sprache zwar Erfassung und Gestaltung der Welt, jedoch keine Interpretation der Welt und auch kein Schaffen von möglichen Welten. Dagegen ist die Dichtung immer absolut, und sie schafft auch gerade *andere* mögliche Welten. Die Dichtung ist also als Verabsolutierung der Sprache zu interpretieren, eine Verabsolutierung, die jedoch nicht auf der sprachlichen Ebene als solcher erfolgt, sondern auf der Ebene des Sinnes der Texte" (ib., 188; zum Begriff des Sinnes in der Sprachtheorie Coserius cf. Anmerk. II. 12).

unbedenklichen Bezeichnung nicht entspricht – ist eine fruchtbare heuristische Setzung Spitzers"[154].

Auch Starobinski scheint der Abweichungskonzeption einiges abgewinnen zu können und zwar insofern, als mit ihr ein ausschließlich an der Individualität des Autors orientiertes Deutungsverfahren notwendig preisgegeben werden muß. Denn um den "écart" richtig beurteilen zu können, sei es erforderlich, den kulturellen Kontext, in dem ein Autor schreibt und in dem seine Werke rezipiert werden, in Augenschein zu nehmen: "L'écart doit être évalué selon la tolérance que la société manifeste à son endroit"[155]. Der "écart" sei sogar institutionalisiert, und zwar in der Weise, daß es verschiedene, vom "usage quotidien" abweichende "langues littéraires" gebe, mit ihren eigenen Regeln und Zwängen, die der Freiheit des Autors nur geringen Spielraum ließen. "Stil" ist nach Starobinski jene Instanz, durch die die verschiedenen Subsysteme einer Sprache jeweils definiert werden:

> "En pareil cas, le style ... prend valeur d'institution: l'écrivain n'en est pas le créateur, il y participe, avec plus ou moins de bonheur. Et l'analyse du style nous renverra, au premier chef, au genre pratiqué, à l'institution et non à la personnalité des auteurs ... Les seules évidences restent celles de l'oeuvre, ou celle, plus générale, de l'institution telle qu'elle s'actualise dans l'ensemble des oeuvres qu'elle régit".[156]

Diese Ausführungen Starobinskis legen offen zutage, was bereits kurz angedeutet wurde: Nur wenn man die dichterische Sprache als in irgendeiner Form von der Alltagssprache abweichend ansieht, z. B. wie Mukařovský und wie Jakobson als eine besondere sprachliche Funktion[157], oder wie in diesem Fall Starobinski als "subsystème linguistique partiel" bzw. als "sous-code" kann man eine entsprechende Interpretationspraxis gutheißen.

In der Tat haben diejenigen Autoren, die die Abweichungskonzeption kritisiert haben – ich denke z. B. an Riffaterre, Fowler und Stankiewicz – dies mit dem Argument getan, die poetische Sprache sei *nicht* als eine besondere Sprachform anzusehen. Riffaterre schreibt – in direkter Bezugnahme auf die bekannten Beispiele Jakobsons "I like Ike" und "Veni, vidi, vici": "Dans les deux exemples, la fonction stylistique n'est ni rajoutée ni renforcement secondaire, mais bien la fonction fondamentale des deux actes de communication ..."[158]. Und bei Fowler heißt es:

154 Cf. Klotz, "Leo Spitzers Stilanalysen", 993.
155 Starobinski, "Leo Spitzer et la lecture stylistique", 23.
156 Ib., 24.
157 Cf. Anmerk. 152; cf. Jakobson, "Closing Statement: Linguistics and Poetics", 350–377.
158 Riffaterre, "Vers la définition linguistique du style", 339. Zur kritischen Diskussion dieser Beispiele cf. auch Coseriu, *Textlinguistik. Eine Einführung*, 58f.

"Total dependence on the idea of deviation may lead us to the unsatisfactory general view of poetry as language deviant from normal usage not (the view I take) as part of the language as a whole. We should not see poetry as a poetic licence, language modified and twisted".[159]

Eine zwischen diesen beiden Fronten anzusiedelnde Position nimmt Trabant ein. Er legt seinen Vorstellungen zwar u. a. den Dichtungsbegriff von Coseriu zugrunde[160], versucht andererseits jedoch auch, die Abweichungskonzeption – allerdings in modifizierter Form – seinem Modell zu integrieren. Trabant betrachtet seinen Entwurf von Stilistik als Rückkehr zu Spitzer in dem Sinne, daß auch hier der "wissenschaftliche Stilanalytiker" als maßgebliche Instanz im hermeneutischen Prozeß der Textanalyse fungiert. Spitzers "Gedanken der Abweichung von der 'general norm'" lehnt Trabant ab, da diese Norm nur "einer – und keinesfalls eo ipso immer relevanter – von vielen möglichen Parametern stilistischer Arbeit ist"[161]. Damit die Analyse nicht der Willkür des Interpreten anheimgestellt ist und so etwas wie "Wissenschaftlichkeit" der Stilistik sichergestellt werden kann, sollte der Stilforscher seine Analyse auf Normen beziehen, die seine Interpretation intersubjektiv nachvollziehbar machen. Der in der traditionellen Abweichungskonzeption gängige Normbegriff (als Norm wird hier die Alltagssprache angenommen) müßte nach Trabant dahingehend erweitert werden, daß "verschiedene sprachliche, rhetorische, metrische, gattungsmäßige, ideologische etc. Normen" vom Interpreten berücksichtigt werden; dieser hätte dabei zu beachten, daß nicht nur die "Abweichung", sondern auch die "Erfüllung von Normen" für die Bestimmung des Stils "relevant" sein können[162].

Die der Abweichungskonzeption zugrundeliegende Auffassung von der Dichtung als einer besonderen sprachlichen Funktion ist für das Modell Trabants folglich nicht maßgeblich. Der Abweichungsgedanke und damit die Forderung des Bezugs auf Normen werden von ihm nur im Hinblick auf die Interpretationspraxis formuliert[163]. Trabants Versuch, die Wissenschaftlich-

159 Fowler, "Linguistic Theory and the Study of Style", 22; im Wortlaut ähnliche Gedanken findet man bei Stankiewicz, "Linguistics and the Study of Poetic Language", 75 f.

160 Cf. Trabant, "Poetische Abweichung", 56.

161 Cf. ib., 53.

162 Cf. ib.

163 Christmann urteilt ähnlich in dieser Frage, wobei er jedoch in Hinblick auf die Abweichungskonzeption die Schwierigkeiten der jeweiligen Normendefinition zu bedenken gibt:

"Eine Bestimmung von Stil als Abweichung ... hat, wenn man einmal von der Schwierigkeit einer präzisen Definition der jeweiligen Norm absieht, keit der Stilistik durch Rekurs des Stilanalytikers auf Parameter zu retten, ist zweifelsohne ehrenwert, doch kann ich seinen Optimismus bezüglich der tatsächlichen Objektivität der Ergebnisse nicht teilen. Denn die für den jeweiligen Text in Anspruch zu nehmenden Parameter werden dem Stilanalytiker nicht immer fertig vorgegeben sein; vielmehr wird er die seine Deutung leitenden Normen häufig selbst formulieren und festlegen müssen. Daß er bei diesem Prozeß von seiner Subjektivität vollkommen Abstand nehmen kann, ist zu bezweifeln. Denn welchen Weg er auch gehen wird, von den Parametern hin zur Analyse der Textmerkmale (was nach Trabant der bessere, weil weniger subjektivistische Weg wäre) oder aber von den ihm auffallenden Textmerkmalen hin zur Feststellung der jeweils zutreffenden Normen: In jedem Fall wird das Resultat seiner Untersuchung ganz entscheidend durch die von ihm getroffene Auswahl oder Formulierung der Normen geprägt sein.

Wie Trabant beurteilt auch Coseriu die Abweichungsstilistik in Hinblick auf ihre theoretische und praktische Plausibilität. In ihren "theoretischen Ansprüchen" lehnt er die Abweichungskonzeption ab, und zwar mit dem Einwand, daß ihr ein unzureichender Sprachbegriff zugrundeliege. Da in der Dichtung "alle Funktionen des Sprechens" verwirklicht seien, könne sie nicht als ein gegenüber der Alltagssprache "nicht-normales Sprechen" gedeutet werden[164]. Zudem stelle das als "abweichend" Empfundene oftmals selbst eine besondere Technik des Sprechens innerhalb einer historischen Sprache dar; diese Form der Abweichung betreffe somit nicht die "Ebene der Texte, sondern die Ebene der Sprachen, genauer gesagt, die Sprachstile einer historischen Sprache"[165]. Im Falle des dichterischen Textes könne man nicht von Abweichung sprechen, da, wie Coseriu meint, hier alles so ausgedrückt wird, wie es ausgedrückt werden muß. Der Eindruck des Auffälligen, Abweichenden entstehe deshalb, weil wir im Prozeß des Verstehens eines Textes häufig unbewußt die Kommutationsprobe anwenden, d. h. ein Element des Textes durch eine ihm entsprechende Variante ersetzen:

> "Die Grundannahme, auf der die Abweichungsstilistik beruht, entspricht einer verzerrten Intuition der Kommutationsprobe. Daraus erklärt sich, daß ihre Ergebnisse in rein praktischer Hinsicht durch-

zwar den Vorteil, daß die einzelnen Elemente dieser Abweichung linguistisch recht genau beschreibbar sind; – dagegen spricht jedoch die Beobachtung, daß auch ganz *normale* Erscheinungen für einen literarischen Stil charakteristisch und bedeutsam sein können" (id., "Sprachwissenschaft, Literaturwissenschaft, Stilistik", 180f.).

164 Cf. Coseriu, *Textlinguistik. Eine Einführung*, 119.

165 Cf. ib., 120.

aus einen Sinn haben können. Es ist z. B. richtig, daß im Text – dies gilt übrigens für jeden Text und nicht nur für poetische Texte – etwas 'unmittelbar auffällt' und daß ein wesentlicher Zusammenhang zwischen diesem Auffälligen und dem Sinn des Textes besteht. Diese Auffälligkeit ist jedoch nicht so motiviert, wie die 'Abweichungstheoretiker' uns glauben machen wollen. Der Sinn entsteht nicht als Konsequenz einer Abweichung von einem Sprachgebrauch, sondern die Tatsache, daß uns etwas auffällt, ist eine Konsequenz unseres Verständnisses".[166]

3.2. Die Konzeption von Sprachwissenschaft

3.2.1. Intuition und Methode

Spitzers Verständnis von Methode läßt sich weitgehend durch seine Einstellung gegenüber dem Positivismus und gegenüber der idealistischen Schule charakterisieren. Wie sich aus dem bisher Gesagten unschwer erraten läßt, lehnt er die ausschließlich an positivistischen Vorstellungen orientierte Sprachwissenschaft ab. In seinen Augen ist es als besonderes Verdienst Vosslers zu würdigen, "der vielgeschäftigen und doch ein wenig ziellosen Gelehr- und Betriebsamkeit des Positivismus ein ironisches Grabmahl gesetzt" zu haben. "Er [Vossler] hat zwar seinen Idealismus nicht allen Anfechtungen entziehen können, aber dank ihm ist Positivist etwas, was heute niemand unter uns mehr sein will"[167]. Seinen eigenen Standpunkt als "positiven Idealismus" bzw. als "idealistischen Positivismus" kennzeichnend, bezieht Spitzer selbst zwischen den beiden Lagern eine mittlere Position. Denn er beabsichtigt, wie er ausdrücklich betont, in seiner Forschung weder das Handwerklich-Technische noch "Geist" und "Gemüt" zu vernachlässigen (cf. SS I, XI)[168].

166 Ib., 121.
167 Spitzer, "Der Romanist an der deutschen Hochschule", 243f.
168 Bezieht man diese Stellungnahme Spitzers auf die Distinktionen Vosslers, so sind "Positivismus" und "Idealismus" hier im "methodologischen" Sinn zu verstehen. Vossler selbst hatte ja auch den methodologischen Positivismus – im Gegensatz zum "metaphysischen" – befürwortet, so daß seine Position in Spitzers Worten letztlich ebenfalls als "positiver Idealismus" zu charakterisieren wäre. – De Mauro ist offensichtlich auch in der Frage der Einschätzung des Standpunktes Spitzers nicht gewillt, dessen Selbstverständnis zu respektieren: die "ostilità contro la filologia positivista" sei eine die Schriften Spitzers durchgängig beherrschende Konstante, ein "tratto inconfondibile" seines Werks (cf. id., "Linguaggio, poesia e cultura nel pensiero e nell'opera di Leo Spitzer", 164). – Terracini beurteilt

Vor allem der Bedeutung von "Geist" und "Gemüt" für die wissenschaftliche Arbeit hat Spitzer große Aufmerksamkeit geschenkt. Immer wieder hat er sich bemüht – auch in diesem Bestreben der idealistischen Schule folgend – die Intuition als für die Sprachwissenschaft und insbesondere für die stilistische Analyse angemessene Erkenntnisform hervorzuheben. Die Stilistik als "Forschung, die sich mit dem 'Individuellen' und 'Intuitionellen' der Dichtung" befaßt, müsse, so fordert Spitzer, selber "individuell und intuitionell" sein (SS II, 534). – Eine solche Konzeption, in der die Intuition – in diesem Fall im Hinblick auf die Sprachwissenschaft – als Erkenntnisform *par excellence* ausgezeichnet ist, hat zur Folge, daß man einen allgemeinverbindlichen, im Detail explizierbaren Methodenbegriff für die Forschung nicht anzugeben vermag. Denn Intuition ist, man könnte sagen: *per definitionem* unmittelbar an die konkrete Subjektivität gebundene Erkenntnis von Singulärem. Deshalb wäre es geradezu unsinnig, wollte Spitzer auf der Grundlage dieser Gedanken so etwas wie eine "objektive" – von der Individualität des Interpreten unabhängige – Methode entwickeln, die für die Analyse aller z. B. einer Textsorte angehörenden Texte passend und verbindlich wäre. Mit seinem Methodenbegriff bezieht er sich vielmehr auf die Worte Gundolfs: "Methode ist Erlebnis" (cf. LLH, 1)[169]. So kann Spitzer,

demgegenüber den Standort Spitzers wesentlich differenzierter. Obwohl auch er die Arbeiten Spitzers eindeutig dem "movimento della linguistica idealistica" zuordnet, bemerkt er mit Hinweis auf die Widmung an Meyer-Lübke in *Italienische Umgangssprache:*

> "La dedica della *Italienische Umgangssprache* al Maestro ci mostra uno Spitzer atteggiante un poco a pecora nera del gregge che costituiva allora la scuola viennese; eppure questa dedica non è solo un personale ossequio dell'alunno al maestro; per decisa che sia stata la ribellione di Spitzer ai metodi positivistici della linguistica e all'angustia dei suoi problemi, in realtà egli non ha mai rotto definitivamente i ponti con essa" (id., *Analisi stilistica. Teoria, storia, problemi*", 85. –

Spitzer selbst hat sich bezüglich seiner Einstellung zu Meyer-Lübke in dem Artikel "Mes souvenirs de Meyer-Lübke" erklärt. Daß das Verhältnis zu seinem Lehrer nicht immer ungetrübt war, führt er auf Gründe nicht allein wissenschaftlicher, sondern auch politischer Natur zurück. Der Etappe "d'un amour sans bornes" in Wien sei die Zeit "d'une critique plutôt négative" in Bonn gefolgt und dieser wiederum eine dritte und letzte Phase, "celle d'un respect reconnaissant tempéré par les expériences de ma vie mouvementée" ("Mes souvenirs de Meyer-Lübke", 213). Seine politischen Vorstellungen während der Bonner Zeit bezeichnet Spitzer als "idées nettement de gauche, démocratiques, pacifistes, socialistes", wohingegen Meyer-Lübke der "aile droite du parti des nationaux-libéraux style Bismarck" angehört habe (cf. ib., 218). – Cf. dazu auch Schalk, "Leo Spitzer (1887–1960)", 524.

169 Cf. dazu auch id., "L'état actuel des études romanes en Allemagne", 594. – Die Meinungen zu Spitzers Methodenbegriff sind kontrovers. Während Klotz den Begriff

will er seine eigene Vorgehensweise überhaupt explizieren, nur von den eigenen Erlebnissen ausgehen. Die "Methodologie", die er zu vermitteln vermag, erschöpft sich in einer Deskription, die ihrerseits wiederum nur durch Introspektion, oder, wie Spitzer sagt, durch "Selbstbeobachtung des forschenden Subjekts" inhaltlich entfaltet werden kann[170]. Von diesem Standpunkt aus wehrt sich Spitzer gegen all jene, die den "mentalistic approach" für unwissenschaftlich halten: gegen Bloomfield, gegen Hall und ebenso gegen Bruneau, hinter dessen "scientisme" ... "plutôt que le désir de l'objectivité scientifique, l'aversion contre tout ce qui est talent, imagination, vivacité, hardiesse de l'esprit en quête du nouveau ..." zu vermuten sei[171].

Spitzers Ausführungen zu Stil und Stilanalyse haben denn auch stets autobiographischen Charakter; in all jenen Aufsätzen, in denen er sich zu theoretischen Problemen der Stilanalyse äußert, schildert er letztlich nur den eigenen Werdegang[172]. – Die Frage, die sich nun ganz dringlich stellt, ist die, wie es denn um die Verbindlichkeit – philosophisch ausgedrückt: um den Wahrheitsstatus – intuitiver Erkenntnis stehe. Um *objektive* Wahrheit kann es sich im Falle der intuitiven Erkenntnis schon deshalb nicht handeln, weil sie eine subjektive Erkenntnisform darstellt. Der ihr entsprechende Wahrheitsmodus ist vielmehr der der Evidenz. Spitzer hat dies selbst – wenn auch freilich nicht im Rahmen einer diese Frage ausdrücklich thematisierenden Reflexion – zum Ausdruck gebracht; sich dem Gebot Augustins "Noli

"Methode" für die Arbeit Spitzers ohne Einschränkung gelten läßt (cf. id., "Leo Spitzers Stilanalysen", 992ff.), weist Giachery daraufhin, daß dieser Begriff in Anwendung auf Spitzer nur mit Vorsicht zu gebrauchen sei:

> "Se di metodo vogliamo parlare, sia dunque soltanto in questa limitata accezione non filosofica, non aprioristica, di particolare *comportamento*, o modo di porsi di fronte al testo e di professare il mestiere di filologo e d'interprete letterario: insomma di una *Erlebnis*, o esperienza vivente" (id., "Leo Spitzer (1887–1960)", 443).

Cases, der die Stilistik Spitzers aus marxistischer Perspektive unter die Lupe nimmt, kritisiert, daß die Gleichsetzung von Methode und Erlebnis "incertezze e oscillazioni abbastanza gravi nella fondazione teorica" zur Folge habe (cf. id., "I limiti della critica stilistica e i problemi della critica letteraria", 50).

170 Cf. Spitzer, "Aus der Werkstatt des Etymologen", 130.

171 Cf. id., "Les théories de la stylistique", 167; cf. "Answer to Mr. Bloomfield", 249ff.; cf. "The State of Linguistics – Crisis or Reaction?", 497. – Zu Spitzers Replik an Bloomfield muß allerdings bemerkt werden, daß sie weniger von sachlicher Argumentation denn von ideologischen resp. religiösen Bekenntnissen getragen ist. Von dieser Phase einer intensiven religiösen Orientierung, die in Amerika begonnen habe und in der er "sensitività religiosa" mit "vera religione" verwechselt habe, hat sich Spitzer später distanziert (cf. id., "Sviluppo di un metodo", 127; cf. dazu auch Wellek, "Leo Spitzer (1889–1960)", 318.

172 Cf. dazu Roncaglia, "Ricordo di Leo Spitzer", 40 und 44.

foras ire; in interiore animae habitat veritas" anschließend, schreibt er: "certitude comes to science only with the possibility of inner evidence"[173]. Auch in der Darstellung der Interpretationspraxis wird der Evidenzgedanke deutlich, wenn Spitzer das Gefühl des Interpreten, den richtigen Einstieg gefunden zu haben, als "the characteristic 'click'" beschreibt, der das Anzeichen dafür sei, daß der gemeinsame Nenner von Textdetail und Textganzem und damit das 'Etymon' des Textes gefunden sei (cf. LLH, 27ff.). Die Evidenz ist somit als eine subjektive Anzeige für die Richtigkeit des gewählten Deutungsansatzes anzusehen, die sich im Interpreten in der Form eines der Erleuchtung ähnlichen Gefühls meldet[174].

Die hier in systematisierter Form nachgezeichneten Gedanken Spitzers zum Methodenbegriff erinnern schon allein aufgrund der Begriffe "Erlebnis", "Evidenz" und "Intuition" unmittelbar an die Phänomenologie Husserls[175]. Husserl hat ja versucht, die intuitive Erkenntnis, die Erkenntnis durch Erlebnisse als objektiv und als intersubjektiv gültige Erkenntnis transzendentalphilosophisch zu rechtfertigen. Zu diesem Zweck hat er in den *Logischen Untersuchungen* die Theorie der Wesensschau entwickelt, derzu-

173 Spitzer, "Answer to Mr. Bloomfield", 249.

174 Ein dem Spitzerschen in diesem Punkt vergleichbarer Ansatz ist derjenige D. Alonsos. Alonso vertritt die Auffassung, daß es keine allgemein verbindliche Methode der Stilkritik gebe: daß "el ataque estilístico es siempre un problema de los que los matemáticos llaman 'feliz idea'" (id. *Poesía española, ensayo de métodos y límites estilísticos*, 11. Dem Gedanken Spitzers, die richtige Intuition sei vom Evidenzgefühl begleitet, entspricht bei Alonso die Vorstellung, daß sich die Intuition als eine Reihe von Intuitionen vollziehe, die ihrerseits durch ihnen spezifische 'Illuminationen' ausgezeichnet sind (cf. ib., 40. – Zur Kritik Spitzers an Alonso cf. Spitzer, "Dámaso Alonso, *Poesía española*").

175 In den Repliken auf die Artikel von de Mauro und Winkler hat Spitzer seine Betrachtungsweise in der Tat "phänomenologisch" genannt (cf. id., "Risposta a una critica", 539; cf. "E. Winkler, 'Die neuen Wege und Aufgaben der Stilistik'", 91). Auch den Ansatz Vosslers sieht Spitzer als durchaus mit der Phänomenologie verbunden:

> "Pour revenir au principe de la révolution vosslerienne, si nous la considérons sous un autre aspect, en liaison avec le mouvement philosophique, nous assistons à un retour au concret palpable, 'Zurückgehen auf die Sachen selbst' comme disait le philosophe Husserl, vers le phénomène qui est perçu de tout le monde, retour nécessaire toutes les fois qu'une science menace de s'égarer dans l'abstrait" (id., "L'état actuel des études romanes en Allemagne", 579).

"Phänomenologisch" in Spitzers Verständnis bedeutet somit: Rückgang zu den Sachen selbst, Rekurs auf das vorwissenschaftliche Verstehen. – Den Versuch, die Sprachwissenschaft im Ausgang von der Philosophie Husserls zu reformieren, haben seit den dreißiger Jahren Pos und Merleau-Ponty unternommen, cf. dazu Aschenberg, *Phänomenologische Philosophie und Sprache. Grundzüge der Sprachtheorien von Husserl, Pos und Merleau-Ponty*.

folge das Subjekt in der konkreten Wahrnehmungssituation in der Lage sein soll, dank Phantasievariation und dank ideierender Abstraktion das Erleben des Einzelnen als eines Einzelnen zu transzendieren und sein "Wesen" zu "erschauen"[176]. Ein weiteres Theorem, das die Gültigkeit der durch das faktische Subjekt vollzogenen Erkenntnis sicherstellen soll, ist das der phänomenologischen Reduktion. Durch den Gedanken der phänomenologischen Reduktion soll von der Mundaneität des Subjekts abgesehen und es als *reines* Bewußtsein, als eine "absolute Seinsregion" erschlossen werden, die, ausgezeichnet durch absolute Evidenz, "alle möglichen realen Welten und alle Welten jedes erweiterten Sinnes" in sich trägt, "nämlich in sich durch wirkliche und mögliche 'intentionale Konstitution'"[177].

Spitzer verfügt natürlich nicht – und dies ist ihm als Sprachwissenschaftler keineswegs anzulasten – über entsprechende philosophische Mittel, die es ihm gestatten könnten, auch nur mit dem Anspruch auf Allgemeingültigkeit der sich seiner Intuition verdankenden Erkenntnisse aufzutreten. Ihm steht vielmehr die Möglichkeit offen, sich mit den Thesen anderer auseinanderzusetzen und bezüglich der eigenen Erkenntnisse an die Einsicht anderer, an den *consensus omnium* zu appellieren. Dieser kann freilich nicht realiter vollzogen, sondern bloß unterstellt oder angesonnen werden, er bleibt, wie Spitzer selbst wiederholt betont hat, stets ein Desideratum[178].

3.2.2. Die sprachwissenschaftlichen Disziplinen und Richtungen

Wenn auch nicht in der Ausführlichkeit wie Vossler, der mit seinen Schriften aus den Jahren 1904 und 1905 ja das Programm einer ästhetisch reformierten Sprachwissenschaft entwerfen wollte, hat doch auch Spitzer zu der Rangordnung der sprachwissenschaftlichen Disziplinen Stellung genommen. Die wenigen Sätze, die man zu diesem Thema in seinen Schriften findet, machen

176 Cf. Husserl, *Logische Untersuchungen* II, 1, bes. 1–22.

177 Cf. id., *Ideen zu einer reinen Phänomenologie und phänomenologischen Philosophie* I, 73; zur Verbindung von Phänomenologie und Stilistik cf. auch III. 2.

178 Cf. Spitzer, "Sviluppo di un metodo", 113. Cf. id., *Essays on English and American Literature*, 37; cf. LLH, 38. – Hytier zeigt sich, was die 'Verifikation' einer sich auf Intuition gründenden Analyse angeht, äußerst skeptisch. Gegen Spitzers Vertrauen in die "vérification interne", d. h. die Bestätigung des intuitiv gewählten Interpretationsansatzes durch weitere Details des Werkes (cf. dazu I.3.5.), wirft Hytier ein, daß die Intuition auch einmal fehlgehen, das Evidenzgefühl "trompeur" sein könne (cf. id., "La méthode de M. Leo Spitzer", 45f. und 59):

> "Quant a l'autre type de vérification, sorte de vérification externe par accord avec d'autres critiques, M. Spitzer, en dépit de ses déclarations en faveur du *consensus omnium*, qui ne peut sortir que de la discussion ... en fait rarement usage" (ib., 46).

erneut deutlich, daß seine Vorstellungen in einigen grundlegenden Fragen aufs Engste mit denen Vosslers verwandt sind. Bereits in den *Stilstudien* hat sich Spitzer dem Vosslerschen Diktum "nihil est in syntaxi quod non fuerit in stylo" angeschlossen (SS II, 517). Im Aufsatz zum Sprachwandel aus dem Jahre 1943 setzt er wie Vossler in *Positivismus und Idealismus in der Sprachwissenschaft* die Stilistik als eine alle übrigen Zweige der Sprachwissenschaft umfassende Disziplin an. Die Rangordnung der Disziplinen denkt er sich näherhin so:

> "first, an all-embracing stylistics (all historic change in language rests upon the usage to self-expression); next, syntax (which is stylistics grammaticised); then semantics and morphology".[179]

Die Phonologie rangiert er an letzter Stelle. Trotz der von ihm selbst eingestandenen praktischen Schwierigkeit, jede lautliche Entwicklung stilistisch zu deuten, hält es Spitzer für sinnvoll, an einer Verbindung von Stilistik und Lautlehre zumindest in der Theorie festzuhalten[180]. Eine entsprechende Option hatte er ja bereits zuvor in seinem Artikel zur Etymologie getroffen, wo er ebenfalls der semantischen Untersuchung den Vorrang vor der phonetischen verleiht und zudem eine Analyse der "stilistischen Wertigkeit", des "Affektgehalts" des einzelnen Wortes fordert[181].

Spitzers Vorstellungen von den Möglichkeiten sprachwissenschaftlicher Arbeit sind nicht so eng, daß er nicht auch andere, mit seinem Modell in keiner Beziehung verwandte Forschungsrichtungen für interessant und förderungswürdig hielte. Neben der von Vossler inaugurierten "kulturell" orientierten Forschung erwähnt er folgende Richtungen:

– die *historische* des Sprachvergleichs, wie sie von Meyer-Lübke und Schuchardt betrieben werde[182];

179 Spitzer, "Why does Language Change?", 428.
180 Cf. ib.
181 Cf. id., "Aus der Werkstatt des Etymologen", 133.
182 Neben Meyer-Lübke ist Schuchardt zweifelsohne die wichtigste Person für den wissenschaftlichen Werdegang Spitzers gewesen. Schon früh hat Spitzer versucht, mit dem in Graz lehrenden Sprachforscher, den er als den großen "contradicteur et antipode" Meyer-Lübkes ansah, in Kontakt zu kommen (cf. "Mes souvenirs de Meyer-Lübke", 210). In Spitzers Augen ist Schuchardt im

> "Gegensatz zu dem Synthetiker Meyer-Lübke der größte Monographiker des neunzehnten Jahrhunderts, der Schleuderer von Ideenfackeln in den Holzstoß der positivistischen Forschung, zu der er mehr als irgendein Zeitgenosse beigetragen hat" (id., *Meisterwerke der romanischen Sprachwissenschaft* I, 357).

Spitzers Kritiker führen die Beziehung zu Schuchardt auf die geistige Verwandschaft beider Forscher zurück. So meint Schalk, daß man einige Passagen aus der

– die *biologische* Richtung der Dialektologie Gilliérons[183];
– die *statisch-deskriptive* Sprachwissenschaft de Saussures, die dank der stilistischen Untersuchungen von Bally auch Einsichten in die "latenten Sprachveränderungen" zu vermitteln in der Lage sei;
– die Arbeiten der *soziologischen* Schule, vertreten durch Meillet, Sainéan und Dauzat; und schließlich
– die *philologische* Richtung von Appel und Schultz-Gora[184].

3.3. Die Stilistik

3.3.1. Stilistik als Bindeglied zwischen Sprach- und Literaturwissenschaft

Wenn Spitzer auch gefordert hat, daß das stilistische Interesse bei *allen* sprachwissenschaftlichen Untersuchungen leitend sein sollte, ist seine Stilforschung nichtsdestoweniger in erster Linie auf die Analyse des individuellen Sprachgebrauchs konzentriert und damit der "linguistique de la parole" zuzuordnen[185]. – Spitzer hatte "Stil" u. a. als von der Alltagssprache abweichende Schöpfung bestimmt, die vor allem in den Werken der Dichter in Erscheinung trete. Dementsprechend vertritt er die Auffassung, daß die Stilistik ihren syste-

Einleitung zum *Hugo Schuchardt-Brevier* geradezu als Selbstcharakteristik Spitzers lesen könne (cf. Schalk, "Leo Spitzer (1887–1960)", 524f.). – Nach Contini spiegelt sich der unmittelbare Einfluß Schuchardts auf Spitzer in dessen "attenzione ai fatti linguistici individui, non seriali, implicanti una giustificazione propria" wider (cf. Contini, "Tombeau de Leo Spitzer", 653).

183 Spitzer hat sich mit der Position Gilliérons in Paris vertraut machen können; dazu schreibt Contini:

> "... lo scolaro di Meyer-Lübke e connazionale di Schuchardt diventava, a Parigi, discepolo proprio anche di Gilliéron: ereditandone, peraltro, piuttosto contributi allo smontaggio del dogmatismo che all'edificazione della nuova meccanica geografica" (ib., 654).

184 Cf. Spitzer, "Eine Strömung innerhalb der romanischen Sprachwissenschaft", 130.

185 In der Entgegnung auf die Kritik de Mauros hat Spitzer diese Zuordnung selbst getroffen:

> "Debbo confessare che non vedo bene in che cosa la mia indagine (che definisce per esempio il valore semantico generale del francese *à cause que* per poi far vedere l'innovazione stilistica o letteraria del Philippe) differisca dalla 'linguistica delle *parole*', raccommandata come una revisione necessaria ed odierna dell'estetica crociana dal de Mauro ..." (id., "Risposta a una critica", 602).

Cf. dazu auch Starobinski, "La estilística y sus métodos: Leo Spitzer", 401.

matischen Ort zwischen der Sprach- und der Literaturwissenschaft habe[186] und mit ihr eine Brücke zwischen diesen beiden strikt voneinander geschiedenen Disziplinen geschlagen werden solle. Als Beispiel für die Trennung von Sprach- und Literaturwissenschaft schildert er die Situation an der Universität Wien während seines Studiums: aufgrund des vorherrschenden positivistischen Wissenschaftsinteresses habe zwischen beiden Fächern eine tiefe Kluft bestanden; Meyer-Lübke habe nur von Sprache, Becker nur von Literatur geredet: "a meaningless industriousness prevailed: not only was this kind of humanities not centered on a particular people in a particular time, but the subject matter itself had got lost: Man" (LLH, 4). Nach diesen Worten Spitzers wäre das Abrücken von positivistischen Positionen und damit auch die von ihm selbst versuchte Vermittlung von Sprach- und Literaturwissenschaft in der Stilistik als ein Schritt in Richtung auf eine sich um den *Menschen* kümmernde Forschung zu deuten.

Seine eigenen Stilanalysen betrachtet Spitzer als

> "eine Verwirklichung Vosslerschen theoretischen Wollens. Die künstlerische Seite der Sprache mußte erst von der Sprachwissenschaft theoretisch erwiesen (oder wiederentdeckt) sein, bevor man die einzelnen Wortkünstler sprachwissenschaftlich behandeln konnte. Vossler betrachtet mehr das 'Sprechen' als 'die Sprache', mehr die *ἐνέργεια* als das *ἔργον* – man braucht sich nur in die Seele des großen Sprechers, des Dichters hineinzuversetzen, um dem sprachlichen Schöpfungsakt beizuwohnen" (SS II, 503).

Der Plan einer Annäherung von Sprach- und Literaturwissenschaft ist somit – und dies sollte noch einmal betont werden – bei Vossler wie bei Spitzer zunächst primär durch sprachwissenschaftliche Interessen motiviert. – Die Verbindung von Sprach- und Literaturwissenschaft in der Stilistik erfordert, so Spitzer, daß der Philologe "im Sattel" beider Disziplinen sicher sei. Die Hierarchie "oben" Sprachwissenschaft und "unten" Literaturwissenschaft müsse aufgegeben werden zugunsten einer Vereinigung dieser beiden Forschungszweige, die auch für den Studenten eine "conditio sine qua non" seiner Ausbildung sei[187].

186 Eine mit Spitzer in diesem Punkt übereinstimmende Einstellung findet man bei Seidler, der ebenfalls die Auffassung vertritt, daß die Stilistik "die deutliche *Fuge zwischen der Sprach- und der Literaturwissenschaft* bildet. In ihr unter anderem ist die Einheit der Philologie gegeben" (id., *Allgemeine Stilistik*, 68).

187 Cf. Spitzer, "Der Romanist an der deutschen Hochschule", 259.

3.2.2. Die Aufgaben der Stilforschung

Mit der von Spitzer gewünschten Reform der Stilistik als einer zwischen Sprach- und Literaturwissenschaft vermittelnden Disziplin wird die Neubestimmung ihres Gegenstandes unerläßlich. Nach dem bisher Gesagten könnte man vermuten, daß der Stilforscher, der es ja in irgendeiner Form mit Stil zu tun haben wird, sich wohl (im Sinne des Spitzerschen Stilbegriffs) mit den in literarischen Texten auffindbaren Sprachschöpfungen werde befassen müssen. Diese Vermutung trifft jedoch insofern nur partiell zu, als Spitzer den Aufgabenbereich der Stilistik wesentlich weiter gefaßt hat; die Vorstellungen zum Gegenstand der stilistischen Analyse stimmen folglich mit seinem Stilbegriff interessanterweise nicht überein.

Spitzer hat die Aufgabe des "kunstbeflissenen Linguisten" als eine dreifache formuliert. Dieser habe

1. die dichterische Sprache "in ihren Kunstabsichten" zu erfassen;
2. sie zu "charakterisieren", und schließlich
3. sie "auf das Seelische, das die Dichter sprachlich ausdrücken, zurück[zu]führen" (SS II, 4).

Da die Spitzersche Stilistik – obwohl ursprünglich primär durch sprachwissenschaftliche Interessen motiviert – eine Verbindung zwischen Sprach- und Literaturwissenschaft herstellen soll, ist es nicht weiter verwunderlich, wenn mit der Bestimmung ihrer Forschungsziele der eigentliche Gegenstandsbereich der Sprachwissenschaft verlassen wird. Dies wiederum hat zur Folge, daß der Stilforscher nicht mit ausschließlich sprachwissenschaftlichen Hilfsmitteln wird arbeiten können.

Der dem "kunstbeflissenen Linguisten" anempfohlene Aufgabenkatalog eröffnet gegenüber dem Stilbegriff in mehrerlei Hinsicht eine weitere Perspektive. Spitzers Forderung, der Stilforscher habe in seiner Analyse die "Kunstabsichten" des Autors zu berücksichtigen, birgt drei Aufgaben in sich: Der Stilforscher hat erstens die auffälligen Fakten eines Stils festzustellen und zweitens, so lautet zumindest das Programm, in ihrem ästhetischen Eigenwert zu beschreiben.

Mit der dritten Aufgabe, die die Erschließung des dem Text zugrundeliegenden Seelischen verlangt, wird das eigentliche Ziel der Stilanalyse angegeben: Unter Berücksichtigung der ästhetischen Intentionen des Autors soll der Stilforscher die sprachlichen Besonderheiten eines Stils nicht nur beschreiben, sondern, die Grenzen von Sprach- *und* Literaturwissenschaft verlassend, sie auch psychologisch ausdeuten.

Entsprechend diesen "Aufgaben" hat Spitzer den eigenen Stilanalysen zwei Mottos vorangestellt:

1. "individuum non est ineffabile" – die individuelle Stilsprache kann mit sprachwissenschaftlichen Mitteln erfaßt werden[188].
2. "'oratio vultus animi' – diese Stilsprache ist die biologisch notwendige Auswirkung der Individualseele" (SS II, 519f.).

3.3.3. Stilistik und Sprachwissenschaft

Eine dem Modell Spitzers folgende stilistische Analyse ist, da sie die *Sprache* der Dichter in ihren Besonderheiten zu erfassen und zu beschreiben hat, zunächst sprachwissenschaftlich orientiert. Das bedeutet, daß sie ihre methodischen Hilfsmittel und ihre Kategorien in Anleihe vor allem bei der Sprachwissenschaft zu gewinnen hat.

Im Ausgang von den eigenen Vorstellungen hat sich Spitzer übrigens mit einem ähnlichen Argument wie Stefanini, Wellek und andere von der Literaturtheorie Croces ausdrücklich distanziert. Aufgrund des "concept romantique de l'intuition" und aufgrund des "mépris des catégories linguistiques ... et de toute analyse de détail" sei Croce nicht in der Lage gewesen, der Literaturkritik fruchtbare und neue Kategorien zu vermitteln:

> "Croce lui-même a avoué que sur la beauté parfaite il n'y a rien à dire: nous aboutissons donc à une paralysie du critique, immobilisé devant l'oeuvre d'art admiré".[189]

Obwohl auch Spitzer die Intuition als für die Interpretation grundlegende Erkenntnisform auszeichnet, soll die Deutung des Textes nicht bloß in der Weise einer subjektiven Nachschöpfung vollzogen werden. Da er, wie er in der Charakterisierung seiner Einstellung gegenüber Positivismus und Idealismus betont hat, das Handwerklich-Technische des Philologen nicht zu vernachlässigen gedenkt, werden seine Analysen auch "objektivierend", vergegenständlichend sein; diesem Vorsatz entsprechend darf Spitzer sich nicht darauf beschränken, die sprachlichen Merkmale und Strukturen eines Textes etwa mit emotionalen Kommentaren zu begleiten; er wird vielmehr versuchen, sie mit sprachwissenschaftlichen Kategorien zu beschreiben. Der

188 Croce, der – seinen Einfluß wohl überschätzend – in der Rezension zu "Wortkunst und Sprachwissenschaft" die Arbeit Spitzers als an seiner Philosophie orientiert darstellt, meint, daß Spitzer ihm dieses Motto verdanke:

> "Perciò mi piace molto che lo Spitzer accetti il mio *solum individuum effabile* (che si contrappone al detto scolastico e include in sè tutta l'asserzione della filosofia moderna contra l'antica e medievale)" (id., "Leo Spitzer, 'Wortkunst und Sprachwissenschaft' ", 294.

189 Spitzer, "Les études de style et les différents pays", 25f.; cf. auch id., "Sviluppo di un metodo", 115.

"Objektivismus" geht dabei natürlich nicht so weit, daß Spitzer einen umfassenden Katalog von sprachwissenschaftlichen Kategorien zusammenstellen könnte, die in jeder beliebigen Interpretation einsetzbar wären. Dies wäre schon in Anbetracht des Ziels seiner Untersuchung, einen Stil in seiner Individualität zu erfassen, nicht sinnvoll. Die Kategorien, die in seinen Studien zum Tragen kommen, sind vielmehr stets in Hinblick auf die je besondere Beschaffenheit eines Stils, bzw. eines Textes gewählt. So hat er sich z. B. in der Proustinterpretation vor allem mit der Syntax, in der Abhandlung zu Philippe vorwiegend mit der besonderen Verwendung der kausalen Konjunktionen befaßt.

Die Analyse, die Spitzer anstrebt, zielt somit im ersten Schritt auf die Deskription des Formmoments eines Textes ab. Mit dieser Option für eine zunächst primär formale Interpretation fühlt er sich Walzel verbunden, der ebenfalls die Relevanz der sprachlichen Gestaltung immer wieder hervorgehoben habe:

> "Als methodische Lehre aus unseren Erwägungen kann ich keine wertvollere formulieren als die von Walzel ausgedrückte: '... Entscheidende Züge der Wortkunst lassen sich erkennen, wenn in die Schule der Wissenschaft gegangen wird, die sich bisher am intensivsten mit dem Wort beschäftigt und seine Wege am genauesten beobachtet hat. Es ist die Sprachlehre'" (SS II,83).

Exkurs: Spitzer und Walzel

In seinem autobiographischen Rückblick "Sviluppo di un metodo" schreibt Spitzer, daß seine Kontakte mit Walzel vor allem nach dem Ersten Weltkrieg während seiner Jahre an der Bonner Universität sehr intensiv gewesen seien. Walzel habe zu jener Zeit an seinem Buch *Gehalt und Gestalt im Kunstwerk des Dichters* gearbeitet[190]. Spitzer hat sich jedoch nicht allein an den Gedanken Walzels inspiriert (wie dies allein die zahlreichen Hinweise auf dessen Schriften in den *Stilstudien* dokumentieren können), sondern Walzel hat sich offensichtlich ebenfalls von Spitzer beeinflussen lassen. So richtet er im Nachwort seines Buches ein Wort des Dankes auch an Spitzer, der in gleicher Richtung wie er selbst arbeite[191].

In der Tat ist bereits von ihrem Ansatz her die Position Walzels mit der Spitzers durchaus vergleichbar. Auch Walzel versucht, "die rechte Mitte" zu finden zwischen der auf das subjektive Erleben gegründeten Kunstbetrachtung einerseits und der auf die Analyse der Gestalt des Kunstwerks abheben-

190 Cf. ib., 114.
191 Cf. Walzel, *Gehalt und Gestalt im Kunstwerk des Dichters*, 395.

den Interpretationsweise andererseits. Die erste Richtung sieht er durch Dilthey, die zweite durch Wölfflin vertreten[192]. Mit der Unterscheidung von Gehalt und Gestalt beabsichtigt Walzel nicht, die "Einheit" des Erlebnisses, in der "alles gegeben und alles ... verbunden" ist, zu zerstören. Gleichwohl ist diese Unterscheidung in Hinblick auf konkrete Interpretationen von Kunstwerken geboten, und zwar deshalb, weil mit ihr das Erleben überhaupt aussagbar wird:

> "Wer am Kunstwerk Gehalt und Form scheidet, führt Begriffe ein, die es möglich machen, einzelne Züge des Gesamterlebnisses, das sich durch das Kunstwerk ergibt, verstandesmäßig zu packen und in Worte von logischem Wert umzusetzen".[193]

Für die Erforschung der Gestalt von Texten sollte man die Kategorien der Grammatik und der Syntax verwenden. Dabei genüge es jedoch nicht, mit Hilfe dieser Kategorien die dem jeweiligen Text spezifischen sprachlichen Elemente zu klassifizieren; vielmehr sollte auf diesem Wege auch die Bedeutung der sprachlichen Organisation des Textes für die "künstlerische Gestaltung des Gehaltes" ermittelt werden[194].

Damit möchte auch Walzel die sprachwissenschaftliche Analyse nicht darauf beschränken, die sprachlichen Merkmale einer Dichtung bloß aufzudecken. In der Forderung, das Verstehen auch auf die ästhetische Präsentierung des Gehaltes zu lenken, liegt ein weiterer Berührungspunkt mit der Auffassung Spitzers vor (cf. I.3.3.8.).

3.3.4. Stilistik und Psychologie

Auf den ersten Blick könnte man vermuten, Spitzer stelle sich mit dem Programm, über die sprachliche Gestaltung die "Seelenindividualität" des Autors zu erschließen, in die Tradition der romantischen Hermeneutik. Denn zur Zeit der Romantik – erinnert sei vor allem an die Hermeneutik des späten Schleiermacher – galt ja auch das Interesse nicht mehr so sehr dem Verständnis der durch den Text vermittelten sachlichen Zusammenhänge als vielmehr der psychologischen Interpretation[195]. – Spitzer hat sich

192 Cf. ib., 14f.
193 Ib., 144.
194 Cf. ib., 383f.
195 Kimmerle hat allerdings in seiner Einleitung in die *Hermeneutik* Schleiermachers darauf hingewiesen, daß das Bild eines vornehmlich an Psychologie interessierten Schleiermacher, wie es lange Zeit durch die Rezeption über Dilthey aktuell war, nicht zutreffend sei. Schleiermacher habe vor allem in den frühen Manuskripten der grammatischen Interpretation großes Gewicht beigelegt, was von Dilthey nicht angemessen berücksichtigt worden sei (cf. Schleiermacher, *Hermeneutik*, 14).

in der Tat zwar an Schleiermacher orientiert, jedoch in einem anderen Zusammenhang (cf. I.3.3.5.).

Gemäß dem zweiten Motto seiner Stilistik betrachtet Spitzer die Stilsprache als die "biologisch notwendige Auswirkung der Individualseele" (SS II,520). Während er jene kollektivpsychologischen Spekulationen, wie sie in den Arbeiten der Vossler-Schule angestellt wurden, ablehnt, hält er die individualpsychologische Deutung der stilistischen Fakten für sinnvoll, wobei er, wie das Motto deutlich macht, von der Annahme ausgeht, daß der individuelle Sprachgebrauch *kausal* durch sie ihm zugrundeliegenden psychischen Faktoren bedingt sei[196].

Die Autorität, auf die er sich zur Rechtfertigung der psychologischen Orientierung seiner Stilanalysen beruft, ist Freud. In den verschiedenen Darstellungen seines Werdegangs hat Spitzer immer wieder den intensiven Einfluß der "impostazione naturalistica freudiana" auf seine Arbeit hervorgehoben[197], mit der er sich vor allem während seiner Wiener Zeit vertraut gemacht habe. – Nicht nur in Detailfragen, auch im Grundansatz seiner Untersuchungen komme der Einfluß Freuds zum Tragen; von Freud, so berichtet Spitzer, habe er den Gedanken übernommen, daß sich in der Sprache einzelner Dichter einige Motive konstant wiederholten und daß dies auf jeweils bestimmte Charaktereigenschaften zurückzuführen sei:

> "La sua teoria dei 'complessi' [die Theorie Freuds], che spiega certe aberrazioni morbose dalla norma psicologica in un individuo come deviazioni *costanti* o *sistematiche,* poteva essere trasferita alla lingua particolare, o allo stile, di una personalità di scrittore: le deviazioni (non più morbose) del suo stile dalla norma linguistica generale sembravano ubbidire a un sistema che doveva trovarsi nel suo essere psichico".[198]

Der für die Deutung sprachlicher Schöpfung eingeführte Abweichungsgedanke wird damit rückbezogen auf die Theorie psychischer Abweichung bei Freud, wobei Spitzer allerdings, wie er ja betont, das jeweils auffallende

196 In der Antwort auf Winkler hat Spitzer das Interesse an "Erklärung", "Biologie" und Kausalität auf die positivistische Schulung, die er während seines Studiums genossen habe, zurückgeführt (cf. id., "E. Winkler, 'Die neuen Wege und Aufgaben der Stilistik' ", 91).

197 Cf. id., "La mia stilistica", 18; "Sviluppo di un metodo", 110; "Les études de style et les différents pays", 26f.; "Risposta a una critica", 599; LLH, 32.

198 Id., "La mia stilistica", 18. – In den *Romanischen Stil- und Literaturstudien* kommentiert Spitzer die psychologische Orientierung seiner Untersuchungen in ähnlicher Weise, erwähnt hier jedoch nicht Freud, sondern Vossler als Gewährsmann (cf. ib., I, 4).

Stilmerkmal nicht als pathologisches Symptom zu interpretieren beabsichtigt.

Die Orientierung an Freud, in dem Spitzer nur den "medico" und "naturalista" sieht[199], sowie die mit dem psychologischen Ansatz verbundene kausale Deutung der Sprachschöpfung lassen vermuten, daß die psychologische Inspiration seiner Stilistik eher einem "positivistischen" Interesse (diesmal im metaphysischen Sinne verstanden) entspringt. Insoweit ist sein Ansatz weder mit dem von Schleiermacher anvisierten psychologischen Verstehen verwandt, demzufolge sich der Interpret in die Gesinnung des Schriftstellers einfühlen soll[200] noch mit der von Croce – gerade ja gegen den Psychologismus – geforderten kongenialen Nachschöpfung des Werkes durch den Kritiker. Nicht auf die Einfühlung in den Künstler, sondern auf die Erschließung seiner psychischen Eigenheiten als eines empirischen Individuums zielt das Interesse Spitzers in diesem Zusammenhang ab.

Spitzers Kritiker haben fast ausnahmslos die Anleihen bei der Psychologie Freuds nicht sehr ernst genommen. Klotz z. B. bezeichnet das "Stichwort 'Psychologie'" als eine "Verlegenheitsfindung" Spitzers, als "Kennmarke für seine Forschungsintention, die auf nichts anderes abzielt, als den stilphysiognomischen Charakter *einzelner* Texte und *einzelner* Autoren zu bestimmen"[201]. – Auch nach Wellek ist Spitzers "use of Freud" als "far from orthodox" einzuschätzen: "Freud is rather used as a justification of a search for 'latency', for a hidden key, a recurrent motif, a basic *Erlebnis,* and even the world view of an author"[202]. – Starobinski vertritt die Auffassung, daß diejenigen Erkenntnisse, die Spitzer durch Rekurs auf den psychologischen Ansatz habe geglaubt gewinnen zu können, immer schon durch Ausgang vom Text selbst, seinem "principe organisateur" möglich seien. Auch während der Periode der psychologisch inspirierten Interpretationen habe Spitzer den Text nie auf die Funktion eines bloßen Seelendokuments reduziert. Daraus zieht Starobinski, der ja auch mit seinem Stilbegriff die Berücksichtigung der Subjektivität des Autors für überflüssig erachtet (cf. S. 90f.), kurzerhand folgende Konsequenz: "L'intuition subjective de l'auteur est donc tellement réductible au sens textuel immanent, qu'elle en devient inutile: on peut se passer de ce double encombrant"[203]. – Fubini nimmt die psychologische Orientierung Spitzers offensichtlich ernster als die anderen Kritiker, obwohl auch ihn der Gedanke einer Verbindung von sprachlicher und psychi-

199 Cf. id., "La mia stilistica", 18.
200 Cf. Schleiermacher, *Hermeneutik*, 32.
201 Cf. Klotz, "Leo Spitzers Stilanalysen", 996.
202 Wellek, "Leo Spitzer (1887–1960)", 317.
203 Starobinski, "Leo Spitzer et la lecture stylistique", 26.

scher Abweichung nicht zu überzeugen vermag[204]; er weist vielmehr auf die Gefahr hin, die ein solcher Ansatz in sich birgt, die

> "confusione fra indagine linguistica e indagine psicologica, fra quel che di originale vi è in un linguaggio, e che non è di necessità in contrasto con la 'norma', e quel che è invece realmente 'anormale' o patologico ..."[205].

Inwieweit diese Stellungnahmen berechtigt sind, gilt es dann zu entscheiden, wenn die von Spitzer selbst als psychologisch klassifizierten Stiluntersuchungen näher geprüft worden sind. Daß Spitzers Orientierung an Freud – zumindest in den "theoretischen" Ausführungen zur Stilistik – nicht sehr weit reicht, kann allerdings bereits an dieser Stelle festgehalten werden: Denn eine über die zitierten insgesamt recht vagen Aussagen hinausgehende Auseinandersetzung mit der Theorie Freuds sucht man bei ihm vergebens[206].

204 Cf. Fubini, "Critica stilistica e storia del linguaggio di Leo Spitzer", 513.

205 Ib., 514.

206 Eine – aufgrund ihrer grundsätzlichen Bedenken interessante – Kritik an der durch Freuds Auffassungen beeinflußten Kunstbetrachtung hat C. G. Jung formuliert. Die wichtigsten Thesen seien hier kurz wiedergegeben: Jungs Einwände sind vor allem gegen die Begrenztheit der psychologischen Kunstkritik gerichtet; diese könne allenfalls die psychologische Komponente im "Prozeß der künstlerischen Gestaltung", nicht aber das "eigentliche Wesen der Kunst" erfassen (cf. id., "Über die Beziehungen der analytischen Psychologie zum dichterischen Kunstwerk", 19). Der Künstler werde in einer solchen Sichtweise auf die "nackte Alltäglichkeit des elementaren *homo sapiens*" reduziert (cf. ib., 23). Die aus den Freudschen Vorstellungen folgende kausale Deutung von Literatur hält Jung für völlig unzutreffend, da das Kunstwerk als eine "alle Vorbedingungen frei ergreifende schöpferische Gestaltung" angesehen werden müsse (cf. ib., 26). – So plausibel die Kritik Jungs an Freud in diesem Punkt auch sein mag, seine alternativen Vorschläge sind es leider nicht. Jung meint, daß der Schwerpunkt der psychologischen Analyse vom Dichter als Person auf den schöpferischen Prozeß verlagert werden müsse, wobei der Dichter "gewissermaßen nur noch als reagierendes Objekt in Betracht kommt" (ib., 28). Der Ursprung des Kunstwerks sollte seiner Konzeption zufolge nicht im Unbewußten eines ausgezeichneten Individuums, sondern im "kollektiven Unbewußten" gesucht werden (cf. ib., 35). Das Kunstwerk verdanke sein Zustandekommen einer "Wiederbelebung" der dem kollektiven Unbewußten eigenen "urtümlichen Bilder" oder "Archetypen" (cf. ib., 35):

> "Der schöpferische Prozeß, soweit wir ihn überhaupt zu verfolgen vermögen, besteht in einer unbewußten Belebung des Archetypus und in einer Entwicklung und Ausgestaltung desselben zum vollendeten Werk. Die Gestaltung des urtümlichen Bildes ist gewissermaßen eine Übersetzung in die Sprache der Gegenwart, wodurch es sozusagen jedem ermöglicht wird, wieder den Zugang zu den tiefsten Quellen des Lebens zu finden, die ihm sonst verschüttet währen" (ib., 38).

Auch die Theorie Jungs entpuppt sich als nicht frei vom Kausalitätsgedanken, der hier allerdings in metaphysischer Vermummung auftritt. Der Archetypus ist, so

3.3.5. Stilistik und Hermeneutik

An die romantische Tradition und an Schleiermacher knüpft Spitzer ausdrücklich an dem Punkt an, wo er sich dessen Auffassung des hermeneutischen Zirkels zueigen macht.

Mit der Deutung des hermeneutischen Zirkels als einer besonderen Interpretationstechnik, die den Teil aus dem Ganzen sowie umgekehrt das Ganze aus dem Teil zu verstehen trachtet, bezieht sich Schleiermacher auf den Philologen Ast, bei dem dieser Gedanke, so Schleiermacher, "doch mehr ein Fund zu sein scheint":

> "Der von Herrn Ast vorgetragene und nach manchen Seiten hin ziemlich ausgeführte hermeneutische Grundsaz, daß wie freilich das Ganze aus dem Einzelnen verstanden wird, so doch auch das Einzelne nur aus dem Ganzen verstanden werden könne, ist von solchem Umfang für diese Kunst, und so unbestreitbar, daß schon die ersten Operationen nicht ohne Anwendung desselben zustande gebracht werden können, ja, daß eine große Menge hermeneutischer Regeln mehr oder weniger auf ihm beruhen".[207]

Einzelnes und Ganzes seien, wie dies bereits Ast gezeigt habe, relative Begriffe, die man auf zunehmend größere Einheiten übertragen könne: der Satz könne als Ganzes gegenüber dem Wort, der Redezusammenhang als Ganzes gegenüber dem Satz, das Werk wiederum als Ganzes gegenüber dem Redezusammenhang etc. betrachtet werden. Das jeweilige Werk sei in zweierlei Hinsicht als "Einzelnes" zu untersuchen: zum einen müsse es auf die Gattung, der es angehöre, bezogen werden, auf diesem Weg solle man seinen sprachlichen Wert ermitteln; zum anderen aber solle es auch in den Zusammenhang der "Thaten" seines "Urhebers" eingereiht werden, damit es in Beziehung auf dessen Person verstanden werden könne[208]. Diesen beiden Interpretationszielen entsprechend unterscheidet Schleiermacher zwei Deutungsverfahren, die grammatische und die psychologische Interpretation[209].

scheint mir, nicht anderes als eine hypostasierte Größe, eine geheimnisvolle metaphysische Idee, die in dem bloß als Objekt fungierenden Künstlerindividuum durch eine nicht näher ausweisbare Kraft nur noch geweckt werden muß.

207 Schleiermacher, *Hermeneutik*, 141 f.

208 Cf. ib., 141 ff.

209 Cf. ib., 77. – Gadamer lehnt die durch Schleiermacher nahegelegte Deutung des Zirkels als einer besonderen Verstehens*technik* sowie dessen Forderung einer "subjektiven" ("psychologischen") und "objektiven" ("grammatischen") Interpretation ab. Sich von der psychologischen Hermeneutik grundsätzlich distanzierend, setzt er vielmehr das "Einverständnis in der Sache" als "Ziel aller Verständigung und alles Verstehens" an (cf. id., *Wahrheit und Methode*, 276). Verstehen nach Gadamer ist stets perspektivisch, d. h. sowohl durch die Subjektivität des Interpreten als auch durch die "Bewegung der Überlieferung", in die dieser hineingestellt ist, geprägt:

Spitzer übernimmt nun die von Schleiermacher entwickelte Deutung des hermeneutischen Zirkels, um sein eigenes Interpretationsverfahren zu charakterisieren. Über bestimmte individuelle Stilzüge das "common spiritual etymon" bzw. "the psychological root" zu erdeuten, ist das Ziel seiner Auslegung (LLH, 11). Dementsprechend pflege er in der Analyse des Textes von ihm gleichsam in divinatorischer Antizipation auffallenden Details auszugehen, um aus ihnen das Ganze zu erschließen. Von dem so erahnten 'inneren Zentrum' des Werkes könne man dann zurückgehen auf neue Einzelbeobachtungen, diese miteinander vergleichen, gruppieren und in Einklang bringen[210]. Mit der Unterscheidung des "divinatorischen" und des vergleichenden ("komparativen") Vorgehens schließt sich Spitzer, wie er selbst bemerkt, ebenfalls den Gedanken Schleiermachers an, der diese beiden Aspekte des hermeneutischen Prozesses sowohl für die grammatische als auch für die psychologische Interpretation geltend macht (cf. ib., 33). – Seine eigene Analyse, so Spitzer, vollziehe sich in 'induktiven' und in 'deduktiven' Schritten, wobei den letzteren die Funktion der "verification" zukomme: Durch Beobachtung weiterer Einzelfakten soll die intuitiv gewonnene Einsicht überprüft und bestätigt werden (cf. ib., 24)[211]. Die Divination

"Der Zirkel ist also nicht formaler Natur, er ist weder subjektiv noch objektiv, sondern beschreibt das Verstehen als das Ineinanderspiel der Bewegung der Überlieferung und der Bewegung des Interpreten. Die Antizipation von Sinn, die unser Verständnis eines Textes leitet, ist nicht eine Handlung der Subjektivität, sondern bestimmt sich aus der Gemeinsamkeit, die uns mit der Überlieferung verbindet ..." Und sich der Fundamentalontologie Heideggers anschließend fügt Gadamer hinzu: "Der Zirkel des Verstehens ist also überhaupt nicht ein methodischer Zirkel, sondern beschreibt ein ontologisches Strukturmoment des Verstehens" (ib., 277).

Cf. dazu auch Starobinski, "Leo Spitzer et la lecture stylistique", 30ff.

210 Cf. auch Spitzer, "Sviluppo di un metodo", 117.

211 Cf. Schleiermacher, *Hermeneutik*, 105 und 137ff. – Stepanov hat in seinem Artikel "Dokazatel'stwo i aksiomatičnost'v stilistike. Metod L. Špicera" (für die Übersetzung des Artikels danke ich Manfred Ringmacher!) Spitzers Beschreibung des hermeneutischen Zirkels und seiner Etappen einer ausführlichen Kritik unterzogen. Stepanov kritisiert, daß die Induktion bei Spitzer zu einer Einsicht führe, die nicht unmittelbar aus der Beobachtung der sprachlichen Fakten gewonnen sei, sondern vielmehr den Status einer ideologischen Hypothese habe; Spitzer halte sie für ein 'Axiom'; Spitzers hypothetisch-deduktive Methode entbehre jeglicher logischer Beweiskraft; indem er seine Methode zur Theorie erhebe, mache er sich zum Neopositivisten wie Carnap und Reichenbach. – Stepanovs ungerechtfertigte Kritik ist darauf zurückzuführen, daß er sich auf Spitzers Selbstverständnis einzulassen offensichtlich nicht bereit ist; vielmehr greift er die von Spitzer eher behelfsweise gewählten Begriffe des induktiven und des deduktiven Schrittes auf, um sie an der Bedeutung zu messen, die ihnen in Mathematik und Logik zukommen. – Daß Spitzer selbst seine Methode – sofern man überhaupt von einer solchen sprechen kann – gerade nicht zur Theorie hat erheben wollen, kann man an verschiedenen Stellen seiner Schriften nachlesen (cf. z. B. S. 112).

des Ganzen im Detail sei jedoch nur demjenigen möglich, der an die "existence of some light from on high" glaube (cf., ib.)[212]; da Spitzer sich auf das die intuitive Erahnung begleitende evidentielle Gefühl allein nicht verlassen, sondern dieses durch die komparative Analyse absichern will, meint er, dem möglichen Vorwurf des Subjektivismus so begegnen zu können:

> "The 'circle' is vicious only when an uncontrolled intuition is allowed to exercise itself upon the literary works; the procedure from details to the inner core and back again is not in itself at all vicious ... To understand a sentence, a work of art, or the inward form of an artistic mind involves, to an increasing degree, irrational moves – which must be also to an increasing degree, be controlled by reason" (ib, 34).[213]

Ein weiterer Gewährsmann, auf den sich Spitzer zur Rechtfertigung des hermeneutischen Zirkels beruft, ist Heidegger (cf. ib.). Nach Heidegger gehört der " 'Zirkel' im Verstehen ... zur Struktur des Sinnes, welches Phänomen in der existenzialen Verfassung des Daseins, im auslegenden Verstehen verwurzelt ist"[214]. Damit hat der Zirkel bei Heidegger nicht eine

212 Spitzers Kritiker haben zu bedenken gegeben, daß seine Vorstellungen in einer "atmosfera teologica" leben, der hermeneutische Zirkel in einem "atto di fede" begründet sei (cf. Marti, "La Ricerca stilistica", 510; cf. Hytier, "La méthode de M. Leo Spitzer", 47; cf. Gonnelli, "Un volume di critica stilistica", 364). In einem Brief an Gonnelli hat Spitzer selbst sich folgendermaßen zu diesem Einwand geäußert:

> "Lei ha regione: 'il *Zirkel des Verstehens* non avrebbe senso se non lo si presupponese tutto inscritto in un mondo ordinato da Dio'. E appunto la comprensione di un testo à la stessa cosa che comprendere un altro aspetto del mondo bene ordinato, la natura, la funzione organica del corpo ecc. E quella gioia che si sente quando si è compreso un'opera d'arte è quasi sempre vicina a una teodicea. Si può parlare allora di 'fede', fede nel senso di quest'-opera, di tutte le grandi opere umane, della natura e così via. Se chiamiamo il principio del buono ordinamento del mondo 'Dio', tutto va bene. Ma non potrei andare piú oltre e credere in certi dogmi cristiani, come credo nel senso di quest'opera, ed è quello che si chiama volgarmente 'religione' ... Se si prende 'fede' nel senso detto piú sopra, allora non si capisce come può esserci un abisso tra 'fede' e 'conoscenza' " (cf. Gonnelli, "In memoria di Leo Spitzer", 99).

213 Spitzer hat seine Leser allerdings davor gewarnt, in seinen Studien eine der Theorie konforme Anwendung des hermeneutischen Zirkels zu suchen. Die Analyseschritte, die er in der Theorie als zeitlich aufeinander folgend vorgestellt habe, erfolgten in der Interpretationspraxis häufig synchron (cf. LLH, 25f.). – Auch Wellek hat darauf hingewiesen, daß bei allem Gewicht, das Spitzer in den Ausführungen zur Methode in der Stilkritik dem hermeneutischen Zirkel beigemessen habe, dieser für sein Vorgehen in den konkreten Interpretationen nicht prägend gewesen sei (cf. id., "Leo Spitzer (1887–1960)", 315).

214 Heidegger, *Sein und Zeit*, 153.

methodologisch-technische Bedeutung wie bei Schleiermacher (was Spitzer übrigens nicht zu bemerken scheint), sondern eine fundamentalphilosophische: Er ist geknüpft an die Seinsbestimmung des – traditionell gesprochen – Subjekts, des "Daseins", das sich vor anderem Seienden darin auszeichnet, daß es *ontologisch* ist, d. h. seinsverstehend existiert[215].

Die Darstellung des hermeneutischen Zirkels als eines vom Ganzen zum Teil und umgekehrt sich bewegenden Auslegungsverfahrens beruht, so scheint mir, auf der Annahme einer ganz bestimmten Voraussetzung, die Spitzer in seinen Überlegungen zur Hermeneutik allerdings nicht zum Ausdruck gebracht hat. Denn die von Schleiermacher entwickelte Deutung des hermeneutischen Zirkels ist nur dann sinnvoll, wenn man, wie dies zur Zeit der Romantik ja gängig war, von einem organologischen Text- bzw. Werkverständnis ausgeht, demzufolge das Ganze als eine harmonische, sich in ihren einzelnen Gliedern widerspiegelnde Einheit zu verstehen ist. auch Spitzer legt, dies wird an anderer Stelle deutlich, seinen Interpretationen einen entsprechenden Textbegriff zugrunde:" Es muß ... so etwas wie eine prästabilierte Harmonie zwischen Wortausdruck und Werkganzem im Dichter bestehen, eine geheimnisvolle Zuordnung von Wortform und Werkwollen" (RSLS, 10)[216]. Dank diesem Gedanken der Harmonie zwischen Wortaus-

215 Cf. ib., 12. – In seiner Rezension "Stephan Gilman, *The Art of Celestina*" hat Spitzer eine "negative reading list" aufgestellt, d. h. eine Liste von Autoren, deren Lektüre er den Literaturstudenten nicht empfiehlt; merkwürdigerweise findet man auf seinem "Index" u. a. die Namen einiger Autoren wieder, an denen er sich in der Herausbildung der eigenen Verfahrensweise inspiriert hat: z. B. Dilthey, Freud und Heidegger (cf. ib., 19).

216 Ob man hinter Spitzers organologischem Text- und Werkverständnis ein in gleicher Weise organologisches Weltbild vermuten sollte, ist, so scheint mir, nur unter Vorbehalt eindeutig zu entscheiden. Zweifelsohne wählt Spitzer in seinen Aufsätzen hin und wieder Formulierungen, in denen er den Gedanken eines harmonisch gestalteten, in sich vollendeten Universums anklingen läßt, etwa wenn er die Arbeit des Philologen als "a theodicy in a nutshell" bezeichnet (cf. LLH, 128), oder, wie im Brief an Gonnelli das Verstehen des Textes mit dem Verstehen "del mondo bene ordinato", der "natura", der "funzione organica del corpo" vergleicht (cf. Anmerk. 212). Da diese Bemerkungen in die Zeit seiner religiösen Orientierung in Amerika fallen, wäre es zumindest leichtfertig, sie als repräsentativ für Spitzers metaphysische Vorstellungen schlechthin ansehen zu wollen. – Die Frage, ob sich des weiteren mit Spitzers organologischem Werkverständnis eine entsprechend normative ästhetische Konzeption verbinde, derzufolge allein der in sich harmonische Text als ästhetisch befriedigend anzusehen ist, kann von Spitzers Arbeiten her nicht bejaht werden. Spitzer hat sich in seinen theoretischen Aussagen immer wieder von einer normativen Betrachtung des Kunstwerks ausdrücklich distanziert; in seiner Interpretationspraxis hat er sich zudem bemüht, ein möglichst breites Spektrum zu bieten, indem er Werke aus verschiedenen Jahrhunderten und auch und gerade moderne und zeitgenössische Texte untersucht, die sich einer über das bloß Formale hinausgehenden Harmoniekonzeption entziehen.

druck, dem einzelnen sprachlichen Detail und Werkwollen, dem Sinn eines Textes, kann er Schleiermachers Interpretation des hermeneutischen Zirkels für seine Arbeit übernehmen[217].

3.3.6. Schaffende und rezipierende Subjektivität

Wie für jede ästhetische Kritik, so sind auch für die Stilforschung grundsätzlich drei Untersuchungsperspektiven zu unterscheiden. Der Interpret kann den Stil erstens im Hinblick auf die Ausdrucksintentionen des Autors, zweitens unter dem Gesichtspunkt der Wirkung auf den Leser erforschen, und drittens kann er seine Analyse, wie Enkvist sagt, "in terms of objective investigation of textual features" durchführen[218]. Welchen Weg er für seine Interpretation jeweils wählt, ob er sich für eine produktionsästhetisch, rezeptionsästhetisch oder werkästhetisch orientierte Kritik entscheidet, dies wird weitgehend von seinem Sprach-, Text- und Literaturverständnis abhängen.

Da Spitzers Interesse – zumindest soweit er dem psychologischen Ansatz tatsächlich folgt – vorwiegend auf die einem bestimmten Stil zugrundeliegenden psychischen Motivationen gerichtet ist, könnte man seine Stilistik zunächst als primär produktionsästhetisch orientiert bezeichnen. Denkt man noch einmal an die Literaturtheorie Croces zurück, der mit der Forderung an den Kritiker, die ursprüngliche Intuition des Autors nachzuschaffen, ja auch einen produktionsästhetischen Ansatz vertritt, so ist Spitzers Position im Vergleich zu der Croces folgendermaßen zu charakterisieren: Croces Vorstellungen entsprechend sollte der Autor in der Interpretation nur soweit in den Blick kommen, als er schöpferisches Subjekt ist; damit bleibt die konkrete oder faktische Subjektivität ausgespart, da Croce diese für die ästhetische Qualität des Werkes als nicht konstitutiv erachtet. Spitzer lehnt zwar wie Croce jegliche Form des Biographismus in der Literaturinterpretation ab[219], doch gilt es bei ihm, aufgrund der psychologischen Ausrichtung,

217 Riffaterre kritisiert, daß der Interpret im Ausgang von einer solchen 'Harmoniekonzeption' oft blind sei für jene stilistischen Details, die sich seiner ursprünglichen Intuition nicht fügten:

> "Spitzer, en posant en principe que le détail doit correspondre à une essence unique de l'auteur qui doit tout expliquer, organise ses autres observations (non d'ailleurs les faits observés, mais ses intuitions à leur sujet) en fonction de cette harmonie préétablie. Enfin l'analyste, sous l'influence des conclusions tirées d'un seul détail, aura tendance a ne pas apercevoir des faits de style qui l'auraient frappés s'il ne s'était enfermé dans sa propre construction" (id., "Vers la définition linguistique du style", 323).

218 Cf. Enkvist, ***Linguistics and Style***, 10f.

219 Cf. Spitzer, "Explication linguistique et littéraire de deux textes français", 39.

gerade auch die faktische Subjektivität des Autors aus dem Text heraus zu erspüren. Dies wird besonders deutlich u. a. in der Diderot-Studie, wo er sich vornimmt, "to attempt to penetrate to the soul not only of the author but of the man" (LLH, 135).

Kritik an der produktionsästhetisch orientierten Betrachtungsweise sowie an dem ihr zugrundeliegenden Sprachverständnis Spitzers hat Winkler geübt. Winkler geht von der Auffassung aus, daß die Sprache die psychischen Eigenschaften eines Menschen nicht unmittelbar transparent zu machen vermag. Unsere Sprache sei vielmehr eine "Begriffssprache", in der das Seelische nur als "Ober"- oder "Unterton" mitschwinge[220]. Da zudem ein und dasselbe Wort bei verschiedenen Schriftstellern eine unterschiedliche Bedeutung habe, könne das seelische Motiv nie aus dem Wort bzw. Begriff allein erschlossen werden:

> "Einzig meine *eigene Seele lege ich* dem sprechenden Mitmenschen unter, fühle ich in den Sprechenden ein. Das, was man 'Reproduktion des sprachschöpferischen Vorganges' nennt, ist nichts anderes als Vollzug der psychischen Operationen, zu denen die Sprachzeichen *den Anlaß geben,* nichts anderes als Apperzeption der Wirkung".[221]

Dementsprechend plädiert Winkler für eine rezeptionsästhetische Stilistik; diese könne, sofern ihr die Psychologie eine "Art Koordinatensystem" liefere, mit einem Gerüst von allgemeinen, wirkungsstilistischen Kategorien arbeiten[222].

In der Antwort auf Winklers Artikel hält Spitzer an seiner Auffassung, daß Sprache "Auswirkung der Individualseele" sei, fest: "Die Begrifflichkeit der Sprache schafft eine Mauer für die Seelendurchdringung, aber doch keine undurchlässige. Wäre die Sprache keine 'Mauer', so hätten sich auch schon mehr Maurer eingefunden, dann wäre die Stilforschung weiter"[223].

220 Cf. Winkler, "Die neuen Wege und Aufgaben der Stilistik", 410. Cf. auch id., *Grundlegung der Stilistik*, 1.

221 Cf. id., "Die neuen Wege und Aufgaben der Stilistik", 415f.

222 Cf. ib., 420. – Winkler war wie Spitzer Schüler Meyer-Lübkes. Die in der Kritik an Spitzer ausgesprochenen Optionen und Forderungen zur Neubegründung der Stilistik hat er in der Form einer Theorie der Stilwerte in der *Grundlegung der Stilistik* auszuarbeiten versucht. Mit diesem Versuch habe sich Winkler, so schreibt Christmann, "in die Nähe der Vosslerschen 'idealistischen Philologie'" begeben, er sei "andererseits aber wegen seines starken Hanges zur Systematik doch Meyer-Lübke verpflichtet" geblieben (cf. id., "Sprachwissenschaft, Literaturwissenschaft, Stilistik", 182f.).

223 Spitzer, "E. Winkler, 'Die neuen Wege und Aufgaben der Stilistik'", 90.

Allerdings wäre es verfehlt, die Stilistik Spitzers auf eine ausschließlich produktionsästhetische Ausrichtung reduzieren zu wollen; indem er das Erleben des Interpreten als ein maßgebliches Moment im Prozeß der Stilanalyse auszeichnet, erscheint die Deutung eines Textes als mit der Beschreibung seiner Wirkung verbunden. Nach Spitzer ist somit die Auslegung eines Stils bzw. eines Werkes unmittelbar durch die Subjektivität des Interpreten geprägt; nur wenn dieser in der Lage ist, dank seinem Wissen, seiner Erfahrung und vor allem dank seiner intuitiven Begabung die stilistischen Besonderheiten eines Textes aufzuspüren, vermag er auch die diesen zugrundeliegenden psychischen Motivationen des Autors zu erschließen.

3.3.7. Stilistik und ästhetische Wertung

Spitzers Kritiker haben u. a. moniert, daß er wegen des sprachpsychologischen Ansatzes dem ästhetischen Wert eines Textes nicht angemessen Rechnung zu tragen vermöge. Dazu schreibt Wellek:

> "L. Spitzer's perceptive recognition of an author's psychological traits observable in his stylistic quirks does not and cannot establish the aesthetic value of these works. On the contrary, L. Spitzer has often overrated authors of ephemeral merit such as C. L. Philippe or Jules Romains because he has been able to establish such links between mind and word".[224]

Spitzer selbst hat zum Problem der ästhetischen Wertung folgendermaßen Stellung genommen: Ungeachtet seiner Forderung, daß der Stilforscher die dichterische Sprache in ihren "Kunstabsichten" zu erfassen habe (cf. SS II, 4), hat er sich von der ästhetischen Würdigung eines Textes im Rahmen der Stilanalyse distanziert, da er sich für die Beurteilung des "perché della bellezza poetica" nicht kompetent fühle[225]:

224 Wellek, "Stylistics, Poetics and Criticism", 73; cf. auch Vaz Leão, *Sôbre a Estilística de Spitzer*, 44 und Fubini, "Legittimità e limiti di una critica stilistica", 111f. – Saporta, dessen Überlegungen dem allgemeinen Problem der Anwendung sprachwissenschaftlicher Analyseverfahren auf die Literatur gelten, vertritt die Auffassung, daß eine ästhetische Würdigung im Rahmen einer linguistischen Untersuchung nicht geleistet werden kann, da diese auf die Feststellung der sprachlichen Eigenheiten eines Textes beschränkt sei:

> "Terms like *value, aesthetic purpose* etc. are apparently an essential part of the methods of most literary criticism, but such terms are not available to linguists" (id., "The Application of Linguistics to the Study of Poetic Language", 83).

225 Cf. Spitzer, "Risposta a una critica", 598.

> "Ich möchte meinesteils, das Kunstrichtertum anderen Instanzen überlassend und mit Walzel die Gefahren des Wertens würdigend, wie Curtius dann Halt machen, wenn ich die Mitte einer Persönlichkeit gefunden habe, den Punkt (oder die innere Schicht, den Kreis), von dem aus alle seine Äußerungen (vor allem seine sprachlichen) begreiflich werden" (SS II, 531).[226]

Spitzer hat seine Einstellung als einen "positivistischen Rest" aus jener Zeit bezeichnet, "da Morfs Äußerung über die linguistische Beobachtung: 'sie legiferiert nicht, sie beobachtet' allgemeines Credo war" (ib., 532). Dies bedeute jedoch nicht, daß ein Text nicht in seiner individuellen sprachlichen Gestaltung beschrieben werden könne. Die Wertung, so Spitzer, die er in seinen Untersuchungen vornehme, sei bereits mit der Wahl des Autors vollzogen, d. h. er werde stets allen anderen die Texte "wirklich sprachschöpferischer Ingenien" vorziehen (cf. ib.)[227]. – Damit kann der von Wellek vorgebrachte Einwand, Spitzer habe den ästhetischen Wert des Stils eines Philippe oder Romains bereits damit überschätzt, daß er ihre Sprache untersucht habe,

226 U. a. in Berufung auf Kants *Kritik der Urteilskraft* hat Walzel darauf hingewiesen, daß mit der ästhetischen Wertung der Boden objektiver Forschung verlassen werde, da das ästhetische Urteil kein objektiv gültiges (Erfahrungs-) Urteil, sondern ein bloß intersubjektiv gültiges Geschmacksurteil sei (cf. id., *Gehalt und Gestalt im Kunstwerk des Dichters*, 113). Trotz der – in Spitzers Worten – "Gefahren des Wertens" hat Walzel dem Forscher nicht empfohlen, sich des Wertens zu enthalten. Denn das "wertende Erlebnis" sei eine wichtige Voraussetzung für die angemessene historische Würdigung eines Kunstwerks:

> "Nur wer fähig ist, Kunstwerke zu erleben, und sich ein vergangenes Zeitalter zum starken Erlebnis werden zu lassen, kann Ersprießliches leisten, wenn er die Frage beantworten soll, ob ein Kunstwerk wirklich echter Ausdruck seines Zeitalters ist oder nicht. Der bloße Verstand reicht da nicht zu. Desto sorgsamer indes scheide der wissenschaftliche Forscher, wenn er an Wertung sich wagt, sein persönliches Gefühl von Gründen, die durch das Denken gewonnen sind" (ib., 139).

Das Werturteil, das Walzel fordert, zielt also nicht auf eine an zeitlosen Normen sich ausrichtende Beurteilung der ästhetischen Vollkommenheit eines Kunstwerks ab, sondern auf die im Laufe der Geschichte immer wieder neu zu formulierende Bestimmung seines "Kulturwerts" (cf. ib., 142).

227 In ähnlicher Form hat Spitzer sich im Brief an Gonnelli erklärt. Die Antwort auf die Frage, ob und inwieweit er mit seinen Stilinterpretationen eine ästhetische Wertung vornimmt, lautet hier so:

> "La mia risposta sarebbe che, siccome scelgo con preferenza autori di prim' ordine, le cose rilevate nel loro stile, se giuste, possono far vedere meglio il loro *fare* artistico ... altri hanno *giudicato* sull'eccellenza di tale poeta e adesso vengo io a *corroborare* questa eccellenza a mezzo di osservazioni di dettaglio mie. E credo infatti che la mia stilistica non sia "giudicante", ma "corroborante" " (cf. Gonnelli, "In memoria di Leo Spitzer", 99).

zurückgewiesen werden. Denn die Beschäftigung mit gerade diesen oder anderen Autoren ist, zumindest schenkt man Spitzers eigenen Aussagen Glauben, darauf zurückzuführen, daß er ihre Texte aus linguistischen und sprachpsychologischen Gründen für interessant und untersuchungswürdig befindet.

Mit seiner Stellungnahme zur ästhetischen Wertung in der Stilforschung lehnt Spitzer jede – womöglich an einem normativen Kunstverständnis orientierte – Beurteilung der ästhetischen Vollkommenheit eines Stils ab. Die dem Stilforscher angetragene Aufgabe, die Kunstabsichten in einem Stil zu erfassen, wird von diesem vielmehr zunächst dahingehend zu lösen sein, daß er die Sprachschöpfungen eines Autors feststellt und sie in ihrer Aussagefunktion bezüglich des in ihnen sich aussprechenden Ich charakterisiert. Vor dem Hintergrund des Spitzerschen Verständnisses von Dichtung (cf. I.3.1.5.) könnte diese Aufgabe darüberhinaus auch als Aufforderung gedeutet werden, die analysierten sprachlichen Kreationen des Autors sowohl in Bezug auf ihre – gegenüber entsprechenden alltagssprachlichen Mitteln – intensivere Ausdruckskraft vorzustellen als auch in Hinblick auf den in ihnen mitgeteilten Sinn zu klären.

3.3.8. Veränderungen in der Konzeption der Stilistik

Gegen Ende der zwanziger Jahre beginnen sich in Spitzers Auffassung von Stilistik Veränderungen abzuzeichnen, die nicht nur Detailfragen tangieren, sondern einige der zentralen Gedanken in entscheidender Weise modifizieren.

Schon im Vorwort zu *Romanische Stil- und Literaturstudien* weist Spitzer darauf hin, daß er den Titel dieser Aufsatzsammlung bewußt gewählt habe, um dem Wandel in seinen "Ansichten ... von den Aufgaben der Philologie" Ausdruck zu verleihen: "von der Verabsolutierung der Sprachwissenschaft in seinen Jugendjahren" sei er "zur Stilwissenschaft, diesem Grenzgebiet zwischen Sprach- und Literaturwissenschaft übergegangen, um nun auch diese unterzuordnen der Literaturwissenschaft, der seine eigentliche Sehnsucht von seinen Kinderjahren an ..." gegolten habe (RSLS I, 1). Den Ursprung für diesen Wandel hat man jedoch nicht – wie Spitzers Worte nahelegen könnten – allein in seiner subjektiv privaten Vorliebe für die Literaturwissenschaft zu suchen. Die Revision der früheren Position ist vielmehr auch auf Gründe sachlicher Natur zurückzuführen. So schreibt er an anderer Stelle, auch hier zunächst seinen eigenen Werdegang nachzeichnend, daß die Stilistik für ihn nur ein "provisorisches Mittel" gewesen sei, um von der reinen Sprachwissenschaft zur Literaturgeschichte zu gelangen, und daß er sich aus den "anciens cadres trop étroits" inzwischen befreit habe: "Désormais, je n'aimerais faire que de l'histoire littéraire simplement en subordonnant les remarques stylistiques et linguistiques à la mise en valeur de la réalité concrète des oeuvres littéraires"[228]. – Diese Bemerkungen lassen erahnen, daß Spitzer die bloß sprachwissenschaftlich orientierte Interpretationsweise deshalb nicht gutheißen kann, weil sie das Kunstwerk nicht in seiner "réalité concrète" verständlich zu machen vermag. Der auf den ersten Blick bloß autobiographisch motivierte Wandel in seiner Auffassung hat seine Wurzeln somit auch in einem grundsätzlichen Bedenken gegenüber einer ausschließlich sprachwissenschaftlichen Analyse von Literatur[229].

Mit der partiellen Revision der früheren Thesen wird eine Neubestimmung des Standorts der Stilistik notwendig. Denn wenn Spitzer die sprachwissenschaftliche Analyse literarischer Texte nur mehr noch für bedingt tauglich hält, kann es nicht länger als sinnvoll erscheinen, die Stilistik als eine *autonome,* zwischen Sprach- und Literaturwissenschaft vermittelnde Disziplin auszuzeichnen. So hat er sich denn auch nicht gescheut, die erforderlichen Konsequenzen zu ziehen:

> "Ich beabsichtige meinerseits nach besten Kräften dahinzuwirken, daß die Stilistik als autonomer Zweig der Sprachwissenschaft, nachdem ich ihn jahrelang gepflegt, verschwinde und in der *einen* Literaturwissenschaft, von der er sich abgespalten hat, wieder aufgehe" (RSLS I, 30).

Auch in seinen späten Aufsätzen gesteht Spitzer der Stilistik nur noch eine marginale Rolle in der Literaturkritik zu. Die ästhetische Kritik, so schreibt er, dürfe sich nicht in der bloßen Stilbetrachtung eines Werkes erschöpfen: "... la stilistica può essere solo una delle ancelle della percezione artistica"[230]. – Interessant scheint mir, daß ja auch Vossler bei der ursprünglichen Auszeichnung der Stilistik als oberster sprachwissenschaftlicher Disziplin nicht stehengeblieben ist, sondern ihren Standort – aus der Einsicht heraus, sie könne nur Einblick in das Besondere und Einmalige vermitteln – neu festgelegt hat. Dabei ist er jedoch nicht so weit gegangen wie Spitzer, der die Stilistik der Literaturwissenschaft untergeordnet sehen möchte; Vosslers revidierter Standpunkt – Stilistik als Bindeglied zwischen Sprach- und Literaturwissenschaft – kommt vielmehr Spitzers Ausgangsposition gleich.

Eine weitere Modifizierung der früheren Position kündigt sich in der Ablehnung des psychologischen Interpretationsverfahrens an. Der psychologische Ansatz ist nach Spitzer nur begrenzt tragfähig, da er allein für die Inter-

228 Spitzer, "L'état actuel des études romanes en Allemagne", 585 f.

229 Cf. dazu auch Janssen, "Leo Spitzer tegenover de geestes-historische methode", 289.

230 Spitzer, "Sviluppo di un metodo", 126.

pretation jener Schriftsteller in Frage komme, in deren Schriften "phobias and idiosyncrasies" auch tatsächlich zum Ausdruck gekommen seien (cf. LLH, 32). Dies treffe jedoch erst auf die Werke der Poeten des achtzehnten Jahrhunderts und auf die späterer Schriftsteller zu; d. h. man finde entsprechende Passagen zum ersten Mal in Texten jener Epoche, "in which the theory of the 'original genius' was discovered and applied. Before this period, it is very difficult to discover, in any writer, 'individual' associations, that is to say, associations not prompted by a literary tradition" (ib.). – Darüberhinaus hat Spitzer noch einen anderen Gedanken genannt, der ihn zur Distanzierung vom sprachpsychologischen Verfahren bewogen habe: Selbst wenn der Interpret in der Lage wäre, aus der sprachlichen Gestaltung des Werkes das dieser zugrundeliegende Erlebnis zu erschließen, sei es

> "fallacieux d'admettre que cette correspondance entre vie et oeuvre contribue toujours à la beauté artistique de cette dernière. L'*Erlebnis* n'est en somme que la matière brute de l'oeuvre d'art, sur le même plan que, par exemple, ses sources littéraires".[231]

In diesen Sätzen wird eine ganz entscheidende Verschiebung in seinem Interesse an Literatur offenkundig: Spitzer, der in den frühen Stilstudien über die Sprache einer Dichtung die "Seele" des Autors zu erfassen beabsichtigte, scheint sich nunmehr vor allem für die "beauté artistique", für die ästhetische Qualität eines Werkes zu interessieren. Aus dieser Umorientierung ergibt sich eine – sicherlich nicht als solche beabsichtigte – Annäherung an die Literaturtheorie Croces, derzufolge ja auch der Autor als konkrete Person außer Acht bleiben sollte. – Die Alternative zur psychologischen sieht Spitzer in der – wie er sie im nachhinein genannt hat – "phänomenologischen" oder auch "strukturalen" Interpretation[232]. Dem phänomenologischen Ansatz fühle er sich insofern verbunden, als er den Text als "opera poetica in sé, senza preconcetti storicistici o altri" deuten wolle, wobei er fast entschuldigend hinzufügt, daß man dabei allerdings vom eigenen Erlebnis nicht abstrahieren könne[233]. Auch mit den Strukturalisten fühle er sich verwandt, ohne sich jedoch, wie er selbst zugibt, mit ihren Schriften näher vertraut gemacht zu haben[234].

231 Id., "Les études de style et les différents pays", 27.
232 Cf. ib., 27f.; cf. "Risposta a una critica", 599ff; cf. "Sviluppo di un metodo", 118f.; cf. "E. Winkler, 'Die neuen Wege und Aufgaben der Stilistik' ", 91.
233 Spitzer scheint zu übersehen, daß der Begriff "Erlebnis" ein ganz zentraler Begriff der phänomenologischen Philosophie ist. Husserl hat die Rückkehr zu den 'Sachen selbst' gerade als Rückkehr zur Klärung der Gegebenheit der Sachen für das Subjekt, zur Erhellung seiner Bewußtseinserlebnisse verstanden (cf. dazu III.2.).
234 Delas hebt lobend hervor, daß Spitzer der erste gewesen sei, der eine auf 'objektiven Kriterien' basierende Methode zu entwickeln versucht habe; dennoch möchte

Abschließend sei mit allem Nachdruck darauf hingewiesen, daß die Veränderungen in Spitzers Ansichten gegen Ende der zwanziger Jahre zögernd einsetzen und nicht, wie meine Darstellung suggerieren könnte, Schlag auf Schlag erfolgen. Die hier im Sinne einer revidierten Position skizzierten Gedanken Spitzers sind lediglich als eine in den Textanalysen – freilich dominierende – Tendenz seines Arbeitens zu verstehen. Nichtsdestoweniger hat Spitzer auch in den Jahren nach der Neuformulierung seines Ansatzes noch Stilanalysen vorgelegt, die der sprachwissenschaftlich und psychologisch orientierten Tendenz der frühen Arbeiten folgen, ebenso wie er im nachhinein einige Studien aus der frühen Periode als der "strukturalen" Interpretationsweise verpflichtet bezeichnet hat[235].

3.3.9. Die Beurteilung anderer Ansätze in der Textanalyse

Ineins mit der Darstellung der eigenen Position hat Spitzer gelegentlich zu anderen Methoden der Textinterpretation Stellung genommen, die zu seiner Zeit in den verschiedenen Ländern praktiziert wurden.

er die Arbeiten Spitzers nicht dem Strukturalismus zuordnen. So kritisiert er Starobinski, der den Begriff 'Struktur' in Hinblick auf den Ansatz Spitzers habe geglaubt verwenden zu können: "En réalité, il n'est ni exagéré ni offensant pour Spitzer de dire qu'il ne s'est jamais élevé à la notion de structure" (cf. id., "Préface", 6).

235 Cf. Spitzer, "Sviluppo di un metodo", 113f und 118f; cf. auch II.0. – Cases hat Spitzers Bemühen, einen Stil bzw. einen Text "immanent", d. h. ohne Rekurs auf ihm äußere Fakten und Quellen auszulegen, als 'mystisch' abgelehnt:

> "Per lo Spitzer, l'opera d'arte si spiega sempre da sé; solo che anziché permanere in un'immota contemplazione, egli vuole aiutarla a cedere il suo segreto. L'*unio mystica* con l'oggetto sacro si attua attraverso una teologia più o meno razionale. Di fronte a questo atteggiamento occorre riaffermare che ogni vera critica non può essere compiuta se non 'dal di fuori', ciò che non costituisce in alcun modo una posizione di svantaggio ove si ammetta che anche l'opera d'arte proviene 'dal di fuori', e che questi 'di fuori' non sono né la *mens* dell'artista né quella del critico, sibbene l'unica e concreta realtà storico-sociale, su cui si imposta ogni manifestazione umana" (id., "I limiti della critica stilistica e i problemi della critica letteraria", 280).

Nachdem Cases Gelegenheit hatte, Spitzer kennenzulernen, und dieser mit ihm ohne jegliche Rankün über seinen kritischen Aufsatz zu den Grenzen der Stilistik diskutiert hatte, habe sich Cases, wie Schiaffini berichtet, von der Persönlichkeit seines Gesprächspartners sehr beeindruckt gezeigt und seine negative Stellungnahme zu Spitzers Standpunkt bedauert. Gegenüber Schiaffini habe er geäußert:

> "Non sapevo che fosse così una cara persona e che avesse quella cultura che mostra quando si conosce direttamente. Se adesso dovessi scrivere di nuovo un articolo sulla sua stilistica, certamente userei molto più riguardo. Non solo, ma accetterei di più certe sue considerazioni" (cf. Gregory u. andere, "Testimoni e interpreti del nostro tempo – Leo Spitzer", 163).

Mit dem Entwurf einer sprachpsychologisch orientierten Stilistik hat Spitzer sich zunächst der Motiv- und Wortforschung Sperbers verbunden gefühlt, die ebenfalls eine "Brücke" zwischen Sprach- und Literaturwissenschaft zu schlagen versucht habe: "Die 'Motiv- und Wortforschung' ist am ehesten mit der Stilistik verwandt und geht auf die Radix zurück, von der aus literarisches Motiv wie sprachliches Wort verständlich sind: das psychologische Erlebnis des Dichters" (CM, 94). Auch in den Untersuchungen zur historischen Semantik beruft Spitzer sich noch auf Sperber, besonders auf dessen These, daß ein Wort, das zu einer bestimmten Zeit eine besondere emotionale Färbung erhalten habe, diese auf alle ihm verwandten Wörter übertrage[236].

Die in Deutschland durch die idealistische Schule geforderte Annäherung von Sprach- und Literaturwissenschaft sieht Spitzer zu Beginn der dreißiger Jahre in Frankreich, "dem klassischen Lande der 'explications de texte'", realisiert, wo der entscheidende Schritt allerdings vonseiten der Literaturwissenschaftler unternommen worden sei. So hätten Lanson, Roustan und andere sich bemüht, das "Ästhetische am Stil einzelner Schriftsteller nachzuweisen", und ein Kritiker wie Thibaudet habe vor allem die "Spiegelungen von Seelischem in Sprachlichem" untersucht (SS II, 500)[237].

Mit dem New Criticism in Amerika hat Spitzer sich nicht so recht anfreunden können. Diese Strömung, die aus der Reform des Literaturunterrichts an den *Undergraduate Schools* hervorgegangen sei, habe sich vor allem in ihren Anfängen mit übertriebenem Eifer von der "erudizione storica" des Kritikers distanziert. Des weiteren behagt Spitzer nicht, daß die New Critics dem literarischen Werk grundsätzlich "ambiguità poetica", einen vielfältigen Textsinn, unterstellten. Die Möglichkeit der Mehrdeutigkeit eines Ausdrucks sei generell begrenzt, da seine jeweilige Bedeutung stets durch den ihn umgebenden Kontext festgelegt werde. Nur wenn man dies akzeptiere, sei die Annahme des Gelingens von sprachlicher Kommunikation überhaupt sinnvoll[238].

Die dem New Criticism vorangehende Strömung ist nach Spitzer der russische Formalismus. Spitzer vermerkt als interessantes Faktum der Wissenschaftsgeschichte, daß der russische Formalismus zu jener Zeit "gestorben" sei, als sich die New Critics gegen den Positivismus in der Literaturwissenschaft aufgelehnt hätten, also zu Beginn der dreißiger Jahre. – Auch die Formalisten untersuchten den Text vor allem in Hinblick auf seine sprachlichen

236 Cf. Spitzer, *Essays in Historical Semantics*, 5; cf. "Sviluppo di un metodo", 115f.

237 Cf. auch id., "Les études de style et les différents pays", 35f. – Hatzfeld weist darauf hin, daß sich Spitzer seiner "dette envers la France" stets bewußt gewesen sei, es jedoch bedauert habe, daß seine eigenen Studien in Frankreich nur ein schwaches Echo gefunden haben (cf. id., "Léon Spitzer et la littérature française", 262).

238 Cf. Spitzer, "Les études de style et les différents pays", 29; cf. "Sviluppo di un metodo", 122f. – Kritik an Spitzers Beurteilung des New Criticism hat Wellek geübt, cf. id., "Leo Spitzer (1887–1960)", 326f.

Ausdrucksformen. Dabei verstünden sie das Kunstwerk weder als Produkt der Intuition seines Urhebers (wie Croce) noch als Widerspiegelung der Wirklichkeit, sondern als eine Neugestaltung von Wirklichkeit, die auf dem Weg einer von der Alltagssprache abweichenden sprachlichen Fassung des Textes geschaffen werde:

> "Une oeuvre d'art ... dans ce système ... est ... une élaboration de l'esprit de l'auteur, qui tend à déformer et à détruire la réalité extérieure, à engendrer une réalité nouvelle; et la langue a ici sa fonction, celle d'engendrer cette réalité nouvelle *sui generis* ... L'expression verbale tend en effet, à nous 'rendre étranges' les choses que nous connaissons. La différence, l'écart, entre le parler poétique et le parler ordinaire, est ce qui importe dans la langue de la poésie".[239]

Eine andere wissenschaftliche Strömung in Amerika, der Spitzer eher skeptisch gegenübersteht, ist die u. a. durch Lovejoy vertretene History of Ideas. In der Sichtweise der History of Ideas werde die ästhetische Qualität des Werkes nicht angemessen gewürdigt, das literarische Werk zu einem bloßen Dokument für Geistesgeschichte degradiert[240]. Demgegenüber fordert Spitzer, daß Kunst und "outward reality" in der Interpretation strengstens voneinander getrennt blieben "however much the artist may have derived from reality"[241]. Spitzer hält die History of Ideas im Sinne einer 'humanistischen' und umfassenden, unser Allgemeinwissen bereichernden Wissenschaft für sinnvoll, die aber – genauso wie "the reading of poetry" – als eine autonome Disziplin gepflegt werden solle[242].

Diese Stellungnahmen werfen noch einmal ein bezeichnendes Licht auf Spitzers eigene Position: Ausgehend von einem affirmativen Sprachverständnis, demzufolge sich der Text dem Kritiker gleichsam von selbst zu erschließen vermag, plädiert Spitzer für den Verzicht auf all jene Hilfsmittel, die von außen an das Werk herangetragen werden[243]. – Aus seinen Vor-

239 Spitzer, "Les études de style et les différents pays", 33. – In seiner Darstellung des russischen Formalismus hat Erlich betont, daß die Formalisten aufgrund ihrer Ablehnung des Psychologismus sich weder mit Vossler und seinen Anhängern noch mit Spitzer geistig verwandt gefühlt hätten (cf. id., *Russian Formalism. History – Doctrine*, 199).

240 Cf. Spitzer, "History of Ideas versus Reading of Poetry", 584 und 595.

241 Cf. ib., 599.

242 Cf. ib., 601 f.

243 Starobinski hat die aus diesem Sprachverständnis folgende Rezeption des Textes eine "lecture confiante" genannt:

> "Elle prend le texte tel qu'il se donne. Il [Spitzer] y cherche, il y trouve des aveux complets. Jamais Spitzer ne lui suppose une fonction dissimulatrice, ou mystificatrice ..." (id., "Leo Spitzer et la lecture stylistique", 20).

stellungen so etwas wie einen "metodo spitzeriano" ableiten zu wollen, würde dem Selbstverständnis des Meisters jedoch nicht gerecht. Denn seine Worte lauten:

> "Il buon senso è la sola guida del critico. È il buon senso nel critico a indicargli il metodo di lettura che l'opera stessa suggerisce e al cui dettato egli deve ubbidire, senza sovrimporre al testo categorie dal di fuori ... E questo empirismo, per cui ogni testo poetico va considerato come un'esperienza unica e irrepetibile, potrebbe forse scusare l'assenza nella mia opera, rilevata da molti critici, di una filosofia estetica atta a sistematizzare le diverse mie esperienze"[244].

3.4. Résumé

Obwohl Spitzer auf die Ästhetik als theoretisches Fundament seiner Konzeption von Sprache, Sprachwissenschaft und Stilistik verzichtet, ist seine Auffassung in mehrerlei Hinsicht mit der Croces und der Vosslers verwandt. Indem Spitzer der Mitteilungsfunktion der Sprache den Primat vor der Ausdrucksfunktion verleiht, distanziert er sich zwar von den Theorien Croces und Vosslers, stimmt mit ihnen jedoch darin überein, daß er – im Ausgang von Humboldt – Sprache als *Energeia,* als schöpferische Tätigkeit des Individuums betrachtet. Da auch nach Spitzer die Sprachschöpfung vornehmlich in der Dichtung in Erscheinung tritt, plädiert er wie Vossler für eine Annäherung von Sprach- und Literaturwissenschaft in der Stilistik, der nunmehr die sprachwissenschaftliche Untersuchung von literarischen Texten als vornehmliche Aufgabe angetragen wird.

Spitzer selbst hat seine Position als "positiven Idealismus" bzw. als "idealistischen Positivismus" bezeichnet. Bezogen auf die Vosslersche Definition sind diese Begriffe hier im "methodologischen" Sinne zu verstehen: Mit den Idealisten verficht Spitzer das Recht der Intuition als eines ausgezeichneten Erkenntnismodus in der Sprachwissenschaft; zu den Positivisten fühlt er sich (wie der Begründer der idealistischen Schule selbst) in puncto philologischer Akribie hingezogen. – Der Rekurs auf die Intuition hat zur Folge, daß Spitzer weder eine abgerundete Theorie der Stilistik noch eine mit allgemeinverbindlichen Kategorien arbeitende Methode für die praktische Stilforschung zu entwerfen vermag. Das, was man aus den verschiedenen Artikeln und Aufsätzen als seine Konzeption von Stilistik herausdestillieren kann, ist letztlich nichts anderes als eine im nachhinein introspektiv entwickelte Beschreibung der eigenen Interpretationspraxis.

244 Spitzer, "Sviluppo di un metodo", 127.

Über den Stil die "Seelenbiographie" eines Autors zu erschließen, nimmt sich Spitzer in den Stilstudien der zwanziger Jahre vor. Da die psychologische Orientierung durch ein eher naturwissenschaftliches Freud-Verständnis geprägt ist, hat man diese Komponente seines Arbeitens einem – diesmal im "metaphysischen" Sinn – "positivistischen" Erklärungsinteresse zuzuordnen.

In Bezugnahme auf Schleiermacher beschreibt Spitzer die Technik der Stil- bzw. Textanalyse als hermeneutischen Prozeß, in dem, ausgehend von der evidentiell ausgezeichneten Erahnung des Ganzen im Teil, die verschiedenen Teile wiederum durch die Idee des Ganzen verstanden werden sollen. Eine solche Deutung des hermeneutischen Zirkels hat zur Voraussetzung, daß sei es der Stil, sei es der Text, als eine organische Einheit gilt, die sich in ihren Elementen widerzuspiegeln vermag.

Gegen Ende der zwanziger Jahre beginnen sich in Spitzers Auffassung allmählich Veränderungen abzuzeichnen, die vor allem die sprachwissenschaftliche Motivierung der Stilistik sowie die psychologische Orientierung der Textanalysen betreffen. – In ihren Anfängen ist Spitzers Stilistik durch das Erkenntnisinteresse bestimmt, den literarischen Text als individuelles sprachliches Ausdruckssystem zu verstehen. In seinen späteren Interpretationen interessiert er sich hingegen zunehmend für das Werk im Sinne einer ästhetischen Einheit. Diese Umorientierung hat zur Folge, daß er die sprachwissenschaftliche Analyse der literaturwissenschaftlichen untergeordnet sowie die Stilistik in die Literaturwissenschaft integriert sehen will. – Vom psychologischen Ansatz der frühen Untersuchungen distanziert er sich deshalt, weil dieser zum einen für die *ästhetische* Deutung des Kunstwerks keinen Gewinn bringt, zum anderen in seiner Anwendbarkeit grundsätzlich beschränkt ist; denn eine psychologische Interpretation ist nach Spitzer nur bei jenen Autoren sinnvoll, die ihre Phobien ausdrücklich artikuliert haben. In den späten Aufsätzen optiert Spitzer für ein "phänomenologisches", "strukturales" Interpretationsverfahren. Die Modifizierungen in Spitzers Auffassung von Stilistik sind nicht im Sinne einer strengen Zäsur zu verstehen, dergestalt, daß er nicht auch schon in den zwanziger Jahren eher literaturwissenschaftlich orientierte bzw. in den dreißiger und folgenden Jahren sprachwissenschaftlich motivierte Interpretationen verfaßt hätte. Die von Spitzer selbst signalisierten Veränderungen bedeuten vielmehr, daß – entgegen dem in den frühen Jahren vorherrschenden Bemühen um die Erfassung der "Stilsprache" eines Autors – in den späteren Untersuchungen das Interesse an der literarischen Gestaltung des Textes dominiert.

Rekapituliert man noch einmal die verschiedenen Autoren, und ihre Theorien, an denen sich Spitzer im Prozeß der Herausbildung seiner eigenen Position inspiriert hat (man denke z. B. an Dilthey, Freud, Heidegger,

Humboldt, Schleiermacher, Vossler, wobei der letztere der für ihn zweifelsohne wichtigste Gewährsmann war), so stellt sich notwendigerweise die Frage, ob man seine Auffassung nicht als eklektizistisch zu kritisieren hat. Spitzer selbst hat sich als "eher eklektisch" bezeichnet[245] und sich zum Eklektizismusvorwurf so geäußert: "A questo vorrei rispondere che l'unica questione che importi è se la categoria usata dal critico convenga veramente al fenomeno descritto e non da chi o da dove essa sia stata scoperta"[246]. Auch in der Darlegung seiner Vorstellungen von Stilistik und Stilanalyse ist Spitzer sicherlich Eklektiker, und zwar in der Weise, daß er sich an den Gedanken anderer inspiriert und diese wiedergibt, um den eigenen Ideen eine schärfere Kontur zu verleihen; die Bezugnahme auf so viele Autoren, die auch nicht in einem einzigen Fall in der Form einer gründlichen Auseinandersetzung mit der jeweiligen Position erfolgt, scheint mir symptomatisch zu sein für eine gewisse Unfähigkeit, die eigenen Ansichten in die Form einer Theorie zu kleiden. – Zum *Vorwurf* könnte Spitzer das Etikett "Eklektizismus" jedoch nur dann gerechtfertigterweise gereichen, wenn er mit seinen Überlegungen *theoretische* Ansprüche hätte geltend machen wollen.

Anhang: Croce, Vossler und Spitzer – ihre Selbsteinschätzung und ihre gegenseitige Kritik

Nachdem die Positionen Croces, Vosslers und Spitzers aus der Vogelschauperspektive in systematisierter Form nachgezeichnet sind, gilt es nun, die Selbsteinschätzung eines jeden in Hinblick auf den Standpunkt der beiden anderen zu klären. Zwar sind die jeweiligen Stellungnahmen der drei zu den Thesen der anderen in den vorangehenden Kapiteln hie und da bereits angeklungen, doch sollen sie an dieser Stelle vervollständigt und, soweit dies möglich ist, in einen Zusammenhang gebracht werden. Wenn dieses Kapitel auch als Beitrag zur Erhellung eines kleinen Abschnitts der Geschichte der Sprachwissenschaft gelesen werden kann, sollte dennoch nicht der Eindruck entstehen, daß hier ein detailliertes Bild der zeitgenössischen wissenschaftlichen Situation geboten würde. – Vielmehr möchte ich versuchen, im Ausgang vom Selbstverständnis Croces, Vosslers und Spitzers und ihrer jeweiligen Kritik an den Positionen der beiden anderen den Standort eines jeden noch einmal zu beleuchten und auf diesem Wege die systematisierende Darstellung der vorangehenden Kapitel durch eine – auch sachliche Detailfragen

245 Cf. Spitzer, *Interpretationen zur Geschichte der französischen Lyrik*, 8.
246 Id., "Sviluppo di un metodo", 115.

und die persönlichen Beziehungen berücksichtigende – eher wissenschaftsgeschichtlich orientierte Betrachtung zu ergänzen.

Als wichtigste Quellen für dieses Kapitel bieten sich zum einen die Artikel und die Rezensionen an, in denen sich die drei Autoren zu den Schriften der jeweils anderen geäußert haben, zum anderen der Briefwechsel zwischen Croce und Vossler, der von 1899 bis 1949 andauerte. Diese langwährende Korrespondenz spiegelt nicht allein den privaten Gedankenaustausch zweier Wissenschaftler wider, sondern dokumentiert auch die Schwierigkeiten, mit denen zwei politisch verantwortungsbewußte Intellektuelle – Croce auf der einen Seite als Italiener und Vossler auf der anderen Seite als Deutscher – zu jener Zeit konfrontiert waren. Der *Carteggio* ist also nicht allein wissenschaftsgeschichtlich, sondern auch zeitgeschichtlich von großem Interesse.

Croce und Vossler

Daß der Sprachwissenschaftler Vossler sich ausgerechnet mit dem Philosophen Croce aufs engste geistig verwandt fühlte, ist auf verschiedene Gründe zurückzuführen: Vossler sah sich auf dem Gebiet der Sprachwissenschaft in eine ähnliche geistesgeschichtliche Situation gestellt wie Croce in der Philosophie; hier wie dort, in Deutschland wie in Italien, dominierten zu jener Zeit in den verschiedensten wissenschaftlichen Disziplinen positivistische und naturalistische Auffassungen. Wie Croce in der Philosophie, so wollte Vossler in der Sprachwissenschaft mit dem Entwurf der idealistischen Philologie gegen diese Strömungen zu Felde ziehen[247]. Nicht umsonst nimmt die Auseinandersetzung mit dem Kernstück der Lehre der Junggrammatiker, mit ihrer Konzeption des Lautwandels in den Schriften von 1904 und 1905 einen so großen Raum ein. – Diejenigen Positionen, die Croce in der *Estetica* als "positivistisch" kritisiert, sind, um nur ein paar Namen zu nennen, diejenigen Spencers, Helmholtz', Taines, Fechners, Lambrosos und anderer[248]. Vossler setzt sich in der Sprachwissenschaft, um auch hier einige Standpunkte zu signalisieren, in der Form einer z. T. recht scharfen Polemik mit den Auffassungen Meyer-Lübkes, Wechsslers, Bremers, Delbrücks, Herzogs und anderer auseinander. – Vosslers Orientierung an Croce liegt darüberhinaus darin begründet, daß der italienische Philosoph dem Thema "Sprache" in der *Estetica* einen außerordentlich wichtigen Platz einräumt, indem er sie als schöpferische geistige Tätigkeit *par excellence* auszeichnet. Wie bereits dargelegt, übernimmt Vossler die zentralen Thesen der Croceschen "linguistica

247 Cf. O. Vossler, "Einleitung" zur deutschen Version des *Carteggio*, 12f.
248 Cf. Croce, *Estetica*, Kap. XVIII.

generale", um auf ihrer Grundlage den Entwurf einer Reform der Sprachwissenschaft auszuarbeiten. Mit Croce vertritt er in den programmatischen Schriften die Thesen, daß Sprache in erster Linie Schöpfung des Individuums, künstlerischer Ausdruck sei, daß der Sprachwissenschaftler sich folglich vor allem mit dem schöpferischen Aspekt von Sprache, also mit Dichtung zu befassen und daß er dabei intuitiv vorzugehen habe. – Da der Sprachwissenschaftler jedoch auch noch anderen Aufgaben nachzukommen hat als der Sprachphilosoph, setzt Vossler einige Akzente, die mit der Croceschen Konzeption nicht zu vereinbaren sind: Die Identifizierung von künstlerischem Ausdruck und Stil hat die Auszeichnung der Stilistik als oberster sprachwissenschaftlicher Disziplin zur Folge. Ein weiterer Unterschied gegenüber Croce tritt an der Stelle zutage, wo Vossler im Bemühen, auch den intersubjektiven Aspekt von Sprache zu erfassen, diesen – z. T. in Orientierung an Rickert – als Entwicklung akzentuiert[249].

Nencioni sieht die größte Annäherung Vosslers an Croce in den Schriften von 1904 und 1905 vollzogen. In seinen späteren Arbeiten vervollständige und präzisiere Vossler seine Vorstellungen, ohne sie jedoch im wesentlichen zu modifizieren. Sowohl die theoretischen als auch die praktischen Untersuchungen seien stets von ein und demselben Konflikt geprägt: der idealistischen Konzeption Croces einerseits konsequent Folge zu leisten, dabei andererseits jedoch die rein sprachwissenschaftlichen Aufgaben nicht zu vernachlässigen[250].

Ungeachtet aller Übereinstimmungen in manchen Grundsatzfragen weichen die Auffassungen Croces und Vosslers in zahlreichen Einzelheiten voneinander ab. Die für unser Thema wichtigsten Divergenzen, die vor allem im *Carteggio* und in den Rezensionen zur Sprache kommen, sollen im folgenden kurz skizziert werden. – Die Diskussion zwischen Croce und Vossler entzündet sich in den ersten Briefen sowie in einigen Artikeln und Rezensionen um die Jahrhundertwende an der Theorie Gröbers, die Vossler seiner Analyse der *Vita* Cellinis zugrundegelegt hatte (cf. I.2.2.). Croces Kritik richtet sich gegen die starre Unterscheidung von "syntaxis regularis" und "syntaxis figurata" und gegen die ihr entsprechende Klassifizierung von "verstandesmäßigem" und "affektivem" Sprachgebrauch. Mithilfe solcher bloß äußerlicher Kategorien dem Inhalt eines Kunstwerks gerecht werden und die Psyche des Autors erschließen zu wollen, hält Croce für völlig unangebracht (cf. I.1.6.). Das ästhetische Faktum sei individuell und müsse vom Interpreten in seiner Individualität respektiert werden. So entziehe es sich denn auch allen Kategorien, seien sie der Sprachwissenschaft, der Rhetorik oder

249 Cf. dazu Devoto, "Vossler und Groce", 9f.
250 Nencioni, *Idealismo e realismo nella scienza del linguaggio*, 55ff. und bes. 60.

der Psychologie entnommen. Aus diesem Grunde seien auch der Ansatz Gröbers und der Vosslers verfehlt, die den individuellen Sprachgebrauch eines Schriftstellers vor dem Hintergrund des zu seiner Zeit üblichen allgemeinen Sprachgebrauchs zu erfassen trachteten:

> "Ma che cosa è la lingua se non una serie di espressioni di cui ciascuna appare, in quel modo proprio che appare, una volta sola? Che cosa è la parola se non continua perpetua trasformazione?"[251]

In seiner Entgegnung auf die Einwände Croces hält Vossler an der Auffassung fest, daß die Kategorien der Rhetorik eine ausgezeichnete Hilfe bieten, um der Vielfalt der sprachlichen Erscheinungen Herr zu werden. Dabei räumt er allerdings ein, daß der mit den Gröberschen Kategorien verbundene Absolutheitsanspruch nicht gerechtfertigt sei: "Il metodo stilistico del Gröber ha il torto di prendere per assoluta una misura (*syntaxis regularis* e uso linguistico) che è un ente immaginario e alquanto fluido" (Cart., 8). In *Positivismus und Idealismus in der Sprachwissenschaft* geht Vossler in der Kritik an Gröber noch weiter, indem er mit der Einteilung von "syntaxis regularis" und "syntaxis figurata" zugleich auch die Unterscheidung von "logischem" und "affektivem" Sprachgebrauch aufgibt. Von dem durch Croce grundsätzlich kritisierten sprachpsychologischen Ansatz distanziert er sich allerdings auch hier nicht (cf. I.2.2.).

Ein weiterer für uns wichtiger Punkt in der Diskussion zwischen Croce und Vossler ist Vosslers Arbeit *Sprache als Schöpfung und Entwicklung*. Noch bevor dieses Buch zusammen mit der Schrift von 1904 in italienischer Übersetzung (1908) erscheint und Croce seine Rezension in der *Critica* veröffentlicht, beherrscht dieses Thema eine lange Zeit ihre Korrespondenz. Während Croce Vosslers *Positivismus und Idealismus in der Sprachwissenschaft* als ein Buch feiert, das in der Sprachwissenschaft eine große Wirkung zeitigen werde (Cart., 48f.), hat er gegenüber der zweiten Programmschrift von 1905 einige Bedenken anzumelden.

Diese Bedenken richten sich vor allem gegen die Unterscheidung von "Schöpfung" und "Entwicklung". Croce meint, einige Unklarheiten in diesem Buch auf den Einfluß Rickerts zurückführen zu können. So weist er zunächst die Auffassung zurück, daß sich Naturwissenschaften ("scienze naturali") und Geschichte ("storia") lediglich graduell, d. h. durch ein Mehr oder Weniger an Willkürbegriffen unterscheiden. Die Willkürbegriffe hätten in beiden Bereichen vielmehr eine völlig unterschiedliche Funktion zu erfüllen, in der Geschichte seien sie bloß aus forschungspraktischen Gründen angenommene Konstruktionen, in den Naturwissenschaften hingegen gehörten sie zu deren

251 Croce, *Problemi di Estetica*, 155.

Wesen selbst[252]. – Der Begriff "Entwicklung" sei unglücklich gewählt, da er gerade das Nicht-Freie, das Mechanische bezeichne. Außerdem sei Vosslers Verwendung dieses Terminus nicht eindeutig: Der Leser gewinne den Eindruck, daß er diesen Begriff einerseits als Konstrukt betrachte, andererseits ihm zugleich auch eine gewisse Realität unterstelle. Für Croce ist, wie sich unschwer erraten läßt, dieser Begriff nur im erst genannten Sinn akzeptabel (cf. Cart., 58ff.).

Auch in der Rezension von 1908 begrüßt Croce die in *Positivismus und Idealismus in der Sprachwissenschaft* vorgenommene Übertragung ästhetischer Prinzipien auf die Sprachwissenschaft[253], auch hier lehnt er die Unterscheidung von Sprache als "Schöpfung" und als "Entwicklung" ab, wobei er seine Vorbehalte diesmal jedoch anders akzentuiert:

1. Mit der Unterscheidung von Sprache als "Schöpfung" und als "Entwicklung" sei eine Trennung von ästhetischer und historischer Sprachuntersuchung verbunden. In beiden Fällen, wendet Croce ein, handele es sich jedoch lediglich um verschiedene Spielarten der historischen Sprachbetrachtung:

   > "Se il fatto concreto si vuol chiamare creazione, sono, entrambi, studii di creazioni; se svolgimento, sono entrambi studii di svolgimenti; e, in verità, creazione e svolgimento sono, in fondo, un concetto medesimo (*évolution créatrice*)".[254]

2. Da nun Sprache als "Schöpfung" und Sprache als "Entwicklung" historische Untersuchungen erforderten, und da es nicht möglich sei, daß zwei verschiedene historische Betrachtungsweisen sich auf ein und denselben Gegenstand bezögen, so sei die eine auf Sprache in ihrer konkreten Wirklichkeit, die andere auf etwas gerichtet, was nicht Sprache im eigentlichen Sinne sei:

   > "E, infatti, solo il primo d'essi, lo studio del linguaggio come fatto estetico, costituisce la storia del linguaggio in atto (della poesia, della letteratura, ecc.); il secondo concerne la storia di fatti pratici, di atteggiamenti volitivi o disposizioni psichiche, che si manifestano nel linguaggio come in altre forme della vita".[255]

252 Daß Rickert, wie Croce zu unterstellen scheint, Natur- und Kulturwissenschaften bloß graduell unterscheidet, ist allerdings nicht richtig. Denn gerade Rickert hat sich bemüht, die Differenz zwischen diesen beiden Wissenschaftstypen von ihrer unterschiedlichen Begriffsbildung her, der generalisierenden in der ersteren und der individualisierenden in der letzteren zu klären (cf. id., *Kulturwissenschaft und Naturwissenschaft*, 38ff.).

253 Cf. Croce "Karl Vossler, *Positivismo e idealismo nella scienza del linguaggio*", 293.

254 Ib., 294.

255 Ib.

3. Von der Betrachtung der Sprache als "Schöpfung" in einer "storia d'individualità" könne die Betrachtung von Sprache als Entwicklung nicht als "storia imperniata su concetti *generali*" abgegrenzt werden. Geschichte habe stets Individuelles zum Gegenstand, wenn sie sich dabei auch der "concetti generali" als Hilfsmittel bediene[256].
4. Ebenso sei es unzutreffend, Sprache im Sinne von ästhetischer Schöpfung als Werk des Individuums anzusehen, Sprache im Sinne von Entwicklung hingegen als geschaffen durch die Gesellschaft. Im einen wie im anderen Fall seien Schöpfer die Individuen[257].

Diese Antwort auf Vossler, die Devoto "in der Sache hart" genannt hat[258], macht deutlich, daß Croce nur die Widersprüchlichkeiten der Vorstellungen Vosslers, die sich im Hinblick auf seine eigene Philosophie ergeben, aufzeigt. Dabei ist er viel zu sehr im Begriffsnetz des eigenen Denkens verstrickt, um die Schwierigkeiten, die sich für den *Sprachwissenschaftler* aus seiner Theorie ergeben, wahrnehmen zu können; so ist er denn auch nicht in der Lage, das in Vosslers Entwurf von Sprachwissenschaft zutage tretende Übel bei seiner eigentlichen Wurzel zu packen. Denn die Schwierigkeiten, mit denen der Begriff "Entwicklung" befrachtet ist, liegen, wie mir scheint, in erster Linie *nicht* in seiner methodologischen Ausdeutung, sondern im ästhetischen Grundansatz der Vosslerschen Konzeption beschlossen.

Vossler hat seine Auffassung von einem bloß quantitativen Unterschied zwischen Natur- und Geisteswissenschaften in den Briefen an Croce noch eine Zeitlang aufrecht zu erhalten versucht. Sowohl in den Geschichts- als auch in den Naturwissenschaften bediene man sich der Willkürbegriffe zum Zwecke des Ordnens und Abgrenzens (cf. Cart., 71f.). Letztes Ziel der Naturwissenschaften sei ebenso wie das der Geschichtswissenschaften Erkenntnis der Realität, historische Erkenntnis durch Ordnen. So möchte Vossler zwischen den Abschnitten "Schöpfung" und "Entwicklung" nur einen quantitativen Unterschied angesetzt sehen:

> "negli esempi della parte *Schöpfung* prevalgono i concetti filosofici: bello e brutto, benchè non siano denunciati, stanno in fondo a tutto. Nella parte seconda prevalgono i pseudo-concetti 'regolare' ed 'irregolare' ... Mi pare che nella misura in cui aumenta l'azione dei pseudoconcetti cala quella dei concetti veri. I *Willkürbegriffe* si retirano di faccia ai *Wertbegriffe* e vice-versa" (ib., 76). –

Diese in eine Mixtur von Rickertscher und Crocescher Terminologie eingekleidete Argumentation scheint mir nur wenig plausibel zu sein: Vossler

256 Cf. ib., 295.
257 Cf. ib., 295f.
258 Cf. Devoto, "Vossler und Croce", 11.

verteilt zunächst zwei völlig heterogene Begriffspaare (die philosophisch-ästhetischen Begriffe "schön / häßlich" auf der einen, die Begriffe "gesetzmäßig / ungesetzmäßig" auf der anderen Seite) komplementär auf die ästhetische und auf die historische Sprachbetrachtung, um anschließend – denn nur so kann er auf der quantitativen Unterscheidung beharren – die Geltung der ästhetischen Begriffe auch für die historische Untersuchung sowie die der Begriffe "gesetzmäßig / ungesetzmäßig" für die ästhetische Sprachanalyse zu behaupten.

Croce hat sich durch Vossler natürlich nicht überzeugen lassen. Für ihn bedeutet alles Arbeiten mit Konstruktionen – sei es in der Grammatik, in der Psychologie, in der Soziologie etc. – nicht Erkennen von Konkretem, sondern bloßes "fabbricare congegni" (ib., 79). – Nach einigem Hin und Her hat Vossler von seiner Auffassung schließlich Abstand genommen; dabei hat er Croce gegenüber eingestanden, daß sein Buch vor allem im einleitenden Teil noch einiger Verbesserung bedürfe (cf. ib., 88).

Die Artikel, die Vossler zur Philosophie Croces veröffentlicht hat[259], sind im Vergleich zu den Stellungnahmen Croces zu den Arbeiten Vosslers weniger kritisch gehalten. Vossler begnügt sich meistens damit, die Thesen Croces zu referieren. Dies mag daran liegen, daß ihm für eine kritische Diskussion der Gedanken des Freundes sowohl die notwendigen philosophischen Kenntnisse als auch die Neigung und Fähigkeit zum streng logischen Denken fehlten[260].

Auch in den späteren Jahren dominiert im Briefwechsel das Interesse an fachlich bezogenen Fragestellungen und am Wissenschaftsbetrieb der Zeit. Weiterhin tauschen sich Croce und Vossler über eigene Forschungsvorhaben und publizierte Artikel, über Neuerscheinungen in Deutschland und in Italien und über Kollegen aus. Zweimal wird ihre Korrespondenz – durch äußere Umstände bedingt – unterbrochen: von 1915 bis 1918 und von 1943 bis 1945. Die Sorge um die Zeitereignisse spiegelt sich in den Briefen während der Kriege unmittelbar wider. Vossler sieht den Ersten Weltkrieg als einen Verteidigungskrieg, als eine 'nationale Pflicht' an (cf. ib., 183ff.), deren Erfüllung er erst in dem Moment Genüge zu tun glaubt, als auch er die Uniform angezogen hat (cf. ib., 193f.)[261].

259 Cf. z. B. Vossler, "B. Croces Ästhetik als Wissenschaft des Ausdrucks"; id., "B. Croce, *Per la storia della Critica e Storiografia letteraria*"; id., "Das System der Philosophie des Geistes"; id., "Benedetto Croces Sprachphilosophie".

260 Zur Kritik Vosslers an Croces Sprachtheorie, cf. I.1.6.

261 Die Briefe an Croce vom Januar 1919 bis November 1920 faßt Vossler in deutscher Sprache ab!

In den dreißiger Jahren rückt u. a. die Sorge um die durch den nationalsozialistischen Antisemitismus bedrohten Kollegen in den Vordergrund. Vor allem das Schicksal Spitzers beschäftigt Croce und Vossler[262]. – Spitzer wird 1933 "beurlaubt", und Croce bemüht sich, ihm einen Ruf in Amerika zu verschaffen (cf. ib., 337). Im Oktober 1933 kann Vossler Croce berichten, daß Spitzer mit seiner Familie nach Istanbul emigrieren werde, wo man ihm einen Lehrstuhl angeboten habe[263].

Nach dem Krieg führen Croce und Vossler den Briefwechsel bis zum Tode des letzteren fort. In dem jahrzehntelang andauernden geistigen Austausch ist es zweifellos Vossler, der dem Freund entscheidende Anregungen zu verdanken hat. Daß Vossler allerdings, wie Arens schreibt, die Lehre Croces "lediglich wiederholt" habe[264], muß zurückgewiesen werden, denn vielmehr hat er sich ja bemüht, diese Lehre für eine idealistische Reform der Sprachwissenschaft dienstbar zu machen. Die Konsequenzen dieses Unterfangens, nämlich daß sein Programm zu einigen Schwierigkeiten und Unstimmigkeiten führte und die Tatsache, daß er sich in vielen Punkten mit Croce nicht einig war, sprechen ebenfalls gegen die von Arens formulierte These. – Gazdaru, der den Einfluß der Croceschen Sprachphilosophie auf die Sprachwissenschaft vor allem in Bezug auf die Neolinguisten und Idealisten untersucht hat, meint, daß man im Falle Croces und Vosslers nie von einer "perfecta coincidencia" habe sprechen können. Gazdaru schließt sich vielmehr dem Urteil Nencionis an, Vossler habe gegenüber der idealistischen Theorie Croces eine Position des Kompromisses vertreten. Croce sei seinerseits auch Vossler verpflichtet gewesen, denn vor allem durch dessen Ar-

262 Auf Initiative von Spitzer war Croce anläßlich der Vierhundertjahrfeier der Universität Marburg zum Doctor honoris causa ernannt worden. – 1933 hatte Spitzer Vossler seine Studie über Lopes *Dorotea* zugeeignet, worüber dieser sich allerdings weniger glücklich zeigt; nicht nur, daß er wie Croce den Inhalt dieser Studie nicht billigt (cf. Cart., 333), auch der Widmungsbrief, der ihn zu einem "semidio giocarellone e mezzo ubriaco" stilisiere, erregt sein Mißfallen (cf. ib.).

263 Istanbul wurde die vorletzte Station der Lehr- und Forschungstätigkeit Spitzers. 1936 folgte er einem Ruf an die Johns Hopkins University in Baltimore, wo er bis zur Emeritierung lehrte. – Spitzers akademischer Werdegang hatte in Wien seinen Anfang genommen. Nach dem Studium, der Promotion (1910) und der Habilitation (1913) an der Universität Wien war er während des Krieges bei der österreichischen Zensurbehörde tätig gewesen. 1920 war er seinem Lehrer Meyer-Lübke nach Bonn gefolgt, 1925 hatte er einen Ruf nach Marburg, 1930 einen weiteren nach Köln erhalten. Zwei Jahre vor seinem Tod (1958) kehrte Spitzer noch einmal nach Deutschland zurück, um in Heidelberg eine Gastprofessur wahrzunehmen. (Die wichtigsten Daten zu Spitzers Lebenslauf findet man in den zahlreichen Nachrufen, cf. bes. die Artikel von Köhler, Schalk und Wellek).

264 Cf. Arens, *Sprachwissenschaft. Der Gang ihrer Entwicklung von der Antike bis zur Gegenwart*, 480.

beiten habe die *Estetica* einen so großen Einfluß auf die Entwicklung der Sprachwissenschaft nehmen können[265].

Croce und Spitzer

Die persönlichen und wissenschaftlichen Kontakte zwischen Croce und Spitzer waren bei weitem nicht so eng geknüpft wie die zwischen Croce und Vossler, sondern eher sporadisch. Ebenso wie Spitzer Croce seine Achtung mit dem Vorschlag erwies, ihm den Titel eines Ehrendoktors der Universität Marburg zu verleihen, zeigte sich Croce seinerseits um Spitzer bemüht, indem er ihm 1933 seine Studien über Goethe widmete und, wie bereits erwähnt, ihm eine Stellung im Ausland zu verschaffen suchte (cf. Cart., 341)[266].

Daß Spitzer die Auffassungen Croces, soweit er überhaupt dazu ausdrücklich Stellung bezog, in vielen Punkten nicht teilte, ist bereits mehrfach deutlich geworden. Da er die Mitteilung als primäre sprachliche Funktion betrachtet, mußte er die auf die Ausdrucksfunktion abhebende ästhetische Sprachtheorie Croces ablehnen. Im Brief an Schiaffini schreibt Spitzer:

> "Naturalmente, più tardi ho conosciuto e usato categorie derivanti dal Vossler e dal Croce (ed infatti la distinzione tra *Stilsprachen* e *Sprachstile* è vossleriana), ma mi sono distaccato dai due maestri in un certo punto: non ammetto l'origine *estetica* di tutte le evoluzioni generali della lingua, e credo che ci sia del buono nella definizione dello Schleiermacher (logica + musica purché si estenda il concetto di musica"[267].

265 Cf. Gazdaru, "Influjos de Benedetto Croce sobre la lingüística contemporanea", 128.

266 Spitzer selbst berichtet, daß er nur einmal Gelegenheit gehabt habe, Croce zu treffen und sich persönlich mit ihm auszutauschen, nämlich gerade anläßlich der Verleihung der Ehrendoktorwürde an Croce in Marburg. Spitzer schildert Croce als einen Mann, der – den offiziellen Zeremonien nur wenig zugetan – vielmehr das direkte Gespräch gesucht habe. Zentrales Thema ihrer Diskussionen sei die "situazione morale" in Deutschland gewesen. Auch die Tatsache, daß Croce ihm die Studie über Goethe gewidmet habe, erwähnt Spitzer: "Debbo dire che il gesto affettuoso del grande pensatore mi incoraggiò assai più di quanto il *diktat* hitleriano non avesse potuto rattristarmi" (cf. id., "La mia stilistica", 19).

267 Cf. Schiaffini "Presentazione", 5f. – Eine Gegenüberstellung der Sprachauffassungen Croces und Spitzers findet man bei de Mauro ("Linguaggio, poesia e cultura nel pensiero e nell'opera di Leo Spitzer", 155ff.). Da nach de Mauro Spitzer zu den wirklichen Problemen von Kunstphilosophie, Kunstkritik und Sprachwissenschaft nicht vorzudringen in der Lage war (cf. ib., 162), meint er, die Frage nach der Beeinflussung Spitzers durch Croce so beantworten zu können: "... lo Spitzer non è né crociano né non-crociano, non è e non può esserlo, poiché è rimasto sostanzialmente estraneo ai problemi posti dal Croce" (ib., 156).

Des weiteren hat Spitzer Croces Auffassung von Literaturkritik abgelehnt: Croce habe im Rahmen seines Entwurfs von Literaturkritik nicht nur keine neuen Kategorien anzubieten vermocht, sondern darüberhinaus mit dem Gedanken der Nachschöpfung jede mit Kategorien arbeitende Interpretation paralysiert.

In offensichtlicher Überschätzung seines Einflusses hat Croce hingegen Spitzer als eine "pianticella" bezeichnet, die er selbst gepflanzt habe:

> "Innanzi a scritti come questi dello Spitzer provo ... l'onesta gioia di chi, tanti anni fa, inserí nel terreno una pianticella e la vede ora cresciuta in albero robusto e frondeggiante: cresciuta per opera di agricoltori che meglio di lui erano in grado di attendervi, e che hanno fatto e fanno quello che il diverso specificarsi dell'attività a lui toglieva di fare, o di fare nella misura necessaria, e che perciò, senza quell'altrui intervento, sarebbe forse perito per mancanza di cure o sarebbe rimasto come una pianta selvatica e poco sviluppata".[268]

In Spitzers Augen stellt sich die Beziehung zu Croce allerdings etwas anders dar. Wenn er auch in der Richtung von Croce und Vossler gearbeitet habe, so sei dies ohne "l'aiuto materiale e spirituale, del Croce" geschehen[269]. Als Schüler Meyer-Lübkes seien für ihn die Namen Croce und Vossler zunächst Tabu gewesen. Daß er dennoch ähnliche Wege wie sie beschritten habe, führt er – paradoxerweise, wie er selbst sagt – vor allem auf den Einfluß Freuds, aber auch auf den Diltheys zurück:

> "Credo dunque che siano state la impostazione naturalistica freudiana (cosciente) e quella umanistica diltheyana (inconscia) a fornirmi gli strumenti necessari per praticare l'analisi stilistica *concreta,* generosamente accettata, dal Croce come realizzazione delle sue idee teoriche".[270]

Im einzelnen habe sich sein Vorgehen von dem Croces sehr stark unterschieden. Croces Interpretationen, die allesamt von einer feinen Beobachtungsgabe für den persönlichen Stil eines Autors zeugten, seien synthetisch, während seine eigenen Arbeiten, in denen er vor allem das einzelne sprachliche Faktum im Hinblick auf den Gesamtstil eines Autors zu deuten versucht habe, eher *analytischen* Charakter hätten. Für Detailarbeit habe Croce sich letztlich nicht interessieren können. Und in "Sviluppo di un metodo" grenzt Spitzer seine Art von Literaturdeutung von der Croces so ab:

268 Croce, "Leo Spitzer, 'Wortkunst und Sprachwissenschaft' ", 293.
269 Spitzer, "La mia stilistica", 17.
270 Ib., 18.

"... la domanda principale, per me, come critico, non è più quella crociana: 'è questo poema poesia o non poesia?' – domanda che il critico deve aver decisa da sé quando incomincia un lavoro critico – ma quella strutturale: 'rientra questa parte particolare del poema nel tutto o no?' "[271]

Vossler und Spitzer

Ungeachtet mancher Divergenzen in verschiedenen Fragen hat Spitzer auf die Vorstellungen Vosslers immer wieder positiv Bezug genommen. Dabei hat er jedoch ausdrücklich erklärt, daß er anfangs ebensowenig wie durch Croce durch Vossler beeinflußt gewesen sei[272]. Seine eigene Position sei vielmehr in ihren Grundzügen bereits festgelegt gewesen, bevor er sich der geistigen Verwandtschaft mit Vossler bewußt geworden sei. In seinem Artikel über Vossler im *Lesezirkel* feiert Spitzer diesen in überschwenglichen Worten:

"Wer ist Karl Vossler? Ein Romanist. Vielleicht der erste Romanist Deutschlands. Doch das genügt nicht: ein Erneuerer der Philologie der Jahrhundertwende. Auch das genügt nicht: ein Mensch, der bis zum Wesentlichen und Endgültigen durchzublicken die Kühnheit und die Fähigkeit besitzt. Er ist einer der wenigen, universalen Wissenschaftler, die über ihr Spezialgebiet hinausblicken und die Totalität einer Kultur überblicken können. Seine Wirkung ist auf dem Gebiete am stärksten, wo die Tradition der Detailforschung und der Vermeidung der großen Rundblicke und der Zusammenschau am stärksten war: in der Sprachwissenschaft".[273]

Spitzer würdigt Vossler also vor allem als den Bahnbrecher der idealistischen Philologie, der – wenn auch sein Alternativprogramm nicht in allen Punkten zu überzeugen vermochte – frischen Wind in die vom Positivismus angekränkelte Sprachwissenschaft, die "Kirchhofphilologie" geblasen hat[274]. Ja, Spitzer geht sogar so weit, Vossler in seiner Rolle des "critique destructeur" mit Lessing zu vergleichen[275]. – Entgegen früheren Aussagen, in denen er Vosslers Betonung des Ausdrucksaspekts von Sprache als einseitig ablehnte (cf. SS II, 500), bemerkt Spitzer in seinem letzten Vortrag, daß Vossler zwei

271 Id., "Sviluppo di un metodo", 125.
272 Cf. id., "Les études de style et les différents pays", 26; cf. auch Schiaffini, "Presentazione", 5f.
273 Spitzer, "Karl Vossler", 59.
274 Cf. ib.; cf. auch "Der Romanist an der deutschen Hochschule", 259 und SS I, 252.
275 Cf. id., "L'état actuel des études romanes en Allemagne", 575.

Sprachfunktionen als koexistent anerkannt habe: Ausdruck und Mitteilung. Sein Hauptinteresse habe zwar immer den Faken des Ausdrucks gegolten, doch sei bei ihm die Grammatik dennoch nicht – gleichsam mit einem "coup de plume" – unter den Tisch gefegt worden[276].

Wie bereits dargelegt, betrachtet Spitzer seine eigenen Arbeiten als eine Verwirklichung des theoretischen Programms Vosslers. Mit Vossler akzentuiert er nicht allein die vor allem in der Dichtung zutage tretende sprachneuernde Kraft des Stils, sondern befürwortet auch die daraus resultierende Forderung, daß der Sprachwissenschaftler sich mit Literatur zu befassen habe und die Stilistik als Bindeglied zwischen Sprach- und Literaturwissenschaft anzusiedeln sei. Darüberhinaus weiß Spitzer sich auch im Hinblick auf den sprachpsychologischen Ansatz der Stiluntersuchungen zumindest global mit Vossler einig; in dem bereits zitierten Passus aus *Romanische Stil- und Literaturstudien* führt er – im Gegensatz zu den Selbstdarstellungen in den späteren Jahren – die psychologische Orientierung seines Arbeitens nicht auf Freud, sondern auf Vossler zurück (cf. RSLS, 4). Nichtsdestoweniger hat er in einigen Rezensionen zu Vossler gerade gegenüber dessen psychologischem Vorgehen wiederholt Bedenken geäußert. Diese Bedenken richten sich zum einen gegen die völkerpsychologischen Spekulationen, die Spitzer vor allem den Schülern Vosslers anlastet, zum anderen gegen die Annahme einer "unmittelbaren Verbindungsmöglichkeit von Sprachäußerlichem und Seeleninneren"[277]. Des weiteren kritisiert Spitzer, daß Vossler eine direkte Beziehung zwischen dem Charakter des Sprechenden und dem Gesprochenen herzustellen suche, ohne die sprachliche Tradition zu berücksichtigen[278]. – Eine Alternativkonzeption zu den sprachpsychologischen Bemühungen Vosslers vermag Spitzer allerdings auch in diesen Rezensionen und Artikeln nicht zu bieten bzw. auch nur anzudeuten. Seine eigenen Beiträge zur Sprachpsychologie belaufen sich auf die wenigen, nicht sehr konkreten Hinweise auf Freud, sowie auf die psychologischen Stilanalysen, die er vor allem in den zwanziger Jahren abgefaßt hat.

Bei aller Bewunderung für die intuitive, künstlerische Begabung Vosslers hat Spitzer seine Zweifel an der Seriosität und Wissenschaftlichkeit der Vosslerschen Arbeiten nicht verheimlicht. So spricht er nicht nur vom "wissenschaftlichen Impressionismus" Vosslers, sondern nennt ihn sogar schlicht und einfach einen "Dilettanten":

276 Cf. id., "Les études de style et les différents pays", 26.
277 Cf. id., "Karl Vossler, 'Form und Bedeutung. Die Grundfragen der Sprachwissenschaft' ", 148.
278 Cf. ib.

> "Vossler, al contrario di de Saussure, non fu mai un linguista con una educazione professionale e tecnica, uomo che potesse fare indagini sue concrete e salde nel campo linguistico: anzi era un dilettante che progettava un po' a vanvera le sue idee filosofiche in questo campo. Le sue idee mi sembravano giuste in quanto toccavano in generale gli scopi della filologia, meno le applicazioni pratiche di queste idee generali a questioni linguistiche speciali".[279]

Spitzers Einstellung gegenüber Vossler ist also mehrschichtig: Spitzer sieht in ihm zum einen den Neuerer, der die alten Zöpfe der positivistischen Philologie abgeschnitten und die idealistische Philologie inauguriert hat. Die mit dem idealistischen Programm verbundene Neuorientierung und Aufwertung der Stilistik entspricht voll und ganz den eigenen Vorstellungen; zum anderen vermag er jedoch die Spekulationen zur Volkspsyche sowie den z. T. leichtfertigen Umgang mit dem sprachlichen Material nicht zu billigen.

Iordan beurteilt die Frage, inwieweit Spitzer als Vosslerianer angesehen werden könne, so:

> "SPITZER darf als Vosslerianer nur im Hinblick auf das Endziel, das er verfolgt, betrachtet werden. Dieses besteht darin, eine sprachliche Erscheinung auf ihren individuellen Ursprung zurückzuführen, sie als solche zu interpretieren. Die Mittel, um dieses Ziel zu erreichen, die Elemente, auf die sich seine Erörterung stützt, werden dagegen von allen Schulen und Strömungen genommen".[280]

Vossler wiederum hat Spitzer als einen Sprachwissenschaftler gewürdigt, der – dem "Abstraktismus" entgegenwirkend – die Sprache nicht als ein totes grammatisches Gerippe, sondern in ihrem lebendigen Dasein, in der Poesie untersucht hat[281]. – In der Rezension zu Spitzers Studie über Jules Romains hebt Vossler lobend hervor, daß Spitzer die eng gesteckten Grenzen der traditionellen Sprachwissenschaft verlassen und die Wege für eine verbindung von Sprach- und Literaturwissenschaft geebnet habe[282]. Mit Recht, meint Vossler, könne man sich allerdings die Frage stellen, ob Spitzers Textanalysen "nicht eher literaturhistorische denn sprachwissenschaftliche Versuche" seien[283]. In der Tat "springe" Spitzer oft zwischen diesen bei-

279 Id., "Risposta a una critica", 599.

280 Iordan, *Einführung in die Geschichte und Methoden der romanischen Sprachwissenschaft*, 161; cf. id., "Der heutige Stand der romanischen Sprachwissenschaft", 535; cf. Kleszewski, "German Research on Style in the Romance Languages and Literatures", 112.

281 Cf. Vossler, "Der Kampf gegen den Abstraktismus in der heutigen Sprachwissenschaft", 329.

282 Cf. id., "Leo Spitzer, 'Der Unanimismus Jules Romains' im Spiegel seiner Sprache'", 1965.

283 Cf. ib., 1964.

den Gebieten hin und her, indem sein Interesse sich bald auf die Erforschung des "Wortkünstlers" als "Persönlichkeit", bald auf die Analyse des Stils konzentriere. Dennoch sei die grundlegende Einstellung "unbeirrbar sprachwissenschaftlich", das Wechseln der Perspektive für den von Spitzer praktizierten Typ sprachwissenschaftlicher Forschung unabdingbar. Vossler sieht den besonderen Wert der Spitzerschen Analysen darin, daß sie auf geradezu exemplarische Weise zu verdeutlichen vermögen, "wie weit die Sprachwissenschaft mit ihren Mitteln fähig ist, das Individuelle zu erfassen"[284]. Das, was Spitzer in seinen Analysen zu erforschen suche, sei also weniger die "Allgemeinsprache", als vielmehr "Individualsprachliches", nicht der "Sprachstil", sondern die "Stilsprache". Trotz der letztlich sprachwissenschaftlichen Grundorientierung der Arbeiten Spitzers könne nicht allein die Linguistik, sondern auch die Literaturwissenschaft von diesen profitieren.

Wenn Vossler auch lobende Worte zu Spitzers Stilbetrachtungen gefunden hat, so vermochte der von Spitzer selbst gepflegte Stil ihn nicht zu Lobeshymnen hinzureißen. Vossler kritisiert vielmehr die Umständlichkeit und Krausheit der Spitzerschen Formulierungen. In der Kritik zu *Aufsätze zur romanischen Syntax und Stilistik* bemerkt er:

> "Fast auf jeder Seite hätte der sich selbst reproduzierende Verfasser die Schreibfreude und Papierseligkeit des jungen Gelehrten von ehedem zu zügeln die schönsten Gelegenheiten gehabt. Das Wichtige und Wertvolle seiner Ausführungen wäre umso reiner zutage getreten".[285]

284 Cf. ib., 1965.

285 Id., "Leo Spitzer, *Aufsätze zur romanischen Syntax und Stilistik*", 243. – Die Beziehungen zwischen den Konzeptionen von Sprache, Literatur und Sprachwissenschaft bei Croce, Vossler und Spitzer sind auf unterschiedliche Weise beurteilt worden. Die wohl "stärkste" These vertritt Schiaffini, der die Verbindung zwischen Croce, Vossler und Spitzer eine "filiazione" genannt hat:

> "Gli storici della linguistica, in particolare della stilistica, ... sono concordi nello stabilire, e ho stabilito anch'io, non la successione o continuità storica, temporale e lineare, bensí la filiazione Croce – Vossler – Spitzer" (id., "Presentazione", 5).

Seinem Urteil schließen sich Isella (cf. id., "La critica stilistica", 166), Vallone (cf. id., "Gli studi danteschi di Leo Spitzer", 46) und Vaz Leão (cf. id., "*Sôbre a Estilística de Spitzer*, 69f.) an. – Wellek hingegen weist die These der "filiazione" aufgrund der sachlichen Differenzen und aufgrund der Vorbehalte, die Spitzer gegenüber Croce und Vossler artikuliert hat, zurück:

> "The usual Croce – Vossler – Spitzer pedigree seems to me mistaken. Spitzer started rather with a combination of philology and psychology. He did not know Croce at first and only later came to admire him as a great figure and to agree with his rejection of nineteenth-century positivism ... Spitzer's attitude toward Vossler is ambivalent. He without doubt admired Vossler and agreed with his general aims, but criticized as premature his attempt to write

a history of French culture in the mirror of language" ("Leo Spitzer (1887–1960)", 316).

Fubini und Giachery lehnen wie Wellek den Begriff der "filiazione" ab; sie ziehen die Begriffe "parallelismo" (cf. Fubini, "Critica stilistica e storia del linguaggio di Leo Spitzer", 511) bzw. "parentela" (Giachery) vor, die, wie sie meinen, die Beziehung der Auffassung Spitzers zu der Croces und der Vosslers angemessener auszudrücken vermögen: "Il rapporto di filiazione, può esser quindi attenuato in un rapporto di parentela, o di affinità, in certi momenti strettissima, col Croce e col Vossler" (Giachery, "Leo Spitzer (1887–1960)", 451). – Puppo schließlich meint, eine direkte Beeinflussung Spitzers durch Croce und Vossler dahingehend feststellen zu können, daß Spitzer durch ihre Theorien in den Bemühungen, den "aspetto individuale del linguaggio" zu erforschen, spürbar bestärkt worden sei (cf. id., "Stilistica e linguistica di Leo Spitzer", 124). – Vergegenwärtigt man sich noch einmal die Stellungnahmen Spitzers zu den Auffassungen Vosslers und Croces, so kann man den von Schiaffini vorgeschlagenen Ausdruck der "filiazione" nicht als glücklich gewählt ansehen, da er, wenn Schiaffini dies auch nicht intendiert, doch so etwas wie "Abstammung" der Ideen Spitzers von denen Vosslers und Croces suggerieren könnte. Und gerade gegen eine in diesem Sinne zu deutende Genese seiner Vorstellungen hat Spitzer sich ja verschiedentlich zur Wehr gesetzt. Der von Giachery benutzte Begriff "parentela" scheint mir demgegenüber die Sachlage zu treffen, wobei die Verwandtschaft Spitzers mit Vossler wesentlich enger ist als die mit Croce.

II. Spitzers Stilanalysen

0. EINLEITUNG

> "Cierto día, un devoto que penetró en la caverna [in Spitzers Arbeitszimmer], saludó, tontamente, al gran oficial de la crisopeya: – ¿ Que tal, maestro, trabajando como siempre? Don León se volvió, y rápido, sin titubeo, repusó, corrigió: ¿ Trabajando? no, no gozando como siempre, gozando!"[1]

Die von Salinas so festgehaltene sprichwörtliche Arbeitsfreude findet ihren Niederschlag nicht allein in der überwältigenden Anzahl seiner Publikationen: Auch die Vielfältigkeit und Verschiedenartigkeit der von ihm in Angriff genommenen Arbeiten zeugen von einer ungeheuren wissenschaftlichen Produktivität.

Die Stilistik ist, so würde Fontanes Ritterschaftsrat von Briest wohl sagen, 'ein weites Feld', zumal dann, wenn sie als rangoberste sprachwissenschaftliche Disziplin ausgezeichnet wird. So sollte Spitzers Vorstellungen zufolge das Interesse am Stil nicht auf den traditionellen Forschungsbereich der Stilistik beschränkt sein: Auch in den Untersuchungen zur Sprachgeschichte, in den Studien zur Etymologie und schließlich in der Erforschung der Varietäten einer Einzelsprache wollte er die stilistische Betrachtungsweise leitend sehen (cf. I.3.2.2.). Spitzer selbst hat auf allen diesen Gebieten auch tatsächlich gearbeitet: Man denke z. B. an die *Essays in Historical Semantics,* an die zahlreichen Artikel zur Etymologie, an die Abhandlungen *Italienische Umgangssprache, Die Umschreibungen des Begriffs 'Hunger' im Italienischen, Puxi – eine kleine Studie zur Sprache einer Mutter,* an die Untersuchung "Über einige Wörter der Liebessprache", an den Aufsatz zur Ammensprache (in: SS I, 26–38) und an die Symbolismusstudie[2]. Diese Untersuchungen unterscheiden sich von den Textinterpretationen darin, daß die 'Protagonisten' nicht "individual writers" sind, "whose literary personalities are studied in their written words", sondern die Wörter selbst bzw. die Sprachschöpfungen bestimmter Sprechergruppen[3]. Im Zentrum dieser Unter-

1 Salinas, "Introduction. Esquicio de Leo Spitzer", XVIII.

2 Die Symbolismusstudie ist abgedruckt in Spitzer, *Aufsätze zur romanischen Syntax und Stilistik*, 281–339.

3 Cf. id., *Essays in Historical Semantics*, 1; cf. auch *Aufsätze zur romanischen Syntax und Stilistik*, 281. – Im Vorwort zu den *Essays in Historical Semantics* schreibt Spitzer, nachdem er diese als Untersuchungen zu einzelnen Wörtern von den Studien zu literarischen Texten in *Linguistics and Literary History* abgegrenzt hat:

suchungen steht somit die Einzelsprache, und zwar unter dem Gesichtspunkt der expressiven Möglichkeiten, die sie sei es einer ganzen Kulturgemeinschaft, sei es einer bestimmten Sprechergruppe bietet.

Nichtsdestoweniger hat Spitzer seine Stilistik in erster Linie als eine zwischen Sprach- und Literaturwissenschaft vermittelnde bzw. als eine der Literaturwissenschaft integrierte Disziplin verstanden (cf. I.3.3.1 und I.3.3.8.). Die Interpretationen zu bestimmten Texten oder auch Textauszügen stellen eine wichtige Komponente seines Gesamtwerks dar: Vom Beginn seiner wissenschaftlichen Karriere an bis, wie Poulet berichtet[4], zum Vorabend seines Todes hat er sich immer wieder der Analyse von Texten gewidmet. Das Spektrum der von ihm ausgewählten Texte umfaßt Auszüge aus der Literatur der gesamten Romania, aus der englischen, der amerikanischen, der deutschen und der jüdischen Literatur; während sich Spitzer anfangs vornehmlich auf die Interpretation von Werken zeitgenössischer Autoren konzentrierte, hat er sich später auch mit Texten vergangener Jahrhunderte, mit Werken des Mittelalters und der Antike befaßt[5]. Daß bei einem so breit angelegten Spektrum die Texte aus verschiedenen literarischen Gattungen herrühren bzw. die unterschiedlichsten Textsorten repräsentieren, erscheint fast selbstverständlich: Spitzers "Sortiment" reicht von der *Peregrinatio Aetheriae* bis zum aktuellen Gebrauchstext, dem amerikanischen Werbeslogan[6].

Seinen eigenen Aussagen zufolge hat Spitzer im Rahmen seiner ausgedehnten Interpretationspraxis nicht nur nicht eine bestimmte, sondern gar

"to use a dichotomy invented by Vossler, I am concerned here with *Stilsprachen* and not with *Sprachstile* as in the other volume" (ib., 1). Spitzer scheint sich über die ursprüngliche Bestimmung dieser Begriffe nicht mehr im klaren zu sein, denn in den *Stilstudien* hatte er gerade die "Sprachstile" dem Begriff der Gemeinsprache zugeordnet, die "Stilsprache" hingegen mit der individuellen Sprachverwendung gleichgesetzt und die beiden Bände entsprechend betitelt.

4 Als er Spitzer zum letzten Mal besucht habe, sei dieser, so berichtet Poulet, mit der Redaktion des Artikels über Butor befaßt gewesen:

> "Ce dont il eût eu le plus horreur, disait-il, c'eût été de percevoir dans ses facultés spirituelles comme dans ses oeuvres une baisse de niveau, un affaiblissement de la valeur. Telle était la raison pour laquelle l'achèvement de son essai sur Butor le rendait si heureux. Il le sentait digne de tous les autres. Ainsi jusqu'au dernier moment, jusqu'aux dernières paroles, Leo Spitzer se préoccupait d'atteindre une certaine hauteur et de s'y maintenir; car il savait que c'est par un effort chaque fois renouvelé qu'on continue d'y vivre, et jamais personne n'a recommencé de s'élever de façon aussi ardemment, aussi persévéremment réitérée que lui" (in: Spitzer, *Etudes de style*, 482f.).

5 Cf. Spitzer, "D. Alonso, *Poesía española. Ensayo de métodos y límites estilísticos"*, 221.

6 Cf. id., "American Advertising Explained as Popular Art", in: id., *A Method of Interpreting Literature*, 102–149.

keine Methode befolgt. Methode bedeutet ihm Intuition, Erlebnis (cf. I.3.2.1.). In Anbetracht eines solchen Methodenverständnisses stellt sich die Frage nach dem Sinn einer Untersuchung seiner Testanalysen nur allzu dringlich: Denn hat die seinen Arbeiten zugrundeliegende Gleichsetzung von Methode und Erlebnis nicht zur Folge, daß – wie jeder Text eine individuelle (ästhetische) Einheit darstellt – auch die aus dem Erleben des Textes erwachsene Interpretation individuell und einmalig ist? In diesem Fall müßte sich eine Betrachtung der Spitzerschen Stilstudien darin erschöpfen, die sich in der Deutung eines Textes x niederschlagenden "Erlebnisse" des Interpreten zum Zeitpunkt y gleichsam zu Protokoll zu nehmen und die von ihm gewonnenen Einsichten noch einmal zu wiederholen. Darüberhinaus vermöchte sie allenfalls Lobeshymnen auf den Interpreten zu singen oder auch Klagelieder auf das von ihm Gebotene anzustimmen.

Trotz dieses zweifelsohne gewichtigen Einwandes gilt es, die Flinte nicht vorzeitig ins Korn zu werfen. Denn schließlich hat Spitzer ja selbst auch – unter Absehung von den Einzeluntersuchungen – seine Interpretationspraxis immer wieder zu beschreiben versucht und dabei zu wichtigen texthermeneutischen Fragen Stellung genommen (cf. I.3.3.2. und I.3.3.8.). Außerdem sind seine Literaturinterpretationen *de facto* mehr als bloße Plaudereien über subjektiv-private Lektüreerlebnisse. Vor allem in jenen Aufsätzen, die seiner Konzeption einer Symbiose von Sprach- und Literaturwissenschaft in der Stilistik verpflichtet sind, arbeitet er – auch unter Beibehaltung der Maxime: 'Methode ist Erlebnis' – mit Handwerkszeug, das in der Sprachwissenschaft gebräuchlich ist. Ihm dabei auf die Finger zu sehen, d. h. zu untersuchen, mit welchen Kategorien und mit welchen Zielvorstellungen er an den jeweiligen Text herantritt, dürfte auch im Hinblick auf die moderneren Versuche einer Annäherung von Sprach- und Literaturwisschenschaft von Interesse sein.

In diesem Teil der Arbeit wird es also darum gehen, die Spitzerschen Textanalysen einer näheren Prüfung zu unterziehen. Damit bleiben all jene Studien ausgeschlossen, die nicht den "Stilsprachen", sondern den "Sprachstilen" gelten. – Aber auch das Feld der Analysen zur Literatur ist weit, und zwar so weit, daß – soll die Beschäftigung damit sich nicht zu einer Lebensaufgabe auswachsen – es unbedingt einer Eingrenzung bedarf. Der Vielfalt und der Vielzahl der Spitzerschen Textdeutungen zunächst auch nur im Sinne einer Typologie Herr zu werden, dürfte schwer fallen. Denn eine Typologie kann nur dann als gelungen begrüßt werden, wenn sie eindeutige Zuordnung des Mannigfaltigen zu den von ihr bereitgestellten Ordnungsbegriffen ermöglicht. Im Falle Spitzers beginnen die Schwierigkeiten bereits bei der bloßen Auffindung solcher Ordnungsbegriffe: Eine an den Texten selbst orientierte Klassifikation auf der Grundlage von Kriterien wie z. B. Textsorte,

Nationalliteratur, Epoche etc. hilft insofern nicht weiter, als ihr aufseiten der Interpretation nicht ein bestimmtes methodisches Vorgehen entspricht. Allenfalls das Kriterium "Epoche" vermöchte eine Orientierungshilfe zu bieten, da es mit der Möglichkeit psychologischer Interpretation gekoppelt werden kann; nach Spitzer ist die psychologische Deutung nämlich nur für solche Autoren sinnvoll, die im achtzehnten Jahrhundert und später gelebt haben (cf. I.3.3.8.). Zweifelsohne ist dieses Kriterium viel zu vage, als daß man mit ihm die Spitzerschen Textstudien auch nur andeutungsweise in den Griff bekommen könnte.

Wenn überhaupt so etwas wie eine Einteilung der Textanalysen Spitzers gewagt werden soll, dann müssen die entsprechenden Kriterien aufseiten der Textstudien gesucht werden. In den autobiographischen Darstellungen zur Entwicklung seiner Interpretationspraxis hat Spitzer verschiedentlich betont, daß er sich gegen Ende der zwanziger Jahre zunehmend für die literaturwissenschaftliche Interpretation interessiert habe. Dieser Interessenwandel färbte auf seine theoretischen Vorstellungen von Stilistik dergestalt ab, daß er sie nun nicht mehr als Bindeglied zwischen Sprach- und Literaturwissenschaft ansetzte, sondern ihre vollkommene Integration in die letztere forderte. Dementsprechend kann man Spitzers Literaturinterpretationen grundsätzlich in zwei Gruppen einteilen: in eine Gruppe, wo das Bemühen um Analyse der sprachlichen Gestaltung eines Textes in Hinblick auf die Charakterisierung der jeweiligen Stilsprache vorherrscht, und in eine weitere, wesentlich umfangreichere, die man, in vollem Bewußtsein um die Vagheit des Ausdrucks, "literaturwissenschaftliche Interpretationen" nennen könnte. Die Gruppe der literaturwissenschaftlichen Studien ist dabei zunächst bloß negativ definiert: Sie umfaßt all jene Arbeiten, in denen Spitzer auf dem Wege der Textanalyse nicht so sehr den Individualstil des Autors diagnostizieren, als vielmehr das Werk selbst verstehen will. Innerhalb der großen Gruppe der literaturwissenschaftlichen Studien wiederum sollte man zwei Abteilungen unterscheiden: Vor dem Hintergrund seiner Vorstellung der Unterordnung der Stilistik unter die Literaturwissenschaft hat Spitzer Interpretationen verfaßt, in denen die Dominanz der sprachwissenschaftlichen Betrachtung aufgegeben, die Stilanalyse in den Dienst der Ergründung des Textes selbst gestellt ist. Neben dieser Abteilung der literaturwissenschaftlich orientierten Exegesen ist jene Gruppe von Studien anzusiedeln, die – ohne daß die Stilanalyse auch nur mehr noch die Rolle der "ancella" spielen dürfte – der inhaltlichen Auslegung eines Textes oder der Klärung einer mit ihm verbundenen speziellen hermeneutischen Frage gewidmet sind.

Ebensowenig wie man gegen Ende der zwanziger Jahre eine strenge Zäsur in den theoretischen Vorstellungen zur Stilistik und in der praktischen Forschung Spitzers ansetzen kann, darf man sich der Illusion hingeben, mit den vorgeschlagenen Typen von Textanalyse scharfe Linien in sein Werk ziehen zu können, die eine eindeutige Zuordnung einer jeden Studie zu einer der oben genannten Gruppen gestattete. Mit der Unterscheidung eines sprachwissenschaftlich von einem literaturwissenschaftlich geleiteten Interpretationstypus werden lediglich Tendenzen in Spitzers Werk bezeichnet, die für die Vorstellung und Diskussion einiger ausgewählter Beispiele aus seiner Interpretationspraxis eine Orientierungshilfe bieten sollen.

Symptomatisch für die jeweils vorherrschende Untersuchungsperspektive sind, wie Spitzer selbst bemerkt hat (cf. RSLS, 1), die Titel, die er den verschiedenen Anthologien gegeben hat. Die in den *Stilstudien* veröffentlichten Artikel verraten aufgrund der sie leitenden Kategorien eindeutig den Sprachwissenschaftler; eine Ausnahme bildet allerdings die Studie zu Malherbes "Consolation à M. du Périer", da hier sprachwissenschaftliche Untersuchungskriterien und Zielvorstellungen nicht leitend sind. Zur Gruppe der vornehmlich sprachwissenschaftlich orientierten Arbeiten, die Spitzer auch "Motiv- und Wortstudien" genannt hat, gehören weiterhin die Abhandlungen über Morgenstern und Barbusse. – Das Buch *Romanische Stil- und Literaturstudien* vereinigt, wie der Titel bereits andeutet, Aufsätze recht unterschiedlichen Charakters. Neben rein literaturwissenschaftlichen Untersuchungen wie z. B. dem Aufsatz über Marie de France findet man dort auch eher von sprachwissenschaftlichen Interessen geleitete Artikel wie die Racine-Studie; eine glückliche Synthese gehen sprach- und literaturwissenschaftliche Betrachtung in den Ausführungen über Saint-Simon ein (cf. II.2.1.). – Über die Zuordnung der in *Linguistics and Literary History* veröffentlichten Artikel kann man sich in einigen Fällen gewiß streiten. Mir scheint, daß die meisten der in diesem Band versammelten Arbeiten eher den literaturwissenschaftlich orientierten Interpretationen angehören, da es Spitzer hier weniger um die Zeichnung des Stils eines Autors denn um die Deutung eines seiner Werke geht.

Der größte Teil der Spitzerschen Textanalysen weist eine vornehmlich literaturwissenschaftliche Orientierung auf. Man denke an *A Method of Interpreting Literature* (1949), an den voluminösen Band *Romanische Literaturstudien* (1959), der mit dem Aufsatz z. B. über die *Peregrinatio Aetheriae* auch Studien sprachwissenschaftlicher Orientierung enthält, an die *Interpretationen zur Geschichte der französischen Lyrik* (1961) und an die *Essays on English and American Literature* (1962), um nur die Anthologien ins Gedächtnis zu rufen. – Der Begriff "literaturwissenschaftlich" ist bisher bloß negativ geklärt worden. Obwohl es einer Sisyphosarbeit gleichkommen dürfte, ein positives, sämtliche literaturwissenschaftlichen Interpretationen Spitzers hinreichend kennzeichnendes methodisches Merkmal zu finden, kann man in ihnen dennoch zumindest so etwas wie eine sie verbindende Orientierung erkennen. Spitzer selbst hat die literaturwissenschaftlichen Deutungen "ästhetisch", "phänomenologisch" und "struktural" genannt, womit er das hier vorherrschende Interesse an der Einheit des jeweiligen Textes betonen wollte. Daß er in seiner hermeneutischen Praxis diesem Erkenntnisinteresse in der Tat nachzukommen sich bemühte, wird immer wieder deutlich: So zeigt er z. T. in polemischer Auseinandersetzung mit der positivistischen Literaturbetrachtung, daß die Biographie des Autors (cf. u. a. bes. die Aufsätze zum "Cantico di Frate Sole", zu Jaufré Rudel, zu Villon, zu den *Lettres Portugaises*) bzw. die im Text angesprochenen historischen Fakten ("Cantar de Mio Cid")[7] für das Verständnis des Werks als eines ästhetischen Ganzen irrelevant sind.

Von diesem die Literaturstudien vereinenden Erkenntnisinteresse auf ein einheitliches methodisches Vorgehen zu schließen, wäre jedoch verfehlt. Denn ebenso vielfältig und divers wie die interpretierten Texte sind auch die mit ihnen aufgeworfenen Fragestellungen und die mit diesen wiederum erforderlichen Interpretationsschritte: Philologischer Kommentar einzelner Textstellen ("Aucassin et Nicolette, v. 2", in: RLS: "Zum Kommentar Villons"[8]), Klärung gattungstheoretischer Fragen ("Marie de France – Dichterin von Problemmärchen", in: RSLS I; "Die Branche VIII des *Roman de Renart*", in: RLS), Deutung der inhaltlichen Strukturen eines Textes (*Zur Literarisierung des Lebens in Lopes Dorotea;* "Das Gefüge einer cervantinischen Novelle", in: RSLS II), Überlegungen zur Autorschaft eines Werks ("Die 'Estrella de Sevilla' und Claramonte"[9]), komparatistische Analyse zweier Texte ("Erhellung des 'Polyeucte' durch das 'Alexiuslied'"[10], "Racine et Goethe"[11]) – all diese Aspekte der Literaturforschung Spitzers seien genannt, um die Spannweite seiner Interpretationspraxis wenigstens anzudeuten.

Mit der nun folgenden Diskussion einiger ausgewählter Textanalysen Spitzers möchte ich versuchen, einen Einblick in seine Interpretationspraxis zu vermitteln. Dabei sollen nicht, in bloßer Wiederholung des von Spitzer selbst Gesagten, die *Ergebnisse* seiner Interpretationen in Hinsicht auf den jeweiligen Text vorgestellt und etwa mit der Auslegung anderer Autoren verglichen werden; dies würde meine Arbeit nicht nur unnötig aufblähen, sondern auch das eigentliche Anliegen dieses Teils verfehlen: die hermeneutische Praxis Spitzers auf der Grundlage seiner Stilanalysen zu charakteri-

7 Alle genannten Aufsätze sind in *Romanische Literaturstudien* abgedruckt.
8 *Neuphilologische Mitteilungen* 36, 1935, 207–211.
9 *Zeitschrift für Romanische Philologie* LIV, 1924, 533–588.
10 *Archivum Romanicum* XVI, 1932, 473–500.
11 *Revue d'histoire de la philosophie et d'histoire générale de la civilisation* I, 1933, 58–75.

sieren. – Ebensowenig kann es darum gehen, die Beiträge Spitzers zur praktischen Stilforschung auf ihre mögliche Übereinstimmung mit seinen theoretischen Auffassungen zu überprüfen. Ein solches Vorgehen wäre schon insofern nicht sinnvoll, als ja die Theorie bei Spitzer gleichsam *a posteriori* aus der Praxis erwachsen ist. Dennoch sollen die Einsichten zu Spitzers theoretischen Vorstellungen von Stilistik sowohl für die Fragestellungen als auch für die Strukturierung des zweiten Teils der Arbeit eine Art Leitfunktion übernehmen.

In Anlehnung an Spitzers Selbstdarstellungen enthält dieser Teil der Arbeit zwei Abschnitte: Im ersten werden einige jener Aufsätze zur Sprache kommen, in denen die linguistische Untersuchungsperspektive dominiert; im zweiten möchte ich aus der großen Gruppe der literaturwissenschaftlichen Studien solche Interpretationen vorstellen, die durch das Bemühen um eine Integration der sprachwissenschaftlichen in die literaturwissenschaftliche Betrachtung geprägt sind. Daß diese Zweiteilung, wenn auch an Spitzers autobiographischen Bemerkungen orientiert, nicht im Sinne einer strengen Chronologie der verschiedenen Arbeitsweisen verstanden werden sollte, dürfte aus dem bisher Gesagten deutlich geworden sein: Auch in seinen späteren Jahren hat Spitzer noch Textanalysen veröffentlicht, die dem sprachwissenschaftlichen Ansatz verpflichtet sind.

Da es in den folgenden Kapiteln um die Beurteilung der Möglichkeit von sprachwissenschaftlicher Textanalyse geht, können die rein literaturwissenschaftlichen Arbeiten außer Acht bleiben. Dennoch muß – sollen die Leser und der Verfasser dieser Arbeit nicht in der Flut der Spitzerschen Arbeiten ertrinken – für die Darstellung des sprachwissenschaftlich und des literaturwissenschaftlich orientierten Interpretationstypus eine Auswahl getroffen werden, die, im einzelnen nicht bis ins letzte gerechtfertigt, den Anschein von Willkür haben mag. Angesichts der drohenden Notsituation zieht der Verfasser dem Schiffbruch – im Angedenken übrigens an die Worte des Meisters – das Vertrauen in die eigene Intuition vor.

1. DER SPRACHWISSENSCHAFTLICH ORIENTIERTE INTERPRETATIONSTYPUS

1.0. Einleitung

In den sprachwissenschaftlich orientierten Literaturinterpretationen gibt Spitzer sich nicht, wie man vielleicht vermuten könnte, mit einer bloßen Sichtung und Klassifizierung des vom Text vorgegebenen Materials zufrieden: "Es genügt nicht, eine auffallende Eigenheit bei einem Schriftsteller zu konstatieren, man muß sich auch nach ihrem *Ausdruckssinn* fragen" (gesperrt von mir, H. A.; SS, 4). Die Forderung, in der Stilanalyse auch dem Ausdruckssinn Rechnung zu tragen, indiziert, daß der Text nicht als ein Steinbruch amorphen einzelsprachlichen Materials angesehen werden soll, den es mit sprachwissenschaftlichem Gerät nur noch abzutragen und auszubeuten gilt; mit der Frage nach dem Sinn nimmt sich Spitzer vielmehr vor, auch jener in einem Stil bzw. Text sich mitteilenden Dimension auf den Grund zu gehen, die mit sprachwissenschaftlichen Mitteln allein gerade nicht mehr faßbar ist[12].

12 Im Rahmen der Coseriuschen Konzeption der Textlinguistik kommt der Kategorie des Sinnes eine grundlegende Bedeutung zu. Coseriu unterscheidet drei Ebenen des Sprachlichen, das Sprechen im allgemeinen, die Einzelsprache und den Text (cf. id., *Textlinguistik. Eine Einführung,* 35ff.), und entsprechend drei verschiedene Typen sprachlichen Inhalts:

> "Die Gesamtheit der Funktionen der Sprache überhaupt, des Sprechens im allgemeinen, d. h. die Gesamtheit der Funktionen, die die Bezeichnung von Gegenständen und Sachverhalten in der "Welt" betreffen, kann als eine Art sprachlichen Inhalts angesehen werden. Ich nenne diese Art des Inhalts *Bezeichnung.* Die Gesamtheit dessen, was eine bestimmte Sprache als solche ausdrückt, die Gesamtheit dessen, was allein durch die Sprache, durch eine bestimmte Sprache verstanden wird, kann wiederum als eine besondere Art des sprachlichen Inhalts angesehen werden. Es ist die Art des Inhalts, die ich *Bedeutung* nenne. Und die Gesamtheit der Textfunktionen schließlich, die Gesamtheit dessen, was gerade durch den Text und nur durch den Text verstanden wird, die Gesamtheit der Inhalte, die nur als Textinhalte gegeben sind, wollen wir *Sinn* nennen" (ib., 47).

Gegenüber "Bezeichnung" und "Bedeutung" zeichnet sich der "Sinn" durch ein doppeltes semiotisches Verhältnis aus: Das erste semiotische Verhältnis betrifft die Bezeichnung und Bedeutung der sprachlichen Zeichen ohne Rücksichtnahme auf ihren je besonderen Stellenwert im jeweiligen Text; in Hinblick auf den Rezipienten formuliert, stellt sich diese semiotische Ebene als das Verstehen des Textes aufgrund der Kenntnis der ihn konstituierenden Zeichen und ihrer Verwen-

Spitzer hat seine wichtigsten Arbeiten zur Literatur in der frühen Phase als Beiträge zur Motiv- und Wortforschung bezeichnet[13]. Das entscheidende Charakteristikum dieser Disziplin (wie auch der Stilistik) sieht er darin, daß sie auf die "Radix" zurückgehe, "von der aus literarisches Motiv wie sprachliches Wort verständlich sind: das psychologische Erlebnis des Dichters" (CM, 94; cf. I.3.3.9.) Damit ist der von Spitzer geforderten Erforschung des "Ausdruckssinns" von vornherein eine bestimmte Richtung gewiesen: Die Erschließung der Sinndimension wird (zumindest in den frühen Stiluntersuchungen) in erster Linie durch einen – wie auch immer näher zu bestimmenden – Rekurs auf die Subjektivität des Autors geprägt sein.

Um die mit "Motiv und Wort" bezeichnete Forschungsrichtung und damit das Anliegen Spitzers und seines "Mitstreiters" Sperber (cf. SS, 516) im rechten Sinne zu verstehen, bedarf es einer vorgängigen Klärung dieser beiden Begriffe. Im Kontext der "Motiv- und Wortforschung" soll der Terminus "Motiv" alles "Außerwortliche" des Textes umfassen: die Fabel, die auftretenden Gestalten, aber auch die Weltanschauung des Autors, ja sogar seine "rein sinnliche Reaktion auf die Welt, das Sensorium" (cf. SS, 506f). Bei näherem Hinsehen entpuppt sich die Bedeutung dieses Begriffs als eigentümlich schillernd: "Motiv" fungiert zum einen als direkter Gegenbegriff zu "Wort", wobei der zwischen ihnen waltende Parallelismus durch Ergründung der psychischen Erlebnisse des Dichters gedeutet werden soll; zum anderen aber meint dieser Begriff in der Bedeutung von "Weltanschauung", "sinnliche Reaktion" auf die Welt auch das psychische Erlebnis des Dichters selbst. Die unglückliche Doppeldeutigkeit des Begriffs "Motiv" liegt also darin, daß er zwei völlig verschiedene Aspekte literarischer Produktion, nämlich die inhaltliche Gestaltung des Textes und die ihr zugrundeliegende psychische Motivation des Autors ineins bezeichnet. Den Begriff

dungsregeln dar (cf. ib., 49). In der Terminologie de Saussures kann man diesen Sachverhalt auch so ausdrücken: das sprachliche Zeichen als Einheit von *signifiant* und *signifié* fungiert auf der Ebene des Textes als ein neues *signifiant* (gebildet aus Bezeichnung und Bedeutung), mit dem ein ihm spezifisches *signifié*, der Sinn, verbunden ist (cf. ib., 48). – Den Unterschied zwischen dem ersten und dem zweiten semiotischen Verhältnis verdeutlicht Coseriu folgendermaßen: Es ist denkbar, daß jemand einen Text auf der ersten Ebene versteht, "ohne das Geringste auf der *zweiten semiotischen Ebene* zu begreifen" (ib. 49). In diesem Fall wäre der Betreffende zwar in der Lage, "Die Verwandlung" Kafkas inhaltlich genau wiederzugeben, die Bedeutung der Verwandlung, in Coserius Begriffen: der *Sinn* des Textes bliebe ihm jedoch verschlossen (cf. dazu auch III.3.).

13 Spitzer selbst zählt zur Gruppe der Motiv- und Wortstudien die Abhandlung über Morgenstern, den Artikel über Barbusse (cf. HB, 63), die Aufsätze über Philippe (cf. SS II, 168), über Romains (cf. ib., 203), über Péguy (cf. ib., 361) und über Proust (cf. ib., 441).

"Wort" darf man in diesem Zusammenhang ebenfalls nicht 'wörtlich' nehmen: Aus den Untersuchungen Spitzers geht eindeutig hervor, daß, was ihre sprachwissenschaftliche Seite angeht, die der Motiv- und Wortforschung verpflichteten Interpretationen nicht auf eine lexikalische Analyse des Textes beschränkt sind; auch der syntaktischen, der grammatischen und der phonetischen Gestaltung des Textes schenkt Spitzer seine Aufmerksamkeit.

Im Aufsatz über Philippe hat Spitzer seine Arbeitsweise so vorgestellt:

> "Ich lege für diese in 'Motiv und Wort', in meinem Barbusse und auch sonst noch dargelegten Gedankengänge ein neuerliches Beispiel vor, indem ich mich auf *ein* Werk eines neueren Autors beschränke und aus seiner Sprache sein "Erlebnis" herauszulesen trachte, dabei von allen biographischen Gegebenheiten absehe und nur aus dem Werk den Autor zu ergründen trachte: gründliches Lesen des Werkes wird so zum einzigen wissenschaftlichen Kriterium, das wir anwenden" (SS II, 168).

Diese Sätze signalisieren in knapper Form die wesentlichen Charakteristika der Spitzerschen Vorgehensweise in den frühen Untersuchungen:

1. Die dem Stil eines Autors gewidmeten Analysen gründen sich auf ein (zumindest in vielen Fällen) schmales Textcorpus.
2. Die einzelnen Interpretationsschritte beziehen ihre Legitimation ausschließlich aus dem Text selbst und nicht aus ihm bloß äußerlichen Daten.
3. Die Auslegung des 'Ausdruckssinns' bleibt stets an die Ermittlung des Erlebens des Autors rückgebunden.

Die Annahme, eine solche Ermittlung des Erlebens, der Psyche des Dichters sei prinzipiell an der Theorie Freuds inspiriert, liegt nahe, erinnert man sich an die von Spitzer oftmals wiederholte Hervorhebung des Freudschen Einflusses auf seine Stildeutungen. Es sei jedoch bereits an dieser Stelle vorausgeschickt, daß die Psychoanalyse Freuds, in dem Spitzer ja vor allem den Naturwissenschaftler sieht, nur in einzelnen Fällen für die Interpretation des Motivs leitend ist. So hat Spitzer bereits in den *Stilstudien* sich von der "biologisch-naturwissenschaftlichen" Orientierung Sperbers distanziert, der "mehr der Naturgeschichte des literarischen Genies als der Kunstgeschichte dienen" wolle und hat als Ersatz für den Begriff "Motiv" das Wort "Seele" vorgeschlagen (SS II, 516)[14].

14 In Berufung auf eine Textstelle in Spitzers Aufsatz zu Góngoras "Soledades", wo er den Begriff "Motiv" durch den des "Werks" ersetzt (cf. RSLS II, 126), unterscheidet Leo drei Entwicklungsstufen in Spitzers Stilforschung: die erste Stufe werde durch die Motiv- und Wortstudie repräsentiert (als Beispiel erwähnt er den Aufsatz über Barbusse); die zweite Phase sei durch das Interesse an "Seele und Wort" bestimmt (wie etwa in den Interpretationen zu Romains und Proust); in

1.1. Morgenstern

Mit der Abhandlung über Morgenstern (1918) eröffnet Spitzer den bunten Reigen seiner Motiv- und Wortstudien. Auf den ersten Blick nimmt sich diese Studie – um im Bild des Reigens zu bleiben – keineswegs wie eine in sich abgerundete, harmonische Bewegung aus: Spitzer springt von Text zu Text, von Assoziation zu Assoziation, um das "Totalbild" (cf. SS II, 513) des Morgensternschen Stils zu zeichnen. Bei näherem Zusehen jedoch entdeckt man das die Impressionen zum "Wort" Morgensterns einende geistige Band: die Deutung des "Motivs".

Das der Untersuchung zugrundeliegende Textcorpus bilden die Zyklen *Galgenlieder, Palmström* und *Palma Kunkel.* Spitzer beginnt seine Analyse aus rezeptionsästhetischer Perspektive, indem er die Unsicherheit des Morgenstern-Lesers schildert. Dieser wisse nicht, ob er hinter den Texten Morgensterns "Tiefsinnigkeiten" zu vermuten habe, oder ob der Dichter ihn durch "bedeutungsloses Wortgeklingel ohne geistigen Zusammenhang" bloß "narren" wolle (CM, 55). Die beiden Extreme der sich dem Leser bietenden Alternative bezeichnen zugleich die Aufgabe des Interpreten, dem Sinn und dem Zusammenhang des "Wortgeklingels" nachzugehen. Dementsprechend nimmt sich Spitzer vor, als "Sprachforscher" die "Absicht des Dichters" zu ergründen bzw., wie er sein Vorgehen selbst nennt, "nachzufühlen". Die Frage nach dem Sinn ist also der sprachwissenschaftlichen Analyse nicht äußerlich angeschlossen, sondern dieser vielmehr vorangestellt.

Die Antwort auf diese Frage schickt Spitzer (dieser methodische Zug wird uns auch noch in anderen Interpretationen begegnen) der eigentlichen Untersuchung voraus: "Morgenstern hat ein feines Gefühl für die *Zufälligkeit* aller Namen der menschlichen Sprache: Der Mensch nennt die Dinge, 'daß sie so hießen' und glaubt nun, die Dinge 'seien', was sie ihm 'heißen'" (ib., 55). Als Beleg zitiert er eingangs das Gedicht von den Westküsten, die das ihnen vom Menschen auferlegte Joch ihres Namens abschütteln wollen, und noch einige andere Verse, in denen Morgenstern die vermeintliche Identität von Sein und Heißen destruiert.

Sich wiederum in die Perspektive des Rezipienten versetzend, meint Spitzer, daß die Erwartung des Lesers vor allem durch das große "Lalula" getäuscht werde: Der Leser sei es gewohnt, "Bedeutung" und "Sinn" im

der dritten Phase schließlich habe Spitzer Werk-Studien verfaßt, zu denen Leo die Artikel über Quevedo, Marie de France, Góngora und Racine zählt (cf. id., "Historie und Stilmonographie", 491 f.). – Die von Leo vorgeschlagene Einteilung deckt sich mit Spitzers Vorstellungen allerdings nicht; dieser hat die von Leo angeführten "Seelenstudien" zur Gruppe der Motiv- und Wortstudien gerechnet.

Text zu suchen, Morgenstern hingegen fixiere in diesem Gedicht "nur Laute im Schriftbild" (ib., 57). Im folgenden versucht Spitzer, die die Sprache selbst problematisierende Sprachtechnik Morgensterns genauer zu beschreiben. Dabei nehmen die Überlegungen zum Lexikon besonders großen Raum ein; die Interpretation zu Morgenstern erweist sich in der Tat (etwa im Gegensatz zu der Proust-Deutung) als eine "Wort-Studie" im wörtlichen Sinn. Als besondere Charakteristika des Morgensternschen Wortschatzes hebt Spitzer hervor:

1. die Verselbständigung von Beziehungsbegriffen (mit "Beziehungsbegriffen" meint Spitzer solche Wörter, die – ontologisch gesprochen – Akzidentelles bezeichnen); z. B. das Knie, das "einsam durch die Welt" geht;
2. die neugebildeten Komposita: Das Wort "Elefant" zerlegt der Dichter in "Elef-ant", daraus formt er ein "Zwölef-ant", ein "Zehen-ant" etc.; eine weitere Gruppe stellen die Bildungen "Zwölf-Elf", "Sechs-Elf" etc. dar, wobei Spitzer in dem Wort "Elf" a) die Bedeutung "Kobold"; b) die Bedeutung "Zahl" vermutet. – Spitzer beschränkt sich jedoch nicht auf eine bloße Klassifikation der verschiedenen Formen, er gibt jeweils auch einen Hinweis auf ihre Interpretation. So spiegeln die zuletzt genannten Wortschöpfungen den "jähen Übergang aus krassen Alltäglichkeiten zum Schauer des Koboldspuks wider" (ib., 67);
3. die Verselbständigung an sich unselbständiger Morpheme: Aus den Wörtern "zwiefach", "Zwielicht" löst Morgenstern den "Zwi" heraus. Der "Zwi" ist nach Spitzer symptomatisch für eine ganz bestimmte Seelenhaltung: "Der *Zwi* ... ist eine Chimäre, die dem Individuum gegenübergestellt wird – Morgenstern kann sich mit diesem Menschenlos des in sich geschlossenen Ganzen, das nicht hinüberschmelzen kann in ein zweites Wesen, nicht abfinden" (ib., 69);
4. das "Wirklichfassen" bzw. das Umdeuten der in sprachlichen Zusammenhängen ausgedrückten Bilder; z. B. "Stiefelknecht": "Ein Stiefel wandert und sein Knecht" ... (cf. ib., 79ff.); "Die Flinte ins Korn werfen": Palmström findet im Korn eine weggeworfene Flinte (cf. ib., 83); mit einer solchen Uminterpretation von Komposita oder auch von Redewendungen wolle Morgenstern auf die "Willkürlichkeit" ihrer konventionellen Bedeutung aufmerksam machen.
5. die Termini der Morgensternschen Zoologie, die nach Spitzer etwas Gespenstisches ausdrücken, z. B. die "Nachtalp-Henne", der "Schluchtenhund", das "Geierlamm" etc. (cf. ib., 75f.);
6. die erfundenen *nomina propria:* der "Gingganz", "Palma Kunkel", "Entenbrecht" etc.

In einer weiteren Gruppe lassen sich Spitzers Beobachtungen zur lautlichen Gestaltung der Morgensternschen Texte zusammenfassen. Spitzer meint, in den Gedichten ein "eigenartig feinempfindliches Lautgefühl" ihres Urhebers feststellen zu können, so z. B. in der – für ihn schlüssigen – Rollenverteilung von "Bim", "Bam" und "Bum" im Dreiecksverhältnis: Die treulose Bim betrügt ihren Gatten Bam mit Bum: "da *Bam* mit dem *a*-Laut den Vortritt hat, so war es zum Gatten vorbestimmt, und *Bum* übernahm dann selbstverständlich die Rolle des Dritten" (ib., 62). – In der bei Morgenstern häufig auftretenden Lautverbindung *lf* (Wo*lf*, E*lf* etc.) sieht Spitzer das Sinnbild des Schaurigen verkörpert (ib., 66). – Ein wichtiges phonetisches Stilmittel sei bei Morgenstern die Tonmalerei. Morgenstern "onomatopoetisiere" an sich nicht onomatopoetische Wörter. Das "will hu-hu" – "still still du du" soll – so Spitzer – Rabengekrächz nachahmen, die Reduplikation in "Schildkrökröte" die "stotternde Trägheit" dieses Tieres wiedergeben (cf. ib., 85f.).

Beschreibungen zur Grammatik findet man nur an zwei Stellen der Abhandlung. Den vom Dorfschulmeister deklinierten "Werwolf", "Weswolf", "Wemwolf" etc. bezeichnet Spitzer als eine "grammatische Ungeheuerlichkeit", die "aber sehr gut zur Pedantenphantasie des Lehrers paßt, der unter 'Werwolf' gewissermaßen einen nominativischen Wolf verstanden haben mochte" (ib., 65). Die zweite Beobachtung gilt der Femininbildung; neben der Bildung durch Suffix ("Uhu" – "Uhu*in*") findet man bei Morgenstern als neuen Typ grammatischer Motivierung die durch Ablaut ("Igel" – "*A*gel").

Die hier in systematisierter Form zusammengefaßten Einzelbeobachtungen bietet Spitzer selbst in seinem Aufsatz als eine bunte Mischung dar; jede Beobachtung belegt er durch entsprechendes Material, sei es durch einzelne Wörter, durch Wortgruppen oder durch ganze Gedichtstrophen aus den verschiedenen Zyklen. Beschreibung der Syntax, Analysen der Reimtechnik, Überlegungen zur ästhetischen Wirkung der Morgensternschen Texte sind in seine Mischung nicht eingegangen.

An den sprachwissenschaftlichen Kommentar schließt Spitzer einige Betrachtungen zum *Motiv* bei Morgenstern sowie einige allgemeine Bemerkungen zur Motiv- und Wortforschung an. Spitzer nennt seine Untersuchung eine Art "Psychoanalyse des sprachlichen Ausdrucks", die des Dichters "Wortwelt hintergründet" (ib., 91). Der Begriff "Psychoanalyse" ist in diesem Zusammenhang allerdings insofern irreführend, als Spitzer im Ausgang von der Sprache nicht Spekulationen über die *Person* Morgenstern anstellt. Seine Bemühungen konzentrieren sich vielmehr auf die Erschließung der Weltanschauung des *Dichters,* aus der heraus sich seine Kunst dem Verständnis öffnet (cf. ib., 95).

Das Motiv – und für Spitzer ineins damit der Sinn – der Morgensternschen Texte liegt letztlich in der Einsicht des Dichters in die Relativität des Sprachlichen beschlossen:

"Morgenstern ist vom Problem der Bedeutung unserer menschlichen Worte ausgegangen und hat deren Relativität erkannt, daher, vom Problem des Sprachlichen ausgehend, eine neue Logik der Dinge konstruiert: nicht 'Wortkonstruktion', sondern 'Sinnesadaptierung' an die bestehenden Worte liegt vor ... Für mich ist das Wesentliche in Morgensterns Schaffen ... das Erschaffen eines neuen Sinns aus der Gegebenheit des Wortes" (ib., 96f.).

Der Dichter Morgenstern ist für Spitzer ein Beispiel *par excellence*, an dem sich seine Auffassung von Sprache und Dichtung konkretisiert. Der Dichter verläßt – aus welchem Motiv auch immer (bei Morgenstern ist es der Sprachskeptizismus) – den durch Konvention vorgegebenen Rahmen sprachlicher Ausdrucksmöglichkeiten; in Abweichung von der Konvention schafft er sich eine neue Sprache und damit eine neue Welt, im Falle Morgensterns eine Welt des Irrationalen, des Grotesken. Da Morgenstern in seinen Texten auf dem Wege der Umdeutung und der Umformung von Wortmaterial Sprache zum Problem macht, wird Spitzers These vom Transparentwerden der Sprache in der Dichtung hier besonders augenfällig:

"... der Dichter stellt ... eine ewige Opposition gegen das herrschende Regime dar, eine Opposition um der Opposition willen; er ist der Feind des bestehenden Systems, dabei aber selbst nicht systemlos: nur strebt *sein* System eben über das vorhandene hinaus, verleiht in ihm schlummernden Latenzen Gehör" (ib. 96).

Spitzer gibt selbst zu, daß die Analyse nach Motiv und Wort bei Morgenstern zu besonders sinnfälligen Ergebnissen führe; doch auch bei jenen Autoren, die mit "herkömmlichem Wort- und Formenvorrat" auskommen, sei die Erforschung von Motiv und Wort angebracht. – Dem möglichen Einwand gegen das "Kasuistische" seiner Erklärungsart versucht er mit dem Hinweis zu begegnen, daß er mit ihr immerhin eine "gewisse Einheitlichkeit" im Schaffen des Dichters habe nachweisen können, die ihren Ausdruck vor allem in den Lieblingsvorstellungen des "Zwi", des "Zwölefanten", der "Westküsten" etc. finde (cf. ib., 52).

Spitzer hat seinem Aufsatz einen Anhang angefügt, in dem man u. a. einen bis dato unveröffentlichten Brief Morgensterns abgedruckt findet, der, wie Spitzer meint, seine Interpretation bestätige; des weiteren enthält der Anhang ein Kapitel über die geistige Verwandtschaft von Morgenstern und Mauthner, die Spitzer durch Analyse einiger Stilzüge Mauthners zu belegen sucht; dieser habe – allerdings aufgrund erkenntnistheoretischer Erwägungen – in ähnlicher Weise wie der Dichter die Identität von Sein und Heißen in Frage gestellt. Am Ende des Kapitels gibt Spitzer allerdings zu, daß er – ungeachtet der festgestellten Übereinstimmungen zwischen beiden – gleichwohl nicht beweisen könne, inwieweit Morgenstern tatsächlich durch Mauthner beeinflußt gewesen sei: "Sicher ist, daß Mauthner, wenn er den Dichter charakterisiert, genau das fordert, was Morgenstern besitzt: *Sprachphantasie,* ein dichterisches Erleben der Sprache selbst" (ib., 118)[15].

Fassen wir noch einmal zusammen: In der Abhandlung über Morgenstern versucht Spitzer, das Totalbild des Morgensternschen Stils auf der Grundlage einer rein sprachwissenschaftlichen Untersuchung zu entwerfen. – Die Dichtung Morgensterns kann in zweierlei Hinsicht "abweichend" genannt werden; sie ist abweichend in Bezug auf andere literarische Texte, da in ihr die zumeist als selbstverständlich vorausgesetzte sprachliche Vermittlung von Bedeutung und Sinn nicht intendiert, sondern in Frage gestellt wird[16]. Spitzer formuliert diesen Aspekt aus der Perspektive des in seinen Lesegewohnheiten verunsicherten Rezipienten. Konstitutiv für diese Form der Abweichung ist wiederum der von sprachlichen Konventionen abweichende Sprachgebrauch Morgensterns, mit dem er – laut Spitzer – auf die Willkürlichkeit sprachlichen Bedeutens hinweisen, die naiv angenommene Identität von Sein und Heißen aufbrechen will. Spitzer versucht, die Sprachtechnik des Dichters vor allem durch Analyse des Wortschatzes zu charakterisieren, wobei seine besondere Aufmerksamkeit den von Morgenstern realisierten Konstruktionstypen von Neubildungen und ihrer besonderen phonetischen Gestaltung gilt. Den sprachwissenschaftlichen Kommentar bereichert er jeweils durch knappe Hinweise auf die Bedeutung der einzelnen Wortschöpfungen bzw. auf den Sinn der betreffenden Textstellen. Die aus den verschiedenen Zyklen zitier-

15 In seinem Buch über Morgenstern hat Walter zu Spitzers Annahme einer Beeinflussung Morgensterns durch Mauthner kritisch Stellung genommen (cf. id., *Sprache und Spiel in Christian Morgensterns Galgenliedern*, 40ff.). Walter, der übrigens auf die Studie Spitzers (besonders in den Kapiteln zur Interpretation des Sprachlichen) einige Male positiv Bezug nimmt, lehnt die These der geistigen Verwandtschaft zwischen Morgenstern und Mauthner mit der Begründung ab, daß ihre Auffassungen von Sprache und ihr Verhältnis zur Sprache unterschiedlich seien:

> "Mauthner geht gegen die Sprache an, Morgenstern läßt sich auf sie ein; Wider-Spruch und Ent-Sprechung stehen sich gegenüber. Morgensterns Spracherfahrung läßt weder eine Kritik, noch eine Parodie, eine Satire oder Ironisierung der Sprache als solcher zu. Dazu fehlt der Abstand, das Darüberstehen, der Punkt außerhalb, von dem aus eine solche Haltung zur Sprache erst möglich würde. Nichts liegt Morgenstern in den Galgenliedern ferner als ein kritischer Angriff auf die Sprache, als der Kampf gegen ihre unzureichende Erkenntniskraft, ihren fehlenden Sinn oder ihre fehlende Logik; nichts hat er mit dem Mauthnerschen Anspruch gemein, der die 'Welt von der Tyrannei der Sprache zu erlösen' versuchen will" (ib., 43).

16 Selbstverständlich gibt es auch literarische Traditionen, auf welche die Poesie Morgensterns positiv bezogen werden kann, cf. dazu Walter, ib., 119ff.

ten Texte bzw. Textauszüge betrachtet Spitzer nicht unter dem Gesichtspunkt ihrer ästhetischen Beschaffenheit, sondern greift auf sie als *Dokumentationsmaterial* für die einzelnen Stilzüge bei Morgenstern zurück[17]. Die zunächst verwirrende Fülle von Einzelbeobachtungen zum Wort ist zusammengehalten durch die Deutung des der Morgensternschen Dichtung zugrundeliegenden Motivs: den Sprachskeptizismus. Die Einsicht in das Motiv stellt Spitzer an den Anfang der Untersuchung, sie eröffnet gleichsam den hermeneutischen Zirkel, in dem alle weiteren Schritte als eine am Sprachmaterial belegte Rechtfertigung der ursprünglichen Intuition fungieren. Der Sinn der Poesie Morgensterns wird somit nicht im Ausgang von der sprachwissenschaftlichen Analyse erdeutet, sondern dieser vorangestellt. Obwohl Spitzer seine Untersuchung eine "Art Psychoanalyse des sprachlichen Ausdrucks" nennt, hat sie mit dem, was man sich gemeinhin unter Psychoanalyse vorstellt, so gut wie gar nichts zu tun: Das von Spitzer angenommene Motiv charakterisiert nicht eine psychische Eigenschaft des Menschen, sondern, um ein Wort Spitzers zu benutzen, die "Seelenhaltung" des Künstlers Morgenstern.

Eine ausführliche Stellungnahme zu Spitzers Studie hat Schuchardt veröffentlicht. Schuchardt kritisiert zunächst den Ansatz Spitzers, daß es ihm in erster Linie um das Verständnis des Dichters und nicht um das seiner Dichtung gehe. Beides falle jedoch "immer in einem gewissen Umfang auseinander"[18]. Ein weiterer Einwand Schuchardts beruht auf der gegenüber Spitzers Auffassung unterschiedlichen Einschätzung Morgensterns. Während Spitzer im Rahmen der von ihm selbst aufgestellten Alternative, die Texte Morgensterns als leeres "Wortgeklingel" abzutun oder in ihnen einen Sinn zu suchen, sich für Letzteres entscheidet, scheint Schuchardt eher zur erstgenannten Rezeptionsmöglichkeit zu neigen; seiner Ansicht nach behandelt Morgenstern den Wortschatz mit "ungehemmter Selbstherrlichkeit; er sprengt husarenmäßig hinein, haut und sticht nach allen Seiten, aber doch vielleicht mit der Absicht, den Eindruck des Absichtslosen, des Stegreifmässigen zu erwecken"[19]. Und im Hinblick auf Spitzers hermeneutische Bemühungen heißt es bei Schuchardt:

17 Daß Spitzers Interpretationen in dieser Hinsicht nicht weit genug reichen, hat Enders kritisiert. Er vermißt vor allem eine Untersuchung des *musikalischen* Elements, "das in diesen zusammenhängen immer eine so große rolle spielt" cf. id., "*Motiv und wort, studien zur literatur- und sprachpsychologie*. I. *Motiv und wort bei Gustav Meyrink* von Hans Sperber. II. *Die groteske gestaltungs- und sprachkunst Christian Morgensterns* von Leo Spitzer", 142.

18 Schuchardt, "Chr. Morgensterns Gedichte und ihre Würdigung durch L. Spitzer", 645.

19 Ib., 648.

> "Spitzer wird nun nicht bloß von Schwierigkeiten, sondern von Unmöglichkeiten gereizt; er scheint Fr. Rischls Leibspruch: Nil tam difficile est quin quaerendo investigari possiet [sic!], übernommen zu haben. Sein Scharfsinn überblitzt nur das Morgensternsche Zwingergärtlein, durchleuchtet es nicht".[20]

Mag Schuchardts Kritik an einzelnen Beobachtungen Spitzers durchaus Berechtigung haben, von ihrem Ansatz her ist, so scheint mir, die Position Spitzers vorzuziehen. Denn wenn der Leser die Texte Morgensterns tatsächlich nur als "Wortgeklingel" betrachtet, vermag er allenfalls emotional, d. h. amüsiert, widerwillig oder gar indifferent zu reagieren, das von Spitzers Ansatz her geforderte *Verstehen* erübrigt sich. Daß hingegen ein solches Verstehen, welches dem Ausdruckssinn der Morgensternschen Sprachschöpfungen auf die Spur zu kommen trachtet, durchaus sinnvoll und lohnend sein kann, davon dürfte sich auch ein kritischer Spitzer-Leser – bei allen Vorbehalten – überzeugen lassen.

1.2. Barbusse

Unter der Parole "Nihil humani a me alienum puto" hat Spitzer in seiner Studie aus dem Jahre 1920 versucht, das Dickicht des Barbusseschen Seelenlebens beherzt zu durchdringen. Seine Strategie gründet er dabei auf die psychoanalytische Forschung Freuds, genauer gesagt, auf ein Vulgärverständnis dessen, was Psychoanalyse sei:

> "Man pflegt Psychoanalyse gemeinhin, wenn auch mit Unrecht, als *nur* sexuelle Erklärung psychischer Gegebenheiten zu verstehen und, da ich im folgenden so etwas wie eine *Sexualisierung des Stils* in den Romanen des französischen Naturalisten ... nachweisen möchte, habe ich das Wort Psychoanalyse ebenfalls in diesem vulgären Sinne verwendet, ohne dessen einseitiger Einschränkung auf Sexuelles zuzustimmen" (HB, 63).

Um den besonderen Blickwinkel seiner Untersuchung zu rechtfertigen, läßt Spitzer sich somit bewußt auf ein reduziertes Verständnis von Psychoanalyse ein. – Entsprechend den Prinzipien der Motiv- und Wortforschung nimmt er sich vor, nach den "erfinderischen Motiven zu forschen, die die

20 Ib., 649. – Spitzer hat in einem kleinen Artikel ("Zur Interpretation Morgensternscher Gedichte") auf die Kritik Schuchardts geantwortet. Gegenüber der Studie von 1918 bietet der Aufsatz allerdings nichts Neues. Spitzer beharrt hier vielmehr auf alten Positionen.

Seele des Schriftstellers besonders erregen, und in ihnen Gründe für die Bevorzugung gewisser Wörter zu suchen" (ib.); die sprachwissenschaftliche Betrachtung wird folglich auch in dieser Studie vorwiegend lexikologischen Charakter haben.

Bereits in den einleitenden Sätzen weist Spitzer darauf hin, daß er mit einem großen Corpus von Beispielen arbeiten wird. Sich an den Leser wendend, meint er, seine Vorgehensweise dadurch rechtfertigen zu können, daß nur "auf statistischem Wege" die Konstanz gewisser Vorstellungen "in der Schriftstellerpsyche und die ihr entsprechende Wortauswirkung ermittelt werden kann" (ib, 64).

Spitzer teilt seine Abhandlung in fünf Abschnitte ein. Im ersten Abschnitt behandelt er die "Erhöhung" des Wortes "chair", das mit der innerhalb des französischen Naturalismus propagierten "Emanzipation des Fleisches" einen neuen Stellenwert bekommen habe. Im folgenden präsentiert Spitzer eine lange Liste von Beispielen für die Verwendung von "chair" bei Barbusse, die er unter Hinweis auf die jeweilige Referenz dieses Wortes kommentiert. So wählte Barbusse dieses Wort besonders häufig, um den Sexualakt zu bezeichnen, z. B. "je sus le moment où sa chair était entrée dans celle de la femme"; auch den Geburtsakt betrachte Barbusse als "fleischlich", z. B.: "J'ai vu la chair se fendre, se briser, la chair souple se rompre comme de la pierre" (ib. 67). – Seine These, das Wort "chair" habe bei den französischen Naturalisten einen neuen Rang erhalten, versucht Spitzer durch zusätzlichen Rekurs auf einige Textstellen bei Zola zu bekräftigen. – Ein Vergleich mit dem Gebrauch des Wortes "Fleisch" bei H. Mann führt ihn zu der Erkenntnis, daß "chair" zu seiner "Spiritualisierung" und damit zu "der fast mystischen sinnlichkeitsschwellenden Eindrucksfülle gelangen konnte", weil das Wort "viande" die Bezeichnung eßbaren Fleisches übernommen habe. Das Deutsche verfüge hingegen nicht über entsprechende Differenzierungsmöglichkeiten und damit über vergleichbare Bedeutungsnuancen, so daß das Wort "Fleisch" "vom Sinnentaumel nicht in gleichem Maße [wie "chair"] mitgerissen wurde" (ib., 73). Aus dieser Einsicht heraus zieht er ein poetologisches Fazit, das mit seiner Gesamtkonzeption von Sprache durchaus im Einklang steht: In Anlehnung an Humboldt hatte Spitzer die Auffassung vertreten, daß jede Sprache ihren Sprechern bestimmte Ausdrucksmöglichkeiten zur Verfügung stelle und ihnen damit ein ganz bestimmtes Weltbild nahelege. An dieser Stelle formuliert er diesen Gedanken negativ: "die Sprache *denkt* und *dichtet* nicht nur für den Dichter, sie hemmt und beschränkt auch seinen Wortflug" (ib., 76).

Im zweiten Abschnitt – betitelt "Die Vergöttlichung der Nacktheit" – geht Spitzer ähnlich vor wie im ersten. Auch hier bestimmt die semasiologische Perspektive den Verlauf der Untersuchung, in deren Mittelpunkt diesmal die Wörter “nu” und “nudité” stehen. Wiederum auf der Grundlage einer endlos langen Kette von Beispielen weist Spitzer nach, daß Barbusse mit dem Adjektiv “nu” und entsprechend mit dem Substantiv “nudité” nicht allein Personen näherhin kennzeichnet, sondern auch Körperteile und Gegenstände (z. B. “sa main nue”, “le front nu”, “le mur nu” etc., cf. ib., 79). In diesem Zusammenhang verläßt er zum ersten Mal diese Ebene des bloßen Kommentars der ausgewählten Textstellen, indem er Mutmaßungen über ihre psychische Motivierung anstellt; die Wortwahl Barbusse' – so Spitzer – lasse auf einen “Nacktheitskomplex” schließen, sie verrate den “erotisch erregten” Künstler (ib., 81).

Mit dem dritten Abschnitt wechselt die Perspektive; Spitzer fragt hier nicht mehr nach der Bezeichnungsfunktion bestimmter Wörter, sondern geht onomasiologisch vor. d. h. untersucht die Benennung der sexuellen Körperteile bei Barbusse. Mit der Beschreibung der “naturalia turpia” habe Barbusse das lange Zeit respektierte Tabu, “de rebus sexualisbus” zu sprechen, durchbrochen (ib., 84). Auffallend oft findet man bei ihm Darstellungen des weiblichen Bauches:

> “Die Erotiker sind in ihrer Libido verschieden eingestellt; Barbusse reizt der weibliche Bauch und wir können verfolgen, wie immer wieder bei der Schilderung des Begattungsaktes dieser Körperteil besonders liebevoll beschrieben wird. Zu einer allgemeinen Regel erhebt Barbusse sein persönliches Empfinden: ‘Un cri m'occupait tout entier: Son ventre! Son ventre! Que m'importaient son sein, ses jambes! – je m'en souciais aussi peu que de sa pensée et de sa figure, déjà abandonnées” (ib., 85 f.).

Die “Sexualisierung anderer Körperteile”, die der folgende Abschnitt zum Thema hat, erklärt Spitzer durch das “Wuchern erotischer Vorstellungen” bei Barbusse (ib., 89); als besonders eklatantes Beispiel führt er den Vergleich von Herz und Mund mit der Vagina an, den er durch zahlreiche Textstellen belegt.

Der letzte Abschnitt enthält das Fazit der Untersuchung, angereichert durch neue Beispiele für das bereits Gesagte. Barbusse schildere in seinen Romanen eine “niedere Welt des Genusses ... und dementsprechend werden *niedrige Ausdrücke sprachlich gehoben,* indifferente *erotisch infiziert*” (ib., 93). Auf der Grundlage des Begriffs des Sinnlichen formuliert Spitzer schließlich so etwas wie die Weltanschauung Barbusse': “Und überhaupt *sieht Barbusse im Sinnlichen nicht nur den Zug nach unten, sondern die Sehnsucht des Menschen nach einem Unbekannten, Unendlichen*” (ib., 94). Spitzer beschließt seine Studie mit einigen Sätzen, die die ihrerseits tabuisierte wissenschaftliche Beschäftigung mit einem Tabuschriftsteller rechtfertigen sollen. Der Sprachwissenschaftler sei gehalten, die Sprache “mit gleicher

Unbeirrbarkeit wie der Schriftsteller" zu betrachten: "Moralinistische Bedenken müssen uns fremd sein" (ib., 96).

Mehr oder weniger kritische Stellungnahmen zur Barbusse-Studie sind nicht ausgeblieben; von wenig kritischem Geist zeugt die Rezension Saarimas, der das von Spitzer so genannte "Vulgärverständnis" von Psychoanalyse (d. h. Psychoanalyse als *nur* sexuelle Erklärung von Psychischem) Freud selbst unterstellt und das Spitzersche Opusculum für eine treffliche Illustration der psychoanalytischen Methode hält[21]. – Begriffe wie "Komplex" und "Libido" lassen zwar gewisse Kenntnisse ihres Benutzers vermuten, doch könnten die Psychoanalytiker ihren Beruf aufgeben, würden sie sich (wie Spitzer dies im Falle Barbusse' tut) auf eine bloße Beschreibung und Katalogisierung der Vorstellungen ihrer Patienten beschränken. Die an Freud orientierte Psychoanalyse zielt vielmehr darauf ab, den psychisch Kranken durch Erschließung und Bewußtmachung des im Traum, in der Phantasie und in der Sprache gerade nicht Manifesten, des Unbewußten, zu therapieren. Zweifelsohne kann es nicht die Aufgabe des Sprachwissenschaftlers sein, eine psychoanalytische Therapie des jeweiligen (im schlimmsten Fall bereits verstorbenen!) Schriftstellers einzuleiten. Dennoch sollte man vom psychoanalytisch orientierten Sprachforscher erwarten können, daß er auch Reflexionen über die *Ursache* eines bestimmten Sprachgebrauchs anstellt. – Der Titel der Spitzerschen Studie "Psychoanalyse des Barbusseschen Stils" ist insofern irreführend, als sich die Behandlung der Barbusseschen Sprache weitgehend auf Deskription und Ordnung der sich in den Texten mitteilenden Gedanken und Phantasien der Romanprotagonisten beschränkt, wobei Spitzer diese (ohne auch nur einen Gedanken an die Legitimität eines solchen Vorgehens zu verschwenden) schlicht mit den Vorstellungen des Autors identifiziert; dies wird besonders in seinen Ausführungen zum Wort "ventre" deutlich. Über den Autor selbst erfahren wir im Zuge der Spitzerschen "Psychoanalyse" letztlich nur, daß er erotoman ist und an einem Nacktheitskomplex leidet.

Den zu Anfang zwecks Rechtfertigung seiner langen Beispielsketten angeführten "statistischen Weg" hat Spitzer mit keinem Fuß betreten. Mit der schlichten Behauptung der besonders häufigen Verwendung eines bestimmten Wortes bei einem bestimmten Schriftsteller ist man von einer Statistik noch weit entfernt. Eine Untersuchung kann erst dann zu Recht "statistisch" genannt werden, wenn sie Relationen aufstellt, d. h. präzise Auskunft z. B. darüber erteilt, wie oft ein bestimmtes Wort im Hinblick auf andere vergleichbare Wörter in einem Text auftritt etc. – Man kann sich des Eindrucks nicht

21 Cf. Saarima, "Leo Spitzer, *Studien zu Henri Barbusse*", 157.

erwehren, daß die Barbusse-Studie eher dem Spitzerschen Zettelkasten entsprungen denn die Frucht reiflichen Nachdenkens ist. Ähnlich urteilt Klemperer, wenn er schreibt, Spitzers Arbeit über Barbusse sei

> "eine gewiß wohlgeordnete und sehr inhaltsreiche, jedoch eben nur eine Zettelsammlung. Was fehlt, scheint mir durchweg die lebendige Gestaltung zu sein. Nichts wird hier greifbar: weder von der Gestalt des Dichters Barbusse, noch auch nur von einem einzigen seiner Werke kann ich mir nach der Lektüre dieser Studie ein Bild machen. Das Material ist zusammengetragen, es ist ausgezeichnet geordnet; aber es wirkt in seiner Aufreihung ermüdend, weil nur Problem bei Problem, Zitat bei Zitat steht".[22]

Was der Spitzerschen Analyse ebenfalls abgeht, ist die von ihm selbst geforderte Interpretation des *Ausdruckssinns,* sieht man einmal von der global skizzierten Grundhaltung Barbusse' ab. Spitzers Deutung der einzelnen Textstellen – und dies gilt übrigens auch für den Morgenstern-Aufsatz – beschränkt sich auf inhaltliche Paraphrase und auf Zuordnung des jeweiligen Zitats zu einem bestimmten Ausdruckskomplex. Der Grund für diese Unzulänglichkeit scheint mir im Erkenntnisinteresse der Motiv- und Wortforschung beschlossen zu liegen: Da diese über den Ausdruck das Motiv, das Erleben zu ergründen trachtet, wird der Ausdruckssinn nicht als eine dem Text eigene Schicht sprachlichen Bedeutens respektiert, sondern von vornherein in die "Seele" des Dichters gleichsam zurückgenommen.

Klemperer bemängelt weiterhin die Einseitigkeit der Spitzerschen Analyse; Spitzers Darstellung müsse den Eindruck erwecken, als sei sein Dichter mit einer "gewissen Ausschließlichkeit von geschlechtlichen Dingen besessen. Eine solche Besessenheit aber ist immer eine enge"[23]. Da Spitzer seine Beispiele zudem fast ausschließlich aus *L'Enfer* beziehe, könne man die Sexualisierung in Barbusse' Stil nicht als repräsentativ für das Gesamtwerk ansehen. – Gegen Klemperers Kritik kann man Spitzer insofern verteidigen, als er seine Analyse ja von vornherein unter dem Aspekt der Sexualisierung des Stils durchführt; außerdem weist er selbst darauf hin, daß Barbusse' "Zug zum Animalischen" vor allem durch *L'Enfer* belegt werden könne (ib., 92f.). Klemperers Einwand, Barbusse sei "gerade im Sexuellen kein übermäßiger Neuerer" und verdiene von daher nicht das ihm von Spitzer entgegengebrachte Interesse, scheint mir demgegenüber gewichtiger zu sein. Ein Ver-

22 Klemperer, "Leo Spitzer, *Henri Barbusse*", 156f.
23 Ib., 157.

gleich mit dem Stil Zolas zeige allenfalls "Unterschiede des Grades und nicht der Art"[24].

Zusammenfassend sei folgendes festgehalten: Gegründet auf ein Vulgärverständnis von Psychoanalyse bietet Spitzer eine Untersuchung der Sprache Barbusse', die die Sexualisierung des Stils zum Gegenstand hat. Im Zuge einer ausgedehnten semasiologischen und onomasiologischen Analyse skizziert er die sexuellen Phantasien des Autors, genauer gesagt: die seiner Romanprotagonisten. Hinter dem Werk Barbusse' vermutet Spitzer den erotisch erregten, von einem Nacktheitskomplex besessenen Künstler. – Die ermüdende Anzahl von Textauszügen, die lose aneinandergereiht, allenfalls inhaltlich paraphrasiert, nicht aber auf ihren jeweiligen Sinn hin interpretiert werden, vermitteln den Eindruck einer reinen Zettelkastenarbeit: Eine synthetische Zusammenschau, sieht man einmal von den im Schlußkapitel global formulierten Sätzen zu Barbusse' Grundhaltung ab, bleibt dem Leser vorenthalten[25].

24 Ib., 158. – Die Rezension Lerchs bietet weniger sachliche Einwände gegen die von Spitzer gewählte Vorgehensweise als eine Kritik an dem behandelten Autor selbst. Die Attacke, die Lerch gegen Barbusse reitet, steht im Zeichen seiner privaten politischen und weltanschaulichen Auffassungen. So ist Lerch nicht bereit, der in den Romanen Barbusse' ausgedrückten pazifistischen Gesinnung Glauben zu schenken; daß Barbusse nicht zu überzeugen vermag, meint Lerch durch eine moralische Kritik am Verhalten der Romanfiguren in *Clarté* nachweisen zu können. (cf. "Leo Spitzer, *Studien zu Henri Barbusse*", 11f.). – Die künstlerische Qualität der Texte Barbusse' sei gemeinhin (und dies gelte auch für Spitzer und für Curtius) überschätzt worden. Spitzer nur "ungern" ins "Medi-zynische" folgend, schreibt Lerch:

> "Ein solches Nichtloskommen von Assoziationen, die einem normalen Menschen fremd, ja widerlich sind, und die umso mehr auffallen als Barbusse, wie jeder sorgsame Schriftsteller, doch sonst eine Wiederholung vermeidet, ist kaum anders zu deuten als ... [durch] sadistische Neigungen ... Er malt die Wollust der Grausamkeit, und er malt auch den Teufel der Gewissensbisse dazu. Auch scheint mir, eine so scharfe Trennung zwischen Sinnenliebe und Herzensliebe (*tendresse*), die beim gewöhnlichen Sterblichen zusammengehen, konnte nur ein schuldbewußter Sadist vornehmen" Ib., 116).

25 In seiner z. T. recht boshaften Kritik hat Winkler in ähnlicher Weise wie Klemperer Bedenken gegenüber der Ausschließlichkeit, mit der Spitzer die "Sexualisierung" im Stil Barbusse' beschreibt, angemeldet; dabei visiert Winkler jedoch nicht den Barbusse-Aufsatz im besonderen, sondern die Motiv- und Wortforschung Spitzers im grundsätzlichen an. Die Literaturwissenschaft habe sich die Überwindung eines "indiskreten" Erlebnisdeutens als "Fortschritt" angerechnet:

> "Ist aber jene *Seelen*deutung wertvoller und fruchtbarer, die einem Henri Barbusse aus schmutzigen Episoden seiner Romane noch schmutzigere Sexualträume nachweist? Und was die Hauptsache ist: sind diese Nachweise verläßlich, tun sie dem Autor nicht vielleicht unrecht?" (id., "Die neuen Wege und Aufgaben der Stilistik", 409f.).

1.3. Diderot

Der im Jahre 1948 veröffentlichte Artikel über Diderot gehört nicht zur Gruppe der frühen Motiv- und Wortstudien im eigentlichen Sinn; dennoch soll dieser Aufsatz an dieser Stelle diskutiert werden, da Spitzer mit ihm noch einmal den Versuch unternimmt, über die sprachliche Gestaltung eines Textes die Seele des Autors bzw. des Menschen zu erschließen (cf. LLH, 135)[26]. Methodisch unterscheidet sich die Diderot-Interpretation von den Abhandlungen über Barbusse und Morgenstern darin, daß Spitzer sein Corpus nicht in der Form einer Ansammlung von Zitaten anlegt, die allein durch die jeweils maßgeblichen Kategorien zusammengehalten werden; die Textauszüge, die er dieser Untersuchung zugrundelegt, weisen alle die Länge zumindest einer halben Druckseite auf. Anders gegenüber den frühen Studien ist darüberhinaus das Interesse an der inhaltlichen Gestaltung: Spitzer beschränkt sich nicht darauf, den Inhalt der ausgewählten Passage bloß zu paraphrasieren, er nimmt jeweils auch Bezug auf das Ganze oder auf andere Texte Diderots, in denen er ähnliche Gedanken und Vorstellungen findet[27].

Die Textgrundlage des Diderot-Aufsatzes bilden zum einen der Enzyklopädie-Artikel "Jouissance" (ib., 137ff.), zum anderen Auszüge aus *La religieuse* (ib., 146ff.), *Le neveu de Rameau* (ib., 152ff.) und schließlich aus *Le rêve de d'Alembert* (ib., 163f.). Während Spitzer in der Barbusse-Studie die psychischen Eigenschaften der Romanfiguren ihrem Schöpfer stillschweigend angesonnen hatte, gibt er hier folgende Begründung für die Möglichkeit, vom Werk auf den Charakter des Autors zurückzuschließen:

> "That, quite against my usual approach, I am here justified in dragging into the discussion of a work of art the character of the artist, becomes clear from the fact that Diderot was given to depicting his characters according to himself" (ib., 179).

Wie man in den Wald hineinruft, so schallt es bekanntlich heraus. Spitzer hat es sich genehm sein lassen, auf maliziöse Fragen eine maliziöse Antwort zu geben. In direkter Replik auf Winklers Frage schreibt er: "Da die Literaturforschung wie jede Forschung festzustellen hat, was *ist*, muß sie *auch* mit "Schmutz" rechnen, wenn er vorhanden ist, unbekümmert um die Mädchenschamröte einzelner Romanisten" (id., "E. Winkler, 'Die neuen Wege und Aufgaben der Stilistik'", 90).

26 Spitzer selbst hat den Aufsatz über Diderot als die letzte "alla maniera freudiana" abgefaßte Studie bezeichnet (cf. id., "Sviluppo di un metodo", 118).

27 Trotz dieser Veränderungen gegenüber den frühen Aufsätzen macht Spitzer auch hier seinem Leser die Lektüre nicht leicht; war es dort die von Vossler gerügte "Zitierwut" des Gelehrten, die auch einen geduldigen Leser verdrießen mochte, so ist es hier ein den Hauptteil des Essays wild umwucherndes Dickicht von Anmerkungen, d. h. von Assoziationen und Digressionen, die dem Leser das Vergnügen am Text verleiden können.

Das den Diderot-Aufsatz leitende Untersuchungskriterium kann nicht als eine genuin sprachwissenschaftliche Kategorie angesehen werden: Es ist der besondere Rhythmus in der Prosa Diderots, "a self-accentuating rhythm" (ib., 135), der Spitzer bei seiner Lektüre immer wieder aufgefallen war. In dem mit "Argumentum" betitelten Abschnitt formuliert Spitzer die Grundlagen seiner Analyse und antizipiert sogleich auch deren Ergebnis. Der besondere Rhythmus in den Texten Diderots sei bedingt durch "a certain nervous temperament" (ib.). Von dieser Charaktereigenschaft ausgehend meint Spitzer, eine Verbindung zur Philosophie Diderots herstellen zu können. Diderot gelte als einer der Hauptvertreter der

> "philosophy of mobility: while his approach is strictly empirical, there is, with him, the perpetual desire to transcend the rationally graspable. It would then appear that, in this writer, nervous system, philosophical system, and 'stylistic system' are exceptionnally well attuned" (ib.).

In seinen Schriften zeige Diderot immer wieder eine Vorliebe für solche Charaktere, die ihr eigenes Wesen zu übersteigen trachteten. Dieser Drang nach Selbstübersteigerung, der in den Texten oft durch sprachlichen 'Automatismus' ausgedrückt werde, liege letztlich im 'erotischen Erlebnis' Diderots begründet (cf. ib.).

In den nun folgenden Interpretationen versucht Spitzer, die eingangs aufgestellten Behauptungen zu belegen. Mit dem Enzyklopädie-Artikel "Jouissance" habe Diderot das erotische Lustgefühl als prototypisch für alles Lustempfinden exponiert. Die ersten Abschnitte des Artikels seien durch einen an Schnelligkeit zunehmenden Satzrhythmus geprägt, der übergehe in ein Stück mit zahlreichen Relativsätzen und schließlich in jenem Passus kulminiere, in dem der sexuelle Akt beschrieben werde; hier reihe Diderot kurze 'atemlose' Sätze aneinander, in dem darauffolgenden Abschnitt lasse die 'Spannung' der Sätze nach, um in einen 'fließenden' Satzrhythmus einzumünden. Bei Diderot habe der Rhythmus onomatopoetische Funktion: "Diderot has managed to introduce a suggestion of the sexual act itself: the perturbation of the senses, consummation, and relaxation" (ib., 140).

Aus *La religieuse* wählt Spitzer die Szene der Begegnung zwischen der jungen Nonne Suzanne und der lesbischen Oberin. In diesem Passus spiegele der syntaktische Rhythmus das gespaltene Wesen der Oberin wider: Die Diskrepanz zwischen Worten und Taten der Oberin werde auf der einen Seite durch die in poetische Sprache gekleideten Mitleidsheucheleien ("Faner les roses de ses joues" ...) auf der anderen Seite durch den ihre Gesten beschreibenden prosaischen Refrain ("... et elle les baisait") ausgedrückt. Diderot verbinde hier zweierlei Rhythmen miteinander, wobei der eine sich über den anderen 'mokiere' (ib., 150). Aufgrund auch der Interpretationsergebnisse des Enzyklopädie-Artikels kommt Spitzer zu folgendem Schluß:

"In both examples above, the emotion has been one of sexual passion; our discussion so far may have given the impression that Diderot is given mainly to such descriptions. As a matter of fact, I am convinced that the sexual act, with its power of expanding the individual, is the *Grunderlebnis* for Diderot" (ib., 151).

Mit der Analyse zweier Stellen aus *Le neveu de Rameau* verläßt Spitzer das Thema der Erotik bei Diderot. Anhand der ausgewählten Textauszüge will er zeigen, wie der wiederum sehr schnelle Satzrhythmus diesmal die zur Selbstdestruktion tendierende 'Hypervitalität' des Neffen wiedergibt (cf. ib., 151 ff.). Und in der Interpretation einer Passage aus dem Dialog zwischen Mlle de l'Espinasse und Bordeu schließlich legt Spitzer dar, daß die Schilderung des Traums von der Ausdehnung ins Unendliche in einen fließenden Rhythmus gegossen, die Beschreibung der Angst vor unendlicher Verkleinerung und Zusammenziehung im "style coupé" ausgedrückt ist (cf. ib., 163 ff.).

Spitzers Beobachtungen zur onomatopoetischen Funktion des Rhythmus haben zweifelsohne einiges für sich, bezüglich des Fazits der Untersuchung kann man allerdings gewisse Zweifel nicht unterdrücken. Wie im Falle der Barbusse-Analyse scheint auch im Diderot-Aufsatz ein Vulgärverständnis von Psychologie sein Unwesen getrieben zu haben. Schenkt man den Resultaten Glauben, leidet Diderot zwar nicht an einem Nacktheitskomplex wie Barbusse, doch ist er diesem offensichtlich darin verwandt, daß auch für ihn das Erotische Grunderlebnis ist. – Die Ausschließlichkeit, mit der Spitzer seine These über das Grunderlebnis Diderots aufzustellen wagt, bezieht ihre Rechtfertigung einzig und allein aus der getroffenen Textauswahl. Daß es schlechterdings nicht legitim sein kann, im Ausgang von zwei kurzen Texten Rückschlüsse auf eine erotische Grundhaltung des Menschen Diderot zu ziehen, dürfte wohl von niemandem bezweifelt werden.

In seiner kritischen Diskussion des Spitzerschen Aufsatzes hat Gray moniert, daß trotz des Programms, die Seele Diderots über den Stil zu erschließen, die sprachliche Gestaltung der interpretierten Texte für Spitzer nicht ausschlaggebend gewesen sei. Nach Gray kommt Spitzer weder im Ausgang von einem bestimmten Stilzug noch im Ausgang vom Autor, sondern aufgrund "the very subject matter of the works themselves"[28] zu seinen Ergebnissen. Grays Kritik richtet sich jedoch nicht allein gegen Spitzers Vorgehensweise in der Diderot-Interpretation, sie wendet sich vielmehr gegen den psychostilistischen Ansatz überhaupt. Zwischen Stil und Autor, meint Gray, lasse sich keine Beziehung herstellen, es sei denn auf der Grundlage der These einer absoluten Beziehung von Psyche und Wort, der Annahme ihrer Identi-

28 Cf. Gray, "The Lesson of Leo Spitzer", 549.

tät. Die auf eine solche Annahme sich stützende psychologische Stildeutung sei jedoch zirkelhaft: die psychischen Eigenschaften, denen sich ein Werk verdanke, würden aus den Stilzügen des Werkes hergeleitet, diese wiederum führe man auf die psychischen Eigenschaften zurück[29].

Gray sieht die Unzulänglichkeit der Spitzerschen Verfahrensweise letztlich in einer mangelnden Klärung dessen, was Stil sei, beschlossen:

> "The lesson of Spitzer's fifty years of application to the problem of style is that he could not succeed in distinguishing style from the work or, if you will, structure from content. The problem of style is still the question, what *is* style? Spitzer could only answer the question by making the style of the work 'conform to' its meaning, that is, simply by postulating a separate entity, style, which really had all the same characteristics as the work".[30]

Grays Kritik kann man getrost darin zustimmen, daß Spitzers Behauptungen über Diderots "Grunderlebnis" tatsächlich weniger im Ausgang von der stilistischen Betrachtung als vielmehr aufgrund der Interpretation des Inhalts der Texte zustande kommen. Unberechtigt scheint mir demgegenüber die These, Spitzer verfüge nicht über einen differenzierten Stilbegriff. Denn gerade in der Diderot-Studie deutet er die stilistischen Eigentümlichkeiten in den Texten dieses Autors als emotional motivierte, kreative Realisierung der von der Sprache gebotenen Möglichkeiten, was seiner Konzeption von Stil genau entspricht (cf. I.3.1.5.)[31].

29 Cf. ib., 553.

30 Ib., 555.

31 Auch bei Cases findet man einige kritische Bemerkungen zum Diderot-Aufsatz, die ebenfalls nicht so sehr die Resultate Spitzers als vielmehr seine Vorgehensweise und die hinter ihr sich verbergende Ideologie anvisieren. Cases zweifelt zum einen an der Objektivität des "click" mit der Begründung, dieser sei immer vom Wunsch geleitet, jene Elemente im Text aufzudecken, die den Bedingungen der sprachwissenschaftlichen Methode ohnehin entsprechen. Zum anderen kritisiert er, daß Spitzer sich von seiner "ammirazione per Freud" nicht habe lösen können:

> "È chiaro comunque che in questa interpretazione di Diderot abbiamo una netta formulazione del primato dell'inconscio sul conscio. Né qui più valgono distinzioni tra 'inconscio *Formwillen*' e contenuto logico consapevole, poiché questo passa del tutto in seconda linea di fronte all'inconscio contenuto sessuale che quella volontà formale adeguatamente esprime" ("I limiti della critica stilistica e il problema della critica letteraria", 59).

Von seiner ideologischen Warte aus kann Cases eine psychologische resp. eine psychostilistische Deutung von Literatur nicht akzeptieren. – In seiner Kritik an der intuitiven Vorgehensweise scheint er sich allerdings nicht darüber im klaren zu sein, daß diese *per se* nicht mit dem Anspruch auf Objektivität auftreten kann (cf. I.3.2.1.).

1.4. Philippe

Am Beispiel des Aufsatzes über Philippe (zum ersten Mal 1923 veröffentlicht) lassen sich die interpretatorischen Prinzipien Spitzers besonders leicht illustrieren. Der durch Intuition geleitete Einstieg in den hermeneutischen Zirkel, das Suchen nach weiteren Details, die die Ausgangshypothese bestätigen sollen, schließlich der Rückgang auf die Weltanschauung des Autors – all dies tritt so offen zutage, daß, könnte man diese Interpretation als allgemein bekannt voraussetzen, ein Kommentar sich erübrigen würde; außerdem begleitet Spitzer seinen Text mit Reflexionen zur Methode, die den einzelnen Interpretationsschritten noch zusätzlich Kontur verleihen.

Spitzer vergleicht seinen Ansatz mit jenem Verfahren, das sich im Umgang mit alten Texten vorzüglich bewährt habe: Stoße man in einem alten Text auf eine auffällige sprachliche Erscheinung, so weise dies fast immer auf Editionsschwierigkeiten hin; dem Herausgeber hätten in einem solchen Fall meistens voneinander abweichende Handschriften vorgelegen, wobei die Divergenz ihrerseits auf eine Auffälligkeit im Original zurückzuführen sei. Eine derartige Schwierigkeit lasse sich beseitigen, indem man den Text "auf *verwandte Erscheinungen* im Sprachgewand oder *verschiedenen Variationen derselben Erscheinung* bei dem Schriftsteller, auf eine gewisse Konsequenz seines Sprachgebrauches, eine innere Kontinuität seines sprachlichen Erlebens" hin überprüfe (SS II, 166). Die "auffälligen" Stellen in den neuen Texten gleichen den "verderbten" in den alten: Sie weisen dem Philologen den Weg, der, was für Spitzer selbstverständlich zu sein scheint, letztlich immer in Richtung auf eine "psychogenetische Erklärung" hin verlaufen soll.

Seiner Untersuchung zum Stil Philippes legt Spitzer einen einzigen Text, den "Dirnen- und Zuhälterroman" *Bubu de Montparnasse* zugrunde. Das den hermeneutischen Zirkel eröffnende auffällige sprachliche Detail ist hier die Verwendung der Konjunktion "à cause de". Spitzer beschränkt sich nun nicht auf eine bloße Auflistung der Textstellen, die den besonderen Gebrauch dieser Konjunktion bei Philippe dokumentieren; er bemüht sich vielmehr auch, die ausgewählten Zitate sorgfältig zu kommentieren, indem er sowohl Hinweise auf die allgemein gebräuchliche Verwendungsweise von "à cause de" gibt als auch in einigen Fällen alternative, nicht abweichende Konstruktionen für die einzelnen Textstellen vorschlägt. Der Begriff der Auffälligkeit einer sprachlichen Erscheinung, der sich bei Spitzer ja fast immer mit dem der Abweichung oder der Häufigkeit verbindet, ist ein relativer Begriff. Die Studie über Philippe zeichnet sich vor den meisten anderen Interpretationen darin aus, daß Spitzer die auffälligen Stilmerkmale nicht bloß registriert, sondern auch, mit den Angaben zum erwarteten Sprachusus, den Modus der

Abweichung näher zu klären sucht. "Schriftsprache" und "Umgangssprache" markieren im Fall Philippes die Pole, zwischen denen Spitzer die Abweichungsrelation definiert. Seine Diagnose lautet: umgangssprachliche Verwendung der Konjunktion "à cause de" in *Bubu de Montparnasse.* Spitzer führt nun eine Reihe von Beispielen an (cf. ib., 168ff.), die belegen sollen, daß Philippe mit dieser Ausdrucksweise die Sprache und das Denken seiner Personen nicht bloß in der direkten Rede charakterisiert. Er setzt dieses Stilmittel gerade auch in erzählenden, berichtenden Passagen ein, um auf diese Weise das Geschehen aus der Perspektive der Romanprotagonisten wiederzugeben (z. B.: "Elle vivait dans une boutique d'épicerie une vie sage et encombrée. Elle ne vendait guère que pour deux sous à cause des 'magasins d'approvisionnement' qui prennent tout l'argent des quartiers" (ib., 170f.).

In die sprachwissenschaftliche Charakterisierung der ausgewählten Textstellen integriert Spitzer jeweils auch eine knappe Interpretation ihrer Bedeutung, die mit der z. B. in der Barbusse-Studie häufig praktizierten Paraphrase des Inhalts nicht verwechselt werden darf. Während mit einer Paraphrase lediglich der referentielle Gehalt geklärt wird, versucht Spitzer hier die durch den jeweiligen Kontext spezifizierte semantische Funktion eines bestimmten Wortes oder einer bestimmten Wendung auszumachen. So zielt die Analyse von "à cause de" auf eine Interpretation der je besonderen Bedeutungsnuance des in den zitierten Passagen ausgedrückten Kausalitätsgedankens ab.

Mit dem zweiten Interpretationsschritt, der ja weitere Belege für die intuitiv erfaßte Besonderheit einer Stilsprache erbringen soll, bleibt Spitzer vorerst noch beim Thema der kausalen Konjunktionen stehen. Die Untersuchung der Verwendung von "puisque", "car", "parce que" führt ihn zu dem Schluß, daß Philippe diese analog der Konjunktion "à cause de" verwendet, d. h. mit ihnen eine "Berufung auf eine Weltordnung" ausdrückt, "die durchaus nicht normal, nicht von selbst gegeben sein muß und die gerade durch die wie selbstverständliche Berufung auf sie ironisiert wird" (ib., 174; z. B.: "Elle vit dans leur vie quotidienne les souteneurs et les filous et comprit qu'ils n'aimaient pas le travail parce qu'il vaut bien mieux aimer le plaisir"; ib., 177). Dies Phänomen nennt Spitzer "pseudoobjektive Motivierung".

Ausgehend von dem so erdeuteten Effekt der kausalen Konkunktionen widmet er sich nun der Frage, ob es im Rahmen anderer grammatischer Kategorien weitere Indizien für pseudoobjektive Motivierung gibt. Er sucht – und findet sie, z. B. im häufigen Gebrauch der Personalpronomina "on", "nous" und "vous". Auch hier handele es sich um umgangssprachliche Textelemente, die häufig von den Romanfiguren zu ihrer Rechtfertigung ausgesprochene Sentenzen einleiteten und insgesamt eine "apologetische Erzählungsweise" verrieten (cf. ib., 182ff.); denn mit den Pronomina "on", "nous" und "vous" werde die psychologische Motivierung der Haltung des Einzelnen in ein anonymes Man verschoben.

Ein weiteres für den Ausdruck der pseudoobjektiven Motivierung wichtiges Mittel ist das Tempus. So seien zahlreiche kausal eingeleitete Nebensätze, die ihrerseits einem Hauptsatz mit Verb im Vergangenheitstempus untergeordnet wären

> "deshalb nicht ins Präteritum gesetzt, weil sie, obwohl subjektiver Ansicht der Romanfiguren entstammend, als pseudoobjektive Darlegung des Autors gelten sollen, es sind gewissermaßen allgemeine Wahrheiten, die im gnomischen Tempus stehen ... Es handelt sich immer um Sentenzen *im Sinne* der inszenierten Persönlichkeiten, um die Gründe, auf die sie sich berufen" (ib., 187).

Spitzer beschließt seinen Aufsatz – wie so oft – mit Mutmaßungen über das "seelische Erlebnis", über das Motiv, das sich hinter dem besonderen Stil des Autors verbirgt. Die pseudoobjektive Motivierung Philippes lasse auf eine deterministische Weltanschauung schließen, was Spitzer durch Zitieren langer Passagen aus dem Roman glaubt aufs Neue belegen zu müssen (ib., 197ff.). Die zugleich apologetische und ironische Nuance der pseudoobjektiven Motivierung führt er auf eine *scheinbar widersprüchliche* Lebenshaltung zurück: "denn Ironie bedeutet Herrschaft übers Leben, Apologie verrät ein Bedürfnis, sich im Leben eine Stütze, an die man sich anlehnen kann, zu schaffen" (ib., 204). Der scheinbare Widerspruch löst sich jedoch für Spitzer in der Form eines zeitlichen Nacheinanders auf:

> "Da nun aber Philippe beides kennt, Ironie wie apologetische Darstellung, wäre zu folgern, daß er bald das Leben spielend überwindet, bald seiner Tragik untertan ist. Und es scheint mir nun auch tatsächlich, daß Philippes seelische Amplitüde von schmachvoller Unterwerfung unter das Fatum bis zum Überwinden des Lebens durch Ratio reicht" (ib., 206).

Überdenkt man noch einmal die Stationen der Interpretation Spitzers, so ist folgendes festzuhalten: Den Ausgangspunkt der Untersuchung bildet die intuitiv erfaßte Besonderheit im Gebrauch von "à cause de" bei Philippe, d. h. die umgangssprachliche Verwendung dieser Konjunktion auch in berichtenden (nicht in direkter Rede abgefaßten) Abschnitten des Romans *Bubu de Montparnasse.* Eine analoge Verwendungsweise stellt Spitzer für die anderen kausalen Konjunktionen fest; den Effekt nennt er "pseudoobjektive Motivierung".

Mit dem darauffolgenden Schritt verändert sich die Untersuchungsperspektive. Leitend für die weitere Analyse ist nicht eine bestimmte sprachwissenschaftliche Kategorie, deren sprachliche Entsprechungen es im Text aufzusuchen gilt, sondern die festgestellte Bedeutung des zuvor behandelten Sprachmaterials selbst. Spitzer kommt zu dem Ergebnis, daß die pseudoobjektive Motivierung ebenfalls durch die von Philippe häufig umgangssprachlich gebrauchten Pronomina "on", "nous" und "vous" ausgedrückt wird. – Eine weitere wichtige expressive Möglichkeit, die in diesem Zusammenhang von Philippe genutzt wird, ist die besondere Verwendung des Präsens, die den betreffenden Passagen häufig den Charakter sentenzhafter, zur Rechtfertigung der Personen ausgesprochener Rede verleiht. Mit dem Schluß von den Stilmitteln auf das diese motivierende "seelische Erlebnis" mündet die Untersuchung in die Deutung des "Ausdruckssinns", der hermeneutische Zirkel schließt sich: Bald Meisterung des Lebens mit Ratio, bald Opfer seiner Tragik – all dies verbirgt sich nach Spitzer hinter Philippes pseudoobjektiver Motivierung.

Spitzer selbst scheint die Studie über Philippe als prototypisch für die frühen Arbeiten angesehen zu haben; denn gerade am Beispiel dieses Aufsatzes versucht er in *Linguistics and Literary History,* den psychostilistischen Ansatz zu illustrieren (cf. LLH, 11f.). Mit der Bemerkung, die *mens Philippina* spiegele die *mens Franco gallica* des zwanzigsten Jahrhunderts wider (ib., 14), stellt er hier eine Behauptung auf, deren Beweis er den Lesern seines Aufsatzes allerdings schuldig geblieben ist. An diesem Punkt setzt die Kritik Bàrberi Squarrottis ein, der gerade eine solche Klärung der Beziehung zwischen der "mens particolare" des Autors und der "mens storica generale del suo tempo" vermißt. Spitzer habe es versäumt, die Ergebnisse seiner Stilanalyse wirklich auszuwerten, d. h. "conseguenze precise di valore, di definizione storica, di esplicazione ideologica delle forme descritte" zu formulieren[32].

Die Kritik Bàrberi Squarrottis kann man nur dann akzeptieren, wenn man die im nachhinein aufgestellte, im Aufsatz über Philippe jedoch nicht nachgewiesene These eines Widerspiegelungsverhältnisses zwischen der "mens" des Dichters und der eines Volkes mit in Betracht zieht. Ob man dieses Verhältnis allerdings, wie Bàrberi Squarrotti fordert, auf dem Wege einer ideologiekritischen Untersuchung zu erforschen hat, sollte der Kritiker selbst entscheiden dürfen. Bàrberi Squarrottis Bedenken sind insofern *ab extra* formuliert, als Spitzer innerhalb des von ihm selbst gesteckten Rahmens der Motiv- und Wortforschung sich immer nur für die individualpsychologische Stilanalyse interessiert hat. – Daß auch im Falle der Philippe-Studie die psychologische Erklärung nicht recht überzeugt, ist hingegen ein Einwand, mit dem der *Ansatz* Spitzers nicht angefochten wird. Wie in den In-

32 Bàrberi Squarrotti, "Paragrafi su Spitzer", 157.

terpretationen zu Barbusse und Diderot scheint Spitzer auch hier die Lebenshaltung der Romanfiguren dem Autor (genauer gesagt: dem Menschen Philippe) zu unterstellen[33]. Denn von dem Stilmittel der pseudoobjektiven Motivierung, dank dem das Geschehen im Roman aus der Perspektive der Protagonisten geschildert wird, auf eine deterministische Weltsicht des Autors zu schließen, dies ist ein Fazit, dem man aufgrund der von Spitzer angestellten Beobachtungen allein nicht zustimmen mag. Spitzers Material – einzelne Stilzüge, gelegentliche Berücksichtigung der inhaltlichen Strukturen eines einzigen Romans – reicht nicht aus, um auf seiner Grundlage ein glaubhaftes Psychogramm des Autors entwerfen zu können. – Wenn auch in dem Philippe-Aufsatz die Interpretation der Bedeutung der auffälligen Stilmittel in relativer Unabhängigkeit von der Analyse des Ausdruckssinns durchgeführt wird, so tritt doch auch hier die von Spitzer später selbst monierte Unzulänglichkeit des psychostilistischen Ansatzes zutage: Im Zuge einer psychostilistischen Deutung wird der literarische Text nicht als ein ästhetisches Sprachgebilde mit einem ihm genuinen Sinn respektiert, sondern weitgehend zu einem psychologischen Dokument degradiert.

Ein Mangel in Spitzers Interpretation scheint mir die "linear-analytische" Vorgehensweise zu sein. "Linear-analytisch" möchte ich Spitzers Verfahren deshalb nennen, weil er jeweils nur *ein* stilistisches Merkmal mit entsprechenden Textbelegen vorstellt, um sich dann das nächste vorzunehmen. So untersucht er z. B. bei Philippe zunächst die kausalen Konjunktionen, dann die Personalpronomina und schließlich das Tempus. In welcher Weise jedoch die Stilzüge in der ihnen unterstellten Textfunktion zusammenspielen, ob auch andere in einem zitierten Abschnitt jeweils auftretende Elemente für den angenommenen Ausdruckssinn kokonstitutiv sind, all dies wäre nur in einer synthetischen Sehweise zu klären. Solange die zitierten Textauszüge nur als ein Splitterwerk von einzelnen Ausdrucksweisen und diese in Hinblick auf die Psyche des Autors gedeutet werden, hat der literarische Text keinen anderen Wert als den, dem Sprachforscher das Material zu liefern. Seine eigentliche literarische Qualität scheint im Zuge einer solchen Vorgehensweise allenfalls sporadisch, blitzartig hervor[34].

33 Die Studie über Morgenstern stellt unter den bereits besprochenen Interpretationen insofern eine Ausnahme dar, als das psychologische Grunderlebnis – laut Spitzer – in einer bestimmten Haltung gegenüber der Sprache beschlossen liegt, die sich in der Tat aus dem Stil herleiten läßt.

34 Vaz Leão nimmt in ihrer Kritik der Philippe-Studie zunächst Details (sprachliche Fehler in der Formulierung einer alternativen Ausdrucksweise, Irrtum in der Angabe der Referenz einer Textstelle) aufs Korn (cf. id., *Sôbre a Estilística de Spitzer*, 53ff.). Wichtiger als ein solches zweifelsohne nützliches Aufzeigen von Errata scheinen mir die Vorbehalte zu sein, die die Autorin gegenüber Spitzers Interpre-

1.5. Romains

"Individuum non est ineffabile" – diese Worte leiten als Motto den Aufsatz über Romains (aus dem Jahre 1924) ein (SS II, 208). Die Wahl gerade dieses Mottos könnte die Vermutung wecken, Spitzer habe auch in dieser Studie auf dem Wege psychologischer Stilkritik das Seelenleben des Autors zu ergründen angestrebt. Der Titel der Abhandlung indes zeigt an, daß es hier weniger um die Erforschung subjektiver Charakterdispositionen bzw. um das Aufdecken eines psychischen Grunderlebnisses denn um die Untersuchung der Auswirkung einer Weltanschauung auf die Sprache ihres Urhebers geht: "Der Unanimismus Jules Romains' im Spiegel seiner Sprache" lautet das Thema; mit ihm ist sowohl der thematische Schwerpunkt als zugleich auch der Gang der Untersuchung festgelegt. Spitzer wird hier nicht wie z. B. in der Studie über Philippe den regressiv-progressiven Weg einschlagen, d. h. ausgehend vom auffallenden sprachlichen Detail auf die dahinter sich verbergende Bedeutung im Text zurückgehen und von hier aus weitere, auf eine entsprechende Bedeutung und einen entsprechenden Sinn verweisende Stilzüge aufsuchen. Die Untersuchungsperspektive verläuft hier nur einspurig, regressiv: Den Ausgangspunkt in der Romains-Studie bildet nicht die Sprache, sondern der "Ausdruckssinn" selbst, die unanimistische Weltauffassung, die – gleichsam als bekannt vorausgesetzt – durch die Stilanalysen nicht erschlossen, vielmehr nur belegt werden soll. Dem Titel seines Aufsatzes hat Spitzer noch einen Untertitel hinzugefügt: "Eine Vorstudie zur Sprache des Expressionismus"; der Untertitel macht deutlich, daß die aufgedeckten Stileigentümlichkeiten nicht bloß die sprachliche Kreativität Romains' dokumentieren, sie sollen darüberhinaus prototypisch die Sprache des Expressionismus charakterisieren.

Spitzer teilt seinen Aufsatz in vier Abschnitte ein, deren Titel zentrale Begriffe bzw. zentrale Themen des Unanimismus bezeichnen. Der eigentlichen Dokumentation durch das Sprachmaterial schickt er einen kurzen,

tationsergebnissen äußert. Vaz Leão findet in der von Spitzer so genannten "pseudoobjektiven Motivierung" im Stil Philippes kein Indiz dafür, daß der Autor die Überlegungen und Räsonnements seiner Personen teilt (cf. ib., 60). Die von diesem Einwand her sich nahelegende Kritik an den psychologischen Mutmaßungen Spitzers, die sich ja zu einem großen Teil aus der Übertragung der psychischen Haltung der Personen auf die des Autors speisen, spricht sie allerdings nicht aus. – Überhaupt hält Vaz Leão die Resultate der Spitzerschen Stildiagnose nicht für originell, da diese ebenso gut auf dem Wege konventioneller Literaturkritik hätten gefunden werden können: "A interpretação não difere, nas suas conclusões, da que tem sido dada pela crítica impressionista e pelos historiadores da literatura ..." (ib., 62).

die jeweilige These der unanimistischen Weltauffassung erläuternden Kommentar voraus, wobei er sich z. T. auf die Studie von Heiss "Vom Naturalismus zum Expressionismus" bezieht. Das Corpus, auf das er seine Untersuchung gründet, setzt sich aus Texten zusammen, die den drei Gattungen Lyrik, Epik, Dramatik zuzuordnen sind: der Gedichtband *La Vie Unanime,* die Romane *Mort de Quelqu'un, Les Copains* und schließlich das Drama *L'Armée dans la Ville.*

Im ersten Abschnitt untersucht Spitzer die Ausdrücke für *Leben, Tod, Geburt* und *Schöpfung* in den Texten Romains'. Entsprechend den später in *Historical Semantics* formulierten Prinzipien kommt es ihm darauf an zu zeigen, wie diese Begriffe miteinander assoziiert werden und in ihrer Bedeutung gegenseitig aufeinander "abfärben": "Exister", "mourir", "naître", "renaître", "ressusciter", "créer", "réalité", "conscience" – all diese Begriffe gehören nach Spitzer einem gemeinsamen "Vorstellungskomplex" an, "der für Romains eine besondere Bedeutung und Empfindungsfülle besitzt" (ib., 215f.). Die stilistische Neuerung im Gebrauch dieser Wörter besteht darin, daß sie in Verbindung z. B. mit einem ungewohnten Adverb ("exister plus", "exister ardemment"), mit einer ungewohnten Präposition ("exister vers") gebraucht werden oder z. B. daß – abweichend von gängigen Vorstellungen – ihnen Zielstrebigkeit und Wollen unterstellt werden (z. B. "se dépêcher de naître"). In all den erwähnten Ausdrücken teilt sich – so Spitzer – die unanimistische Auffassung von Leben als "Lebenwollen", von der "Schöpfung" als "geistiger Tat" und von Leben als "Bewußtsein" mit (cf. ib., 214).

Der zweite Abschnitt – betitelt "Ablösung, Auflösung, Wachstum, Verdichtung" (ib., 216) – hat die sprachliche Wiedergabe der unanimistischen Vorstellung einer "allseitigen Verquickung von Seelischem und Körperlichem" (ib., 222) zum Gegenstand. Romains benutze zur Bezeichnung von nicht primär materiellen Vorgängen häufig Ausdrücke, die sich gerade auf physische Prozesse beziehen, z. B. "La salle le pondit comme un oeuf". Die These Heiss', der die Bilder Romains' als "Wiedererweckung abgeblaßter Metaphern ... durch ein expressionistisch gestimmtes Zeitalter" betrachtet, akzeptiert Spitzer, fügt ihr noch den Hinweis auf die "zwangsläufige Verkettung der Bilder mit der ganzen Seele des *einzelnen* Dichters Jules Romains" hinzu:

> "Nur einem Dichter, dem Leben ewiges Gebären ist und dem der Schöpfungsprozeß sich materiell symbolisiert, konnte jede Ablösung eines Teils von einem Ganzen als Gebären erscheinen oder – als eine der natürlichen eruptiven Funktionen des Menschenleibes (Speien, Entleerung)" (ib., 218ff.).

Im dritten Abschnitt befaßt sich Spitzer mit dem Thema "Gruppenbildung und Umbildung"; dem Begriff der Gruppe als "höherer Kollektiveinheit" (ib., 241) komme im Unanimismus ein besonderer Stellenwert zu; entsprechend reich und vielfältig sei das Wortmaterial, mit dem Romains seiner Vision einer sich in Gruppen bald zusammenfügenden, bald umschichtenden Welt Ausdruck verleihe. Des weiteren beobachtet Spitzer als besondere Stileigentümlichkeit bei Romains die häufige Verwendung von *termini technici* aus der Physik (cf. ib., 247ff.). – Neben den Analysen zum Wortschatz findet man in diesem Kapitel auch ein paar knappe Bemerkungen zur Syntax, die den besonderen Gebrauch des Possessivpronomens und einiger Präpositionen bei Romains hervorheben: z. B. "Notre ville n'a pas souffert *dans ses hommes*"; und z. B. "Les saluts qu'il [der Trauerzug] reçoit caressent tous *ses hommes*" (ib., 243). Durch die von Romains in diesen Sätzen verwendeten Präpositionen und durch die Possessivpronomina werden nach Spitzer die "Einzelwesen mit 'ihrem' Kollektivbegriff zusammengeschmiedet" (ib.)[35].

Der vierte Abschnitt trägt den Titel "Seele und Leib". Hier bringt Spitzer erneut Belege für die unanimistische Annahme eines allumfassenden Lebensprinzips, durch das die traditionelle Trennung von Geist und Materie aufgehoben wird. Sprachlich äußere sich diese Vorstellung darin, daß Begriffe aus dem Bereich des Geistigen auf Körperliches übertragen werden und umgekehrt (cf. ib., 272ff.). Auch dieser Abschnitt enthält einige Beobachtungen zur Syntax, die auf den steigernden Satzparallelismus bei Romains aufmerksam machen, der nicht bloß in direkter Rede, sondern auch im "Erzählungstext" eingesetzt, diesem einen "gesprochenen, stoßweisen, nervösen Charakter" verleihe (ib., 283).

Im letzten Abschnitt schließlich faßt Spitzer die Ergebnisse seiner Studie noch einmal zusammen. Gemäß der von ihm selbst aufgestellten Forderung, der Sprachwissenschaftler habe die Sprache des Dichters vor allem in Hinblick auf das "Neue an Ausdrucksmöglichkeiten" zu erforschen (ib., 298; cf. auch I.3.1.5.), gibt er auf der Grundlage sprachwissenschaftlicher Kategorien eine Charakterisierung der bei Romains vorfindlichen Innovationen. Ineins mit der Darstellung der sprachlichen Kreativität Romains' versucht er, der im Untertitel ausgesprochenen Ankündigung Genüge zu tun und eine Beziehung

35 Die von Spitzer hervorgehobene Verwendung der Präpositionen und der Possessivpronomina ist m. E. nur sekundär auffällig. Wichtiger erscheint mir in den zitierten Sätzen vielmehr, daß die Bezeichnungen für das Kollektiv ("la ville", "le cortège") als quasi-personale Handlungsträger fungieren. Nur von hier aus erklärt sich in diesem Fall der besondere stilistische Effekt der Präpositionen und der Possessivpronomina.

zur Sprache des Expressionismus herzustellen. In Orientierung an den expressionistischen Ausdrucksmodi in der Malerei meint Spitzer, grundsätzlich drei Typen sprachlicher Neuerungsmöglichkeiten aufzeigen zu können: 1. "Auflösung der Syntax"; 2. Bildung neuer Wörter; und 3. "Erweiterung der Wortbedeutung". Die beiden zuerst genannten Stilmittel vergleicht er dabei mit der "Auflösung der malerischen Komposition", das zuletzt erwähnte mit den "Dimensionsverschiebungen" der neuen Maler" (ib., 287), ohne sich allerdings zur Rechtfertigung dieser Analogisierung von Ausdrucksformen in Sprache und Malerei weiter zu äußern. Spitzer bleibt jedoch nicht bei einem solch abstakten Schema stehen. In einem weiteren Schritt vergleicht er vor dem Hintergrund des entworfenen Rasters die expressiven Möglichkeiten, die die historischen Sprachen, in diesem Fall das Deutsche und das Französische bereit halten. Den deutschen Expressionisten bot sich nach Spitzer ein wesentlich größerer Freiraum als den Franzosen; aufgrund der geringeren "Gelenkigkeit" des Französischen (ib., 288) reichen die Möglichkeiten zur Kreativität im Bereich von Wortbildung und Syntax mit Abstand nicht so weit wie im Deutschen. Die Neuerungen, die das Französische u. a. Romains verdankt, sind nach Spitzer denn auch ganz auf den dritten Typus, die Erweiterung der Wortbedeutung eingeschränkt. Romains belebt "abgestorbene Metaphern", indem er das latente semantische Potential der Wörter aktualisiert oder, wie Spitzer sich ausdrückt, "Kraft in die Worthülsen der Sprache hineinpumpt" (ib., 290). Romains arbeite nicht "dekomponierend" wie die deutschen Expressionisten, seine Sprachschöpfungen vollzögen sich vor allem in der Form einer "expressionistischen Erweiterung" des Gebrauchs des Verbs und des Adjektivs (ib., 294). – Das Französische, so lautet das Fazit, verdankt Romains und gleichgesinnten "Wortkünstlern" die Nutzung eines Stückes jener poetischen Freiheit, die der deutschen Sprache gleichsam von Hause aus eigen sei (ib., 300). "Inbrünstige Durchseelung und bewegungszitternde Durchwühlung" – dies sind in Spitzers Worten die sprachlichen Charakteristika des Unanimismus (ib., 299).

Der Aufsatz über Romains dokumentiert noch einmal in aller Schärfe, daß in den frühen Arbeiten Spitzers zur Literatur das Interesse des Sprachwissenschaftlers dominiert. Die Innovationen des Autors werden nicht im Sinne einer bloßen Abweichung von der Norm des Französischen analysiert, sondern vielmehr als kreative Ausschöpfung der von der Sprache gebotenen Möglichkeiten gewürdigt. Mit der Romains-Studie bestätigt Spitzer aufs Neue seine These, daß Werden und Wandel der Sprache vor allem in den Texten der Dichter in Erscheinung treten. Dabei beschäftigt er sich jedoch lediglich mit dem individuellen Aspekt des Sprachwandels; die Prognose, inwieweit die Neuerungen des Individuums Romains die Chance haben, zum sprachlichen Allgemeingut zu werden, bzw. die Diagnose, inwieweit sie es *de facto* geworden sind, überläßt Spitzer anderen. Obwohl er also auch die historische Sprache, in diesem Fall das Französische im Vergleich mit dem Deutschen, als Bezugsrahmen für die Sprache des Autors mit in Betracht zieht, interessiert ihn letztlich allein der Individualstil, und zwar in dem Maße, wie dieser sich von der Allgemeinsprache abhebt und damit für ihre Entwicklung potentiell relevant sein kann. – Die psychologischen Mutmaßungen zum "Grunderlebnis" bzw. zum seelischen Habitus eines Autors, wie Spitzer sie z. B. in den Aufsätzen über Barbusse und Morgenstern angestrengt hat, treten vor der Analyse der sprachlichen Auswirkung der Lebensauffassung Romains' zurück. Das Motiv, die Weltanschauung des Autors, wird hier allerdings nicht im Ausgang vom Wort erschlossen, sondern als bekannt vorausgesetzt. Mit dem Thema "Unanimismus" legt Spitzer den Ausdruckssinn der zu interpretierenden Texte folglich von vornherein fest. Die Titel der einzelnen Abschnitte zeichnen dabei den Leitfaden vor, an dem die Interpretation des sprachlichen Materials, im Falle Romains' des Wortschatzes und am Rande auch der Syntax orientiert sind. Neben den rein sprachwissenschaftlichen Betrachtungen beinhaltet der Kommentar der einzelnen Zitate Bemerkungen zum Ausdruckssinn, die die durch den jeweiligen Titel bereits vorgegebenen Themen und Thesen der unanimistischen Lebenskonzeption näher erläutern.

Die Stellungnahmen, die zu Spitzers Romains-Aufsatz veröffentlich worden sind, reichen von der Kritik an Details bis zur Diskussion grundsätzlicher, methodologischer Fragen. Zum ersten Kritiktypus gehören die Rezensionen von Heiss und von Rieder. Heiss, der seine Eindrücke in einigen wenigen Abschnitten zusammenfaßt, beurteilt die Spitzersche Bemühung um eine "linguistisch-literarische Betrachtungsweise" grundsätzlich positiv. Obwohl er sich an einigen Formulierungen zum "lyrischen" Wesen der deutschen und zum "prosaischen" Wesen der französischen Dichtung stößt, hält er Spitzers globale Abgrenzung des französischen vom deutschen Expressionismus und die spezifische Einschätzung Romains' für sinnvoll und richtig[36]. – Rieder hebt die "natürliche Gabe des Feinfühlens und Einfühlens" bei Spitzer hervor[37]. Er beschäftigt sich vor allem mit der These, daß die Stilmittel der Expressionisten und der Impressionisten (Spitzer erwähnt den Gebrauch des Adjektivs) in manchen Punkten konvergieren. Im Ausgang von Spitzers Ergebnissen zur Sprache Romains' sucht Rieder analoge Stilzüge in den Ro-

36 Heiss, "Leo Spitzer, 'Der Unanimismus Jules Romains' im Spiegel seiner Sprache'; id., 'Zu Charles Péguys Stil' ", 231 f.
37 Rieder, "Leo Spitzer, 'Der Unanimismus Jules Romains' im Spiegel seiner Sprache' ", 451.

manen Huysmans auf, um so die partielle Übereinstimmung von expressionistischen und impressionistischen Stilmitteln zu belegen[38].

Wichtiger als die Detailkritik ist in unserem Zusammenhang die Beurteilung der Methode; zu Spitzers Vorgehensweise haben sich Solmi und Bàrberi Squarrotti geäußert[39]. Solmis grundsätzlicher Einwand gegen die Stilistik Spitzers besagt, daß diese nur "l'elemento ricorrente, automatico, passivo, la maniera o quanto è in procinto di diventare maniera"[40] zu erfassen vermöge. Spitzers Methode sei bei all jenen Dichtern zum Scheitern verurteilt, deren Sprache nicht von immer wiederkehrenden Mustern durchzogen, deren Stil "più originale e risentito" sei. Dies bedeute jedoch eine entscheidende Verkürzung der Kapazität des stilkritischen Ansatzes. Die Vorgehensweise in der Romains-Studie habe – und hier beruft sich Solmi auf eine später formulierte Selbstkritik Spitzers – etwas 'Mechanisches', wobei er dieses auf die Texte Romains' selbst glaubt zurückführen zu können[41]. Der von Solmi so beklagte "mechanische Charakter" der Interpretationen Spitzers liegt, so scheint mir, nicht so sehr in den gedeuteten Texten selbst als vielmehr im Programm der frühen Stilforschung begründet. Spitzer bezweckt nicht eine erschöpfende Exegese eines einzigen literarischen Werkes in seiner ganzen Vielfältigkeit. Die Texte, auf die er seine frühen Studien aufbaut, haben letztlich keine andere Funktion als die, das Corpus zu liefern, auf dessen Grundlage er die prägnanten Stilmittel eines Autors und die hinter ihnen sich verbergenden psychischen Motive analysiert. Den Eindruck oft ermüdender Gleichförmigkeit hat man darauf zurückzuführen, daß Spitzer sich stets auf die Erfassung einzelner bestimmter Stilzüge und ihrer Variationen konzentriert und diese dann anhand der ausgewählten Texte ausführlich dokumentiert.

38 Cf. ib., 452ff.

39 Auch Winkler ist an dieser Stelle noch einmal zu nennen, dessen Bedenken gegenüber Spitzers Vorgehensweise und gegenüber ihren Ergebnissen bereits hinlänglich vorgestellt worden sind. Im Falle Romains' ist Spitzer jedoch in der überaus glücklichen Lage, vom Autor selbst ein Lob und eine Bestätigung für die Resultate seiner Stilanalyse erhalten zu haben. In der Erwiderung an Winkler zitiert er voller Genugtuung aus dem Brief Romains':

> "C'est, à mon avis, une étude tout-à-fait remarquable, d'une précision et d'une pénétration qui m'ont etonné. Je ne crois pas qu'aucun commentateur de mes livres, réduit aux seuls moyens de la critique, soit allé aussi loin dans la compréhension. Ce qui prouve aussi bien l'excellence de votre méthode que les qualités personnelles de discernement et de synthèse que vous y apportez" ("E. Winkler, 'Die neuen Wege und Aufgaben der Stilistik' ", 90).

40 Solmi, "Appunti sulla critica di Leo Spitzer", 761.

41 Cf. ib.

Die Kritik Bàrberi Squarrottis fällt gegenüber der Solmis wesentlich schärfer aus. Bàrberi Squarrotti vergleicht die Spitzersche Vorgehensweise mit einer Schlange, die sich selbst in den Schwanz beißt. Er sieht die Begrenztheit der Stilinterpretationen darin, daß diese keine über die ihnen jeweils vorangestellte Hypothese hinausgehenden Resultate erbringen. Die sprachwissenschaftlich geleitete Stilanalyse leiste nichts Anderes, als die Ausgangshypothese zu verifizieren. Bàrberi Squarrotti illustriert diesen Einwand am Beispiel der Romains-Studie; die diesen Aufsatz beherrschende Struktur könne man schlicht und einfach auf die Aussage reduzieren, daß von dem Augenblick an, wo der Autor als Begründer des Unanimismus vorgestellt werde, seine Sprache unanimistische Züge tragen müsse[42]. Im Verlauf der Spitzerschen Interpretation gebe es keinen Erkenntnisfortschritt, der Leser erfahre nichts Näheres über das Werk Romains', über die "concezioni profonde", die ihm zugrundeliegen, über seinen historischen und ästhetischen Stellenwert:

> "Il problema della critica stilistica è proprio qui, nella sua limitazione di conoscenza, nel suo non andare al di là delle premesse: solo una rigorosa fusione fra stilistica del significante e stilistica del significato, fra indagine della parola e ricerca e puntualizzazione della sua semantica, potrà superare l'ostacolo: quando, cioè, nella parola non si cercherà soltanto la sua virtù d'*inventio,* le sue ragioni biologiche, la sua emergenza assoluta, ma anche la sua storia, l'ideologia che la atteggia, e la pone entro una vicenda concreta di storia".[43]

Wie im Falle der Kritik an der Philippe-Studie scheinen mir auch die Einwände gegen den Romains-Aufsatz daran zu kranken, daß Bàrberi Squarrotti die hermeneutischen Intentionen Spitzers nicht respektiert. Was Bàrberi Squarrotti letztlich verlangt, ist eine *umfassende,* historisch und ideologiekritisch orientierte Interpretation von Literatur, in die die stilistische Analyse als *ein* Moment integriert werden müßte. Eine ähnliche Auffassung zur Rolle der Stilistik hat Spitzer jedoch erst in den dreißiger Jahren, zur Zeit der Redaktion der Romains-Studie also noch nicht vertreten. In der Exegese der Texte Romains' dominiert, dies ist bereits festgestellt worden, das rein sprachwissenschaftliche Erkenntnisinteresse. Aus diesem Grunde ist es unangemessen, auch Aussagen zum historischen, ästhetischen und ideologischen Stellenwert der Werke zu erwarten. Bàrberi Squarrottis Kritik, Spitzer sei prinzipiell nicht in der Lage, mit seiner Methode gegenüber der jeweiligen

42 Cf. Bàrberi Squarrotti, "Paragrafi su Spitzer", 166.
43 Ib., 167.

Ausgangshypothese neue Einsichten zu bieten, überzeugt nicht. Denn die durch Spitzers Analysen vermittelten Einblicke in die besondere sprachliche Gestaltung, die ein Autor für seine Texte wählt, müssen ebenso als Erkenntnisfortschritt gewürdigt werden wie Urteile z. B. zu deren historischem und ästhetischem Standort.

Die von Bàrberi Squarrotti empfohlene Verbindung einer Stilistik des *signifiant* mit einer Stilistik des *signifié* hat Spitzer selbst praktiziert, nur daß er – im Rahmen der Motiv- und Wortforschung – dem *signifié* eine Bedeutung und damit seinen Interpretationen eine Richtung gegeben hat, die seinem Kritiker offensichtlich nicht behagt haben. Den Zusammenhang aufzuzeigen zwischen sprachlichem Ausdruck und Motiv, sei dies verstanden im Sinne der Weltanschauung oder auch des psychischen Habitus des Autors, dies ist Spitzers Programm in den frühen Stilanalysen.

1.6. Péguy

Die Abhandlung über Péguy (1924) nimmt ihren Ausgang nicht von einem auffallenden Detail seiner Schreibart, mit dem gleichsam der Grundstein für die Erstellung des "Totalbildes" seines Stils gelegt wäre. Spitzer wählt als Einstieg in sein Thema vielmehr, wie übrigens auch in vielen anderen Studien, das Urteil eines anderen Kritikers, um sich im Verlauf seiner Untersuchung mit diesem auseinanderzusetzen. An den Anfang der Studie über Péguy stellt er zwei Thesen zur Sprache dieses Autors, die sich auf den ersten Blick widersprechen. Die erste These, sie stammt aus der Feder Vosslers, besagt, daß Péguy sich den sprachlichen Konventionen entziehe, die Sprache zu "überbieten" suche, indem er häufig einen Ausdruck durch eine Reihe von weiteren Ausdrücken ersetze und zugleich expliziere. Vossler bezeichnet dieses Stilphänomen als "Permutation", die ein "einförmig nachdrückliches Repetieren" zur Voraussetzung habe (SS II, 302)[44]. – Als Gegenthese zur Auffasung Vosslers skizziert Spitzer die Vorstellungen Dornseiffs; dieser beschreibe die von Vossler "Permutation" genannte stilistische Eigenart Péguys als "emphatisch pointierende" im Gegensatz zur " 'metaphorischen' Aus-

44 Um einen konkreteren Eindruck des von Vossler Gemeinten zu vermitteln, sei hier ein kurzer Ausschnitt aus der von ihm zitierten Passage (aus *Notre Jeunesse*) wiedergegeben:

> "Je puis dire, pour qu'il n'y ait aucun malentendu, je dois dire que pendant les dernières années, pendant cette dernière période de sa vie, je fus son seul ami. Son dernier et son seul ami. Son dernier et son seul confident. A moi seul il disait alors ce qu'il pensait, ce qu'il sentait, ce qu'il savait enfin. Je le rapporterai quelque jour" (SS II, 301).

drucksverstärkung" (ib., 303). Während durch Metaphorik die Sprache überboten werde, erfahre sie in der emphatischen Ausdrucksverstärkung eine Verengung dergestalt, daß das Wort in einer bestimmten Bedeutung festgelegt, "pointiert" gebraucht werde. Gegenüber diesen beiden einander widerstreitenden Thesen nimmt Spitzer die Position des klugen Dritten ein: Sowohl Vossler als auch Dornseiff haben Recht, "ihre Diagnosen ergänzen einander. Man muß sich nur in die *Seele des Schriftstellers* versenken ..., um das Warum dieses Stiles zu verstehen" (ib., 304).

Bevor sich Spitzer anschickt, die seelische Ursache der Sprache Péguys zu erforschen, läßt er noch einige andere Kritiker zu Wort kommen, die – ebenfalls das Phänomen der Repetition anvisierend – den Stil dieses Autors bald als Gemisch von biblischer und bäurischer Sprechweise, als Ineinander von "schulmäßige[r] Distinktion und naive[r] Eindringlichkeit" (Klemperer; ib., 308), bald als vor der Festlegung durch das Wort ausweichende "Verdampfung" des Gefühls (Curtius; cf. ib., 309) oder sogar als eine von "mille folles manies et difformités affectées de langage" durchzogene Schreibart (Lasserre, ib., 310) charakterisiert haben.

Die für Spitzers Interpretation – soweit sie auf Erschließung des seelischen Motivs abzielt – maßgebliche These und damit der vorläufige Leitfaden seiner Analyse liegt in dem Gedanken Johannets beschlossen. "*Péguy habe den Stil 'que Bergson devrait avoir et qu'il n'a pas'*", der "uns blitzartig das sozusagen biologische Verständnis des Péguy'schen Stiles, der aus dem Erleben der Lebensphilosophie Bergsons quillt" eröffne (ib., 311). Die Philosophie Bergsons sei in der Tat für den jungen Péguy ein nachhaltiges Erlebnis gewesen, was sich in seiner Sprache darin äußere, daß er sie der Bergsonschen Philosophie anzupassen versuche, indem er ihr, sich von den verfestigten Formen der Gemeinsprache bewußt lösend, einen "élan vital" mitteile, der "nach Steigerung, Erhöhung, Aufgipfelung trachtet" (ib., 321). Im folgenden bemüht sich Spitzer, dem Ausdruck des "élan vital" in der Sprache Péguys näher auf die Spur zu kommen. Ausgehend vom stilistischen Effekt der "Steigerung" untersucht er die expressiven Mittel, die ihn bewirken. Dabei wendet er sich an erster Stelle der Analyse der Syntax zu; anhand einiger Zitate vor allem aus *Notre Jeunesse* teilt er dem Leser seine Eindrücke und Erkenntnisse in einer sehr anschaulichen Sprache mit. So erinnert ihn der Satzbau Péguys an eine vorschnellende, "aufgischtende", sich in den nachfolgenden Zeilen brechende Welle (ib., 313); die "Synonymenlitaneien" erscheinen ihm als "mühevolles Emporklimmen", den Schlußausdruck, mit dem in einer Reihung wie "Des amis de Quartier enfin, d'anciens amis d'étudiants, peut-être de Sorbonne" ein Abschluß doch nicht erreicht wird, vergleicht er mit einem Wanderer, der schon im Glauben, den höchsten Gipfel erreicht zu haben, plötzlich noch höhere Bergspitzen entdecken muß, auf deren Bezwingung er jedoch verzichtet (ib., 317). Durch die ständigen Wiederholungen mit den in sie eingelassenen Modifikationen werde der Gedanke Bergsons von einem ständigen Hereinreichen der Vergangenheit in die Gegenwart symbolisiert:

> "Das wiederholte Satzstück ist das, was der schöpferische Gedanke in Bergsons Sinn von der Vergangenheit in die Gegenwart herüberrettet: 'le passé, toujours en marche, se grossit sans cesse d'un présent absolument nouveau" (ib., 318f.).

Nachdem Spitzer den Ausdruckssinn der Wiederholungen bei Péguy auf diese Weise erläutert hat, analysiert er ausführlich ihre sprachlichen Formen. Wie immer mit ungetrübtem Blick fürs Detail deckt er Zug um Zug die Stilmittel auf, die das Spektrum von Repetitionstypen in der Redetechnik Péguys ausmachen: Dubletten, anaphorische Lautgestaltung der Texte durch Wiederholung kurzer "Formwörter" wie Artikel und Pronomen, Stammabwandlung, Präfixanapher, Aneinanderreihung von Wörtern mit gleichen Suffixen, all diese Möglichkeiten sprachlicher Wiederaufnahme schöpft Péguy aus, sie prägen seinem Stil jene eigenartige Markierung auf, die Spitzer mit einem "Teppichmuster" vergleicht (cf. ib., 319). Und reichen die von der Sprache gebotenen Mittel nicht aus, suche Péguy neue; dabei scheue er sich nicht, für die Realisierung seiner Ausdrucksintentionen einen hohen Preis zu zahlen: Zugunsten einer parallelen Satzkonstruktion, die, wie Spitzer hinzufügt, den Eindruck volkstümlicher Sprache erwecken solle, nehme Péguy den Verstoß gegen die "Schulgrammatik" in Kauf[45]. – Mit dem Thema des Satzparallelismus verläßt Spitzer vorläufig die Untersuchung der Strukturierung der Syntax durch das Wortmaterial, um sich mit genuin syntaktischen Phänomenen im Stil Péguys zu befassen. Seine Aufmerksamkeit gilt vor allem der "Atomisierung", d. h. der Verselbständigung an sich unselbständiger Satzstücke (wie etwa den Parenthesen, die häufig ein hierarchisches Ordnungsgefüge bilden und zur perspektivischen Wirkung des Satzes beitragen; cf. ib., 328ff.; den trivialen Wendungen, cf. ib., 338 und schließlich der Interjektion, cf. ib., 339).

Mit den Beobachtungen zur Syntax schließt der erste Teil der Studie, mit dem Spitzer offensichtlich – besinnt man sich noch einmal auf den Anfang – gleich zwei Anliegen Genüge tut. Mit der Diagnostizierung jener Stilmittel,

45 Als Beispiel zitiert Spitzer folgenden Passus:
"Non seulement il avait contre lui le peuple / Mais les deux peuples. / Tous les deux peuples. / Le peuple des pauvres. / Qui est sérieux. / Et respectable. / Et le peuple des misérables. / Des miséreux. / Qui n'est pas sérieux. / Ni pas respectable" (ib., 324).

die den Effekt der Übersteigerung in Péguys Texten provozieren, weist er zum einen die von Vossler aufgestellte Behauptung, Péguy "überbiete" die Sprache, nach; ineins damit verbindet er aber zum anderen den Versuch einer Bestätigung der im Ausgang von Johannet formulierten Hypothese zum Ausdruckssinn. Aufgrund der Resultate zur Ausdrucksform sieht er sich allerdings zu einer Revision der These zum Ausdruckssinn veranlaßt. Trotz der Bemühungen Péguys, "der Sprache bergsonistischen Lebensschwung einzublasen" (ib., 339), sei er gescheitert. Und zwar sei er gescheitert an der Sprache im allgemeinen und an seiner eigenen Sprache im besonderen (cf. ib., 340). Im Gegensatz zur Musik mit ihrem "Verbindend-Verbundenen" sei die Sprache mit ihren abgegrenzten Lautkomplexen" und ihrem "dürren Wort-Staccato" nicht das geeignete Medium, den "élan vital" zu übersetzen (ib.). Und insbesondere die Sprache Péguys vermöge dies nicht, da sie zu "intellektuell", zu "verstandesmäßig", zu wenig "mystisch" sei (cf. ib., 340f., 361).

Mit dem zweiten Teil der Abhandlung nimmt sich Spitzer vor, den Eindruck des "Intellektuellen" und damit die These Dornseiffs vom "Unterbieten" der Sprache bei Péguy zu belegen, wobei er sich erneut vor allem auf die Beschreibung der Syntax und des Wortmaterials konzentriert. Der verstandesmässige Charakter der Sprache Péguys offenbare sich am deutlichsten in seinem Nominalstil (cf. ib., 342f.). In Péguys Texten finde man zahlreiche Distinktionen nach dem Schema 'x ist nicht A, sondern B' (cf. ib., 344). Die unablässige Suche nach der Wahrheit, die reflektierte Handhabung der Sprache äußere sich darüberhinaus in Wendungen wie "je ne dis pas – je dis", "je pourrais même dire, si je puis dire" (cf. ib., 345). Die Synonymik zeugt nach Spitzer von Péguys "Qual der Wortwahl". Nicht der Wortreichtum eines Rabelais, nicht das Streben der Symbolisten nach "Unendlichkeit des Wortumfangs", sondern das Bemühen um "definitionelle Eindeutigkeit" spreche aus Péguys Synonymenreihungen (cf. ib., 346). Spitzer hebt erneut die Neigung des Autors hervor, seine Sätze durch anaphorische Lautgestaltung zu strukturieren. Die Paronomasie sei dabei ein von Péguy gern verwendetes Stilmittel; der Gebrauch lautähnlicher Wörter habe die Funktion, die Einheitlichkeit eines Gedankens zu unterstreichen, was Spitzer als "pedantisch" und "didaktisch" empfindet (cf. ib., 351). – Den Bezug zur These Dornseiffs vom emphatischen Wortgebrauch stellt er dort ausdrücklich her, wo er auf die Wortwiederholung zu sprechen kommt. Dornseiffs Auffassung weise in dieselbe Richtung wie seine eigene Interpretation der "verstandesmäßigen", nahezu "philologischen Sprachbearbeitung" Péguys (ib., 354). Das Bestreben um Verwendung eines Ausdrucks in seiner eigentlichen Bedeutung, die Péguy häufig durch Kursivdruck des wiederholten Wortes markiere, setze die Erfahrung der Enttäuschung durch die Sprache, das Wissen um den "Schlangenbetrug" der Sprache voraus. Mit dem reflektierten oder auch "emphatischen" Sprachgebrauch im Sinne Dornseiffs liege "ein Vergleichen, ein Anmessen des Wortes an die Wirklichkeit" vor (ib., 354).

In den Schlußbemerkungen zieht Spitzer wie immer das psychologische Fazit, das sich aus seiner Stilanalyse ergibt. Da er die von Johannet übernommene Interpretationshypothese in ihrer Ausschließlichkeit nicht halten konnte, geht sie nur begrenzt in die positive Bestimmung des Péguyschen Seelenlebens ein. Spitzer sieht den psychischen Habitus Péguys durch einen Konflikt, "ein tragisches Ringen zweier Seelenkräfte" bestimmt:

> "... in Péguy kämpft eine mehr volkstümliche mit einer gelehrtschulmäßigen Inspiration, sein naiver Mystizismus mit dem von ihm überwundenen Intellektualismus, sein Wille zum Leben, zur Verlebendigung, Verwirklichung mit dem Streben nach Wahrheit, mit Distinktion und Abstraktion, sein dichterisches mit seinem polemischen Temperament" (ib., 361).

Trotz aller Bemühungen sei es Péguy nicht gelungen, Bergsons Vorstellung des "élan vital" in seinen Stil zu übersetzen. Dies sei nicht allein seiner persönlichen Redetechnik, sondern auch der Beschaffenheit der Sprache im allgemeinen zuzuschreiben: in ihr hätte der Lebensschwung nicht "unendliche Melodie" werden können, im Stil Péguys sei er zu "gehacktem Hämmern" verkümmert (ib., 361)[46].

Der Aufsatz über Péguy ist wie der über Romains regressiv angelegt. Nicht von einer intuitiv erschlossenen Stileigentümlichkeit, sondern von den Vorstellungen Vosslers, Dornseiffs und Johannets zur Ausdrucksform und

46 Spitzers Formulierungen zur Frage der Gültigkeit der These Johannets sind allerdings widersprüchlich. Während er zu Beginn des zweiten Teils der Studie schreibt, den ersten Teil und damit auch die These Johannets widerrufen zu müssen (cf. ib., 341), scheint er in der Schlußanmerkung, die den Aufsatz über Péguy in die Reihe der Motiv- und Wortstudien stellt, dem Aphorismus Johannets erneut zu huldigen. Denn hier ist plötzlich wieder die Rede von einem "dynamischen Bewegungsstil ... Er [Péguy] ist damit stilistisch (nicht denkmäßig) über seinen Lehrer hinausgekommen, indem er einen künstlerisch adäquaten Stil für jene Philosophie der Bewegung gefunden hat" (ib., 362). – Auch in der Entgegnung auf die Kritik Winklers hält Spitzer an der Auffassung vom Bergsonschen Stil bei Péguy fest, formuliert das Gemeinte hier jedoch wesentlich geschickter. Péguys Stil sei der Ausdruck *seines* Bergsonismus, der sich mit dem Bergsonismus Bergsons freilich nicht decke (cf. "E. Winkler, 'Die neuen Wege und Aufgaben der Stilistik' ", 92). – Diesen Unklarheiten wäre auf eine sehr einfache Weise vorgebeugt worden, hätte Spitzer von vornherein klar und durchgehend zwischen den an der Philosophie Bergsons orientierten expressiven Intentionen und ihrer sprachlichen Realisierung unterschieden.

zum Ausdruckssinn nimmt die Abhandlung ihren Ausgang. Während die These Vosslers, Péguy "überbiete" die Sprache und die dazu von Dornseiff vertretene Gegenthese, er "unterbiete" sie, allein das *Wort* betreffen, gibt der Satz Johannets Hinweise auf das *Motiv*. Mit ihm, so nimmt Spitzer zunächst an, eröffnet sich uns das Verstehen der psychischen Ursache des Péguyschen Stils. Im Zentrum der sprachwissenschaftlichen Analyse steht das auch von anderen Interpreten hervorgehobene Phänomen der Repetition, dessen verschiedene Spielarten Spitzer durch Untersuchung des Wortmaterials und der Syntax aufzeigt. Im ersten Teil der Abhandlung recherchiert er in Orientierung an Vossler die Varianten von Widerholung in den Texten Péguys unter dem Aspekt der Übersteigerung und des Überbietens; ineins damit überprüft er die These Johannets, ob und inwieweit der Stil Péguys Bergsonschen "élan vital" verrate. Aufgrund der Resultate der sprachwissenschaftlichen Betrachtung sieht Spitzer sich jedoch gezwungen – und das ist ein Novum gegenüber den bisher diskutierten Studien – die Ausgangshypothese zum Motiv nur für eingeschränkt tauglich zu erklären. Im zweiten Teil der Abhandlung setzt Spitzer sich durch Analyse des Verstandesmäßigen im Stil Péguys indirekt mit der These Dornseiffs vom Unterbieten der Sprache auseinander. Da auch hier die Erforschung der verschiedenen Modi der Repetition im Vordergrund steht, kommt es zu partiellen Überschneidungen mit den im ersten Teil als die Sprache überbietend gedeuteten Stilmitteln: Die Aneinanderreihung von Synoymen sowie die Wiederholung durch Verwendung mehrerer lautähnlicher Wörter interpretiert Spitzer hier als Bemühen um Strukturierung des Textes und um definitionelle Eindeutigkeit. Angesichts der Tatsache, daß die gleichen Stilmittel zur Illustration der These wie auch der Gegenthese herangezogen werden, kann man sich des Eindrucks einer gewissen Willkür in Spitzers Deutung der sprachlichen Fakten nicht erwehren. – Die Synthese des Aufsatzes beinhaltet auf der Grundlage der Interpretationen zum Wort die Diagnose des seelischen Motivs. Die Ergebnisse aus der Diskussion der These Vosslers und der Gegenthese Dornseiffs formuliert Spitzer – in Zuschnitt auf die Seelenhaltung Péguys – als Konflikt zwischen Mystizismus und Intellektualismus.

Es fällt oft außerordentlich schwer – und dies gilt besonders für die Abhandlung über Péguy – den Argumentationsgang und damit das methodische Vorgehen Spitzers klar zu durchschauen. Dies liegt nicht allein an der überaus reichen Fülle an feinsinnigen Einzelbeobachtungen, die in jede Studie einfließen; auch die zahlreichen Assoziationen, die sich an diese knüpfen, sowie die vielen, zumeist bloß sporadischen Bezugnahmen auf Thesen aus der Forschung tragen dazu bei, die Spuren der Komposition einer Studie zu verwischen. Daß Spitzer die Auffassung vertritt, Methode sei Erlebnis, schlägt sich nicht zuletzt auch in seinem persönlichen Stil nieder. Spitzer hält es nicht für nötig, die eigene Subjektivität in seinen Aufsätzen zu verbergen, im Gegenteil, er teilt sich seinem Leser direkt mit, indem er ihn am Reichtum seiner Einfälle, Eindrücke und Erkenntnisse unmittelbar partizipieren läßt, ihm damit aber auch eine schwierige, oft Geduld erfordernde Lektüre abverlangt.

Die Studie über Péguy hat ein insgesamt eher positives Echo gefunden. Heiss würdigt es als besonderes Verdienst Spitzers, der Literaturwissenschaft neue Wege gewiesen zu haben. Mit seinen Stilanalysen habe er "mächtige Anregungen zu ihrer Erneuerung, zur Überwindung des Biographischen, Stoff- und Gehaltgeschichtlichen, zur Besinnung auf ihre nächstliegenden und bisher am stiefmütterlichsten behandelten Aufgaben" gegeben[47]. – Giachery, der in seinem Spitzer-Porträt ein kurzes Résumé des Aufsatzes über Péguy skizziert, meint, zwischen der "passione vitalistica per il dinamismo spirituale e l'intuizione creatrice" Péguys und dem "temperamento *stürmer*" Spitzers eine Affinität feststellen zu können. Unter Hinweis auf den bilderreichen Stil, den Spitzer in diesem Aufsatz wählt, fügt Giachery hinzu, daß diese Affinität bis in die sprachliche Gestaltung der Studie selbst hineinreiche. Denn, wie Citati zu Recht festgestellt habe, wirke bei Spitzer die Analyse des Stils eines Autors jeweils auf die eigene Schreibweise zurück, ein Phänomen, das man "mimetismo critico" nennen könne[48]. – In der Tat fällt die konkrete Sprache dieser Studie auf. Einen "mimetismo critico" im Falle Spitzers zu vermuten, scheint mir jedoch insofern gewagt, als all jene Eigentümlichkeiten, die Spitzer unter dem Stichwort "Repetition" sorgfältig zusammengestellt hat, seiner eigenen Diktion abgehen.

Der letzte Kritiker, der an dieser Stelle zu Wort kommen soll, ist Fubini. Fubini vertritt die Auffassung, daß der Stilkritiker im Hinblick auf die ästhetische Qualität eines Werkes nicht *epoché* üben sollte:

> "... ma non si deve mai dimenticare che la descrizione dello stile come la definizione del sentimento ispiratore non sono se non un momento del giudizio, e che questo solo è la critica nella sua concreta realtà".[49]

Als Beispiel für die unglückliche Urteilsenthaltung des Kritikers erwähnt Fubini den Péguy-Aufsatz. Hätte der Kritiker sich die Aufgabe gestellt, ein Urteil über den Schriftsteller Péguy zu fällen, wäre ihm von vornherein bewußt geworden, daß dessen Stil sich wohl zum Ausdruck von Polemik und

47 Heiss, "Leo Spitzer, 'Der Unanimismus Jules Romains' im Spiegel seiner Sprache'; id., 'Zu Charles Péguys Stil' ", 235.
48 Cf. Giachery, "Leo Spitzer (1887–1960)", 456.
49 Fubini, "Critica stilistica e storia del linguaggio di Leo Spitzer", 111.

Bekenntnis, nicht aber zur Übersetzung des "élan vital" eigne. Und diese Erkenntnis hätte ihn zweifelsohne zur Modifizierung seiner Hypothese über die Genese des Péguyschen Stils bewegen müssen[50].

Fubini hat in diesem Fall sein Beispiel offensichtlich schlecht gewählt. Denn Spitzer ist ja gerade ohne auf die Ästhetik der Péguyschen Texte zu reflektieren, d. h. allein aufgrund seiner Stilanalysen zu jenem Resultat gelangt, das Fubini ineins mit dem ästhetischen Urteil postuliert: zur Einschränkung der These, Péguy habe mit seinem Stil die Vorstellungen Bergsons adäquat wiedergegeben. Überhaupt scheint mir Fubinis Forderung nach ästhetischer Beurteilung für jenen Typ von Stilkritik, den Spitzer in den frühen Untersuchungen praktiziert, unangemessen: Nicht allein die Tatsache, daß Spitzer sich u. a. gerade in der Péguy-Studie von einer Wertung ausdrücklich distanziert (cf. ib., 362), auch das Erkenntnisinteresse, das seine Studie leitet, Identifikation der Sprachschöpfungen und damit der Stilbesonderheiten eines Autors in Hinblick auf das psychische Motiv, läßt diese Forderung als ungerechtfertigt erscheinen. Erst in dem Moment, wo das Verstehen des Textes vor dem des Autors in den Vordergrund rückt, wird die Bemühung um Erfassung des Ästhetischen – in einem in Bezug auf Spitzer noch zu klärenden Sinn – aktuell.

1.7. Proust

Spitzer hat seine Abhandlung über Proust (1926) eine "wenig dankbare Nachlese" genannt. Nach der Lektüre der von Curtius im Jahre 1925 veröffentlichten Studie habe er "ganze Kapitel" in seinem Manuskript streichen müssen, da er – allerdings auf der Grundlage rein sprachwissenschaftlicher Beobachtungen – zu denselben Ergebnissen gekommen sei wie Curtius, dessen Aufsatz er treffend als eine "Synthese von linguistisch-stilistischer und literarisch-philosophischer Betrachtung" charakterisiert (SS II, 365). Curtius habe die von Proust selbst gelehrte und im übrigen auch seit einigen Jahren im Rahmen der Motiv- und Wortforschung praktizierte Methode befolgt, im Ausgang vom auffallenden Detail weitere, in gleicher Weise hervorstechende Eigentümlichkeiten eines Textes aufzusuchen und von hier aus das Seelenleben des Autors zu erschließen.

50 Cf. ib., 113.

Curtius beruft sich in der Tat in der Exposition seiner Auffassung von Kunstkritik auf Proust. In völliger Hingabe an den Gegenstand müsse der Kritiker das Besondere eines Kunstwerks erspüren und damit die hinter ihm sich verbergende "seelische Wirklichkeit" ergründen. Wie Spitzer vertritt auch Curtius die Auffassung, daß die Kritik nicht gelehrt und gelernt werden kann, sondern sich der Begabung des Interpreten verdankt[51].

Mit leichter Hand, aber dennoch mit scharfem Blick für das Wesentliche versteht es Curtius, seinem Leser das Denken und die Kunst Prousts (sofern sich diese überhaupt sinnvoll trennen lassen) vorzustellen. Sieht man einmal von einigen heute nicht mehr zeitgemäßen Formulierungen ab, könnte man diesen Aufsatz immer noch als eine hervorragende Einleitung in die Lektüre Prousts empfehlen[52]. Curtius versucht, das Werk Prousts aus verschiedenen Blickwinkeln zu beleuchten: Die Biographie, die Erkenntnis- und Kunstkritik Prousts, ihre literarische Vermittlung in seinen Schriften, die aristokratische Gesellschaft, Proust und Saint-Simon etc. – all diese Gesichtspunkte erörtert er in knapper und präziser Form. Dabei widmet er einige Abschnitte auch jenem Thema, das die Spitzersche Untersuchung leitet: der Sprache und dem Stil. Anhand verschiedener Textauszüge, u. a. der "Fliederstudie" zeigt Curtius, wie Proust das sinnlich Empfundene in sein "équivalent spirituel" transponiert, wobei er insbesondere auf die feinsinnige Metaphorik hinweist. Als Beispiele für die "visuelle Interpretation von Gehörsempfindungen" kommentiert er Prousts Erläuterungen der Städtenamen[53]. Ein wichtiger Charakterzug des Proustschen Stils liegt nach Curtius darüberhinaus im Satzrhythmus beschlossen, den er als "zur Entladung drängende Spannung" beschreibt, die "immer wieder aufgehalten wird und sich daduch bis zu einem fast schmerzhaften Grade steigert – bis dann schließlich der Schluß des Satzes eine um so wirksamere Lösung gibt"[54]. Im häufigen Gebrauch von Begriffen aus den Naturwissenschaften sieht Curtius ein Indiz für die Präzision der Proustschen Ausdrucksweise. Er beschließt seine Betrachtungen zum Stil mit einigen Hinweisen auf die außerordentlich nuancierte Sprache, die der Autor seinen Figuren verleihe: jede Person in der *Recherche* pflege ihren eigenen Stil, der ihren gesellschaftlichen Stand und ihren Charakter genau wider-

51 Cf. Curtius, "Marcel Proust", 278f.

52 Da Curtius seine Studie bereits vor dem Erscheinen der letzten Teile der *Recherche* veröffentlicht hat, konnte er einigen wichtigen Fragen – wie etwa der Architektonik des gesamten Romans und der Entfaltung und des Abschlusses des Zeitthemas – allerdings nicht angemessen Rechnung tragen.

53 Cf. ib., 305ff.

54 Ib., 307.

spiegele. Curtius faßt seine Beobachtungen in der Aussage zusammen, daß Prousts Stil eine "eigenartige Verflechtung von Intellektualismus und Impressionismus" zeige. Diese beiden Aspekte der Geisteshaltung Prousts bezeichnen jedoch nicht einen unversöhnbaren Gegensatz, sie vollziehen sich vielmehr "in einer einzigen Bewegung" und sind "Funktion derselben Energie. Der *mundus sensibilis* und der *mundus intelligibilis* durchdringen sich vollkommen"[55].

Die Studie Spitzers ist gegenüber der Arbeit von Curtius von vornherein weniger weit angelegt. Wie der Titel bereits anzeigt, geht es ihm nicht um eine Gesamtschau des Proustschen Werkes, sondern lediglich um Analyse seines Stils. Die Textstellen, auf die er seine Interpretation stützt, stammen denn auch nur aus den ersten beiden Bänden der *Recherche,* aus *Du côté de chez Swann.*

Spitzers Beobachtungen konzentrieren sich zunächst auf den Satzrhythmus, weil dieser, wie er meint, "vielleicht das zunächst Auffallendste, aber auch das zutiefst in der Weltbetrachtung Prousts wurzelnde Element seines Stils ist" (SS II, 367). In Bezugnahme auf die von Curtius festgestellte "Spannung" der Proustschen Sätze, die oft erst mit dem letzten Satzglied gelöst wird, versucht Spitzer eine Typologie der verschiedenen syntaktischen Strukturen zu erarbeiten, die diesen Effekt hervorrufen. Dabei unterscheidet er den "Explosionstypus", in dem die aufgestaute Spannung sich erst am Ende des Satzes detonationsartig entlädt (cf. ib., 370ff.), den "Schichtungstypus", mit dem die Komplexität des Dargestellten auf mehreren "Planen" angeordnet wird (ib., 372f.), und schließlich den "Bogentyp", der in der beschriebenen Textstelle gleichsam in einer steigenden Bewegung die sich mit dem Namen Gilberte verbindenden Phantasien Marcels wiedergibt, um dann – und hier setzt Spitzer eine abfallende Bewegung an – Françoise mit ihren Ermahnungen und mit ihrer, wie das Kind plötzlich bemerkt, vulgären Sprache in Erscheinung treten zu lassen. Die von Spitzer gewählten Bezeichnungen machen deutlich, daß er die den Text unsichtbar regierenden Gesetze dem Leser anschaulich machen will. Dabei stützt sich die Klassifikation der Satztypen nicht auf eine formale Analyse der syntaktischen Strukturen, dergestalt, daß der Blickwinkel auf die Erfassung der bloßen Konstruktion eingegrenzt wäre. Spitzer gewinnt seine Unterscheidungen vielmehr und maßgeblich im Ausgang vom ausgedrückten Inhalt. Da er sich zudem auf die Vorstellung eines einzigen Beispieles oder zweier Textauszüge ohne Hinweis auf weitere beschränkt, hat man sich die Frage zu stellen, inwieweit er für

55 Ib., 312.

die festgestellten Satzstrukturen tatsächlich den Status eines Typus reklamieren kann; zweifelsohne hat Spitzer Recht, wenn er die Strukturtypen und die im folgenden unabhängig von ihnen vorgestellten Sätze Prousts (cf. ib., 381 ff.) allgemein als eine Periodenform charakterisiert, deren "Schluß irgendwie als eine Erlösung" kommt (ib., 380). Darüberhinaus jedoch einen Explosions-, einen Schichtungs- und einen Bogentypus unterscheiden zu wollen, erscheint mir insofern als verfehlt, als einerseits das Corpus der Sätze zu schmal ist und sich andererseits die Definition ihrer Struktur in einer – auf der Grundlage des Inhalts gewonnenen – Verbildlichung erschöpft.

Spitzer selbst hat zum Problem, ob man im Falle Prousts von einem festen Satzmodell sprechen könne, Stellung bezogen; obwohl er die These vertritt, daß sich die Satzform dem jeweils "darzustellenden Inhalt ... anschmiegt", indem Proust so etwas wie "syntaktische Lautmalerei" betreibe (ib., 384), kann er die von Crémieux vertretene Auffassung, Proust schaffe für jeden Satz eine neue Form, nicht teilen:

> "Tatsächlich, trotz aller Nuancierung, gibt es doch ein typisch Proustsches Satz-Cliché. Die Unendlichkeit der Variation wird durch die 'Gleichheit in der Welt' und vor allem durch die Konstanz des menschlichen, sprechenden Organismus sehr eingeschränkt" (ib., 385).[56]

56 Berchem, der den Aufsatz Spitzers insgesamt als "von außerordentlicher Gelehrsamkeit und genialem Einfühlungsvermögen" zeugend lobt ("Satztypen bei Marcel Proust. Eine Auseinandersetzung mit Leo Spitzer", 68), kann die von Spitzer entworfene Typologie nicht billigen. Auch er stellt fest, daß Spitzers Klassifikation auf inhaltlichen Kriterien basiert. Dies illustriert er am in der Tat besonders auffälligen "Bogentypus": "Es ist zwar verständlich, daß die innige Verquickung von Form und Inhalt bei Proust dazu verlockt, das eine für das andere zu nehmen. Im Extremfall würde dieses Verfahren jedoch dazu führen, beliebig viele Satztypen aufzustellen, je nach Inhalt" (ib., 78). Berchem plädiert demgegenüber für eine rein formale Analyse. Komplementär zu den Ausführungen Spitzers kommentiert er die einzelnen Glieder der hypotaktischen Gestaltung der von diesem ausgewählten Sätze allein in Hinblick auf ihre Form: Relativsätze, Gerundialkonstruktionen, Konditionalsätze etc. – all dies wird fein säuberlich registriert. Berchem meint, nur zwei Grundformen (und aus ihnen gebildete Mischformen) hypotaktisch angeordneter Sätze feststellen zu können: die Kaskadenform und die Trichterform,

> "die dadurch gekennzeichnet ist, daß auf der linken Seite ein Syntagma in seinem normalen Fluß unterbrochen wird, und zwar durch einen oder mehrere Einschübe anderer Syntagmen verschiedenster Art, die vollständig sein können oder wiederum unterbrochen sind. Das unterbrochene Syntagma muß auf der rechten Seite wieder erscheinen" (ib., 78 f.).

Neben den Satztypen erörtert Spitzer im ersten Kapitel der Studie noch die Fragen, wie Proust die ganze Komplexität eines Erlebnisses in einen einzigen Satz zu gießen versteht, in welcher Weise das Vokabular am Aufbau der Syntax beteiligt ist, und schließlich welche syntaktische Gewichtung der Autor in der Schilderung der sich innerhalb und außerhalb der Psyche Marcels abwickelnden Prozesse vornimmt.

Das zweite Kapitel könnte man als eine nähere Erläuterung des ersten lesen, da Spitzer hier unter dem Titel "Retardierende Elemente" die syntaktischen Äquivalente des mit dem Wort "Spannung" bezeichneten stilistischen Effekts untersucht. Einen großen Abschnitt in diesem Kapitel nimmt die Analyse der Parenthesen ein. Wiederum geht Spitzer vom ausgedrückten Inhalt aus; die Parenthesen, so lautet sein Ergebnis, zeichnen sich erzähltechnisch oftmals darin aus, daß der Autor in ihnen Kontakt mit seinen Lesern aufnimmt, indem er eine psychologische Reflexion auf das zuvor Geschilderte anstellt; eine andere Funktion der Parenthesen ist u. a. die der "kompositionellen Verklammerung": In der Parenthese läßt der Erzähler den Leser wissen, daß das in den Schilderungen zum Leben Swanns Dargestellte die in der Romanchronologie später folgenden Erlebnisse Marcels antizipiere (cf. ib., 389). Überhaupt finde man in den Parenthesen häufig Angaben zur zeitlichen Situierung, die das Erzählte sowohl in Hinblick auf die empirische Zeit als auch in Hinblick auf den Verlauf des Romangeschehens fixieren.

Ein weiteres syntaktisches Element mit dem Effekt der Dehnung der Periode ist die – oft symmetrisch angelegte – Satzgabelung, mit der ein Satzglied durch einen Vergleich oder ein Beispiel näher erörtert wird; eingeleitet werden diese Konstruktionen häufig durch "soit ... soit" oder "ou ... ou" (cf. ib., 397f.). Auch die vielgliedrigen Disjunktionen, die impressionistisch anmutenden Reihungen von Distinktionen sowie schließlich die anaphorischen Wiederaufnahmen eines syntaktischen Schemas, die "das psychische Entstehen eines Wirklichkeitseindruckes", sein "Real-Werden" wiedergeben, zählt Spitzer zu den retardierenden Satzmitteln (ib., 403). – In den langen Perioden Prousts sieht er zwei Seelenhaltungen vereinigt: auf der einen Seite die "Ruhe des Weisen", der das Mannigfaltige des psychischen Erlebens in die Ordnung seiner Syntax zu bannen weiß, auf der anderen Seite die "*Nervosität* des nach Realität und 'Sicht' tastenden *Suchers*" (ib., 405).

Mit dem dritten Kapitel führt Spitzer die Untersuchung des Proustschen Satzbaus fort. Während das vorhergehende Kapitel die satzverlängernden Stilmittel zum Gegenstand hatte, handelt er hier von denjenigen Ausdruckselementen, die die komplexen Perioden Prousts zusammenhalten. Unter den Bindemitteln erwähnt Spitzer an erster Stelle die aus dem Lateinischen bekannte Vorausnahme der grammatischen Übereinstimmung: Aufgrund seiner Anpassung an das Genus und an den Numerus eines im Satz erst später folgenden Substantivs bewirkt das vorangestellte Adjektiv eine Verklammerung, die das Auseinanderfallen der langen Sätze verhindere, indem sie das syntaktische Zusammenspiel der betreffenden Elemente explizit mache (cf. ib., 409 ff.). – Durch das von Proust gern gewählte konsekutive Satzgefüge wird nach Spitzer die Periode nicht allein verlängert, sondern das in ihr Ausgedrückte – ohne daß dies vom Inhalt her erforderlich wäre – als voneinander abhängig dargestellt. Ein weiteres wichtiges Bindemittel zwischen Haupt- und Nebensatz sei die Verwendung des Demonstrativpronomens vor einer im Text noch nicht eingeführten Erscheinung, die dann durch definierende Relativsätze eine weitere Erläuterung erfahre. Den häufigen Gebrauch des Konjunktiv Imperfekt (den Konjunktiv bezeichnet Spitzer als den Modus der Abhängigkeit *par excellence*) deutet er teils als "innere Durchseelung" der jeweiligen Sätze, teils als ironische Distanzierung des Autors von seinen "leidenschaftgeblendeten Figuren" (ib., 418). – Spitzer beschließt dieses Kapitel mit einigen Hinweisen auf die abhängigen Sätze zweiten Grades und ihrer Verschweißung mit den ihnen übergeordneten Nebensätzen sowie mit einigen Ausführungen zum *style indirect libre,* durch den der Autor "alle Verantwortlichkeit von sich auf seine Figuren abgewälzt" habe (ib., 421 f.).

Mit dem vierten Kapitel "Das Verhältnis zur Sprache" verläßt Spitzer das Thema der Syntax. Maßgeblich für die Gestaltung dieses Kapitels ist also nicht eine bestimmte sprachwissenschaftliche Kategorie, sondern die sich auf ganz verschiedenen Ausdrucksebenen des Textes offenbarende Haltung des Autors gegenüber der Sprache. Spitzer beschäftigt sich zunächst mit der Charakterisierung der Personen durch ihre Sprache. In der Schöpfung der Figuren sieht er all jene Prinzipien verwirklicht, die er am Anfang der Studie als leitend für die von Proust geforderte und in den Motiv- und Wortstudien durchgeführte Literaturkritik dargestellt hat. Die Beschreibung des Proustschen Kunstschaffens kleidet Spitzer in ähnliche Begriffe wie die Ausführungen zu seiner eigenen Kunstkritik: der Autor behandele das "Wort als biologische Auswirkung der ganzen Persönlichkeit" (ib., 423); da er im "Individuellen etwas Unreduzierbares" sehe (ib., 425), gelte sein besonderes Interesse der "Individualsprache", kurz, Proust treibe "Graphologie oder Physiognomie der Individualsprache" (ib., 427). Daß – schon aufgrund dieser Gemeinsamkeiten – der Kritiker sich dem Künstler verwandt fühlt, drückt sich in Spitzers Worten nur allzu deutlich aus.

Mit der Untersuchung der Charakterisierung der Personen glaubt Spitzer, die These Curtius' von der nuancierten Sprache Prousts, die jeder Person ihren eigenen Stil aufprägt, voll bestätigen zu können. Spitzer geht jedoch über die Analyse Curtius' noch hinaus, indem er auf den Zusammenhang von Rede und beschriebener Gestik der Personen (cf. ib., 423) sowie auf die zahlreichen metasprachlichen Kommentare des Autors aufmerksam macht, die durch ausdrückliche Hinweise die Intonation und den Akzent des Gesagten präzisieren oder aber durch Kursivdruck oder Anführungszeichen einen Begriff oder eine Wendung in der Rede einer Person als Zitat markieren (cf. ib., 424ff.). Des weiteren zeigt Spitzer, wie Proust die Sprache affektisch belebt, wobei er die Neubildungen ("faire catleya", ib. 433), die ästhetische Magie der Eigennamen (cf. ib., 435ff.) und schließlich die durch Majuskeln ausgedrückte Mythisierung von Abstrakta wie "le Temps", "la Vérité", "la Présence" etc. hervorhebt. Das letzte Stilmittel glaubt Spitzer als eine ironische Distanzierung des Autors von den naiven Hypostasierungen seiner Personen deuten zu können (cf. ib., 439).

Als affektbetont, weil häufig vorkommend, führt er ferner die zahlreichen *in*-Bildungen an (z. B. "infléchissable", "indéfiniment", "invisible", "inépuisable"), mit denen Proust der "Unendlichkeit des inneren Lebensprozesses" und dem sich aller Präzision Entziehenden Herr zu werden versucht. Spitzer weist ebenso hin auf die Bedeutung des Präfixes *re-*, das "für Proust, der die Unsterblichkeit im Wiederemportauchen der Vergangenheit sieht, affektbetont sein muß": "rechercher", "reconnaître", "retrouver", "recréer" – all diese Verben zählt Spitzer zu den "Lieblingswörtern" Prousts (ib., 445).

Das letzte Kapitel der Abhandlung hat den Erzähler zum Gegenstand. Die Tatsache, daß Spitzer diesem Thema ein ganzes Kapitel widmet, ist symptomatisch für die Proust-Studie im besonderen wie für das zunehmende Interesse an der *literarischen* Beschaffenheit des Textes überhaupt. Denn mit der Kategorie des Erzählers läßt Spitzer das Spektrum der von der Sprachwissenschaft vorgegebenen Untersuchungskriterien hinter sich; der *Erzähler* ist eine genuin texttheoretische Kategorie, die sowohl in Bezug auf ihre Funktion für den Inhalt des Erzählten als auch auf ihre sprachliche Präsenz im Text hin untersucht werden kann. Spitzer bemüht sich in seiner Untersuchung, beide Aspekte zu berücksichtigen. Er unterscheidet dabei das erzählende, sich oft in eine "geheimnisvolle Tiefenschicht" (ib., 449) zurückziehende Ich des Erzählers vom geschilderten "erlebenden" Ich. Nach Spitzer sind in der *Recherche* zwei grundsätzlich verschiedene Erzählhaltungen ineinander verschlungen: auf der einen Seite Distanzierung des erzählenden vom erzählten Ich und von den anderen Romanfiguren, die sich sprachlich in Vergleichen eingeleitet durch "comme si" (ib., 449f.), in den Parenthesen (ib., 451), in den von Proust häufig verwendeten Verben des Scheinens (ib, 452) sowie in der ironischen Entlarvung durch Übertreibungen und "exzedierende Bilder" niederschlage (ib., 454ff.); auf der anderen Seite die mit den Figuren erlebende, die Ereignisse von ihrem Standpunkt aus betrachtende "impressionistische" Erzählhaltung, die eine Handlung sukzessive vor dem Leser entstehen läßt, was Proust oft durch den Satzbau, etwa die Inversion (ib., 464), oder aber durch Einbeziehung der optischen Perspektive in die Schilderung selbst ausdrücke.

In den Schlußbemerkungen bekennt sich Spitzer noch einmal ausdrücklich zu den Ergebnissen der Studie Curtius': den Impressionismus und den Intellektualismus im Stil Marcel Prousts nachzuweisen, dies sei das Anliegen seiner Interpretation gewesen (cf. ib., 472).

Wenn auch bescheiden eine "Nachlese" genannt, enthält die Studie über Proust eine Fülle von subtilen Detailanalysen, die die außerordentlich feine Beobachtungsgabe Spitzers noch einmal eindrucksvoll dokumentieren. Daß die Abhandlung über Proust, wie Elise Richter in ihrer Rezension bemerkt, "äußerst anziehend" wirkt[57], hat verschiedene Gründe. Obwohl Spitzer die ursprüngliche Fassung seines Textes in Hinblick auf die Interpretation von Curtius offensichtlich stark kürzen und verändern mußte, weist die in *Stilstudien* veröffentlichte Version, sieht man einmal von Kleinigkeiten ab, eine stringente Strukturierung auf, die manch anderem Aufsatz Spitzers leider abgeht. Wie die einleitenden Bemerkungen und die Schlußreflexion deutlich machen, legt Spitzer die Ergebnisse der Studie Curtius', vor allem die Formel vom Impressionismus und Intellektualismus des Proustschen Stils seiner eigenen Untersuchung zugrunde. Dennoch fällt er seinem Leser nicht mit der Tür ins Haus, sondern wählt den schon so oft beschrittenen Weg: Ausgehend vom auffallenden Detail, den ungewöhnlich langen Sätzen Prousts, lenkt er die Aufmerksamkeit sowohl auf diejenigen Stilelemente, die die Komplexität der Syntax verursachen, als auch auf jene Ausdrucksmittel, die die einzelnen Perioden vor dem Auseinandergleiten bewahren und sie zusammenhalten. Auf diese Weise vermittelt er ein abgerundetes Bild von der oft komplizierten Syntax Prousts.

Ein weiterer Grund für den "anziehenden" Charakter dieser Studie könnte darin beschlossen liegen, daß Proust ein Autor ist, mit dem sein Kritiker sich offensichtlich geistig verbunden fühlt. Wenn Spitzer sich auch vorgenommen hat, in seinen Analysen eine ästhetische Wertung nicht vorzunehmen, entschlüpft ihm in der Beschreibung eines Stils gleichwohl hin und wieder ein Ausdruck, der zumindest die Richtung seines Urteils andeutet; man denke z. B. an das Diktum vom "hämmernden" Stil Péguys. Im Falle Prousts hingegen spricht aus dem Bemühen, im Ausgang von seiner Sprache die künstlerischen Intentionen zu erspüren, eher Respekt und Bewunderung für das von diesem Autor Geleistete. Dazu schreibt Elise Richter:

57 Cf. Richter, "*Leo Spitzer, Stilstudien*. I. *Sprachstile*; II. *Stilsprachen*", 345.

> "Hinter den fürs erste 'so unfranzösich' anmutenden Perioden deckt Spitzer mit sicherer Hand künstlerische Absicht, wunderbare Kunstvollendung, eigenartigstes Formgefühl auf. Hier kann man sagen, daß Spitzer den Leser wirklich dem Verständnis näherbringt".[58]

Das ästhetische Interesse, das in diesem Aufsatz in der Tat zutage tritt, unterscheidet ihn deutlich von den übrigen Motiv- und Wortstudien; in der Proust-Interpretation zeichnet sich bereits ab, daß Spitzer die aus sprachwissenschaftlicher Perspektive vollzogene Analyse stilistischer Details mit einer Reflexion auf ihre literarische Funktion verbindet. Ineins damit erhält der Text einen neuen Stellenwert: Er wird nicht mehr bloß als Dokument für die sprachliche Kreativität des Autors und für sein Seelenleben benutzt, sondern auch unter dem Aspekt seiner literarischen Qualität gewürdigt. Neben die Erschließung des Seelenlebens des Autors tritt als zumindest ebenso wichtige Komponente der Stilkritik das ästhetische Verstehen seines Werkes. Diese Veränderungen in Spitzers sprachwissenschaftlicher Betrachtung lassen sich in der Proust-Studie an verschiedenen Punkten ablesen: Die Beobachtungen zum Motiv (gemeint ist die auf das Psychologische hin abzielende Bedeutung des Wortes) reichen hier nur so weit, wie sie für die Deutung des Textes erhellend sind. Der von Curtius und Spitzer festgestellte "Impressionismus" und "Intellektualismus" bezeichnen nicht die psychische Haltung des Autors qua empirischer Subjektivität, sie charakterisieren vielmehr die Intentionalität seines – um mit Proust zu sprechen – einzig und allein für das Verständnis von Kunst wichtigen "moi profond"[59]. – Außerdem beschränkt sich Spitzer in dieser Abhandlung nicht auf eine bloße Aufzählung der markanten Stilzüge und auf eine Paraphrase des durch sie ausgedrückten Inhalts. In die Betrachtungen zum Stil fließen interessante Bemerkungen zu ganz zentralen technischen und thematischen Fragestellungen der *Recherche*: So findet man bei Spitzer Hinweise z. B. zum Motiv der Zeit, zum Stellenwert der Swann-Bücher innerhalb der Architektonik der gesamten *Recherche* und schließlich zur narrativen Technik Prousts überhaupt. Da Spitzer sich jedoch in seinen Textreferenzen auf die ersten beiden Bände des Romans beschränkt, können seine Ausführungen im Kapitel "Der Erzähler" nicht ganz befriedigen; wenn man Spitzer auch zugute halten sollte, daß der letzte Band der *Recherche* erst 1927, also nur ein Jahr vor der Publikation der eigenen Studie veröffentlicht wurde und vermutlich auch aus diesem Grunde nicht angemessen beachtet werden konnte, ist, so scheint mir, gerade für die Klärung von erzähltechnischen Fragen im Falle Prousts die Berücksichtigung des gesamten Romantextes unbedingt erforderlich. Denn vor allem

58 Ib.
59 Cf. Proust, *Contre Sainte-Beuve*, 224.

das letzte Buch enthält nicht nur wichtige Reflexionen des Autors selbst zur Genese seines Romans, mit ihm gewinnt der Erzähler auch erst jene Position, die ihn die 'verlorene' Zeit als "le temps retrouvé" sehen läßt. Vergleichbar dem von Hegel in der *Phänomenologie des Geistes* nachgezeichneten Weg des "natürlichen" Bewußtseins, das zum wahren Wissen dringt, erreicht das erzählte Ich den Standpunkt, von dem aus es die *Recherche* beginnen kann, am Schluß des Romans: Erst hier schließt sich der Kreis, erst hier ist – in Hegels Begriffen – der "Widerspruch" zwischen erzähltem und erzählendem Ich, von dem die narrative Technik Prousts lebt, "aufgehoben":

> "Alors, moins éclatante sans doute que celle qui m'avait fait apercevoir que l'oeuvre d'art était le seul moyen de retrouver le Temps perdu, une nouvelle lumière se fit en moi. Et je compris que tous ces matériaux de l'oeuvre littéraire, c'était ma vie passée; ... Ainsi toute ma vie jusqu'à ce jour aurait pu et n'aurait pas pu être résumée sous ce titre: Une vocation".[60]

1.8. Résumé

Mit der Gruppe der Motiv- und Wortstudien haben wir die wichtigsten Arbeiten zum Individualstil aus der frühen Phase Spitzers vorgestellt[61]. Sie bilden gleichermaßen die erste Etappe auf dem von ihm eingeschlagenen Weg einer Verbindung von Sprach- und Literaturwissenschaft in der Stilistik. Als gemeinsames Charakteristikum dieser Analysen zeichnet sich die eindeutige Dominanz des sprachwissenschaftlichen Interesses aus. In dieser Periode strebt Spitzer nicht eine erschöpfende Auslegung des jeweiligen Textes bzw. Textauszuges an, sondern lediglich eine Diagnose all jener Stilzüge, die der Sprache eines Autors ihre besondere Prägung verleihen. Da er dabei vor-

60 Proust, *A la recherche du temps perdu* III, 898f.

61 Es soll noch einmal mit Nachdruck darauf hingewiesen werden, daß die den Selbstdarstellungen Spitzers folgende Einteilung seiner Stilanalysen in zwei Phasen und die diesen jeweils als prototypisch zugeordneten Arbeitsweisen allenfalls Tendenzen in seiner hermeneutischen Praxis zum Ausdruck bringen, nicht aber eine strenge Chronologie widerspiegeln sollen. Unter systematischen Gesichtspunkten hätte man im Kapitel über die sprachwissenschaftlichen Interpretationen ebensogut auch die komplexe Studie über Racine (in: RSLS I) oder auch den Aufsatz "Linguistic perspectivism in the *Don Quijote*" (in: LLH) vorstellen können, um nur zwei Beispiele herauszugreifen. Da aber weder die erstere noch die letztere Abhandlung – so interessant und aufschlußreich auch ihre Ergebnisse bezüglich der Sprache der behandelten Autoren sein mögen – *methodisch* Neues gegenüber den hier diskutierten Motiv- und Wortstudien bieten, habe ich sie nicht berücksichtigt.

nehmlich den abweichenden Ausdrucksmitteln eines Autors seine Aufmerksamkeit schenkt, kommt lediglich das Auffällige eines Stils in den Blick; all jene sprachlichen Verfahren hingegen, die, sei es den Konventionen einer historischen Sprache, sei es den Traditionen der betreffenden Gattung entsprechen und die für eine Stilsprache ebenso charakteristisch sein mögen wie ihre abweichenden Elemente, bleiben außer Betracht.

Im Rahmen der frühen Studien wird der literarische Text nicht in seiner Eigenschaft als Kunstwerk gewürdigt; was die ästhetische Qualität des Werkes angeht, übt Spitzer bewußt *epoché*. Der Text wird vielmehr weitgehend auf die Funktion reduziert, dem Sprachwissenschaftler das Corpus für seine Stilforschungen zu liefern; diesem Textverständnis entspricht auf methodischer Seite eine extrem analytische Vorgehensweise: Zug um Zug deckt Spitzer die prägnanten Stilmittel eines Autors auf, um auf ihrer Grundlage anschließend seine Einsichten zum "Motiv" zu formulieren, sofern er diese nicht – in einigen knappen Sätzen – den Untersuchungen zum "Wort" bereits vorausgeschickt hat. Die von Spitzer geforderte Analyse des "Ausdruckssinns" hat nicht in erster Linie die Interpretation des *signifié* des Textes als einer autonomen sprachlichen Einheit zum Gegenstand; sie wird von vornherein in den Dienst der Erkenntnis des Motivs gestellt, die Spitzer in der Form einer kurzen Synthese meist gegen Ende seiner Studien noch einmal zusammenfaßt.

Spitzer hatte die Notwendigkeit einer sprachwissenschaftlichen Untersuchung von Literatur dadurch begründet, daß in der Dichtung das Wesen von Sprache, ihr Werden, ihre Dynamizität besonders deutlich in Erscheinung treten. In seinen Stiluntersuchungen kommt dieser Aspekt allerdings kaum zum Tragen. Denn die besonderen Stilcharakteristika eines Autors hat er – abgesehen von einigen wenigen Ausnahmen – nicht als Innovationen vorgestellt, in der Weise, daß er das Auffällige, Abweichende eines Ausdrucksmittels in Hinblick auf die Gemeinsprache herauspräpariert bzw. Überlegungen darüber angestellt hätte, inwieweit das betreffende sprachliche Merkmal zum Allgemeingut geworden ist oder werden kann. Die Abweichung wird also nicht als eine objektiv, anhand von Belegen aus der jeweiligen historischen Sprache überprüfbare Relation definiert; sie bemißt sich vielmehr an der Subjektivität des Interpreten, an seiner Intuition, an seiner Erfahrung, an seinem Wissen.

Trotz des die Motiv- und Wortstudien gemeinsam leitenden Erkenntnisinteresses sind sie untereinander doch recht unterschiedlich, denn jeder Autor und jedes Werk – es dürfte sich fast erübrigen, dies überhaupt zu betonen – bietet besondere Probleme und Fragestellungen, denen der Interpret gerecht werden muß. Die Individualität eines Werkes wird zunächst im Wort, in der sprachlichen Gestaltung offenkundig. Der Stilkritiker kann daher nicht mit einem festen Sortiment von Kategorien arbeiten, die für jeden Text die gleiche Tragfähigkeit und Verbindlichkeit besäßen. Die Entscheidung, welche Kriterien er in der jeweiligen Analyse anlegt, wird Spitzers Vorstellungen zufolge maßgeblich seiner Intuition vorbehalten sein. Der Stilkritik Spitzers in ihrem frühen Stadium liegt folglich ein doppeltes Textverständnis zugrunde: erstens ein objektivierendes Verständnis, demzufolge sich die sprachliche Dimension des Textes auf dem Wege einer mit Kategorien aus der Sprachwissenschaft arbeitenden Analyse erschließt; zweitens ein die Subjektivität des Forschers berücksichtigendes Verständnis; in dieser Perspektive erscheint der Text als etwas Individuelles, Einmaliges, dessen Entschlüsselung im Erleben des Interpreten seinen Ursprung nimmt.

Vergegenwärtigt man sich noch einmal die vorgestellten Stilanalysen, so bestätigt sich, daß Spitzer seine Kategorien je nach Autor wählt und kombiniert. So beschäftigt er sich in den Studien über Morgenstern, Barbusse und Romains vorwiegend mit dem Wortmaterial, in den Aufsätzen über Diderot, Péguy und Proust in erster Linie mit der Syntax und im Falle Philippes schließlich mit Satzsyntax und syntaktischen Verfahren. In der Abhandlung über Proust verläßt er die von der Sprachwissenschaft vorgezeichneten Bahnen, um sich mit dem Thema "Der Erzähler" Fragen der narrativen Technik zuzuwenden. – Die Intuition ist nicht in allen Fällen für den Einstieg in den hermeneutischen Zirkel leitend. Oftmals greift Spitzer auch eine These aus der Forschung auf, um sich mit ihr im Verlauf seiner Abhandlung auseinanderzusetzen.

Ebenso vielschichtig wie die Deutungsmöglichkeiten zum Wort sind die Diagnosen des Motivs. Dies mag zum einen daran liegen, daß Spitzer diesen Begriff nicht eindeutig definiert hat; zum anderen aber hat man den Grund für diese Vielschichtigkeit auch in Spitzers Versäumnis zu suchen, die Relation von Autor und Werk einer näheren Klärung zu unterziehen. Spitzers Formulierung, das Wort sei "die biologische Auswirkung der Individualseele", legte die Vermutung nahe, daß er die Beziehung zwischen dem Autor und seiner Sprache als ein Kausalverhältnis betrachtet, wobei das Wort die Rolle zu übernehmen hätte, ein Licht auf die latente Seelenhaltung seines Urhebers qua faktizitärer Subjektivität zu werfen. Spitzer hat sich in der Tat vor allem in den Aufsätzen zu Barbusse und Diderot mit der empirischen Subjektivität dieser Autoren beschäftigt. Die Bezugnahme auf die Freudsche Psychoanalyse nimmt sich dabei in gleicher Weise flüchtig aus wie in den theoretischen Schriften. Auch hier bleibt es ein Geheimnis, wie man sich die Kausalrelation zwischen Autor und Werk näherhin zu denken hat. In der Barbusse-Studie akzeptiert Spitzer sogar bewußt ein Vulgärverständnis der Freudschen Theorie, um die Beschränkung der Untersuchung auf den Aspekt der Sexualisierung in der Sprache Barbusse' zu motivieren.

In Hinblick auf die versuchte Annäherung von Sprach- und Literaturwissenschaft vermag der von Spitzer gewählte psychostilistische Ansatz in dieser Form nicht zu überzeugen: Nur in wenigen Fällen, scheint mir, können die von der Sprache ausgehenden Spekulationen über die Psyche des Autors dem Verständnis seiner Texte dienlich sein, z. B. an solchen Stellen seines Werkes, wo er sich selbst als empirische Subjektivität thematisiert[62]. – Neben den Mutmaßungen zum Seelenleben des Autors als eines empirischen Individuums, die sich oft weniger auf die Form denn auf den Inhalt des Gesagten gründen, hat Spitzer auch – und das darf nicht vergessen werden – Überlegungen zur Geisteshaltung des Autors qua Künstler angestellt; in diesem Zusammenhang verdienen besonders die Studien über Morgenstern und Proust Erwähnung. Das Fazit dieser Untersuchungen, der Skeptizismus des einen, die intellektualistische und zugleich impressionistische Intentionalität des anderen, gehen im wesentlichen auf die Analyse der Ausdrucksformen zurück; für das Verstehen von literarischen Texten können derartige Klärungen zum Motiv in der Tat sehr hilfreich sein.

Die These, das Erleben des Dichters sei exemplarisch für das der Menschen seiner Zeit, die Spitzer mit dem Beispiel, die *mens Philippina* reflektiere die *mens franco-gallica* des zwanzigsten Jahrhunderts in *Linguistics and Literary History* aufgestellt hat, findet man in keinem der diskutierten Aufsätze näher ausgeführt. Spitzers Interesse ist hier allein auf den Individualstil und seine individualpsychologische Ausdeutung konzentriert.

Die hier vorgebrachten Einwände gegen den psychostilistischen Ansatz der frühen Abhandlungen sind nur dann gerechtfertigt, wenn man diese vor dem weiteren Hintergrund der von Spitzer intendierten Verbindung von Sprach- und Literaturwissenschaft in einer neuen Stilistik sieht. Im Rahmen der Motiv- und Wortforschung hat er mit den einzelnen Studien zweifelsohne das erfüllt, was er sich vorgenommen hatte: hinter dem Wort des Künstlers das "Motiv" seines Sprechens aufzudecken.

Was in den ersten Versuchen Spitzers, im Rahmen einer neuen Stilistik eine Brücke zwischen Sprach- und Literaturwissenschaft zu bauen, nicht befriedigt, ist nicht die dominierende Rolle, die der sprachwissenschaftlichen Betrachtung dabei zukommt. Da der Annäherungsversuch, um anthropomorphistisch zu sprechen, vonseiten der Sprachwissenschaft initiiert wird,

62 In seinen späteren Interpretationen, mit denen Spitzer sich auch gegen die biographische Deutung von Literatur wendet, vertritt er diesbezüglich folgenden Standpunkt: die Entscheidung, ob in der Auslegung eines Textes Biographisches einbezogen oder nicht berücksichtigt werden sollte, müsse man davon abhängig machen, ob der Autor selbst Biographisches in seinem Werk anspreche oder nicht (cf. id., *Interpretationen zur Geschichte der französischen Lyrik*, 98).

ist es nur recht und billig, wenn in ihren Händen die Fäden zusammenlaufen. Hinderlich für die Konstituierung einer Stilistik im Sinne einer sprachwissenschaftlich fundierten Wissenschaft vom Text ist dabei die psychologische Orientierung: Mit ihr wird die Analyse des Textes als einer autonomen Ebene sprachlichen Bedeutens verkürzt, da sie zurückgenommen wird in die Analyse der Weltanschauung, der Geisteshaltung, der Psyche des Autors: Damit aber wird gerade das, was im Zentrum der Untersuchung stehen sollte, an die Peripherie gerückt: der Text[63].

63 Eine ähnliche Kritik an der psychologischen Orientierung innerhalb der Stilforschung und damit auch ausdrücklich an den frühen Stilstudien Spitzers hat Kayser formuliert (cf. id., *Das sprachliche Kunstwerk*, 281ff.). Kaysers grundsätzlicher Einwand gegen die Erforschung des "Personalstils" (die er streng von der des "Werkstils" abgrenzt), besagt, "daß das einzelne Werk ... nicht als Einheit, sondern nur als Träger von Indizien gesehen wird und notwendigerweise auf eine Stufe mit anderen Werken des Dichters rückt" (ib., 283). Des weiteren wendet sich Kayser gegen die theoretischen Voraussetzungen der Analyse des Personalstils, nämlich gegen

> "1. die Annahme, daß an dem Schaffensakt die ganze Persönlichkeit des Dichters beteiligt sei, so daß wir sie nur aus einer nur vollständig genug betriebenen Analyse erschließen können; 2. die Annahme, daß nur die Persönlichkeit des Dichters an dem Schaffensakt beteiligt sei" (ib., 287).

Der ersten Annahme begegnet Kayser mit der Überlegung, es sei schlechterdings unmöglich, die ganze komplexe Persönlichkeit eines Autors aus einem einzigen seiner Werke zu erschließen, etwa den "ganzen Shakespeare" im Ausgang von *Hamlet* zu verstehen. Gegen die zweite Annahme führt Kayser den Gedanken an, daß die "menschliche Persönlichkeit nicht restlos identisch ist mit der schaffenden künstlerischen Persönlichkeit". Mit Croce plädiert er für eine strikte Trennung der "poetica personalità" von der empirischen Individualität des Autors (cf. ib., 288).

2. DER LITERATURWISSENSCHAFTLICH ORIENTIERTE INTERPRETATIONSTYPUS

2.0. Einleitung

Mit den *Romanischen Stil- und Literaturstudien* beginnen sich in Spitzers Auffassung von Stilistik Veränderungen abzuzeichnen, die ihren Standort gegenüber Sprach- und Literaturwissenschaft und damit ihre Funktion im Rahmen der Textanalyse neu festlegen. Spitzer will mit seiner Stilistik nicht mehr eine "belle alliance" zwischen Sprach- und Literaturwissenschaft herstellen (cf. RSLS II, 46), sondern die stilistische Exegese eines Textes seiner literaturwissenschaftlichen Deutung unterordnen. Im nachhinein betrachtet er denn die *Stilstudien* auch lediglich als "Vorstufe zu richtiger betriebener Literaturwissenschaft" (ib.). Mit der Umgewichtung des sprachwissenschaftlichen Parts in der Texthermeneutik ist die Distanzierung von der psychologischen Orientierung verbunden; die neue Betrachtungsweise charakterisiert Spitzer als "phänomenologisch", als "strukturalistisch" und als "ästhetisch" (cf. I.3.3.8.). Innerhalb der weit gefächerten Fülle der literaturwissenschaftlich orientierten Textauslegungen Spitzers kann man als einen Typus jene Arbeiten ausgrenzen, in denen er die gewünschte Integration der Stilistik in die Literaturwissenschaft in die Praxis umzusetzen sucht. Die Diskussion der in diesem Sinne "literaturwissenschaftlichen" Studien hat zu zeigen, wie sich dieser Interpretationstypus von den Motiv- und Wortstudien unterscheidet und in welcher Weise die von Spitzer dafür selbst gewählten Charakterisierungen näherhin expliziert werden können.

2.1. Saint-Simon

Als Einstieg in die Darstellung der literaturwissenschaftlichen Deutungen bietet sich der Aufsatz über Saint-Simon (aus dem Jahre 1931) aus mehreren Gründen an. Spitzer ordnet diese Studie selbst dem neuen Interpretationstypus zu; außerdem fügt er der eigentlichen Analyse einige wichtige Bemerkungen zur Methodik an, die auch für die Auswahl und für den Kommentar weiterer Beispiele von Interesse sein werden. Neben diesen Erwägungen könnte man zusätzlich die Chronologie als Argument für den Einstieg mit Saint-Simon geltend machen: In einer Anmerkung hebt Spitzer eigens hervor, daß er die Abhandlung über Saint-Simon vor dem programmatischen Aufsatz

"Zur sprachlichen Interpretation von Wortkunstwerken" verfaßt hat (cf. RSLS II, 46)[64].

Wie der Titel des Aufsatzes deutlich macht, wählt Spitzer aus dem voluminösen Memoirenwerk Saint-Simons für seine Interpretation jenen Band (Band 28 der Ausgabe "Grands Ecrivains"), der die Herrschaft, den Charakter und das tägliche Leben Ludwigs XIV zum Gegenstand hat. Spitzer teilt seine Abhandlung in vier Abschnitte ein: Maßgeblich für diese Gliederung ist weniger die sprachliche Ausdrucksweise Saint-Simons als vielmehr (sieht man einmal vom letzten Abschnitt ab, in dem Spitzer seine Vorgehensweise kommentiert) die thematische Gestaltung des Porträts; dabei interessiert er sich in erster Linie nicht für den Inhalt des Dargestellten, sondern für die Modalität seiner literarischen Vermittlung. Die Titel, die er den ersten drei Abschnitten jeweils voranstellt, hat er als Konjunktion zweier Begriffe formuliert, die auf den ersten Blick recht divergent anmutend, gleichwohl zwei ineinander verschlungene Aspekte der thematischen Textkomposition Saint-Simons bezeichnen. Im ersten Abschnitt "Charakter und Geschichte" legt Spitzer dar, wie der Autor es versteht, die Nachzeichnung der historischen Ereignisse während der Regierungszeit Ludwigs XIV in das Porträt des Königs einzuflechten; immer wieder werde die "geschichtliche Entwicklung ... eingefangen in die Waben des Charakters" (ib., 3), In einer Anmerkung macht Spitzer auf die sprachliche Wiedergabe dieser Darstellungstechnik aufmerksam: Die Rückbeziehung der Historie auf den Charakter des Königs spiegele sich in der Sprache des Autors häufig darin wider, daß er als Satzsubjekt und damit als Träger der Handlung (genauer gesagt: als determinierenden Faktor des Geschehens) eine psychische Eigenschaft Ludwigs XIV ansetze (z. B. "Ce même orgueil que Louvois sut si bien manier, épuisa le royaume par des guerres et par des fortifications innombrables"; ib., 2).

Dem Vorwurf der Strukturlosigkeit des Textes stellt Spitzer seine These entgegen, Saint-Simon habe "Teile seines Porträts je nach der relativen Wichtigkeit für das Ganze" komponiert (cf. ib., 7); einzig und allein in diesem Sinne sei die "Riesenprotuberanz Maintenon" im Vergleich zu den knappen

64 Brody, der sich in seinen Abhandlungen über Saint-Simon an der Studie Spitzers orientiert hat, würdigt es als dessen besonderes Verdienst, die *Mémoires* überhaupt als einen *literarischen* Text interpretiert zu haben:

> "Plus significative encore que sa façon d'aborder le problème posé par le portrait de Louis XIV est la manière dont Spitzer sut concevoir et formuler ce problème. Car il fut le premier – et jusqu'à une date récente le seul – à constater que le portrait Saint-Simonien, quelle que puisse être sa valeur comme document ou témoignage historique, était avant toute autre chose un texte littéraire" (id., *Approches textuelles des 'Mémoires' de Saint-Simon*, 15).

Ausführungen über die erste Geliebte des Königs, Mme de La Fayette, zu verstehen (cf. ib., 3). Wiederum in einer Fußnote kommt Spitzer auf die sprachliche Bewältigung der dargestellten historischen Fülle zu sprechen: Die Syntax Saint-Simons sei im Grunde klar, unübersichtlich werde sie allein aufgrund der "Ausstopfungen, Wattierungen, Verlängerungen, die die geschichtliche Materie notwendig macht" (ib., 8). Spitzer beschließt diesen Abschnitt mit Ausführungen zur "deduktiven" Anlage des Porträts, die er in der Rückbeziehung der historischen Fakten und verschiedener einzelner psychischer Eigenschaften auf einen zentralen Charakterzug des Königs durchgeführt sieht. Das stilistische Äquivalent dieser Darstellungsform diesmal im Haupttext belegend, führt er eine Reihe von Textstellen an, die sämtlich eingeleitet durch "de là" oder durch Wendungen wie "c'est-ce qui", die deduktive Vorgehensweise des Autors sprachlich reflektieren.

In diesem Abschnitt zeichnen sich bereits einige wichtige Merkmale des neuen Interpretationstypus ab: Den Ausgangspunkt der Untersuchung bildet nicht ein auffallendes stilistisches Detail, sondern die dem Porträt Ludwigs XIV innewohnende Kompositionstechnik; im Zentrum des Interesses steht also eindeutig die thematische und nicht die sprachliche Gestaltung des Saint-Simonschen Textes; die Stilanalyse, in der Spitzer die sprachlichen Reflexe der thematischen Organisation des Buchs aufzeigt, schließt er – zumeist in der Form von Fußnoten – dem Haupttext an.

Mit dem zweiten Abschnitt "Charakterzeichnung und Panegyrikus" wendet sich Spitzer einer näheren Betrachtung des Porträts zu. Das Bild Ludwigs XIV sei von vornherein zwiespältig gezeichnet: Auf der einen Seite zeige Saint-Simon den ruhmreichen starken Herrscher, auf der anderen Seite entlarve er diesen in erbarmungsloser Schärfe als einen mittelmäßigen Menschen, als "schwache[n] Kleinigkeitskrämer" (ib., 16). Diese beiden Perspektiven seien in der Darstellung nicht streng voneinander getrennt, im Gegenteil, Lob und Tadel würden von Saint-Simon in "jähen Übergängen" ausgeteilt (ib., 15). Diese antinomische Charakterzeichnung Saint-Simons belegt Spitzer anhand einer langen Reihe von Textauszügen, u. a. auch durch einige Passagen aus dem Porträt der Maintenon (cf. ib., 20f.), indem er das Ineinander von positivem Urteil und unverhohlener Kritik des Biographen durch unterschiedliches Druckbild der jeweiligen Formulierungen deutlich macht. Die Erläuterungen zu den Stilmitteln Saint-Simons führt Spitzer auch hier größtenteils in den Fußnoten an: So weist er hin auf die "besonders perfide Form des Übergangs von Positivem zu Negativem" im Typus "heureux si" mit Konditionalsatz (z. B. "Heureux s'il n'eût eu que des maîtresses semblables à Mme de la Vallière"; ib., 16f.), auf das entlarvende "tel", auf die Verwendung von Formeln wie "c'est à dire", wodurch das über eine Person zuvor Gesagte partiell aufgehoben und die Mehrschichtigkeit ihres Charakters angedeutet werde. Auch in diesem Zusammenhang kommt Spitzer auf die Syntax zu sprechen; ähnlich wie in der Proust-Studie versucht er auch im Falle Saint-Simons nachzuweisen, daß die Syntax dem ausgedrückten Inhalt häufig sehr eindringlich angepaßt ist.

Im dritten Abschnitt "Bild und Schilderung" zeigt Spitzer, wie Saint-Simon die Darstellung des Verlaufs der Geschichte erzähltechnisch bewältigt. Saint-Simon schildere den Hergang der Ereignisse nicht in ihrer linearen Abfolge. Er reihe vielmehr sprachlich und thematisch in sich abgerundete Einheiten aneinander – "Medaillons", wie Spitzer sagt – und vermittele auf diese Weise "Durchschnitte durch das Leben Ludwigs XIV" (ib., 33). Der Effekt der sprachlichen Abgerundetheit verdanke sich im wesentlichen dem Satzbau; durch ihn werde das Geschilderte aus dem Fluß des Geschehens gleichsam isoliert und als ein in sich komplexes, jedoch geschlossenes Ganzes dem Leser vor Augen geführt. Mit dieser statischen, fixierenden Erzählweise Saint-Simons, die ja im Gegensatz zu seinem Sujet, der Geschichte in ihrem Verlauf, steht, ist jedoch nur *ein* Aspekt seiner narrativen Technik beschrieben; mit dem Begriff "Schilderung" bezeichnet Spitzer die gegenüber dem statischen "Bild" dynamische Präsentierung der Ereignisse, die oft in die Form von kurzen Sätzen gekleidet, dem Eindruck des "Ewigen" der Porträts entgegenwirke (cf. ib., 36).

In den letzten Sätzen dieses Abschnitts skizziert Spitzer eine knappe Einordnung Saint-Simons in die Geistesgeschichte. Aufgrund seiner statischen Sehweise stehe Saint-Simon dem "hierarchisch-stabilen" Denken des siebzehnten Jahrhunderts näher als dem historischen des achtzehnten. Die aus seinen *Mémoires* sprechende Lebensstimmung erinnert Spitzer an das spanische Barock: Wie die großen Dichter des *desengaño* schildere Saint-Simon "eher das Leben als Herrliches in seiner Zernichtung, also antithetisch-polemisch, denn in seiner aus Schönem und Häßlichem gemischten Realität" (ib., 43)[65].

Spitzer beschließt die Abhandlung mit einigen Reflexionen zur Methodik. Während er in den frühen Studien häufig im Ausgang von einem auffälligen

65 Eine anders pointierte geistesgeschichtliche Charakterisierung Saint-Simons nimmt Auerbach vor. Obwohl Saint-Simon chronologisch ins achtzehnte Jahrhundert gehöre, erinnere seine Schreibweise "an vorklassische Prosa aus dem Anfang des 17. Jahrhunderts". In Anbetracht seiner politischen Auffassungen möchte Auerbach ihn jedoch dem achtzehnten Jahrhundert zuordnen:

> "Ich glaube, nach alledem, daß er sich noch am ehesten als ein Mann des beginnenden 18. Jahrhunderts einordnen läßt; als ein origineller Sonderfall der antiabsolutistischen, aristokratisch-ständischen, liberalisierenden Reformgesinnung, die den Anfängen der Aufklärung unmittelbar voraufging" (*Mimesis. Dargestellte Wirklichkeit in der abendländischen Literatur*, 389).

Ausdrucksmittel das Totalbild eines Individualstils und das ihm entsprechende Psychogramm des Künstlers erstellen wollte, geht es ihm hier darum, im Ausgang von der Interpretation eines Textauszuges ein erhellendes Licht auf das Werkganze zu werfen. Spitzer vergleicht seine Vorgehensweise mit der Entnahme einer Blutprobe:

> "die Aufeinanderabgestimmtheit, die Bezogenheit der Einzelheiten aufs Ganze, der Organismus dieses Ganzen kann nur durch Versenkung in ein *überschaubares* Ganzes klar werden – und schließlich durchfließt dasselbe stilistische Blut ja das ganze Werk, so daß die Blutprobe allenthalben dieselben Resultate ergeben muß" (ib., 43f.).[66]

Damit verlagert sich die hermeneutische Bemühung als eine vom Teil zum Ganzen und wieder rückläufig sich vollziehende Erkenntnisbewegung von der Analyse des Individualstils auf die des Einzelwerks. – Daß die antinomische Zeichnung des Charakters Ludwigs XIV als prototypisch auch für die anderen Porträts angesehen werden kann, versucht Spitzer durch Hinweis auf die Schilderung der Person Fénelons (cf. SS II, 488ff.) wie durch einige Zitate aus Saint-Simons Beschreibungen der Herzogin von Burgund zu belegen (cf. RSLS II, 44f.). – Mit der Konzentration auf die thematische Komposition nimmt die Untersuchung des Sprachlichen, wie Spitzer selbst betont, die "ihr gebührende", "untergeordnete" Stellung ein: oft habe er sie "in der demütigen Form einer Fußnote" dem Text einverleibt (ib., 45).

Das Argument, mit dem Spitzer die Methodik seines Aufsatzes begründet, dokumentiert noch einmal eindeutig die Dominanz des Interesses am Text: Die entweder bloß auf die sprachliche oder auf die thematische Gestaltung des Werkes spezialisierte Betrachtungsweise habe zur Folge, daß dieses nicht als Einheit in den Blick kommen könne, sondern in ein "literarisches" und

66 Kritische Vorbehalte weniger gegenüber den Ergebnissen der Spitzerschen Studien zu Góngora und Saint-Simon, die der "Theorie von der Blutprobe" Folge leisten, denn gegenüber dieser Konzeption selbst hat Leo geäußert. Leo sieht in diesem Programm die Gefahr einer weiteren "Zerstückelung" des in seinen Augen

> "kleinstmöglichen Gegenstandes der Stilforschung als 'Stilmonographie' des Einzelkunstwerks. Ob die Auffassung, nach der 'das gleiche Gesetz das ganze Werk durchpulst' nicht außerdem etwas bedenklich *Naturalistisches* hat?" (id., "Leo Spitzer, *Romanische Stil- und Literaturstudien*", 250).

Die Einwände Leos sind zweifellos berechtigt. Andererseits hat man sich die Frage zu stellen, wie man gerade einem solch voluminösen Opus wie den *Mémoires* in der Interpretation soll Herr werden können, wenn nicht durch eine exemplarische Analyse zentraler Fragestellungen auf der Grundlage von ausgewählten Partien des Werks.

in ein "sprachliches Gebilde" auseinanderfalle[67]. Mit der Integrierung der Stilanalyse in die literaturwissenschaftliche Exegese will Spitzer die "lästige Zweitaktigkeit" der frühen Interpretationen vermeiden, in denen er sich zudem, wie er selbst bemerkt, wegen der einseitigen Beschränkungen auf die Erforschung der Form die Deutung des Gehalts häufig von anderen Interpreten habe vorgeben lassen (cf. ib., 45). Die Erfahrung des Textes als einer sprachlich-literarischen Einheit bedürfe des "einheitlichen Blickes des Betrachters"; aus diesem Grunde habe er versucht, unbehelligt und unbeschwert von Kenntnissen der Sekundärliteratur gleichsam als *tabula rasa* den Text zu erleben: "so viel möchte ich behaupten, daß ich *allein* zu schauen mich bemüht habe" (ib, 47).

Die Studie über Saint-Simon kann als Dokument und aufgrund der angefügten Bemerkungen zur Methodik zugleich als Programm für den gegen Ende der zwanziger Jahre sich abzeichnenden neuen Interpretationstypus gelesen werden. Korrelativ zum Gegenstand der Untersuchung verändert sich die Betrachtungsweise. Spitzers Analyse zielt nicht mehr primär ab auf die Erforschung der in den Werken eines Schriftstellers sich offenbarenden sprachlichen Besonderheiten; vielmehr steht jetzt die sprachliche und thematische Ausdeutung eines Textauszuges als exemplarische Charakteristik eines Gesamttextes auf dem Plan[68]. Ein solches Projekt kann nur dann als sinnvoll

67 Interessanterweise distanziert Spitzer sich in diesem Zusammenhang von Walzel, auf dessen Theorie er sich in der Darstellung der eigenen Position positiv bezogen hatte. Mit Pongs kritisiert Spitzer, daß mit der Trennung von Gehalts- und Gestaltsaspekt die Erfassung ihrer Einheit im Kunstwerk preisgegeben sei (cf. RSLS II, 46), was Walzel allerdings – zumindest seinen eigenen Ausführungen zufolge – nicht *intendiert* hat (cf. I.3.3.3.).

68 In seiner Rezension zu ***Romanische Stil- und Literaturstudien*** vertritt Leo die Auffassung, Spitzer habe in den hier versammelten Aufsätzen die sprachwissenschaftliche Begründung seiner Stilistik nicht aufgegeben:

> "Ohne der Zukunft vorgreifen zu dürfen, möchte ich behaupten, daß an Spitzers Eigenschaft und Beruf zum sprachwissenschaftlich gegründeten Stilforscher mindestens die vorliegenden Bände nichts ändern; seine eigenen Einwände gegen Stilforschung aber scheinen mir nur auf seinem eigenen *theoretisch* doch wohl immer noch viel zu engen Stilbegriff zu beruhen, indem er nämlich nichts als Sprachformen zum Stil rechnen will: in Wahrheit ist aber 'Stil' die *Gesamtheit dessen, was in einem Sprachkunstwerk Ausdrucksfunktion hat*, also Gesprochenes wie Verschwiegenes, Aufbau als Kosmos oder als Chaos, usw.: gerade also die 'Schriftstellereigenart', sofern sie eben zum Ausdruck kommt'. *Diesen* Stilbegriff aber, so wenig Spitzer ihn bisher grundsätzlich zugestanden hat, legt er, wie ich finde, *praktisch* mehr und mehr seinen Arbeiten zugrunde; und so ist, wie mir scheint, das, was er seine 'Literaturwissenschaft' nennt, eben gerade erst die echte Stilforschung" ("Leo Spitzer, *Romanische Stil- und Literaturstudien*", 249 f.).

erscheinen, wenn man wie Spitzer ein organologisches Textverständnis vertritt, demzufolge sich die Struktur und das Funktionieren des Ganzen im Teil widerspiegelt. – Die neue Interpretationspraxis läßt sich am Beispiel der Saint-Simonstudie gut illustrieren: Obwohl die Diagnose der Syntax im Rahmen der Stilanalyse zweifelsohne den größten Raum einnimmt, bildet sie doch nicht den eigentlichen Gegenstand der Untersuchung; mit den Beobachtungen zur Sprache fundiert Spitzer vielmehr seine Thesen zur thematischen Komposition der Porträts in den *Mémoires*. – Die neue Vorgehensweise hat des weiteren zur Folge, daß mit der Konzentration auf das Werk der Autor als Person aus dem Blickwinkel verschwindet. So erfahren wir im Zuge der Spitzerschen Analyse über den Menschen Saint-Simon so gut wie nichts: Spitzer nennt ihn an einer Stelle einen "hassenden", an einer anderen einen "verbissenen Aristokraten" (ib., 22, 42). Mit den am Ende des dritten Kapitels résuméartig formulierten Schlußsätzen nimmt er lediglich eine geistesgeschichtliche Einordnung der Geschichtsbetrachtung Saint-Simons vor, wobei er sich auch hier näherer Ausführungen zur Person enthält. Der Verzicht auf die *psycho*stilistische Deutung des Textes birgt den Vorteil in sich, daß mit ihm der Zugang zur Interpretation des Sinns, die zuvor stets an die Erforschung des Künstler-Ich rückgebunden war, eröffnet ist. – Die von Spitzer propagierte Abkehr von der Sekundärliteratur, die Aufforderung, den Text zunächst zu *erleben* und in seiner Besonderheit zu *schauen,* offenbart die Nähe zur Phänomenologie: Nicht allein vom Begründer der Phänomenologie, Husserl, auch von anderen, an seiner Theorie inspirierten Philosophen und Sprachwissenschaftlern ist ein verstärktes Vertrauen auf die Intuition und das vorwissenschaftliche Wissen in der Forschung wiederholt gefordert worden (cf. III.2.).

Leo mag von seinem Standpunkt aus darin recht haben, daß erst mit den "literaturwissenschaftlichen" Studien in Spitzers Sinn der eigentlichen Stilforschung Genüge getan wird; allerdings hat Spitzer auch im nachhinein eine ausdrückliche Erweiterung seines Stilbegriffs, wie Leo sie entwirft, nicht vorgenommen. Wenn Spitzer auch bis an sein Lebensende sprachwissenschaftlich motivierte Literaturforschung betrieben hat, so bleibt es dennoch ein unleugbares Faktum, daß er zeitweilig die theoretische Unterordnung der Sprach- unter die Literaturwissenschaft gefordert und entsprechende Interpretationen verfaßt hat, ganz zu schweigen von all jenen Aufsätzen, in denen der Text tatsächlich ausschließlich unter literaturwissenschaftlichen Gesichtspunkten erörtert wird.

2.2. Vigny

Die bisherige Auswahl der Textanalysen Spitzers könnte – entgegen den eingangs aufgestellten Behauptungen – den Eindruck erwecken, seine Kontakte mit der Literatur seien auf die Arbeit mit erzählenden Texten eingeschränkt. In der Tat fällt auf, daß er die frühen Stilanalysen auf der Grundlage vorwiegend von Romanen durchführt. Erst mit dem zunehmenden Interesse am einzelnen Werk selbst gewinnt gerade der kurze Text – etwa das Gedicht – an Reiz, da sich an ihm der neue Interpretationstypus, die Deutung des Textes als eines in sich strukturierten organischen Ganzen besonders augenfällig zeigen läßt. Daß das Gedicht schon aufgrund seines geringeren Textumfangs eine zumindest partiell von der Deutung des Romans abweichende exegetische Technik erfordert, dürfte wohl kaum bestritten werden. Während Spitzer die Einheitlichkeit der Darstellungsweise in den *Mémoires* Saint-Simons mit Hilfe einer "Blutprobe", d. h. mit der exemplarischen Analyse des Porträts Ludwigs XIV nachweisen mußte, kann er die Strukturierung auch eines relativ langen (einundzwanzig Strophen zählenden) Gedichts wie "Le cor" dem Leser gleichsam *ad oculos* vorführen.

Spitzer hat die Analyse von "Le Cor" (1928) im Untertitel einen "Versuch immanenter Stilerklärung" genannt (RSLS II, 244). Was er mit diesem Etikett näherhin meint, zeigt der Verlauf der Untersuchung. Die Interpretation des Vignyschen Gedichtes ist im wesentlichen durch zwei Komponenten bestimmt: zum einen durch die Analyse des Textes selbst, zum anderen durch die Auseinandersetzung mit Schultz-Gora, der "Le Cor" ebenfalls zum Gegenstand einer kleinen Abhandlung gemacht hat[69]. Mit der Kritik an Schultz-Gora, dessen Position hier als prototypisch für den von Spitzer abgelehnten Typus von Literaturkritik stehen mag, zeichnet Spitzer in die eigene Exegese zugleich ihr negatives Gegenmodell.

Exkurs: Die Interpretation Schultz-Goras von "Le Cor"

Der Aufsatz Schultz-Goras ist ein vortreffliches Beispiel für das, was man sich unter "positivistischer" Literaturforschung vorzustellen hat: Der Text wird weniger auf die ihm genuine Aussage und literarische Form denn auf seine äußeren Entstehungsbedingungen hin betrachtet; dazu gehört die sorgfältige Recherche des biographischen Motivs des Werkes[70], das Ausfindigmachen der Stoffquellen[71], die Überprüfung der empirischen Wahrschein-

69 Cf. Schultz-Gora, "Alfred de Vignys Gedicht 'Le Cor'".
70 Cf. ib., 72ff.
71 Cf. ib., 75ff.

lichkeit des Geschilderten[72], die bei Schultz-Gora eine ans Lächerliche grenzende Untersuchung der Exaktheit der von Vigny angegebenen geographischen Daten umfaßt[73]. Der letzte Abschnitt des Aufsatzes, den Schultz-Gora schließlich dem "Gedicht als Ganzem" widmet, enthält eine lange Reihe von Stellungnahmen aus Handbüchern und Monographien zum Werk Vignys, bevor der Interpret – endlich – dem Leser seine eigenen Einsichten kundtut.

Spitzer beginnt seine Studie mit einem Generalangriff auf Schultz-Gora. Ungeachtet aller "verdienstliche[n] Erudition", die dieser in der Auseinandersetzung mit "Le Cor" an den Tag lege, habe er "im Entscheidenden, in der eigentlichen ästhetischen Erfassung versagt" (ib., 244). Als Leitfaden für die eigene Interpretation wählt Spitzer die auch von Schultz-Gora zitierte Bemerkung Roustans, der die Einheit des Vignyschen Textes hervorhebend, diesen eine "symphonie sur le son du cor" genannt hat (ib., 244). Dementsprechend versucht Spitzer nachzuweisen, daß der Text nicht – wie Schultz-Gora und viele andere Interpreten behaupten – in einen lyrischen (Teil I) und in einen epischen Teil (Teil II bis IV) auseinanderfällt, sondern daß "das Wesentliche des Gedichts" gerade "*in der Verschmelzung von Epischem und Lyrischem*" liege (ib., 245). Ausgehend vom ersten Teil der Dichtung legt Spitzer dar, wie die hier auftretenden Motive und Ausdrucksweisen in den folgenden Textstücken in variierter und entwickelter Form wiederaufgenommen werden. Als entscheidendes Novum der Vignyschen Poesie hebt Spitzer "das Hervorgehenlassen des epischen Berichts aus lyrischer Meditation" hervor. Die hinter dieser Komposition sich verbergende "pensée philosophique" und damit das Thema des Gedichts sei "*das hoffnungslose Unterliegen des Helden unter einem feindlichen Geschick und die Unmöglichkeit seiner Verständigung mit der Welt*" (ib., 246). Daraus meint Spitzer zwei Leitlinien für die thematische Organisation des Textes herleiten zu können: die den Heldenkampf *optisch* schildernde Darstellungsweise und die den von der Welt nicht wahrgenommenen Ruf des Helden mit akustischem Motiv (mit dem Hornmotiv) wiedergebende Perspektive. Sich im folgenden dem akustischen Motiv zuwendend, kommt Spitzer zunächst auf den Gedichttypus zu sprechen. Das Hornmotiv, das den unerwiderten Ruf des Helden symbolisiere, lasse das Gedicht – trotz der mit der Eingangsfiktion suggerierten Zugehörigkeit zur Ich-Lyrik – letztlich dem Typus "Menschheitslyrik" angehören; hier werde "Generelles", nicht "Augenblickhaftes" thematisiert, Gedankliches werde lyrisch vermittelt. Schultz-Gora sei der Suggestion des ersten Teils erlegen, indem er diesen als bloße lyrische Träu-

72 Cf. ib., 78ff.
73 Cf. ib., 69ff.

merei gedeutet habe. Ebensowenig wie der erste Teil rein lyrischen Charakter aufweise, seien die übrigen Teile als "rein episch" zu charakterisieren: "*Le Cor* ist nie und nimmer eine Ballade, die die Rolandshistorie neu gestalten soll, oder eine anschauliche Schilderung der Pyrenäenlandschaft", sondern ein "lyrisches Sinnen über Menschheitsfragen" (ib., 249). Und damit schließlich seien all jene Informationen zur Topographie und zur Geschichte, die Schultz-Gora zur Deutung des Gedichts zusammengetragen habe, überflüssig.

Spitzers Augenmerk richtet sich nun auf die Gestaltung des Hornmotivs im Verlauf des gesamten Textes und auf die mit ihm ausgedrückten Stimmungen, die von der eingangs artikulierten Freude am Klang des Horns bis zur trauernden Klage in der letzten Zeile reichen. Und wiederum die Interpretation von Schultz-Gora attackierend, meint Spitzer, dieser habe Vignys Entwurf der Haltung und des äußeren Habitus Turpins (etwa die Wahl der Farbadjektive) kritisiert, ohne der gesamten Charakterisierung dieser Person durch den Autor und ihrer Funktion im Ganzen des Gedichts Beachtung zu schenken. Nur wenn man sich die genaue Zeichnung dieser Figur vor Augen halte (die Spitzer als "komisch" empfindet), könne man verstehen, daß ein solcher "Hofprälat" mit der Funktion, "klerikalen Hokuspokus" zu machen (ib., 251), die vorbeiziehenden feurigen Wolken, die Blitze und schließlich das Ertönen des Horns nicht mit Roland in Verbindung bringt, sondern an heimziehende Hirten denkt. Auch hätte Schultz-Gora, so Spitzer, besser daran getan, statt die Verlegung von Troubadours in den Kontext des achten Jahrhunderts (die zudem auch noch aus reimtechnischen Gründen den Adour besingen!) zu beklagen, die dramatische Bedeutung dieser Strophe hervorzuheben; diese zeige die "lärmende Lustbarkeit" der Soldaten, die in krassem Gegensatz zu Rolands Todeskampf stehe (ib., 253).

Nach der Analyse des Akustischen beschäftigt sich Spitzer mit der optischen Darstellungsweise, durch die, wie er meint, die Thematik des unterliegenden Helden gestaltet wird. Analog dem Hornmotiv innerhalb des Akustischen zeichne sich hier das Felsen-(Kaskaden-) motiv als zentrales Bild aus; die Verteilung der Motive auf den ganzen Text sieht er so: im ersten Teil benutzt der Dichter beide Motive, in Teil II und IV dominieren das Optische, in Teil III das Hornmotiv. Vigny habe das Kaskadenmotiv bereits im ersten Teil eingeführt, nicht (wie Schultz-Gora unterstelle, aus biographischen Gründen), weil er die im Text genannte Kaskade selbst gekannt habe, sondern um mit ihr das Bild des vom Felsen stürzenden Helden zu antizipieren. – Schultz-Goras Kritik an der mangelhaften topographischen Wiedergabe der Route des Heeres lehnt Spitzer wiederum unter Hinweis auf die Architektonik des gesamten Gedichtes ab:

> "In IV müssen wir, soll Vignys Symbolik augenfällig sein, an denselben Punkt geführt werden ..., von dem wir in I das Herabstürzen der Kaskade beobachten konnten: so tief wie die Kaskade stürzt, so tief liegen die Helden Roland und Olivier *dans le fond du torrent:* die Helden haben eine *chute immense* getan" (ib., 256f.).

Auch die von Schultz-Gora als merkwürdig abgetane Episode des sich auf den Felsen schwingenden Roland versucht Spitzer mit der Komposition des Gedichts zu rechtfertigen: mit dem Bild werde das Kaskadenmotiv wieder aufgenommen und variiert, wobei der Parallelismus der beiden Textstellen durch das Reimpaar "entraînées"/"Pyrénées" unterstrichen werde, das in Teil II in umgekehrter Reihenfolge wie in I erscheint (ib., 258). Mit der Beschreibung des allein auf dem Felsen stehenden Roland zeichne Vigny den in "seiner Einsamkeit über seine Mitmenschen überhöht[en]" Helden (ib.). Teil IV deutet Spitzer schließlich als Gegenbild zu Teil II: Hier werden der Held und sein Freund aus der Perspektive des vom Berggipfel herabschauenden Turpin "dans le fond du torrent" gezeigt.

In den Schlußbetrachtungen formuliert Spitzer eine Art Fazit zur Architektonik des gesamten Textes. Trotz der auf den ersten Blick lockeren Komposition seien die vier Teile des Gedichts thematisch eng miteinander verwoben; jeder einzelne Abschnitt stelle eine *romance* dar, die die "ewige Klage" über das Leid des Helden wiederhole:

> "Die duale Grundstruktur des Ganzen, die wir bis im Detail beobachten konnten, fließt aus der Bipolarität der Erscheinung des Helden: einerseits physisch unterliegend, anderseits (geistig) unsterblich; ... *Die Paradoxie des Heldentums ist zur konstruktiven Sprachform geworden*" (ib., 261).

Seine eigene Vorgehensweise kommentierend, plädiert Spitzer noch einmal für die "immanente Stilerklärung": man solle den Text "gründlich lesen", ihn "auf sich wirken lassen" (ib., 262); nur auf dieser Grundlage könne man dem Kunstwerk gerecht werden, nicht aber durch eine Kritik, die an ihren Gegenstand mit festen Kriterien herantrete, seien diese apriorisch bestimmt (Spitzer denkt hierbei an ästhetische Normen) oder empirisch zu erforschen (wie z. B. die Biographie des Autors, die im Text angesprochenen geographischen Gegebenheiten, die Quellen etc.).

Ebenso wie die Studie über die *Mémoires* Saint-Simons macht auch die Interpretation von Vignys "Le Cor" deutlich, daß Spitzer in der Arbeit mit Literatur nicht mehr die besondere Sprache eines Autors zum Thema seiner Untersuchungen macht. Vergegenwärtigt man sich noch einmal den in den früheren Aufsätzen vertretenen Stilbegriff, der ja vor allem auf den kreativen Sprachgebrauch eines Individuums abzielte, so ist man erstaunt, daß

Spitzer seine Deutung des Vignyschen Gedichts eine "immanente *Stil*erklärung" genannt hat. Denn die Analyse der Sprache – obwohl sie die Aussagen zur thematischen Komposition des Textes begleitet – erscheint hier auf ein Minimum reduziert; die Zitate, die Spitzer anführt, sollen das von ihm Behauptete zumeist bloß *inhaltlich* stützen. Der Text Vignys bietet hingegen auch im Hinblick auf die von Spitzer aufgestellten Thesen zur Gattungszugehörigkeit wesentlich mehr Anhaltspunkte, als die Studie vermuten lassen könnte.

Exkurs: Ergänzung der Spitzerschen Angaben zur sprachlichen Gestaltung des Gedichts

Seine Auffassung vom episch-lyrischen Mischcharakter des Gedichts hätte Spitzer ohne weitere Schwierigkeiten durch eine Analyse des Gebrauchs des Tempus und der Syntax erhärten können. So wählt der Dichter in den dem "je" zugeordneten Passagen das Präsens: Einleitung und Ausklang der "lyrischen Meditation" sind in diesem Tempus gehalten. In II und III hingegen erscheint das Präsens – aufgrund des imperfektischen Kontextes – in der Gestalt des *praesens historicum:* Nicht allein durch die Auswahl und erzählerische Ausschmückung von bekannten Szenen aus dem Rolandslied, sondern auch durch den Wechsel der Tempora der Vergangenheit mit dem *praesens historicum* versteht es Vigny, eigene Schwerpunkte und Perspektiven zu setzen und den geschilderten Ereignissen eine der Aussage seines Gedichts angepaßte Dynamik zu verleihen. Während der sich einsam auf den Felsen schwingende Roland im *praesens historicum* dargestellt wird, sind die "Kulissen", die lärmenden Soldaten, aber auch die Turpin-Episode in den Tempora der Vergangenheit gezeichnet. Der erste Hornruf "Ici l'on entendit le son lointain du cor" wird sowohl durch das Personalpronomen als auch durch das *passé simple* gleichsam in die Kulisse eingefangen. Karl der Große, im Präsens dargestellt, hingegen erscheint wie Roland im Vordergrund, und hier nimmt er den zweiten Hornruf wahr, den er zwar richtig, jedoch zu spät als den Ruf seines Neffen erkennt. Und im *praesens historicum* ist schließlich auch das letzte Bild festgehalten; die Ohnmacht der Herbeigeeilten angesichts des Todes von Roland gibt der Dichter im *passé simple* wieder: "Son âme en s'exhalant nous appela deux fois".

Auch syntaktisch sind "lyrische Meditation" und "epischer Bericht" klar gekennzeichnet. Die dem "je" zugeordneten Passagen enthalten zahlreiche Ausrufe, in denen das Ich seine Reaktionen auf den Hornklang mitteilt oder die Kommunikation mit der Natur und mit den toten Helden von Roncevaux aufzunehmen versucht. In den epischen Passagen erscheinen Ausrufe nur in einer Strophe: Neben der Funktion, die Emotionen des Sprechenden, in diesem Fall des Kaisers Angst um den Neffen auszudrücken, hat der Ausruf hier auch die Bedeutung, die von Karl ausgesprochenen Worte als Befehle an seine Soldaten zu markieren. – Die letzte Zeile des Gedichts schließlich ist nicht allein durch das Motiv, sondern auch durch die Syntax mit Teil I des Textes verbunden: Der Ausruf scheint sich hier jedoch – durch die lange epische Parenthese – vom "je" gelöst zu haben; die empfundene Traurigkeit wird hier nicht mehr auf ein Ich bezogen; gleich einem der Allgemeinheit angesonnenen Fazit beschließt der letzte Ausruf das Gedicht.

Mit dem Adjektiv "immanent" charakterisiert Spitzer seine Analyse deshalb, weil er – dies illustriert die Kritik an Schultz-Gora – auf die Untersuchung der dem Text bloß äußerlichen Faktoren bewußt verzichtet. Seine ästhetische Interpretation beinhaltet nicht eine an apriorischen Normen orientierte Beurteilung der ästhetischen Qualität des Textes. Denn ebenso wie gegen den positivistischen Ansatz wehrt sich Spitzer ja auch gegen eine ästhetisch-normative Literaturkritik. "Ästhetisch" bei Spitzer bedeutet vielmehr – Hatzfeld hat dies klar gesehen – Übereinstimmung von Ganzem und Teil, von Inhalt und Form[74]. – In der Vigny-Interpretation hat Spitzer diese Übereinstimmung vor allem in der Entfaltung der Motive nachgewiesen. Obwohl er als Leitfaden für seine Untersuchung Roustans Charakterisierung des Gedichts als einer "symphonie sur le son du cor" gewählt hat, ist seine Interpretation, sieht man einmal ab von jenen Bemerkungen, die auf die *Variation* des *Themas* aufmerksam machen, letztlich auf die Kriterien des Optischen und des Akustischen gegründet. Diese Begriffe wiederum, die ihm den wirklichen Schlüssel für die Analyse der thematischen Organisation des Gedichts liefern, versteht er als korrelativ zu den zwei Momenten des von ihm angenommenen Textsinns: Den Gedanken des aufgrund des "feindlichen Geschicks" zugrundegehenden Helden vermittelt die optische Darstellungsweise, den der scheiternden Kommunikation des Helden mit der Welt das akustische Motiv. Die Deutung des Textsinns entwickelt Spitzer nicht aus der eigentlichen Analyse heraus, sondern stellt sie dieser voran. Dabei appelliert er an das Wissen seiner Leser und an ihre Kenntnis des Vignyschen Gedankengutes (cf. ib., 246); gerade an dieser Stelle kann man sich des Eindrucks nicht erwehren, daß der Interpret selbst nicht in dem Maße der von ihm geforderten "Naivität" an den Text herangetreten ist, wie er uns glauben machen möchte. Dieser Einwand richtet sich selbstverständlich nicht gegen die Konzeption von immanenter Literaturkritik überhaupt; es wäre geradezu abstrus, wollte man dem Interpreten tatsächlich totale *epoché* abverlangen. Schon als endliche Subjektivität wird er nicht in der Lage sein, zur *tabula rasa* zu

74 Cf. Hatzfeld, "Stylistic Criticism as Art-Minded Philology", 68.

degenerieren, d. h. von allem Vorwissen zu abstrahieren. Gerade im Rahmen einer als "immanent" etikettierten Interpretation wäre es jedoch angebracht, die Beanstandung betrifft bloß ein technisches Detail, die Deutung des Sinns der thematischen und sprachlichen Auslegung des Textes nicht vorauszuschicken, sondern aus dieser heraus erst zu entfalten; auf diese Weise könnte dem Leser leichter verständlich gemacht werden, wie der Kritiker überhaupt zu seiner Interpretation kommt.

Auch in der Vigny-Studie tut sich ein doppelsinniges Textverständnis auf: einerseits ein objektivierendes, das dem Text – diesmal nicht in seinen sprachwissenschaftlich beschreibbaren Eigenheiten, sondern – in erster Linie in seiner sprachlich-thematischen Strukturiertheit und Harmonie auf die Spur zu kommen trachtet, andererseits wiederum das subjektivistische Verständnis, demzufolge sich das Werk erst und gerade im Erleben erschließt. Und dieses Insistieren auf der zunächst bloß intuitiven Erfassung des Forschungsgegenstandes der Stilistik sowie das bewußte Absehen von ihm bloß äußerlichen Faktoren offenbart noch einmal, worum es Spitzer immer wieder geht: die Sprache eines Autors oder seine Dichtung in ihrer *Individualität* zu erfassen.

2.3. Claudel

Obwohl Spitzer sich in den theoretischen Bemerkungen zur eigenen Position verschiedentlich dagegen gewehrt hat, daß ihm so etwas wie eine feste Methode in der Stilanalyse angesonnen werde (cf. I.3.3.9.), hat er in den praktischen Untersuchungen gleichwohl immer wieder Wert darauf gelegt, seinem Leser die Deutung eines Textes nicht bloß als fertiges Ergebnis zu präsentieren, sondern ihm durch Hinweis auf die einzelnen Schritte der Exegese auch einen Einblick in die jeweilige Vorgehensweise zu gewähren. Neben den Erkenntnissen zum einzelnen Werk will Spitzer, wenn auch nicht eine für alle Texte in gleicher Weise verbindliche sakrosankte Methode, so doch, wie er es in der Vigny-Studie genannt hat, eine "methodische Lehre" vermitteln (cf. RSLS II, 261). Dementsprechend stellt er seiner Claudel-Interpretation (1948) einen mit "Argumentum" betitelten Abschnitt voran, in dem er die einzelnen Etappen der Abhandlung erläutert.

Um dem Leser die thematische Einordnung des ausgewählten Textstücks (es handelt sich um einen Passus aus den Oden Claudels) in seinen Kontext zu erleichtern, zitiert Spitzer sodann die vom Autor selbst formulierten Angaben zum Inhalt. Das Verfahren, im Ausgang von der Interpretation des Textauszugs Rückschlüsse auch auf das Textganze zu ziehen, illustriert er diesmal mit dem Bild von Sonne und Sonnenstrahl: Wie der einzelne Strahl die Energie des Zentrums reflektiere, ebenso vermöchte der willkürlich isolierte "peripheral point" eines Kunstwerks ein Licht auf seinen "core" zu werfen (cf. LLH, 198).

Spitzer entscheidet sich, die Interpretation auf der Analyse des Sprachlichen aufzubauen. Unter den in Erwägung gezogenen Möglichkeiten (wie z. B. Analyse der Syntax, Erforschung der im Text eingesetzten umgangssprachlichen Elemente) wählt er als Einstieg in seine Auslegung die Untersuchung des Gebrauchs von "grand"; maßgeblich für die Auffälligkeit dieses Adjektivs ist nicht etwa eine – wie auch immer näherhin zu definierende – *abweichende* Verwendung, sondern – dies Kriterium ist für Spitzers Untersuchungen ja auch oftmals entscheidend – die Häufigkeit des Vorkommens im Text: Allein in dem von ihm ausgesuchten Passus erscheint "grand" sechsmal[75]. Die Beobachtung der Verwendung von "grand" liefert Spitzer, wie es scheint, gleich zwei maßgebliche Richtlinien seiner Interpretation. Die mit diesem Epitheton gekennzeichneten Ausdrücke designieren zum einen die drei zentralen Themen der Ode: die Nacht der Inspiration, die Dichtung, die das Ich zu schaffen sich vornimmt, und schließlich den Fortschritt der Menschheit; zum anderen markieren die betreffenden Stellen eine Einteilungsmöglichkeit des Textes. Indem Spitzer die sechs Verse, die

75 Kritik an diesem Interpretationsansatz haben – aufgrund recht unterschiedlicher Überlegungen – Scarfe und Antoine geäußert. Scarfe, der die Studie über Claudel nicht sehr schätzt (zum einen, weil Spitzer nicht die 'besten' Passagen der Ode gewählt habe, zum anderen, weil der von ihm kommentierte Auszug zu knapp sei, um sinnvolle Aussagen über das Textganze gestatten zu können), meint, Spitzer habe nicht bemerkt, daß Claudel gewisse Wörter mißbrauche:

> "Professor Spitzer fails to note that Claudel, like Hugo, abuses such words as *grand* to the point where they lose significance and interest. A much more fruitful approach is indicated in one of the notes (notes which are so voluminous and unfulfilled as to suggest that they ought to have been incorporated into the text), where he draws attention to a linguistic progression in the Ode through *grand, entier, tout*, and *catholique*" (id., "Leo Spitzer. *Linguistics and Literary History*", 77). –

Antoine hingegen, der die Ode Claudels unter dem Gesichtspunkt thematischer, sprachlicher und rhythmischer Wiederholungen untersucht hat, beanstandet nicht die besondere Berücksichtigung des Adjektivs "grand" als vielmehr die auf den Kontext der ausgewählten Passage konzentrierte und darum beschränkte Kenntnisnahme seiner Verwendungsweisen; außerdem solle man bei der Diagnose des Gebrauchs eines Wortes stets auch den seiner 'Nachbarn' (in diesem Fall den von "énorme", "géant", "immense", "infini" etc.) mit in Betracht ziehen (cf. Antoine, *Les Cinq Grandes Odes de Claudel ou la poésie de la répétition*, 26f.). – Antoine scheint mit seinem Einwand allerdings zu vergessen, worum es Spitzer in seinem Aufsatz überhaupt geht: das ausgewählte Textstück und nicht die Verwendungsweisen eines einzelnen seiner Elemente in der gesamten Dichtung zu kommentieren.

er aufgrund des in ihnen enthaltenen "grand" isoliert hat, auf vier reduziert, wobei er die drei letzten Verse des Passus, in denen dieses Adjektiv je einmal erscheint, als eine Einheit zusammenfaßt, teilt er die Passage in drei Strophen auf, obwohl dies vom Druckbild nicht vorgegeben ist. Da Claudels Ode weder in ein regelmäßiges rhythmisches noch in ein bestimmtes metrisches Schema gegossen sei, verdanke sich die Strukturierung des Textes im wesentlichen der Wiederkehr bestimmter Wortmotive. Die rhythmische Gestaltung der Ode vergleicht Spitzer in Anlehnung an die vom Dichter selbst gewählten Bilder mit dem Wellenschlag des Meeres[76]; gleich Schaumkronen auf dem Kamm der Wogen werden die zentralen Motive des Textes emporgetragen (cf. ib., 199f.). Der Rhythmus spiegelt nach Spitzer nicht allein den in der Dichtung ausgesprochenen Gedanken vom Fortschritt der Menschheit wider, sondern auch die nach vorn gerichtete Bewegung des Textes selbst, den er insgesamt als "an *art poétique* 'se faisant' " deutet (ib., 220)[77]. Die mit dem Verlauf des Textes, wie er meint, sich intensivierende rhythmische Bewegung sieht er sowohl in der abnehmenden Länge der von ihm festgelegten Strophen (wobei allerdings zwischen der ersten und der zweiten diesbezüglich kaum ein Unterschied besteht) als auch in der zunehmenden Entschlossenheit des Dichters, "le grand poème" zu schaffen, angezeigt.

Nach diesen Betrachtungen zu Inhalt und Rhythmus kommt Spitzer auf das Motiv der Muse zu sprechen. Die Muse werde vom Dichter nicht herbeigewünscht, sondern als eine antagonistische Macht empfunden, deren Gewalt er sich zu entziehen suche. Daß ihr Einfluß gegen Ende der ausgewählten Passage verblaßt, verdeutlicht Spitzer mit einigen Bemerkungen zum Modus ihrer Präsenz im Text; die Muse werde nur im ersten Vers und in der Mitte des Textauszugs direkt angesprochen, ansonsten sei sie in der ersten Hälfte durch die an sie adressierten Befehle und Ausrufe des Ich gegenwärtig, in der zweiten erscheine sie hingegen gar nicht.

Mit dem Hinweis darauf, daß das Ich – sich selbst als lediglich "un peu ivre" bezeichnend – den *furor poeticus* nicht wie die antiken (heidnischen) Poeten als Zustand trunkenen Enthusiamus feiere, wendet sich Spitzer der

76 Cf. etwa die Verse: "Encore! encore la mer-qui revient me rechercher comme une barque", und "Laisse-moi te refouler dans cette strophe, avant que tu ne reviennes sur moi comme une vague avec un cri félin!" (Claudel, *Oeuvres Complètes* I, 115 und 117).

77 Die Auffassung, daß der Satzrhythmus in literarischen Texten den Inhalt des Ausgedrückten widerspiegelt, findet man in zahlreichen Interpretationen Spitzers: neben der von ihm selbst in diesem Zusammenhang erwähnten Péguy-Studie seien die Aufsätze über Diderot und Proust und vor allem die Interpretation von Du Bellays Gedicht über die "Idee" (Sonett 113 des Zyklus *L'Olive*; in: SS II, 13ff. und in : RLS 130–153) genannt.

sprachlichen Charakterisierung der ersten Texthälfte zu, indem er vor allem auf die Stilebene der vom Ich an die Muse gerichteten Worte aufmerksam macht. Bereits in den ersten Zeilen werde deutlich, daß Claudel für seine Ode ein anderes sprachliches Niveau wählt als seine antiken Vorbilder und als die Dichter der Pleïade. Der Ausdruck "Laisse-moi avoir explication avec toi" hat nach Spitzer "a popular, even a vulgar ring"; die Imperative "Va-t-en de moi *un peu*! laisse-moi faire ce que je veux un peu!" erinnern ihn in ihrer Monotonie an ein schmollendes, starrköpfiges Kind, das allein gelassen werden will; der Nebensatz "quoique je fasse et *si que* je le fasse de mon mieux" schließlich weise "the deranged syntax" auf, "which is to be heard in any French bistro" (ib., 202)[78]. Diese Stilmittel, die Spitzer als "humourous" empfindet und die, wie er zugibt, im Kontext einer Ode befremdlich wirken mögen, deutet er als bewußten Ausdruck des in seiner Haltung gegenüber der eigenen Kunst verunsicherten Dichters. Mit dem Auftreten des Motivs der christlichen "Grâce" ("Bientôt je vois un oeil se lever sur moi en silence ...") werde diese Stillage aufgegeben (ib., 202).

Im Ausgang von der Bitte des Ich "Laisse-moi être nécessaire" erläutert Spitzer durch Kommentar hauptsächlich der thematischen Komposition des Textes Claudels Auffassung von der Arbeit des modernen Dichters; dieser solle nützlich sein, eine dem Eisenbahnkonstrukteur oder dem Gewerkschaftsgründer vergleichbare Rolle in der Gesellschaft spielen. Symptomatisch für Claudels poetologische Konzeption sei dabei, daß er gerade an dieser Stelle wieder Elemente der Umgangssprache einfließen lasse, die aus dem Bereich des Praktischen, der Welt der Geschäfte etc. herrührend, das Thema des *siècle nouveau* auch aufgrund ihrer expressiven Nuancierung anklingen lassen (cf. Ib., 204). – Claudel verstehe den Dichter nicht wie Hugo als *vates*. Der Dichter habe dem Leser vielmehr Dinge vor Augen zu führen, die diesem vertraut seien:

> "The *ποιητής* of Claudel is no divine artifex or maker, but an artisan or recording-clerk gathering together the work of God (drawing up a *summa* in medieval fashion); his public should not seek for novelty in his poetry, but should recognize therein old familiar things" (ib., 206).

Das Stilmittel, dessen sich Claudel bediene, um der Komplexität der modernen Welt Ausdruck zu verleihen, sei die von Walt Whitman kreierte "chaoti-

78 Die Beobachtung der Stilmischung, "the mixture of pathos and vulgarity", in der Dichtung Claudels hat Spitzer bereits in einer früheren Studie angestellt (cf. "A Linguistic and Literary Interpretation of Claudel's Ballade", 134). Auf diese Beobachtung gründet er in diesem Aufsatz die gesamte Interpretation des Claudelschen Textes.

sche Aufzählung": Während in den üppigen Wortanreihungen etwa eines Rabelais die zwischen den verschiedenen Seinsbereichen des Universums angenommene Trennung streng respektiert worden sei, hätten Walt Whitman und verschiedene Dichter nach ihm diese Grenzen annulliert, indem sie die Bezeichnungen und Ausdrücke von Dingen und Gedanken ganz unterschiedlicher Provenienz im Fluß einer einzigen Aufzählung aneinander geschmolzen hätten. Mit der chaotischen Aufzählung habe Claudel ein Stilmittel gewählt, das den von Pindar geforderten "rhapsodischen Effekt" der Ode mit einem neuen Sprachmuster zu erzielen vermag (ib., 207).

Die Abkehr des Dichters von der heidnischen Muse ist nach Spitzer durch die christliche Vorstellung motiviert, daß der Mensch in eine zweckhafte, von Gott gewollte Ordnung eingebunden sei, die er mit seinem Verstand nicht durchschauen könne und in der er zum Ruhme Gottes tätig werden solle. Spitzer macht in diesem Zusammenhang erneut auf die Einbeziehung umgangssprachlicher Elemente in den poetischen Text (hier ist es ein Anakoluth in den an die Muse gerichteten Versen) sowie auf den wiederholten Gebrauch der mit "re-" präfigierten Verben aufmerksam. Das Präfix "re-", so läßt er seinen Leser wissen, habe bei "our poet who is so 'prefix-conscious' " eine besondere Bedeutung: es drücke häufig das dem Menschen, vor allem dem Dichter angetragene Nach- und Wiedererschaffen der göttlichen Schöpfung aus (ib., 228).

Mit der zweiten "chaotischen Aufzählung" im Text, die uns vor allem die technischen Errungenschaften aus den verschiedensten Bereichen und ihre Handhabbarkeit durch den Menschen vor Augen führe, entwerfe Claudel erneut ein enthusiastisches Bild der dem Fortschritt verpflichteten modernen Welt, wobei er, wie sein Kritiker bemerkt, die Komplexität seiner Vision in alten poetischen Formen zusammenbindet. Die betreffenden Sätze – sie beginnen sämtlich mit "avec" – erinnern an die anaphorische Wiederaufnahme in Bibeltexten; ihre z. T. parallel angelegte Konstruktion bezeichnet Spitzer als "parallelismus membrorum" (ib., 211).

Der Dichter selbst will, wie Spitzer hervorhebt, auf seine Weise dem Fortschritt dienen: "Je le ferai avec un poème ..."; durch das "avec" werde auch sprachlich die Beziehung zwischen der Arbeit des Dichters und dem von Technik und Industrie Erreichten verdeutlicht. Mit den letzten Versen sei das Thema der christlichen Gnade erreicht. Da Claudel die Auffassung vertrete, daß die Errungenschaften des Menschen auf die "intramundane workings of Grace" zurückzuführen seien (ib., 213), stimme er mit dem Lied auf das Werk des Menschen ein Lobpreis christlicher Barmherzigkeit an.

Spitzer beendet seine Studie mit einer hymnischen Würdigung des Claudelschen Textes. Er feiert die Ode als ein "Weltgedicht" (ib., 214), das dem Rang der *Commedia Divina* und des *Faust* gleichkomme. Mit dieser seiner *summa* habe Claudel alle Bereiche des modernen Lebens angesprochen und ein Totalbild unserer Welt geschaffen, in dem Glauben und Vernunft in christlicher Harmonie miteinander versöhnt seien (cf. ib., 214ff.). Claudel habe nicht allein mit der christlichen Thematik, sondern auch mit ihrer sprachlichen Gestaltung die Gattung der Ode in Frankreich erneuert. Dabei habe er den Alexandriner und die alten Strophenformen aufgegeben; den ersteren habe er durch den Bibelvers und den Vers Walt Whitmans ersetzt, die letzteren durch die besondere rhythmische Prägung des Textes, die diesem so etwas wie einen "Bergsonian flow" verleihe:

> "the language of such a poem must find a place somewhere between prose and poetry, since it is to show the integration of the prosaic and the poetic of modern life. The hymnic and the sublime characteristic of our ode had to emerge from the trivial; the totality of the vista implies the representation of a diversity of styles within the poem" (ib., 218).

Auf den ersten Blick könnte die Interpretation der Claudelschen Ode, zumindest von ihrer Intention her, an die frühen Stilstudien erinnern. Denn wie in den Motiv- und Wortstudien versucht Spitzer ja auch hier, die Weltanschauung des Autors im Ausgang von der Sprache zu ermitteln. Trotz solcher offensichtlicher Gemeinsamkeiten zwischen dem frühen und dem späten Interpretationstypus gibt es – gerade im Hinblick auf das methodische Verfahren – erhebliche Differenzen zwischen ihnen. Während er in den frühen Analysen zumeist in Orientierung an sprachwissenschaftlichen Kategorien und Betrachtungsweisen die einzelnen Stilzüge und die ihnen korrespondierende Weltanschauung bzw. psychische Disposition des Autors auf der Grundlage zumindest eines Romans erforscht hat, konzentriert sich seine exegetische Arbeit in den späten Untersuchungen vorwiegend auf einen kurzen Text oder auf einen Textauszug, der als prototypisch für das Werkganze angesehen wird. Dabei bezieht Spitzer gerade in die Analyse des Sprachlichen Gesichtspunkte ein, die er in den frühen Studien, sieht man einmal von dem Aufsatz über Proust ab, nicht berücksichtigt hat: die Überlegungen zur jeweiligen Textsorte. So findet man in der Abhandlung über Saint-Simon Ausführungen über die *Mémoires* als eine besondere Form von Geschichtsschreibung, in der Interpretation von Vignys "Le Cor" Hinweise zum episch-lyrischen Mischcharakter des Gedichts, zu "Ich-" und "Menschheitslyrik", in dem Artikel über "La Muse qui est la Grâce" schließlich Betrachtungen zur Entwicklungsgeschichte der Ode. Hand in Hand mit der veränderten Textgrundlage und den Überlegungen zum jeweiligen Texttypus geht die Erweiterung des virtuellen Kategorienapparates. Es dominieren nicht mehr eindeutig die Kategorien aus der Sprachwissenschaft, Spitzer berücksichtigt zunehmend auch die metrischen, rhythmischen und rhetorischen

Ausdrucksmittel. – Und noch einen Unterschied gilt es hervorzuheben: Im Gegensatz zu den frühen Arbeiten, die einen extrem analytischen Charakter aufweisen, dergestalt, daß meist erst nach einer ausgedehnten Durchmusterung der einzelnen Stilcharakteristika nebst der sie dokumentierenden Textstellen eine knappe Zusammenschau auch im Hinblick auf das Motiv folgt, sind die späteren Interpretationen von vornherein synthetisch angelegt: Die Betrachtungen zur sprachlichen und zur thematischen Gestaltung werden nicht nacheinander, sondern synchron entfaltet.

Der Stilbegriff, den man sich aus Spitzers Bemerkungen und Andeutungen in den späten Interpretationen zurechtzulegen hat, ist, so scheint mir, nicht eindeutig: Die Tatsache, daß er die Interpretation von "Le Cor" einen Versuch "immanenter Stilerklärung" genannt hat, legte den Schluß nahe, sein Stilbegriff in den späteren Untersuchungen umfasse auch – wie Leo annimmt – den thematischen Aspekt des Werkes. Die im Claudel-Aufsatz erneut skizzierte Auffassung von der Stilistik als einer bloßen Hilfsdisziplin weist hingegen darauf hin, daß die Analyse des Stils als der sprachlichen oder formalen Seite eines Werkes der Deutung seines Gehalts unterzuordnen sei[79]. Mit dem Gedanken des bloß Vorläufigen, Behelfsmäßigen der aufgrund von Beobachtungen zum Stil gewonnenen Einsichten in die Strukturierung eines Textes meint Spitzer rechtfertigen zu können, warum er die im Ausgang von der Verwendung des Adjektivs "grand" angenommene Einteilung des Textauszugs in drei Abschnitte aufgegeben hat. Spitzer hat diese Einteilung jedoch im Verlauf des Textes nicht bloß aufgegeben, er hat sie für die Deutung des Textes überhaupt nicht genutzt. An diesem Punkt hat er selbst ein schlechtes Beispiel für die in die Interpretation des Textsinnes zu integrierende Stilanalyse gegeben. Denn würde diese sich darauf beschränken, die in Hinblick auf die Auslegung des Textes errichteten hypothetischen Konstruktionen um ihrer selbst willen anzunehmen, dann verdiente es die Stilistik nicht einmal mehr, die Rolle einer Hilfsdisziplin zu spielen.

In den Beobachtungen zur Stilmischung Claudels, die Spitzer immerhin als ein wesentliches Charakteristikum seiner Texte auszeichnet, beschränkt er sich darauf, die eigenen Assoziationen und Impressionen zu den einzelnen Ausdrucksweisen mitzuteilen. Gerade in einem solchen Zusammenhang hätte man sich vom *Sprachwissenschaftler* Spitzer präzisere Auskünfte zu der im Text vorfindlichen Stilmischung und der sie begründenden Abgrenzung der Sprachniveaus erhofft.

79 Im Aufsatz über die Ballade Claudels hat Spitzer interessanterweise nicht die Unterordnung der Stilistik unter die literaturwissenschaftliche Betrachtung gefordert, sondern seine alte Konzeption der Verbindung von Sprach- und Literaturwissenschaft in der Stilistik vertreten (cf. ib.).

Daß die Analyse der Weltanschauung des Autors in der Claudel-Studie einen so großen Raum einnimmt, erscheint nicht weiter verwunderlich: Da gerade Claudel ein Autor ist, dessen religiöse Einstellung sowohl die poetologische Konzeption als auch die sprachliche und thematische Gestaltung seiner Werke ganz entscheidend geprägt hat, wird sein Kritiker nicht umhin können, sich mit diesem Aspekt zu befassen[80]. Verwunderlich ist hingegen der Enthusiasmus, mit dem Spitzer den Text Claudels feiert. Die selbst gesteckten Grenzen ästhetischer *epoché* verlassend setzt er die Oden der *Commedia Divina* und dem *Faust* gleich. Das ästhetische Urteil ist nach Kant bekanntlich nicht ein objektiv gültiges Urteil. Dem ästhetischen Urteil Spitzers dürfte in diesem Fall sogar der Status intersubjektiver Verbindlichkeit abgesprochen werden[81].

2.4. Racine

Neben Dante, Petrarca, Villon, Rabelais, Du Bellay, Cervantes, Hugo, Claudel und anderen gehört auch Racine zu jenen Autoren, mit deren Werk Spitzer sich im Zuge seiner stilanalytischen Forschungen mehr als einmal befaßt hat. – Während Spitzer in der zweifelsohne berühmteren Studie aus dem Jahre 1928 auf der Grundlage nahezu sämtlicher Dramen die dämpfenden Stilmittel in Racines Sprache aufzudecken sich vornimmt, geht es ihm in dem Aufsatz in *Linguistics and Literary History* (1948) um die Interpretation eines exemplarischen Auszugs aus *Phèdre,* dem "Récit de Théramène", die sowohl die thematische als auch die sprachliche Gestaltung der gesamten

80 Im Artikel über Claudels Ballade betont Spitzer eigens, daß er die Biographie des Autors bewußt nicht berücksichtigt habe; wenn er sich dennoch auf Claudels Katholizismus beziehe, dann nicht im Gedanken an "his actual membership in the Catholic Church", sondern einzig und allein in Hinblick auf "the catholicism of his art":

> "I have rejected all things external to the text, the extraneities ('allotria', as Croce says) which play such a considerable part in our manuals, I have dealt only with the text – *la chose même*" (ib., 142f.).

81 Bàrberi Squarrotti führt die Überschätzung der Claudelschen Texte auf Spitzers ideologische Affinitäten zu den in der Ode ausgedrückten Inhalten zurück. Aufgrund dieser Affinitäten nehme die Analyse der sprachlichen Ausdrucksmittel einen geradezu apologetischen Charakter an:

> "... Spitzer sovrappone all'analisi stilistica particolare la sua interpretazione complessiva dell'importanza poetica e storica di Claudel, dettata da un' adesione ideologica che si sostituisce continuamente alle ragioni concrete del testo ...: la descrizione dei mezzi con cui il poeta francese tenta di costruire il suo 'poema universale' diviene quasi un' apologia ..." (id., "Paragrafi su Spitzer", 154).

Tragödie erhellen soll[82]. Nicht allein die Unterschiede bezüglich des Forschungsgegenstands – hier ein einziger Textauszug, in der frühen Arbeit eine Reihe von Stilzügen – markieren die Veränderungen in Spitzers Stil- und Literaturbetrachtung; auch das methodische Vorgehen dokumentiert, daß er in dem späteren Aufsatz weniger die analytische Registrierung der einzelnen Charakteristika eines Individualstils als vielmehr die synthetische Auslegung eines Textauszugs anstrebt.

Für die Diskussion der Deutung des "Récit de Théramène" bietet es sich an, auch die frühe Studie über Racine im Auge zu behalten: Zum einen läßt Spitzer in den sprachwissenschaftlichen Teil der Interpretation des "Récit" Erkenntnisse einfließen, die er bereits in der Arbeit zur "klassischen Dämpfung" gewonnen hat; zum anderen könnte eine Berücksichtigung dieser Abhandlung erneut ein Licht auf die Unterschiede zwischen dem sprach- und dem literaturwissenschaftlichen Interpretationstypus werfen.

Mit dem "Récit de Théramène" hat Spitzer ein Textstück gewählt, das im Laufe der Geschichte seiner Rezeption häufig diskutiert und kritisiert worden ist. Aus der älteren Kritik zitiert Spitzer die Stimmen Boileaus und Houdard de la Mottes (cf. LLH, 115), aus der jüngeren die Stellungnahmen Lynes' und Lancasters (cf. ib., 90)[83]. – Die Kritik am "Récit de Théramène" beläuft sich im wesentlichen auf drei Einwände:

1. Der "Récit" ist unter dem Gesichtspunkt seiner dramatischen Funktionalität überflüssig.
2. Die Sprache des Théramène ist der dramatischen Situation nicht angemessen, sie ist rhetorisch zu ausgefeilt, zu geschmückt.
3. Der "Récit" ist zu lang[84].

In seiner "Defense of the 'Récit de Théramène' " versucht Lynes, den "Récit" mit dem Gedanken zu rechtfertigen, Racine als "classical dramatist" habe den Zuschauer nicht – etwa durch eine direkte Darstellung von Hippolytes Tod – zu Reaktionen überströmenden Mitleids hinreißen, sondern durch

82 Hytier hat aus ähnlichen Gründen wie Riffaterre (cf. Anmerk. I.219) Kritik an diesem Ansatz geübt. Die organologische Konzeption des Werks, derzufolge sich das Ganze stets im Teil widerspiegelt, beruhe auf der Annahme, daß dem Werk nur eine einzige Inspiration zugrundeliege. Nur in wenigen Fällen ließen sich allerdings sämtliche Strukturen eines Textes tatsächlich auf nur eine "inspiration fondamentale" zurückführen; von der diesem Ansatz verpflichteten Interpretationspraxis könne man folglich nur sehr bedingt eine "explication totale" des Werks erhoffen (cf. id., "La méthode de M. Leo Spitzer", 53).

83 Weitere Angaben zur Diskussion um den "Récit de Théramène" findet man bei Knauth, "Racines 'Récit de Théramène' und Corneilles 'Récit de Rodrigue' ", 352.

84 Cf. Lapp, *Aspects of Racinian Tragedy*, 106.

eine "highly wrought plastic description" vor allem an die ästhetische Sensibilität des Publikums appellieren wollen[85].

Die Studie Spitzers hat – wenn auch auf der Grundlage anderer Überlegungen als die Lynes' – ebenso wie diese apologetischen Charakter. Ja, Spitzer formuliert es als ein prinzipielles Desiderat, daß jede *explication de texte,* jede philologische Untersuchung von der Voraussetzung der ästhetischen Vollkommenheit ihres Gegenstandes ausgehen, eine "apologia, a theodicy in an nutshell" sein solle (ib., 128). Wie der Interpretation von "La muse qui est la Grâce" und den übrigen Studien in *Linguistics and Literary History* schickt er auch der Analyse des "Récit de Théramène" ein "Argumentum" voraus, in dem er die einzelnen Interpretationsschritte in ihrer Abfolge kurz erläutert.

Diesmal nicht bei der Analyse des Sprachlichen, sondern bei der Deutung des Inhalts ansetzend, versucht Spitzer zunächst, die thematische Eingebundenheit des "Récit" in den Zusammenhang des gesamten Stückes aufzuzeigen, indem er die Entwicklung und den Sinn des dramatischen Geschehens auf verschiedenen Ebenen nachzeichnet. Die erste Ebene ist die der Personen; als Zentralfigur kristallisiert sich in Spitzers Interpretation Thésée heraus: Während Phèdre, Hippolyte und Oenone, weil schuldig, sterben müssen, überlebt Thésée, um am Schluß nicht allein das eigene Verbrechen und seine Konsequenzen, sondern auch die Perversität der Weltordnung erkennen zu müssen: "He has finally become a *désabusé,* as Hippolyte had predicted in his dying words, he has tasted that *desengaño* which all the Spanish moralists of Racine's time knew so well" (ib., 93)[86]. – Die zweite Ebene ist die der Götter: Venus und Neptun haben den Untergang der Familie Thésées bewirkt, gleich Leitmotiven verfolgt Spitzer ihren Einfluß auf Personen und Handlungen im Netzwerk der dramatischen Verstrickungen. Das Venus-Motiv ordnet er dabei Phèdre zu, das Neptun-Motiv Thésée, in Hippolyte seien die beiden Götter miteinander im Widerstreit. Der "Récit de Théramène" habe die Funktion, den König über die Beziehung des Menschen zu den Göttern aufzuklären: Von Théramène muß Thésée erfahren, daß Neptun seiner Bitte um Rache an Hippolyte in geradezu fataler Weise nachgekommen ist. Spitzer vergleicht den Effekt des "Récit" mit der Funktion des Chores am Ende einer antiken Tragödie; der "Récit" entlasse den Zuschauer mit der Wahrheit, auf die dieser gewartet habe. Die Aufgabe,

85 Cf. Lynes, "A Defense of the 'Récit de Théramène' ", 389f.

86 Auch an diesem Punkt kann Hytier sich mit Spitzer nicht einverstanden erklären. Spitzer habe aus *Phèdre* "la tragédie de Thésée" gemacht, um (wie noch zu zeigen sein wird) auf diese Weise leichter seine Auffassung vom barocken Charakter des Racineschen Stücks vertreten zu können (cf. "La méthode de M. Leo Spitzer", 51).

die Théramène mit seinem Bericht über das Geschehen erfülle, sei von Beginn der Tragödie an vorbereitet. Als "philosophical tutor" Hippolytes habe Théramène bereits an früheren Stellen diesen über die Geschichte seiner Familie, seines Vaters aufgeklärt. Dementsprechend habe man in Théramène weniger einen Boten als einen "family chronicler" zu sehen, dem die Pflicht obliege, die tragischen Ereignisse zu enthüllen.

Nachdem Spitzer seine Auslegung durch eine vom Ganzen zum Teil hin fortschreitende Deutung eröffnet hat, geht er mit der Untersuchung des Stils den umgekehrten Weg: Die Analyse der Sprache des "Récit" soll zugleich eine Charakterisierung der gesamten Tragödie erbringen. Spitzer gliedert diesen Teil der Interpretation in drei Abschnitte; im ersten Abschnitt befaßt er sich mit der Deutung des Verbs "voir", das Racine nicht allein im "Récit de Théramène" auffallend häufig benutze; hier werde dieses Verb durch die Wiederholung "J'ai vu, Seigneur, j'ai vu votre malheureux fils" zusätzlich betont; die Darstellungsweise Racines, Théramène den toten Hippolyte mit den Augen Aricies schildern zu lassen ("... elle voit l'herbe rouge et fumante ...") vergleicht Spitzer mit der barocken Spiegeltechnik Velasquez'; dem Sehen innerhalb des 'poetischen Systems' Racines müsse eine neue Bedeutung beigemessen werden:

> "In the poetic world of Racine, all 'things seen', all events in their matter-of-fact brutality are, for the most part, excluded: they appear only indirectly as things spoken of. From the visible world an intellectual vision is extracted which is revealed to the public only through words: by conversation all the light of the intellectual is cast upon brutal reality, so that its essence shines out before us" (ib., 107).

Spitzer weist desgleichen auf die Bedeutung des im "Récit de Phèdre" (1. Akt, 3. Szene) ebenfalls häufig vorkommenden "voir" hin. Das Sehen erhalte hier noch weitere Dimensionen; es sei der Ursprung von Phèdres tragischer Existenz, ihre 'Sünde' liege im Sehen beschlossen ("Je le [Hippolyte] vis, je rougis, je palis a sa vue"), ihre Qual im Erkennen (im Sehen) ihrer Sünde, gesehen zu haben (ib., 109).

Spitzers Kritiker haben dieser Interpretation nicht zustimmen können. So gibt Hytier zu bedenken, daß die Häufigkeit von "termes visuels" gerade in Botenberichten naheliege. Da in der Tragödie stets der direkten Darstellung von "événements violents" die indirekte durch Boten bevorzugt worden sei, habe sich Racine weder stilistisch noch dramaturgisch vom *usage* entfernt[87]. – Stackelberg, der Spitzers Charakterisierung seiner Methode als

87 Cf. ib., 56f.

"immanent" nicht akzeptiert[88], plädiert für eine grundsätzliche Ausweitung des synchronischen Vergleichs von Texten in der Literaturwissenschaft neben dem diachronischen (Quellen-) Vergleich. Im Falle von Racine dränge sich das synchronische Verfahren geradezu auf, da uns mit Pradons *Phèdre et Hippolyte* nicht allein ein Stück gleicher Thematik, sondern ein Drama, das zur selben Zeit wie *Phèdre* entstanden ist, vorliege. Die Konfrontation beider Stücke führt Stackelberg zu dem Schluß, daß zahlreiche der von Spitzer als charakteristisch für Racine hervorgehobenen Stilmittel bei – dem so oft als minor abgetanen – Pradon vorfindlich sind. In Hinblicknahme auf das von Spitzer interpretierte "voir" im "Récit de Théramène" schreibt Stackelberg:

> "Die Interventionen des Boten, einschließlich des wiederholten "J'ai vu ... j'ai vu", erklären sich bei Racine als dramaturgische Kunstgriffe ... Was aber die 'grausamen Details' anlangt, so ist auffällig, daß Pradon hier jedenfalls stärker dämpft als Racine".[89]

Im zweiten Abschnitt wendet sich Spitzer jenem Thema zu, das er in der frühen Studie ausführlich behandelt hat, der "klassischen Dämpfung"; mit diesem Begriff, den er von Walzel übernommen hat (cf. RSLS I, 267), bezeichnet er das "Verstandesmäßig-Kühle, fast Formelhafte" gegenüber dem "lyrischen Singen" in Racines Stil (ib., 135) oder, wie es in *Linguistics and Literary History* heißt, die "continuous repression of the emotional by the intellectual" (ib., 110). Im "Récit de Théramène" findet Spitzer "dämpfende" Stilmittel verschiedenen Typs vor; so bewirke etwa das dem Bereich des Moralischen zuzuordnende Adjektiv "généreux" ("De son généreux sang la trace nous conduit / Les rochers en sont teints ...") eine Milderung in der Darstellung der Ereignisse um Hippolytes Tod. Einen entsprechenden Effekt rufe ebenfalls der Ausdruck "ce héros expiré" (in den Versen "... A ce mot ce héros expiré / N'a laissé dans mes bras qu'un corps défiguré ...") hervor (cf. ib., 111): Die Verwendung des "ce" in diesem Kontext – Spitzer hat diesen Typus unter dem Titel des "distanzierenden Gebrauchs des De-

88 Stackelberg meint, daß Spitzer entgegen seinen Bekenntnissen zur immanenten Methode diese in der Interpretation des "Récit de Théramène" nicht befolgt habe. In seiner Untersuchung schöpfe Spitzer

> "ziemlich unbekümmert um seine methodischen Prinzipien aus seinem großen Bildungsreservoir was ihm paßt. Seine Bemerkungen zur Preziosität und zum "barocken" Charakter der Racine'schen Dichtung zum Beispiel – über die man gewiß verschiedener Ansicht sein kann – sind zweifellos nicht 'vom Kunstwerk selbst bezogen', sondern von außen an es herangetragen" (id., "Racine, Pradon und Spitzers Methode", 413).

89 Ib., 433.

monstrativpronomens" im Aufsatz von 1928 untersucht (cf. RSLS I, 144ff.) – suggeriere, daß sich der Standort des Beobachters außerhalb des Geschehens befinde, daß er die Perspektive des "dispassionate historian" einnehme (LLH, 112). Auch die Tatsache, daß Racine den "héros expiré" als *agens* setze, nicht aber "la mort" als die eigentliche Ursache der beschriebenen Folgen, füge sich in die "dämpfende" Darstellungsweise ein. Ein anderes beliebtes Sprachmuster Racines sei die Parenthese ("Elle voit (quel objet pour lex yeux d'une amante!) / Hippolyte étendu, sans forme et sans couleur ..."). Hier werde unsere Wahrnehmung der Situation aus der Sicht der trauernden Aricie unterbrochen, indem durch den Einschub die Perspektive des Beobachters geltend gemacht werde. Die Verwendung des unbestimmten Artikels an dieser Stelle, durch den das Individuum Aricie auf eine allgemeine Vorstellung von der Liebenden bezogen werde, sei ein für Racine typisches "intellectual device". Spitzer beschließt diesen Abschnitt mit weiteren Hinweisen auf die in den Bericht der Ereignisse eingeflochtenen moralischen Beurteilungen (cf. ib., 113ff.). Mit solchen "dämpfenden" Passagen stelle Racine häufig "references" zur stabilen Welt moralischer Werte her:

> "These reminders of a morals and rational realm, in the midst of emotional turmoil, exert a steadying influence; over the waves of passion there shine forth, from these 'lighthouses', the tranquil beams of reason and calm" (ib., 114f.).

Im dritten Abschnitt entwickelt Spitzer seine Auffassung vom barocken Charakter des Racineschen Dramas. Daß in Racines Stück die Götter ihre eigenen Kreaturen verstoßen, Phèdre, in Leidenschaft entbrannt, sich ihres Zustandes gleichwohl vollkommen bewußt ist, Thésée, der "heroic monster-slayer", vor der Gewalt der ihn bloß scheinbar schützenden Götter ohnmächtig verharren muß, läßt, so meint Spitzer, auf die barocke Weltanschauung des Autors schließen (cf. ib., 117ff.). Mit der inneren "barocken" Zerrissenheit der Phèdre erfahre der Charakter des Hippolyte – im Vergleich zu seinem Entwurf bei Euripides – eine Umgestaltung. Hippolyte sei in Racines Stück nicht 'idealisiert' wie in der Tragödie des Euripides, er müsse vielmehr die 'barocke Kreatürlichkeit' der Phèdre teilen, indem ihm die Rolle des gegen den Willen seines Vaters Liebenden zugedacht sei. – Sprachlich spiegele sich die barocke Grundhaltung Racines in Oxymora wie "flamme noire", "funestes bienfaits", "funèbres plaisirs" wider. Im "Récit de Théramène" vermag Spitzer mit dem Vers "Traînés par les chevaux que sa main a nourris" allerdings nur ein verstecktes Oxymoron aufzuzeigen. Hier zeuge vor allem die Schilderung des Ungeheuers von der barocken Kunst Racines. Die außerordentlich konkrete, in schneller Bewegung gezeichnete Darstellung zeige das Ungeheuer als einen häßlichen Dämon. Aber selbst die Heraufbeschwörung des Chaotischen und Bedrohlichen werde bei Racine gezügelt, nicht allein durch den Alexandriner, sondern auch durch Sprachmuster wie Chiasmus, Präfixanapher, Verwendung 'farbloser' Adjektive. Immer wieder verstehe es Racine, "the baroque flow of vital forces" durch entsprechende Sprachmittel einzudämmen. – Auch diesen Aufsatz schließt Spitzer mit einer ausdrücklichen Wertschätzung der immanenten Methode ab. Der Literaturkritiker dürfe seine Kategorien nicht von außen an das Werk herantragen, sondern müsse diese vielmehr im Ausgang vom Text selbst gewinnen. Nur auf diese Weise sei es ihm möglich, "the innermost part of the mine" des Dichters zu erschließen (ib., 125).

Obwohl die Studie über den "Récit de Théramène" zumindest in der Zentralthese, der Behauptung einer "klassischen Dämpfung" im Werk Racines, sich von der früheren Abhandlung nicht entfernt, ist sie – was Gegenstand und Methode angeht – von dieser gleichwohl verschieden. Spitzer analysiert hier nicht im Hinblick auf die Charakterisierung des Individualstils ein ausgewähltes Textcorpus, sondern interpretiert – entsprechend seiner Vorstellung von der "Blutproben-Technik" – den "Récit de Théramène" in Bezugnahme auf die ganze Tragödie. Seiner eigenen Forderung, daß die Deutung des Gehalts und die Diagnose des Stils Hand in Hand gehen sollten bzw. die letztere der ersteren sogar untergeordnet werden müßte, kommt er dabei allerdings nur begrenzt nach. Die Analyse von Gehalt und Sprache nimmt Spitzer getrennt vor, locker zusammengefügt erscheinen sie allenfalls durch die in beiden Interpretationsschritten vertretene These vom barocken Charakter der Racineschen Kunst. Um ein solches, von ihm selbst ja beklagtes Auseinanderklaffen der Auslegung des Textsinnes und der Diagnose seiner sprachlichen Vermittlung zu vermeiden, hätte Spitzer besser daran getan, diese ineinander zu verschränken statt sie bloß nebeneinanderzustellen. – Der gegen Ende des Aufsatzes formulierte Kommentar zur Methode, besonders die geforderte Erschließung des Ich des Autors im Ausgang vom Werk läßt erneut an die Prinzipien der Motiv- und Wortforschung denken. Die Ergründung des Dichterich ist in der Studie über den "Récit de Théramène" jedoch eindeutig nicht Ziel der Untersuchung; Spitzers Ausführungen zu diesem Thema sind auf die knappe Bemerkung von Racines barocker Weltanschauung (cf. ib., 117) eingegrenzt. In der Abhandlung aus dem Jahre 1928 hat er sich diesbezüglich weiter vorgewagt; hier schreibt er zum Charakter Racines:

> "Durch Betonung des Nüchtern-Vernünftigen bei Racine kommen wir auch um die Schwierigkeiten herum, die der 'cas Racine', die Biographie *des Menschen* Racine, uns bereitet: wie hat ein so nüchtern kalkulierender Mensch gleichzeitig auch dieser große Dichter und später der frömmelnde Familienvater und Bühnenverächter sein können? Zeitlebens war er wohl zu zwiefacher Belichtung geneigt und selbst zwiegesichtig" (RSLS I, 254).

Der linguistische Teil in der Auslegung des "Récit de Théramène" erweckt den Eindruck, daß Spitzer die Kriterien seiner Analyse weniger aus dem Textstück selbst gewinnt als vielmehr aus dem früheren Aufsatz weitgehend übernimmt. Warum er Racines Gebrauch von "voir", den er in der frühen Studie im Zusammenhang mit den dämpfenden Stilmitteln untersucht hat (cf. RSLS I, 175 ff.), hier getrennt von diesen vorstellt, ist nicht einsichtig, zumal dieses Verb der Spitzerschen Interpretation zufolge denselben Effekt hervorruft wie die im zweiten Abschnitt angeführten Stilzüge.

Entsprechend der Kritik Stackelbergs, der in Spitzers Interpretation der *Phèdre* einen Vergleich mit dem zeitgenössischen Stück Pradons vermißt, hat man von sprachwissenschaftlicher Seite, vor allem im Anschluß an die frühe Studie bemängelt, daß Spitzer Racine als einen in sich ruhenden "Selbst-Stern, als Sternenkosmos" betrachtet (cf. RSLS I, 136), ohne die (Tragödien-) Sprache des siebzehnten Jahrhunderts zu berücksichtigen. Dieser Einwand ist von Heiss, im Anschluß an ihn von Hatzfeld, von Kuttner und in besonders prägnanten Sätzen von J. Schmidt vorgebracht worden:

> "Racines Sprache als 'Sprache mit dämpfendem Pedal' können wir nur dann erfassen, wenn wir den Klavierklang an sich gut kennen. Die Untersuchung muß stets eine doppelte Beziehung herstellen: zum Selbstwesen des Dichters und zum Allgemeingut der Zeit. Das letztere kommt bei Spitzer zu kurz".[90]

Daß Spitzer trotz seiner Konzeption von der kreativen und innovatorischen Potenz der Dichtersprache diese in den Stilanalysen weder "retrospektiv", d. h. unter dem Aspekt des im Hinblick auf die jeweilige Textsorte sicherlich zu spezifizierenden Allgemeinguts der Zeit, noch "prospektiv", d. h. unter dem Gesichtspunkt der eventuellen Aufnahme in das Allgemeingut untersucht, ist bereits an früherer Stelle kritisiert worden. Die Einbeziehung der jeweiligen Sprache in die Stilanalyse des einzelnen Werks ist ein besonderes Desiderat im Falle eines Autors wie Racine, da der sprachliche Horizont seines Jahrhunderts, vor dem sein Werk sich abzeichnet, dem heutigen Leser weniger vertraut sein dürfte als etwa das Französische der Gegenwart.

Kritik an Spitzers Charakterisierung der *Phèdre* als eines barocken Dramas hat vor allem Hytier geübt. Hytier meint, daß Spitzers Begriff des Barocken zu weit, zu wenig präzise sei:

90 Schmidt, "Zu Spitzers Studie 'Die klassische Dämpfung in Racines Stil'", 388; cf. dazu auch Heiss, "Leo Spitzer, 'Die klassische Dämpfung in Racines Stil'", 121 f.; cf. Hatzfeld, "Leo Spitzer, *Romanische Stil- und Literaturstudien*", 625. – Zu Detailkritik an Spitzers Aufsatz über die "klassische Dämpfung" cf. Kuttner, "Leo Spitzer, 'Die klassische Dämpfung in Racines Stil'".

"Au fond, M. Spitzer a deux moyens de décider qu'un détail est baroque: ou le faire entrer dans sa définition par la bipolarité, ou le retrouver dans une oeuvre antérieure déjà qualifiée de baroque, deux procédés, dont la souplesse est infinie".[91]

Auch der These von der barocken Weltanschauung Racines kann Hytier sich nicht anschließen. Die griechische Mythologie sei für den Christen Racine, wie man es in der "Préface" zur *Phèdre* nachlesen könne, lediglich eine "source de poésie" gewesen; die Erfahrung der Treulosigkeit und der Grausamkeit der Götter, die einigen seiner Personen auferlegt sei, könne man nicht auf den Autor selbst zurückbeziehen[92].

Obwohl die Exegese des "Récit de Théramène" zweifelsohne zur Gruppe der literaturwissenschaftlich orientierten Interpretationen gehört, vermag sie gerade im Hinblick auf die Integration der Stilanalyse in die Deutung des Gehalts nicht recht zu überzeugen. Dies ist vermutlich darauf zurückzuführen, daß Spitzer sich bereits in einer früheren Abhandlung ausführlich mit der Sprache Racines befaßt hat und entgegen den eigenen Forderungen an das methodische Vorgehen in der Literaturkritik die Erkenntnisse des frühen Aufsatzes zum Stil dieses Autors für den späteren einfach übernimmt, ohne sie aus dem zu analysierenden Text in Verbindung mit der Deutung des Sinnes zu entfalten.

2.5. Résumé

Mit den literaturwissenschaftlich orientierten Interpretationen hat Spitzer einen weiteren Versuch unternommen, der Trennung zwischen Sprach- und Literaturwissenschaft in seiner Stilistik entgegenzuwirken. Während die Aufhebung dieser Trennung in den frühen Arbeiten gemäß der These, daß sich das Werden der Sprache vor allem in den Werken der Dichter mitteilt, wie bei Vossler sprachwissenschaftlich motiviert war, beginnt Spitzer gegen Ende der zwanziger Jahre an der Fruchtbarkeit dieses Ansatzes zu zweifeln; auf der Grundlage der Konzeption einer Verbindung von Sprach- und Literaturwissenschaft in der Stilistik hatte er sich in den frühen Stiluntersuchungen um die analytische Beschreibung der Sprache eines Autors und gemäß den Prinzipien der Motiv- und Wortforschung um die Deutung der ihr zugrundeliegenden psychischen Eigenschaften oder der Weltanschauung bemüht. Die mit der Diagnose der besonderen Stileigentümlichkeiten geforderte Interpretation des Ausdruckssinns war folglich von vornherein in den

91 Hytier, "La méthode de M. Leo Spitzer", 52.
92 Cf. ib.

Dienst der Ergründung der – sei es faktizitären, sei es künstlerischen – Subjektivität des Autors gestellt. Aufgrund der produktionsästhetisch orientierten Ausgangsposition kam dem einzelnen Werk lediglich die Funktion zu, die Belege für die sprachwissenschaftlich erspürten Stilcharakteristika zu liefern; Hinweise zur Deutung des Gesamtsinnes hat Spitzer zwar hie und da gegeben, jedoch hat er die Auslegung des Sinnes nicht zum eigentlichen Gegenstand seiner Untersuchungen gemacht.

Mit den gegen Ende der zwanziger Jahre sich abzeichnenden Veränderungen in Spitzers Vorstellungen erscheint die dominierende Rolle der Sprachwissenschaft nicht nur in seinen theoretischen Überlegungen, sondern auch in den Stiluntersuchungen weitgehend aufgegeben. Wie Spitzers Selbstdarstellungen deutlich machen, sind diese Veränderungen durch ein zunehmendes Interesse an der "literarischen Beschaffenheit" des Textes motiviert gewesen. Daß dem Interesse am Werk der frühe Ansatz nicht gerecht werden konnte, hat er selbst eingesehen und daraus seine Konsequenzen gezogen. Im nachhinein muß er feststellen, daß – entgegen allen guten Vorsätzen – die Analysen zum Wort und die Interpretationen zum Motiv häufig unvermittelt nebeneinander stehen geblieben sind, ohne eine wirkliche Synthese einzugehen. Eine solche Synthese meint Spitzer zumindest in der Theorie dadurch sicherstellen zu können, daß er sich nun die sprachwissenschaftliche Reflexion der literaturwissenschaftlichen untergeordnet, die Stilistik in die Literaturwissenschaft integriert denkt.

Die Konzentration auf das Werk erfordert darüberhinaus eine Revision des produktionsästhetischen Ansatzes. Spitzer sieht ein, daß für das Verständnis des Textes die Erforschung der Seele seines Autors nur begrenzt hilfreich ist. Demgemäß nehmen sich in den späten Schriften die Ausführungen zu diesem Thema knapp aus; sie betreffen denn auch nicht den Autor als Person, sondern seine Weltanschauung, sofern sich diese in seiner Kunst unmittelbar offenbart. So kann und muß etwa der Katholizismus eines Claudel in der Interpretation seiner Texte deshalb zur Sprache kommen, weil, wie Spitzer in seinem Aufsatz "A Linguistic and Literary Interpretation of Claudel's Ballade" ja eigens bemerkt hat, die religiösen Anschauungen dieses Autors seine Kunst ganz entscheidend geprägt haben; und aus einem entsprechenden Grund äußert er sich in der Studie über die *Mémoires* zum Geschichtsverständnis Saint-Simons und in der Interpretation von "Le Cor" zu Vignys Auffassung des Heldentums. Im Falle Racines vermochten seine Bemerkungen zu dessen "barocker" Weltanschauung allerdings weniger zu überzeugen.

Die von Spitzer geforderte Unterordnung der sprachwissenschaftlichen Betrachtung eines Textes unter seine literaturwissenschaftliche Deutung wirkt sich in seinen praktischen Untersuchungen dahingehend aus, daß er die Stilanalyse, sieht man einmal von der Racine-Studie ab, ineins mit der Exegese des Gehalts entfaltet. Im Vergleich zu den früheren Studien vermag er in den späteren die Verbindung zwischen der Diagnose der sprachlichen Mittel und der Deutung ihres Ausdruckssinnes zwar überzeugender herzustellen, eine vollkommene Harmonie beider Interpretationsschritte bleibt jedoch auch hier zumeist noch ein Desiderat. Am glücklichsten gelungen scheint mir in dieser Hinsicht die Studie über Saint-Simon, wo die Beobachtungen zur sprachlichen und zur thematischen Organisation des Textes in der Tat ineinander verschmolzen sind. In der Auslegung von "Le Cor" hat Spitzer zwar die Entfaltung der Zentralmotive im Verlauf des Textes stringent nachgezeichnet, doch hat er es hier an einer ausführlichen Diskussion des Sprachlichen fehlen lassen, die seine Thesen zum Charakter und zum Sinn des Gedichts noch zusätzlich hätte unterstützen können. – Die Interpretation der Claudelschen Ode eröffnet er im Ausgang von der Feststellung der Verwendung des Adjektivs "grand" mit einigen Überlegungen zur Einteilung des Textes, die für die weitere Auslegung jedoch keine Bedeutung haben. – Im Aufsatz über den "Récit de Théramène" schließlich nimmt er die Analyse der Funktion dieses Textes im Zusammenhang der Racineschen Tragödie und die Untersuchung seiner sprachlichen Abfassung getrennt vor; eine Verbindung zwischen beiden Interpretationsschritten kann man allenfalls in der These vom barocken Charakter der *Phèdre* sehen.

Wenn sich in den späteren Studien Spitzers auch Betrachtungen zur jeweiligen Textsorte finden, so hat er dennoch nicht versucht, das Besondere an der sprachlichen Gestaltung in Bezugnahme auf andere vergleichbare Textbeispiele oder gar vor dem Hintergrund der jeweiligen historischen Sprache zu klären. So hätte man etwa im Falle der als "umgangssprachlich" qualifizierten Elemente in "La Muse qui est la Grâce" gerade von einem Sprachwissenschaftler präzisere Angaben zum sprachlichen Niveau der betreffenden Passagen erwarten dürfen als die in der Interpretation bloß flüchtig skizzierten; und für die Erforschung der "dämpfenden" Stilmittel Racines wäre, wie Spitzers Kritiker mit Recht betont haben, ein Seitenblick auf die Sprache der Zeitgenossen Racines gewiß angebracht gewesen.

Spitzer selbst hat seine Interpretationen in den späteren Studien "struktural", "ästhetisch" und "phänomenologisch" genannt. All diese Adjektive besagen mit der ihnen je eigenen Akzentuierung, daß er das Werk stets in Hinblick auf die ihm immanente Gesetzlichkeit zu untersuchen beabsichtigt. Das Sichtbarmachen der Strukturiertheit eines Textes, seiner inneren Organisation, ist das Ziel der Spitzerschen Textanalysen. Entsprechend den auf die Deutung der inneren Organisation eines Werkes abzielenden Interpretationsabsichten bedeutet *ästhetische* Kritik in Spitzers Sinn nicht eine an apriorischen Normen orientierte Beurteilung seiner Vollkommenheit, sondern das auf die grundsätzlich apologetische Betrachtung des Kritikers gegründete Verstehen der Harmonie von Teil und Ganzem.

Mit dem Begriff "phänomenologisch" schließlich will Spitzer betonen, daß er in seinen Analysen "der Sache selbst", dem Text sich zuzuwenden bestrebt ist. Leider hat er diesen Begriff zu eng ausgelegt, d. h. eines der Kernstücke der phänomenologischen Philosophie, die Lehre von der Intuition, nicht zur Kenntnis genommen. Denn gerade Husserls Theorie der Intuition hätte ihm Anregungen vermitteln können in seinen Versuchen, das Recht dieses Erkenntnismodus in der Sprachwissenschaft zu behaupten.

Mit seinen Literaturstudien bezieht Spitzer, wie die Auseinandersetzung mit Schultz-Gora besonders deutlich zeigt, eine Gegenposition zu jenem Typus von Literaturkritik, die das Werk lediglich unter dem Aspekt seiner äußeren Entstehungsbedingungen und der Richtigkeit der in ihm enthaltenen Angaben zu Zeit, Ort und Personen untersucht. Spitzers Vorbehalte gegenüber dem Positivismus beschränken sich folglich nicht auf die entsprechenden Verfahrensweisen und Zielsetzungen in der Sprachwissenschaft, sie gelten ebenso in Hinblick auf die Literaturwissenschaft. Die Grenzen seiner immanenten Betrachtungsweise sind indessen nicht so knapp gesteckt, daß in ihrem Rahmen nicht auch Reflexionen etwa über die geistesgeschichtliche Einordnung (man denke z. B. an den Aufsatz über den "Récit de Théramène" und an die Studie über Saint-Simon) statthaft wären.

Zur Frage, inwieweit man seinem Vorgehen in der praktischen Stilforschung so etwas wie eine Methode unterstellen darf, hat Spitzer selbst nicht eindeutig Stellung genommen. Während er in den *Stilstudien* ein "Folge mir nicht nach" als Aufschrift über "jedes Lehrgebäude" gesetzt sehen will (cf. SS II, 535) und in "Sviluppo di un metodo" bestreitet, daß es einen "metodo spitzeriano" gebe, will er in den *Romanischen Stil- und Literaturstudien* seinem Leser mit der immanenten Stilerklärung so etwas wie eine "methodische Lehre" vermitteln (cf. RSLS II, 261) oder, wie es im Vorwort zu *Linguistics and Literary History* heißt, ihn mit seiner "linguistic method" vertraut machen (cf. LLH, V). Daß Spitzer für die eigene Arbeit einen Methodenbegriff nur unter Vorbehalt akzeptieren mochte, hat folgenden Grund: Er, der in Bezug auf den Autor und sein Werk jede "idée préconçue" ablehnte, das Verstehen des einen und des anderen einzig und allein aus der Lektüre zu gewinnen trachtete, konnte und wollte mit seinen Arbeiten nicht ein festes Arsenal von Kategorien schaffen, die jeder Stilforscher in seinem Kopf herumtragen und – wie der Handwerker sein Handwerkszeug – für die Bearbeitung seines Gegenstandes bloß hervorzukramen hätte. Schon aufgrund seines Verständnisses des hermeneutischen Prozesses hätte Spitzer nicht eine Methode im Sinne einer allgemeinverbindlichen Anweisung für die Erforschung jedes beliebigen Individualstils und jedes beliebigen

Textes unter Bereitstellung eines ausgefeilten Kategorienapparates anbieten können.

Gleichwohl kann man, so scheint mir, im Falle der Spitzerschen Stilforschung unter Vorbehalt von einer Methode sprechen, deren Tendenzen ich mit dem "sprachwissenschaftlich" und dem "literaturwissenschaftlich" orientierten Interpretationstypus zu umschreiben versucht habe. Denn ebenso wie im Gegenstand – hier die sprachliche und thematische Gestaltung des Textes, dort der Stil des Autors – unterscheiden sich beide Typen auch in der Methode voneinander: dem Bemühen um Synthese, um die in die Deutung des Textes integrierte Beschreibung der sprachlichen Gestaltung des Textes in der literaturwissenschaftlich orientierten Interpretation steht auf Seiten der sprachwissenschaftlich orientierten Untersuchung die linear verlaufende Analyse der Stilmerkmale mit gelegentlichem Hinweis auf den Ausdruckssinn gegenüber, an deren Anfang oder Ende Spitzer seine Mutmaßungen über den Autor vorstellt. Daß der literaturwissenschaftlich orientierte Interpretationstypus, wenn es auch in der Durchführung manches zu kritisieren gab, in Hinblick auf die gewünschte Annäherung von Sprach- und Literaturwissenschaft mehr überzeugt als der sprachwissenschaftliche, dürfte kaum strittig sein. Denn soll die Stilistik nicht darauf beschränkt werden, etwa mit der Untersuchung des Stils eines Autors, wie Spitzer es selbst genannt hat, "Vorläufer" von Literaturstudien zu liefern (cf. RSLS I, 1), dann muß sie, und dies braucht nicht unbedingt auf ihre Kosten zu gehen, eine Liaison mit der Literaturwissenschaft wagen und ihr in der Reflexion auf das Werk als eines sinnvollen sprachlichen Gebildes – um wieder anthropomorphistisch zu sprechen – die Hand reichen. Erst mit der Orientierung seiner Stilistik auf einen werkästhetischen Ansatz hin macht Spitzer dasjenige zum Gegenstand, von dem jede literaturwissenschaftliche Reflexion auszugehen hat, sei sie soziologisch, geistesgeschichtlich oder wie auch immer ausgerichtet: den Text.

Trotz der Unterschiede zwischen beiden Interpretationstypen wäre es verfehlt, von zwei grundsätzlich verschiedenen Methoden zu sprechen. Mit dem literaturwissenschaftlich und dem sprachwissenschaftlich orientierten Interpretationstypus sind lediglich Tendenzen in der Arbeitsweise Spitzers bezeichnet. Miteinander vereint und deshalb bloß Tendenzen sind beide Typen in Spitzers Konzeption und Realisierung des hermeneutischen Prozesses; die Verteidigung der Intuition und Subjektivität des forschenden Subjekts verbindet sich bei Spitzer mit dem Bemühen um die Erforschung des Gegenstandes in seiner Eigentümlichkeit. Aufgrund dieses Festhaltens an der Individualität des erkennenden Subjekts und an der Partikularität des zu erkennenden Gegenstands kann der zwischen ihnen sich vollziehende Erkenntnisprozeß nicht als einer auf intersubjektive oder gar objektive Gültigkeit Anspruch erhebenden Methode folgend gedacht werden. Methode im Falle Spitzers muß verstanden werden als subjektiver Entwurf und als Realisierung von Analyseschritten in Hinblicknahme auf einen je besonderen Gegenstand, sei es ein Individualstil oder ein Text. Daß sich in dem Entwurf und in der Realisierung der Untersuchungen verschiedener Stile gewisse Gleichförmigkeiten abzeichneten, die die Unterscheidung von Interpretationstypen und so etwas wie einen Methodenbegriff unter Vorbehalt sinnvoll erscheinen lassen können, liegt – paradoxerweise – im Subjekt selbst, in der ihm eigenen Identität beschlossen[93]. Wenn man der Spitzerschen Vorgehensweise auch keine objektive Gültigkeit und keine allgemeine Anwendbarkeit in Bezug auf den Gegenstand der Stilistik zusprechen kann, so steht dem Leser Spitzers doch die Möglichkeit offen, sie als exemplarisch anzusehen. – Desungeachtet bleibt dem um seine Subjektivität und um die Partikularität seines Gegenstands wissenden Forscher – und dies hat Spitzer klar gesehen – der Appell an die Einsichtigkeit anderer, an den *consensus omnium.*

93 Genau dies drückt Siebenmann in seinem Nachruf aus, wo es heißt:

> "So hinterläßt uns Leo Spitzer das hohe Beispiel einer Wandelbarkeit, die in der Treue zu sich selbst gründet. Für ihn galt unbedingt, was Gundolf formuliert hatte: Methode ist Erlebnis. Insofern war das vielfältige Bemühen um Wahrheit zutiefst echt" ("Leo Spitzer (1887–1960)", 417).

Ähnlich urteilt Wellek:

> "The impression of bewildering variety is deceptive. There is a unity not only of temperament but also of theory and practice in all his work" ("Leo Spitzer (1887–1960)", 330).

Cf. dazu auch Roncaglia, "Ricordo di Leo Spitzer", 40.

III. Ausblick: Sprachwissenschaft und Textanalyse

0. EINLEITUNG

Nachdem Spitzers Entwürfe zur Theorie der Stilistik vor dem Hintergrund der idealistischen Philologie nachgezeichnet und seine Beiträge zur praktischen Stilforschung anhand einiger ausgewählter Beispiele vorgestellt worden sind, gilt es, mit den Schlußkapiteln das Bild abzurunden. Auch hier möchte ich weniger eine wissenschaftsgeschichtliche als – in der Form einer grundsätzlichen Reflexion auf die für die Theorie der Stilistik zentralen Fragestellungen – eine systematisierend-kritische Einschätzung des Spitzerschen Standpunktes versuchen. Ausgehend von seinen Vorstellungen zum Grundentwurf der Stilistik soll seine Position im Ausblick auch auf andere Konzeptionen noch einmal abgeklärt und durch Überlegungen zu ihrer theoretischen Fundierung und zu den von ihr für die Forschungspraxis gebotenen Möglichkeiten ergänzt werden. Daß diese Ergänzungen freilich nur ganz abstrakter Art sein werden, sei bereits an dieser Stelle vorausgeschickt: Ihre konkrete Entfaltung käme einer sowohl philosophischen als auch sprachwissenschaftlichen Neubegründung der Stilistik gleich, die nicht allein den Rahmen dieser Arbeit sprengen, sondern auch die Kompetenzen ihres Verfassers übersteigen würde.

Mit den folgenden Kapiteln werden drei Themen angesprochen, deren Erörterung mir im Zuge einer Reflexion auf den Entwurf von Stilforschung im allgemeinen wie auf die Modelle Spitzers im besonderen unbedingt notwendig erscheint. Im ersten Kapitel geht es um die Motivierung und Rechtfertigung sprachwissenschaftlicher Textanalyse. Die Frage der Rechtfertigung ist zumal dann, wenn es sich wie im Falle Spitzers um die Neubegründung einer Disziplin handelt, eine ganz zentrale Frage, da sie unmittelbar deren Existenzberechtigung betrifft.

Mit dem zweiten Kapitel, zur "Subjektivität des Kritikers", kommt ein Thema zur Sprache, das im Kontext der Spitzerschen Konzeption von Stilistik eine entscheidende Rolle spielt: Das subjektive Erleben und die objektivierende, auf Kategorien der Sprachwissenschaft und anderer Disziplinen gegründete Analyse des Textes zeichnet Spitzer als die wesentlichen Komponenten der Tätigkeit des Stilforschers aus. Da Spitzer die Instanz des Stilforschers nur autobiographisch zu konkretisieren in der Lage ist, wird mit dem zweiten Kapitel der Versuch unternommen, diese Instanz auch in allgemeiner Hinsicht zu explizieren, indem die zur Beschreibung des Kritikers verwendeten Begriffe durch Bezugnahme auf die Philosophie, namentlich die Phänomenologie, einer näheren Klärung unterzogen werden.

Das dritte Kapitel schließlich stellt Coserius Konzeption von sprachwissenschaftlicher Textanalyse und die daraus resultierende Einschätzung der Spitzerschen Position vor. Ineins mit seinem Urteil zu Spitzer hat Coseriu einige Vorschläge zur Erweiterung des Spitzerschen Ansatzes formuliert, die vor allem der objektivierenden Komponente sprachwissenschaftlicher Textanalyse gelten.

Wiederholungen werden sich in den Schlußkapiteln hie und da nicht vermeiden lassen: Auch der erste und der zweite Teil der Arbeit waren auf eine Erfassung und Kritik des Grundsätzlichen in Spitzers Ausführungen konzentriert.

1. ZUR MOTIVIERUNG UND RECHTFERTIGUNG SPRACHWISSENSCHAFTLICHER TEXTANALYSE

Die sprachwissenschaftliche Beschäftigung mit Texten und damit die linguistische Analyse speziell von Literatur läßt sich grundsätzlich mit der schlichten, gleichwohl über jeden Zweifel erhabenen Einsicht rechtfertigen, daß jeder Text, jedes literarische Werk als ein Stück Sprache begegnet, wie immer man diese auch näherhin fassen mag[1].

In seiner Option für eine Neubegründung der Stilistik geht Spitzer zunächst nicht (wie die obige Überlegung) vom Text, sondern von der Sprache und von der zeitgenössischen Situation der Sprachwissenschaft aus. Mit Humboldt versteht Spitzer das Wesen von Sprache als *Energeia,* als schöpferische Tätigkeit; besonders in der Dichtung tritt das Wesen von Sprache zutage, lassen sich die sprachlichen Neuerungen in *statu nascendi* beobachten. Das eigentliche Wesen von Sprache mit ihren Forschungen gerade nicht erfaßt zu haben, wirft er der Sprachwissenschaft seiner Zeit vor. Mit der Konzeption einer Stilistik im Sinne der Erforschung sprachlicher Kreativität hofft Spitzer somit, die Versäumnisse der Sprachwissenschaft wettzumachen und eine Brücke zwischen zwei streng voneinander getrennten, jedoch miteinander verwandten Disziplinen, der Sprach- und der Literaturwissenschaft schlagen zu können. In ihrem ersten Stadium ist Spitzers Stilistik folglich vor allem durch die Vorstellungen des Sprachwissenschaftlers geprägt; zum Interesse an den sprachwissenschaftlich beschreibbaren Eigenheiten eines literarischen Werkes gesellt sich hier das Bemühen um ihre psychologische Ausdeutung; dem Text bleibt dabei weitgehend die Funktion des Materiallieferanten beschieden: Nicht die ihm eigentümliche Beschaffenheit, sondern vornehmlich die (sprachliche) Individualität des Autors soll mit der Stilanalyse ergründet werden.

Im Zuge des Entwurfs des zweiten Modells argumentiert Spitzer nicht mehr von der Sprache, sondern vom Text, vom literarischen Text aus. Die Zweitaktigkeit der frühen Untersuchungen – auf der einen Seite Analyse der sprachlichen Fakten, auf der anderen Mutmaßungen über ihre psychischen Ursachen – sowie die damit verbundene Vernachlässigung der Interpretation des Textes als eines spezifisch literarischen ästhetischen Ganzen haben Spitzer zu der partiellen Revision seiner Konzeption von Stilistik und ihres Gegenstands veranlaßt. Dabei hat er sich zwar nie von seiner an

1 Eine entsprechende Argumentation findet man z. B. bei Saporta, "The Application of Linguistics to the Study of Poetry", 82.

Humboldt orientierten Sprachauffassung distanziert, seinen Vorstellungen von sprachwissenschaftlicher Literaturbetrachtung jedoch in der Weise eine neue Motivation verleihen, daß er nun das Textverständnis des vornehmlich literaturwissenschaftlich Interessierten geltend macht: den Text als eine literarisch-ästhetische Einheit zu verstehen, dazu soll der Sprachwissenschaftler mit seiner Arbeit beitragen[2].

Eine ebenfalls vom Text ausgehende, im Vergleich zu Spitzers Vorstellungen jedoch wesentlich differenziertere Rechtfertigung sprachwissenschaftlicher Textanalyse hat Coseriu in seiner Vorlesung zur Textlinguistik vorgestellt. Während Spitzer in der Bestimmung des Gegenstands der Stilistik ausschließlich den literarischen Text im Auge hat, sind Coserius Überlegungen entsprechend seinem Textbegriff wesentlich weiter angelegt. Coseriu versteht den Text als eine Ebene des Sprachlichen, die, "determiniert" durch das "Sprechen im allgemeinen" und durch die Einzelsprache im Sinne einer "historischen Tradition des Sprechens", gleichwohl durch Autonomie ausgezeichnet ist; diese ihre Autonomie und ineins damit die Option für eine entsprechend autonome sprachwissenschaftliche Betrachtung des Textes rechtfertigt er u. a. mit folgenden Argumenten:

1. Gegenüber dem Sprechen im allgemeinen und der historischen Sprache verfügt der Text über eine ihm eigene Dimension sprachlichen Bedeutens, den *Sinn*[3].
2. In Hinblick auf das sprechende Subjekt verdankt sich der Text einer besonderen "Stufe" sprachlicher Kompetenz, dem "expressiven Wissen"; die Beurteilung der Realisierung dieses Wissens im Text wiederum sollte nach einem ihm entsprechenden Kriterium erfolgen, der "Angemessenheit"[4].

2 Neben dieser systematisierenden Darstellung der Rechtfertigung sprachwissenschaftlicher Literaturbetrachtung könnte man die Motivierung Spitzers für eine Neubegründung der Stilistik auch im Rahmen einer wissenschaftsgeschichtlichen Betrachtung freizulegen suchen. Hier hätte man nicht allein die Person und ihren Werdegang, sondern auch die allgemeine Situation der Sprachwissenschaft zu Beginn dieses Jahrhunderts, wie sie sich in den Arbeitsweisen und Zielsetzungen der verschiedenen Schulen widerspiegelt, zu berücksichtigen. Gleich der von Vossler innerhalb des Programms der idealistischen Philologie entworfenen Stilistik würde man dabei auch die Vorschläge Spitzers im wesentlichen als Reaktion auf eine ausschließlich positivistisch orientierte Sprachwissenschaft zu deuten haben.

3 Cf. Coseriu, *Textlinguistik. Eine Einführung*, 47 ff.

4 Cf. ib., 41 ff. Die der Ebene des Sprechens im allgemeinen und der historischen Sprache zuzuordnenden Kompetenzstufen nennt Coseriu das "elokutionelle" und das "idiomatische Wissen" und die ihnen konformen Beurteilungskriterien "kongruent" und "korrekt" (ib.).

3. In Hinblick insbesondere auf die Ebene der Einzelsprachen rechtfertigt Coseriu die Autonomie der Textebene folgendermaßen:
   – Der Text kann nicht "einfach als Erscheinung einer historischen Einzelsprache" betrachtet werden, da er prinzipiell Elemente aus verschiedenen Sprachen in sich vereinen, d. h. mehrsprachig sein kann.
   – Die Gestaltung des Textes braucht nicht nach den Regeln einer Einzelsprache zu erfolgen, sie kann diese vielmehr aufgrund einer besonderen Motivation oder auch aufgrund der "traditionellen Gestaltung des betreffenden Textes" aufheben.
   – Im Gegensatz zu den Einzelsprachen sind Texte "situationell bedingt", d. h. ihr Sinn wird auch durch den sie umgebenden jeweiligen außersprachlichen Kontext bestimmt.
   – Texte haben ganz bestimmte Traditionen, die unabhängig von der jeweiligen Einzelsprache untersucht werden müssen. Solche Traditionen betreffen zum einen die Existenz bzw. Nichtexistenz von formelhaften Ausdrücken, die man etwa für die Anrede, für die Begrüßung etc. benutzt; zum anderen erscheinen diese Traditionen in jenen Gestaltungsformen, die – in Absehung von der historischen Sprache – den Text z. B. einer bestimmten Gattung angehören lassen[5].

Mit all diesen Erwägungen begründet Coseriu die Legitimität und zugleich die Notwendigkeit einer autonomen sprachwissenschaftlichen Untersuchung des Textes. Dabei wird entsprechend dem weiteren Verständnis vom Begriff des Textes bei Coseriu auch der Aufgabenbereich sprachwissenschaftlicher Textanalyse weiter gesteckt als in der Spitzerschen Stilistik: Die Untersuchung des literarischen Textes – wie Spitzer sie für seine Stilforschung vorsieht – würde nur einen Teilbereich innerhalb der von Coseriu anvisierten Textlinguistik abdecken (cf. dazu III.3.).

5 Cf. ib., 37ff.

2. DIE SUBJEKTIVITÄT DES KRITIKERS

Ebenso wie die Konzeption und Motivierung einer wissenschaftlichen Disziplin durch den Entwurf ihres Gegenstandes geprägt sind, verdankt dieser seine Bestimmtheit der Konzeption der Disziplin: Gegenstand und Disziplin bilden eine korrelative Einheit. – Im Rahmen der Spitzerschen Vorstellungen ist auf der Theorieebene von Disziplin und ihrem Gegenstand eine weitere Instanz anzusetzen, die für die Bestimmung des letzteren unabdingbar ist: der Kritiker. Im Korrelationsverhältnis von Stilistik und ihrem Objekt könnte man den Kritiker gleichsam als personales Substitut für den Komplex 'Stilistik' ansiedeln; in seiner Individualität zeichnet er sich in Spitzers Modell von Stilforschung als diejenige Instanz aus, die für das Verstehen des Gegenstands in seiner Partikularität maßgeblich ist: Sein Erleben des Textes, seine intuitive Begabung und seine (ästhetischen) Erfahrungen werden über den Gang und die Ergebnisse der Untersuchung entscheiden; ihm ist die Wahl der für die Entschlüsselung des Textes maßgeblichen Kategorien vorbehalten; und in ihm meldet sich schließlich nach Spitzer jenes Evidenzgefühl, der "click", das die Richtigkeit des eingeschlagenen Wegs bestätigt.

Spitzer hat geglaubt, aufgrund der Subjektivität und der "Jemeinigkeit" der Einsichten des Kritikers über diese Instanz nichts weiter aussagen zu können; aus diesem Grunde hat er denn auch die Kommentare zu seiner Vorgehensweise zumeist in die Form von Bemerkungen zum eigenen Werdegang eingekleidet. – Gerade zur Explikation des subjektivistischen Ansatzes seiner Konzeption von Stilistik hätte er sich jedoch an den Theorien jener philosophischen Strömung inspirieren können, die er als relevant sowohl für die Entstehung der Stilistik überhaupt[6] als auch für einige Aspekte der eigenen Forschung angesehen hat: an der Phänomenologie. Eine genauere Bezugnahme auf die Phänomenologie, namentlich die Husserls, hätte sich zu erkenntnistheoretischen Klärungen der subjektiven Komponente in Spitzers Entwurf von Stilforschung deshalb angeboten, weil er die Subjektivität des Kritikers begrifflich ähnlich zu erfassen wie Husserl das erkennende Subjekt in seiner Philosophie zu beschreiben gesucht hat: Wie Husserl zeichnet auch Spitzer die Intuition als ein entscheidendes Moment in

6 Cf. Spitzer, *Essays on English and American Literature*, 194. Cf. id., "Explication de texte Applied to Three Great Middle English Poems", 1.

der Beziehung des Subjekts auf den Gegenstand aus und wie jener versucht auch dieser, die Wahrheit des Erlebten in der Bestätigung durch Evidenz auszuweisen. Ohne Spitzer den Mangel einer phänomenologischen Fundierung seiner Stilistik als Versäumnis anlasten zu wollen – denn schließlich wäre die Einzelwissenschaft überfordert, sollte sie mit ihren Forschungen zugleich auch deren wissenschaftstheoretische Begründung erbringen – seien hier einige Überlegungen versucht, die zumindest die Richtung des Gemeinten andeuten sollen[7].

Mit den *Logischen Untersuchungen* hat Husserl den Versuch unternommen, z. T. in Auseinandersetzung mit psychologistischen Theorien eine phänomenologische Erkenntnistheorie und ineins damit eine Fundierung der Logik auszuarbeiten. "Phänomenologisch" nennt er seine Theorie deshalb, weil sie das Wesen der der Erkenntnis zugrundeliegenden Erlebnisse *deskriptiv* zu erfassen und in ihren Zusammenhängen zu klären hat[8]. Husserl beschreibt die Bewußtseinserlebnisse als Akte; als erkenntnisstiftende Bewußtseinsvollzüge sind diese Akte "objektivierend", wie Husserl sagt, d. h. Gegenständlichkeit setzend. Den objektivierenden Akt charakterisiert er durch drei Komponenten:

7 Zur Frage, ob es überhaupt sinnvoll ist, die Stilistik in eine Verbindung zur Phänomenologie zu bringen, sind die Meinungen kontrovers. Während Martínez Bonati aufgrund des psychologistischen Ansatzes bei Vossler, Spitzer und anderen keine Beziehungen zur Phänomenologie feststellen kann, da sich diese – mit den *Logischen Untersuchungen* Husserls – ja gerade im Ausgang von einer Kritik am Psychologismus entwickelt habe, (cf. id., *La estructura de la obra literaria*, 104f.), meint Hatzfeld, die sich nach dem Ersten Weltkrieg ausbildende literarische Stilistik – ungeachtet ihrer psychologischen Zielrichtungen – "phänomenologisch" nennen zu können:

> "Pero después de la primera guerra mundial occurrió en Alemania un acontecimiento revolucionario. Se empezó a concebir el estilo ... como expresión del escritor, de una entidad estructural, del espíritu de una época y de la mentalidad de una nación. Esta versión moderna y alemana de la estilística, que podríamos llamar fenomenológica y hay que emparentar indudablemente con la misma tendencia de la filosofía de Husserl y de la "Gestalt-Psychologie", ha emprendido audaces interpretaciones de los rasgos esenciales del lenguaje artístico, formando con todos ellos una constelación orgánica" (id., *Bibliografía crítica de la nueva estilística aplicada a las literaturas románicas*, 99f.).

Martínez Bonati hat zweifelsohne recht, den Psychologismus als Argument gegen die Zuordnung der Stilistik Spitzers zur Phänomenologie ins Feld zu führen; dennoch meine ich, daß es – nicht zuletzt wegen der diesbezüglichen Selbsteinschätzung Spitzers und wegen der gewählten Terminologie – gerechtfertigt ist, phänomenologische Elemente in seiner Konzeption anzunehmen und diese von der Phänomenologie her plausibel zu machen.

8 Cf. Husserl, *Logische Untersuchungen* II/1, 2.

1. durch seine *Qualität,* d. h. durch die Modalität seiner Beziehung auf den Gegenstand; so kann etwa durch Phantasievorstellungen, durch Wahrnehmungen, durch Denken etc. auf einen Gegenstand Bezug genommen werden;
2. durch die *Materie,* d. h. durch die Sache, auf die der Akt intentional gerichtet ist;
3. durch den *repräsentierenden Inhalt,* der den Gegenstand sei es als bloß vermeinten oder als je nach Aktqualität spezifiziert Gegebenen verfügbar macht:

> "Jeder konkret vollständige objektivierende Akt hat drei Komponenten: die Qualität, die Materie und den repräsentierenden Inhalt. Je nachdem dieser Inhalt als rein signitiver oder rein intuitiver Repräsentant oder als beides zugleich fungiert, ist der Akt ein rein signitiver, rein intuitiver oder gemischter".[9]

Das intuitive Erlebnismoment hat – nach der Theorie Husserls – die Funktion, den signitiven Akt zu "erfüllen", den intentionalen Gegenstand entsprechend seiner Vermeinung vorstellig zu machen. Diese Erfüllung des signitiven durch den intuitiven Akt nennt Husserls "Wahrheit". "Wahrheit" bedeutet seiner Theorie zufolge also nicht *adaequatio* zwischen *intellectus* und einer außerhalb des Bewußtseins sich befindlichen *res,* sondern die im Erleben selbst statthabende Korrespondenz zwischen vermeintem und intuitiv gegebenem Gegenstand. Das Erlebnis dieser Korrespondenz ist selbst ein Erkenntnisvollzug – Husserl nennt ihn "Evidenz": "Wie jede Identifizierung ist sie [die Evidenz] ein objektivierender Akt, ihr objektives Korrelat heißt *Sein im Sinne der Wahrheit* oder auch *Wahrheit* ..."[10].

Mit diesen allgemeinen erkenntnistheoretischen Überlegungen Husserls läßt sich, so scheint mir, die subjektive Instanz in Spitzers Konzeption von Stilistik näher explizieren: Stilkritik ist nach Spitzer fundiert im Erleben des Stilforschers; der Gegenstand, auf den seine Akte sich richten, ist der Text, der auf unterschiedliche Weise, je nach der Qualität des Aktes anvisiert und vorstellig gemacht wird. Da der Stilforscher sich nicht darauf beschränken kann, des Textes lediglich im Sinne eines subjektiv privaten Lektüreerlebnisses habhaft zu werden, sondern dieses auch in Hinblick auf die Erfassung eines Individualstils oder die Exegese der sprachlich-thematischen Organisation des jeweiligen Werkes kategorial ausdeuten wird, hat man hinter seinen Erkenntnissen ein in sich komplexes Aktgefüge zu vermuten; die Kate-

9 Ib., II/2, 90.
10 Ib., 122. – Husserls Verständnis von Wahrheit und Evidenz analysiert in allen seinen Feinheiten Tugendhaft, *Der Wahrheitsbegriff bei Husserl und Heidegger,* bes. 26–106.

gorien, die er für diese Ausdeutung wählt, werden immer durch das jeweilige Erkenntnisziel spezifiziert sein, d. h. im Falle des frühen Modells wird er sie vornehmlich der Sprachwissenschaft entlehnen, im Falle des späteren Modells mit solchen aus der Literaturwissenschaft kombinieren. Der Text wird dabei auf unterschiedliche Weise "objektiviert": Gemäß den frühen Vorstellungen kommt er, vergröbernd formuliert, als ein Dokument für die psychischen Eigenheiten seines Autors in den Blick, gemäß der revidierten Konzeption als ein in sich harmonisch strukturiertes ästhetisches Ganzes.

Die von Spitzer für den Einstieg in die Analyse geltend gemachte Evidenz kann man mit Husserl als Erlebnis der Übereinstimmung von (signitiv) vermeinter und (intuitiv) gegebener Beschaffenheit des Textes deuten; daß sich dieses Erlebnis für den Stilforscher in immer wieder verschiedener Weise vollzieht, hat Spitzer selbst gesehen und auch die Gründe dafür angegeben: Sie liegen beschlossen im Gegenstand der Stilistik selbst, in der Individualität des zu analysierenden Textes, die an die Intuition und an die Kenntnisse des Stilforschers ihre je eigenen Anforderungen stellt (cf. LLH, 28).

Weitere und vor allem konkretere Aussagen lassen sich aus der Übertragung Husserlscher Gedanken auf die Vorstellungen Spitzers zum erlebenden Subjekt leider nicht gewinnen. Die Abstraktheit der versuchten Klärungen ist darauf zurückzuführen, daß sie in Anlehnung an ganz allgemeine erkenntnistheoretische Überlegungen formuliert sind. Da Spitzers Vorstellungen zufolge als Gegenstand der Stilistik der *literarische* Text fungiert und dieser entsprechend dem zweiten Modell vornehmlich in seiner ästhetischen Beschaffenheit erfaßt werden soll, kann man die Hoffnung hegen, konkretere Einsichten in die theoretischen Verhältnisse seiner Stilistik aus der Theorie der ästhetischen Erfahrung oder auch des ästhetischen Gegenstands zu gewinnen. Husserl selbst hat im Rahmen seiner Phänomenologie eine solche Theorie des Ästhetischen allerdings nicht vorgelegt. Deshalb seien hier die Vorschläge dreier Autoren kurz skizziert, die – z. T. in direkter Bezugnahme auf seine Philosophie, z. T. aber auch in Orientierung an Sartre und an Merleau-Ponty – den Versuch unternommen haben, eine phänomenologische Ästhetik zu entwerfen.

Ingarden

Als prominentester Entwurf einer Ästhetik auf phänomenologischer Grundlage ist an erster Stelle die Theorie des literarischen Kunstwerks von Ingarden, einem direkten Schüler Husserls, zu nennen. In der Form eines Schichtenmodells hat Ingarden eine Ontologie des literarischen Werkes entwickelt, aus der er – um der Gefahr des Psychologismus von vornherein aus dem Wege zu gehen – Fragen der Produktions- und der Rezeptionsästhetik weitgehend ausschließt[11]. Die Schichten, die Ingarden nach ihrem Material und nach ihrer Funktion für das Ganze definiert, sind folgende:

> "1. die Schicht der *Wortlaute* und der auf ihnen sich aufbauenden *Lautgebilde* höherer Stufe; 2. die Schicht der *Bedeutungseinheiten* verschiedener Stufe; 3. die Schicht der mannigfaltigen schematisierten *Ansichten* und Ansicht-Kontinuen und -Reihen und endlich 4. die Schicht der *dargestellten Gegenständlichkeiten* und ihrer Schicksale".[12]

Wiewohl als Schichten unterschieden, bauen diese Komponenten das Kunstwerk im Sinne eines organischen Ganzen auf. In der Charakterisierung der verschiedenen Komponenten zeigt Ingarden, wie eine jede das Fundament für die ihr jeweils übergeordnete abgibt. Während der Wortlaut, der die "äußere Hülle" des Werks darstellt, das Verstehen auf die entsprechenden Wortbedeutungen lenkt[13], hat die Ebene der Bedeutungseinheiten durch den Entwurf und die Bestimmung des Wie der Darstellung die "Ansichten" der dargestellten Gegenständlichkeiten vorzustrukturieren[14]. Die "Ansichten" wiederum geben bestimmte Perspektiven auf die Gegenständlichkeiten frei, mit denen der Höhepunkt des literarischen Kunstwerks erreicht ist: Hier findet im Zusammenwirken der am Aufbau der Gegenständlichkeiten unmittelbar beteiligten Schichten die "Enthüllung der metaphysischen Qualitäten" statt, und hier gelangt die "Idee" des Werks zur Offenbarung[15]. Im Kapitel zum "Leben" des literarischen Werks bietet Ingarden eine knapp skizzierte Theorie der Rezeption des literarischen Kunstwerks: Der Heterogeneität der Werkschichten entspricht die Komplexität der sie erfassenden Erkenntnisakte; korrelativ zur Schicht des Wortlauts setzt Ingarden die Wahrnehmungsakte an; in diesen sind die Bedeutungsakte fundiert, die ihrerseits die "Akte des phantasiemäßigen Erschauens der dargestellten Gegenständlichkeiten und Situationen und gegebenenfalls auch der an den letzteren sich offenbarenden metaphysischen Qualitäten" begründen[16].

Martínez Bonati

Martínez Bonati, der, wie er selbst betont, die methodologischen Grundlagen seiner Reflexionen aus der Phänomenologie Husserls bezieht, will ineins

11 Cf. Ingarden, *Das literarische Kunstwerk*, 17ff.
12 Ib., 26.
13 Cf. ib., 37f.
14 Cf. ib., 196ff.
15 Cf. ib., 307.
16 Ib., 355.

mit der transzendentalen Theorie der "experiencia poética" seine Konzeption von den Wesensstrukturen des literarischen Werks vorstellen:

> "En consecuencia, definir nuestra profunda y encubierta comprensión viva de poesía (esta conciencia intencional) es, a la vez, definir la estructura transcendental de la experiencia poética y con ello la estructura esencial de todo poema".[17]

Trotz dieses Ansatzes bei der erlebenden Subjektivität bleibt diese in der Durchführung der Theorie dann allerdings weitgehend ausgespart. Martínez Bonati konzentriert sich in seinen Ausführungen vielmehr auf die Klärung der referentiellen, semantischen und wahrheitstheoretischen Besonderheiten des literarischen Diskurses. Im Ausgang von den eigenen Überlegungen zur Sprache des literarischen Textes distanziert er sich von Ingarden; dieser habe – in Anlehnung an Husserl – die Sprache des literarischen Werks allzu sehr vom Logischen her zu verstehen gesucht[18]. Demgegenüber hebt Martínez Bonati immer wieder als besonderes Charakteristikum der poetischen Sprache hervor, daß sie eine fiktive Welt aufbaue. Und gerade ihr fiktionaler Charakter unterscheide sie, wie er in Auseinandersetzung u. a. mit dem Bühlerschen Modell zeigt, von alltagssprachlicher Kommunikation: die "frase imaginaria" des Autors müsse nach ihr eigenen Gesetzlichkeiten beschrieben, Dichtung dürfe nicht nach Maßgabe des "hablar real" verstanden werden[19].

Hinsichtlich der Rezeption von Dichtung unterschiedet Martínez Monati zwei Akttypen: Der erste Akttypus betrifft das Verstehen der begrifflichen Referenz, er stellt die "comprensión lógico intelectual" des Textes dar; ihr folgt eine "actividad imaginativa", die das Geschilderte in seiner Individualität vorstellig macht. Die von Ingarden als Schicht der Gegenständlichkeiten bezeichnete Ebene des Textes bestimmt Martínez Bonati in Hinblick auf das verstehende Subjekt als "producto de intuición dirigida por los órdenes del estrato de las significaciones"[20].

Dufrenne

Dufrennes *Phénoménologie de l'expérience esthétique* ist, wie der Titel bereits deutlich macht, nicht auf eine Theorie der Rezeption von literarischen Kunstwerken eingegrenzt. Hinsichtlich der Fundierung seiner Gedanken fühlt

17 Martínez Bonati, *La estructura de la obra literaria*, 15.
18 Cf. ib., 37ff.
19 Cf. ib., 112ff.
20 Ib., 157.

er sich weniger der Philosophie Husserls als dem Phänomenologieverständnis von Sartre und Merleau-Ponty verpflichtet[21]. Während bei Ingarden das Verhältnis von literarischem Kunstwerk und seiner Rezeption lediglich an der Peripherie seiner Ontologie zur Sprache kommt, zielt die Ästhetik Dufrennes gerade auf eine genauere Klärung der Korrelation von ästhetischem Gegenstand und seiner Erfahrung ab. Dabei unterscheidet er zwei Theorieebenen: die phänomenologische und die transzendentale bzw. metaphysische. Mit dem phänomenologischen Teil möchte Dufrenne eine Deskription des ästhetischen Gegenstands und seiner Erfahrung liefern, mit dem transzendentalen die Frage nach dem Apriori und der Wahrheit ästhetischer Erfahrung beantworten[22].

Dufrenne bestimmt das Sein des ästhetischen Gegenstands durch drei Aspekte ("... par sa matière, en tant qu'elle s'offre à la perception, il [der ästhetische Gegenstand] a l'être du sensible; par son sens, lorsqu'il représente, il a l'être d'une idée; et lorsqu'il exprime, il a l'être d'un sentiment"[23]) und analog dazu die ästhetische Erfahrung durch drei Komponenten: Der "matière" des Gegenstands entspricht aufseiten des Subjekts die "présence au corps", dem "sens" die zwischen leiblicher und geistiger Erfahrung vermittelnde "représentation" bzw. "imagination" und dem ausgedrückten Gefühl schließlich "le sentiment" das von der "réflexion" begleitet wird[24]. – In der transzendentalen Reflexion entwirft Dufrenne die Theorie der "affektiven Apriori", die sowohl das ästhetische Werk selbst als auch seine Schöpfung und Erfahrung fundieren:

> "Après avoir découvert la qualité affective comme un *a priori* de l'objet esthétique, c'est en effet à une subjectivité qu'il faut assigner *cet a priori:* à travers le monde exprimé par l'oeuvre, c'est l'auteur qui s'exprime; et ce n'est plus le sujet impersonnel de Kant, porteur d'*a priori* eux-mêmes impersonnels et par conséquent justiciable d'une connaissance rationnelle, c'est une personne concrète, et qui n'est plus en relation avec le monde impersonnel de l'expérience objective, mais avec un monde qui lui est propre, ou autrui ne pénètre qu'en communiquant avec lui".[25]

21 Dazu schreibt Dufrenne:
"On verra que nous ne nous astreignons pas à suivre la lettre de Husserl. Nous entendons phénoménologie au sens où MM. Sartre et Merleau-Ponty ont acclimaté ce terme en France: description qui vise une essence, elle-même définie comme signification immanente au phénomène et donnée avec lui" (id., *Phénoménologie de l'expérience esthétique* I, 4f.).

22 Cf. ib., 27f.

23 Ib., 188.

24 Cf. ib. II, 421.

25 Ib., 551.

Das Problem der Allgemeingültigkeit der "affektiven Apriori" versucht Dufrenne folgendermaßen zu lösen: Der ästhetische Gegenstand ist etwas individuell-Einmaliges, dessen Wesen weder durch eine ihm angesonnene Idee noch durch eine ihm überzuordnende Gattung verstanden werden kann[26]. Trotz dieser seiner Einzigartigkeit weist das Kunstwerk stets über sich selbst hinaus, indem es eine "exigence singulière" zum Ausdruck bringt, die eine "essence humaine" in ganz ausgezeichneter Weise in sich trägt. Und diese Vermittlung der "essence humaine" betrachtet Dufrenne nicht nur als Struktur, sondern auch als Aufgabe des Werks: "l'humanité est toujours à faire" – sei es in den theoretischen Werken der Philosophie oder in den ästhetischen der Kunst[27].

Nach diesem Ausflug ins Reich philosophischer Spekulation gilt es die – wenn auch in nahezu gewaltsamer Verkürzung wiedergegebenen – Ein- und Ansichten Ingardens, Martínez Bonatis und Dufrennes auf ihre Brauchbarkeit für unser Problem hin zu überprüfen. Soweit ihre Theorien die rezeptionsästhetische Dimension thematisieren, lehren sie, daß die Konzeption ästhetischer Erfahrung in unmittelbarer Orientierung am Gegenstand wie dieser seinerseits als durch das erlebende Subjekt konstituiert gedacht werden muß: Dabei entsprechen den verschiedenen Seinsaspekten des Gegenstands aufseiten des Subjekts verschiedene Modalitäten seiner Erfassung. Ingarden und Dufrenne unterscheiden am Gegenstand das Moment seiner Materialität, seiner Bedeutung und schließlich die spezifisch ästhetische Dimension, die Vermittlung der "Idee" des Werks oder des "sentiment". Analog diesen Unterscheidungen könnte man – eingedenk der Spitzerschen Vorstellungen – den Gegenstand der Stilistik durch folgende Komponenten bestimmen: Auf einer ersten Stufe wäre entsprechend der Schicht der Materialität die Sprachlichkeit des Textes anzusiedeln, genauer gesagt, diejenigen sprachlichen Verfahren, die – sei es für den Stil eines Autors, sei es für den eines seiner Werke – charakteristisch sind. Als eine weitere Ebene hätte man jene anzunehmen, die Coseriu die Ebene des "Sinnes" nennt. Daß Spitzer dieser Schicht des Textes in den frühen und in den späten Studien auf unterschiedliche Weise beizukommen sucht, ist bereits hinlänglich dargestellt worden; die spezifisch ästhetische Dimension wäre als relevant nur für das revidierte Modell anzusehen, da erst hier der Text als Ganzes überhaupt in den Blick kommt. Mit Spitzers Begriffen, der diese Dimension ja wie die Phänomenologen nicht normativ versteht, wäre sie als Organizität, als die dem Text innewohnende Harmonie zu fassen. – Entsprechend dieser Stufung der Komponenten des Gegenstandes hätte man sich die Fundierung

26 Cf. ib., 584f.
27 Cf. ib., 590ff.

der auf ihn gerichteten Erlebnisse zu denken: Auf die Erfassung und Beschreibung der Sprachlichkeit des Textes gründet sich die Interpretation seines Sinnes, der dann noch gemäß den Ausführungen Ingardens und Dufrennes die ästhetische Interpretation folgen kann. Daß diese in der Theorie idealiter unterschiedenen und sukzessive vorgestellten Akte als Analyseschritte in der Praxis simultan erfolgen können, muß wohl nicht eigens betont werden.

Die Überlegungen Martínez Bonatis lehren, die Sprache der Dichtung in ihrer Eigengesetzlichkeit zu verstehen, indem sie vor allem den fiktionalen Charakter des Werks in seinen sprachlichen und wahrheitstheoretischen Implikationen klären. Obwohl Spitzer selbst in seinen theoretischen Ausführungen zum Dichtungsbegriff auf den imaginativen Charakter der im literarischen Text vermittelten Welt eigens hingewiesen hat (cf. I.3.1.5.), scheint er sich in den psychologischen Interpretationen dieser Einsicht nicht mehr bewußt gewesen zu sein: Die Identifizierung der psychischen Eigenschaften des Autors im Ausgang von der Sprache und den Aussagen seiner Personen und die damit verbundene Ineinssetzung der Charaktereigenschaften von Romangestalten mit denen ihres Schöpfers zeigen nur allzu deutlich, daß er die Grenzen zwischen der durch die poetische Sprache vermittelten fiktiven Welt und der realen ihres Urhebers in diesen Studien hie und da verwischt.

Mit der Orientierung an der Phänomenologie sind Begriffe und Unterscheidungen gewonnen, die die in Spitzers Modell unabdingbar notwendige, in theoretischer Hinsicht gleichwohl nur vage bestimmte Instanz des Kritikers verstehen helfen. Im Ausgang von Husserl haben wir die von Spitzer mit "Erleben", "Intuition" und "Evidenz" bezeichneten psychischen Prozesse einer näheren Explikation zu unterziehen versucht. Daß im Zuge unseres Rationalisierungsversuchs diese von Spitzer wahrscheinlich eher psychologisch verstandenen Begriffe erkenntnistheoretisch umgedeutet wurden, muß zugegeben werden. Eine solche erkenntnistheoretische Umdeutung hat, wenngleich sie einzelne Begriffe in ihrer Bedeutung verändern mag (so versteht Husserl z. B. die Evidenz nicht wie Spitzer als bloßes Gefühl, sondern als objektivierenden Akt), den Vorteil, die Subjektivität des Kritikers auch in *allgemeiner* und nicht bloß in individueller Hinsicht aussagbar machen zu können. – In den phänomenologischen Theorien, die wir, um näheren Aufschluß über das Erleben speziell von Ästhetischem zu gewinnen, zu Rate gezogen haben, wurde dieses von vornherein im Sinne eines *Erkenntnis*vollzugs ausgelegt. Die von Spitzer mit dem zweiten Modell geforderte ästhetische Exegese des Textes mit den Phänomenologen als *Erkenntnis* zu deuten, ist insofern gerechtfertigt, als sie zum einen im Rahmen einer Wissenschaft, der Literaturwissenschaft statthaben soll und als Spitzer zum anderen die ästhetische Dimension als Harmonie, d. h. als eine Struktur am Gegenstand auffaßt, die es mithilfe auch der stilistischen Analyse sichtbar zu machen gilt.

Im ersten Teil der Arbeit ist bereits die Frage angeschnitten worden, wie es denn um die Gültigkeit der Ergebnisse in der Stilforschung stehe. Da die theoretischen Hintergründe nun näher ausgeleuchtet sind, seien hier noch einmal einige Überlegungen zu diesem Thema angestellt: Spitzers Vorstellungen zufolge verdankt sich die Erkenntnisleistung des Stilkritikers im wesentlichen zwei Momenten, zum einen dem Erleben, dessen Komplexität wir mit Hilfe der Phänomenologie zu analysieren versucht haben, zum anderen aber auch – und diese Komponente ist bisher noch nicht gebührend zur Sprache gekommen – den Kategorien, deren sich der Stilkritiker in der Exegese bedient. Mit diesen Kategorien, die in den frühen Studien der Sprachwissenschaft, in den späteren Aufsätzen auch der Literaturwissenschaft entlehnt sind, wird das Erleben des Stilforschers ausgesagt und ineins damit der Zielpunkt des Erlebens, der Text, vergegenständlicht. Das Erleben anläßlich des Textes verläuft somit nicht im Sinne eines unkontrollierbaren psychischen Bewußtseinsaktes eines Individuums, sondern erhält mit seiner in der Aussage über den Text vollzogenen Vergegenständlichung den Status einer *intersubjektiv nachprüfbaren* Erkenntnis. Trotz dieser Vergegenständlichung seines Erlebens kann der Stilforscher nicht objektive Gültigkeit für seine Einsichten reklamieren: Diese bleiben, wenngleich mit Kategorien ausgesagt, rückgebunden an seine Individualität, an sein subjektives Erleben angesichts der Partikularität seines Gegenstands; in puncto Wahrheit kann der Stilforscher allein hoffen, hoffen, daß andere in gleicher Weise erleben wie er selbst, hoffen auf den *consensus*.

Zum Schluß dieses Kapitels sei – gleichermaßen als Kontrast zum Ansatz Spitzers – eine Position kurz diskutiert, die ebenfalls den Rezipienten als eine entscheidende Instanz in der Stilanalyse ansetzend deren Ergebnisse gleichwohl als objektiv gültig proklamiert: die Konzeption Riffaterres. Riffaterre, der sich von der sprachwissenschaftlichen Textanalyse "the objective and exact description of the literary use of language"[28] verspricht, gründet seine Überlegungen auf behavioristische Vorstellungen, denenzufolge menschliches Verhalten als Reaktion auf einen Stimulus erklärt werden muß. Als eine für die Stilanalyse maßgebliche Instanz nimmt Riffaterre den "average reader" an, dessen Reaktionen auf und Werturteile über den Text der Stilforscher genauestens zu registrieren hat, da sie ihm den Weg zu den zentralen stilistischen Stimuli weisen. Mit der Konstruktion des "average reader", hinter dem sich eine ganze Gruppe von Informanten verbirgt, über

28 Cf. Riffaterre, "Criteria for Style Analysis", 154.

deren Auswahl der Autor allerdings nichts Näheres verlauten läßt, soll das subjektive Werturteil des Einzelnen in eine objektive Aussage über den Text übergeführt werden und ineins damit an die Stelle des 'Impressionismus' à la Spitzer 'Objektivität' treten[29]. Aber auch zum "average reader" scheint Riffaterre kein rückhaltloses Vertrauen zu haben, da er es für notwendig befindet, weitere Garanten für die Objektivität der Stilanalyse einzuführen: zum einen den 'Kontext' im Sinne eines sprachlichen Musters, vor dem der jeweilige besondere Stilzug als ein nicht voraussehbares, dieses Muster durchbrechendes Element erscheint, zum anderen die 'Konvergenz', mit der Riffaterre das Erzielen eines und desselben expressiven Effekts durch verschiedene Stilmittel bezeichnet[30].

Mit dem Konstrukt des "average reader" hat Riffaterre die – wie er meint – Schwäche der Spitzerschen Position nicht behoben, das Schreckgespenst "Subjektivität" nur zum Schein vertrieben; denn dieses Konstrukt, das auf der Vorstellung beruht, die Rezeption von Literatur könne als ein quasi mechanischer Prozeß nach dem "stimulus – response"-Modell beschrieben werden, bedeutet nichts anderes als eine Verobjektivierung von Subjektivität, die ihrerseits nicht für die angebliche Objektivität der von dem Informanten bezüglich des Textes geäußerten Aussagen aufkommen kann. Die in der Sache übereinstimmenden subjektiven Aussagen der Vielen werden immer bloß den Status intersubjektiver, nie den objektiver Gültigkeit aufweisen.

29 Cf. ib., 163.
30 Cf. ib., 171ff.

3. STILISTIK UND TEXTLINGUISTIK: COSERIUS BEURTEILUNG DER SPITZERSCHEN POSITION

Im Rahmen seiner Einführung in die Textlinguistik hat Coseriu vor dem Hintergrund der eigenen Konzeption eine Einschätzung und Kritik der Spitzerschen Stilforschung vorgenommen. Bevor diese Kritik referiert und diskutiert wird, seien zunächst die im Hinblick auf die Stilistik Spitzers relevanten Gesichtspunkte der Coseriuschen Auffassung von sprachwissenschaftlicher Textanalyse vorgestellt.

In der sprachwissenschaftlichen Arbeit am Text sieht Coseriu verschiedene Typen von Textlinguistik realisiert. Ein erster Typ fußt auf der Annahme, daß der Text als die maßgebliche sprachliche Grundeinheit anzusehen und dementsprechend die gesamte sprachwissenschaftliche Forschung vom Text aus zu betreiben sei[31]. Diese Richtung lehnt Coseriu ab, da "sie ungerechtfertigterweise Textfunktionen mit Sprachfunktionen gleichsetzt"[32].

Im Rahmen eines zweiten Typus – Coseriu nennt ihn "Textgrammatik" bzw. "transphrastische Analyse" – versucht man, jene Regeln zu beschreiben, die die über die Satzgrenze hinausreichenden Charakteristika des Textes innerhalb einer bestimmten historischen Sprache explizit machen. Obwohl Coseriu diesen Typus von sprachwissenschaftlicher Arbeit für durchaus berechtigt und notwendig hält, betrachtet er ihn nicht als Textlinguistik im eigentlichen Sinn, sondern als eine von der Ebene der Grammatik auf die Ebene des Textes verlagerte Beschreibung der Einzelsprache[33].

Die in Coserius Augen wahre Textlinguistik ist die "Linguistik des Sinnes", die "mit der richtig verstandenen Philologie und auch mit der Hermeneutik" zusammenfällt[34]. Innerhalb dieser Linguistik wird der Text als eine autonome sprachliche Ebene respektiert und auf die ihm eigenen Möglichkeiten des Bedeutens, den "Sinn", hin ausgelegt. Dabei hat der Sprachwissenschaftler zu klären, welche sprachlichen Verfahren den Sinn des jeweiligen Textes konstituieren. – Das Studium der Texte mit dem der Einzelsprachen vergleichend, erachtet Coseriu neben der Beschreibung der Individualität des Textes (analog der Sprachtypologie) die Erarbeitung einer Typologie für

31 Cf. Coseriu, *Textlinguistik. Eine Einführung*, 26.
32 Ib., 30.
33 Cf. ib., 24 und 154ff.
34 Ib., 35.

eine sinnvolle Aufgabe dieser Textlinguistik[35]. In der Ausarbeitung einer solchen Typologie sollten die für den Textsinn konstitutiven Verfahren zusammengestellt werden, die verschiedenen Texten gemeinsam sind. Auf der Basis der auf diesem Wege festgestellten Gemeinsamkeiten schließlich wäre eine (begründete) Festlegung und Abgrenzung der verschiedenen Textsorten möglich.

Die Spitzersche Stilistik rechnet Coseriu dem an letzter Stelle genannten Typus zu, der Linguistik des Sinnes. Auch wenn Spitzer geglaubt habe, mit seinen Stilinterpretationen vornehmlich Analysen des Sprachlichen zu liefern, böten seine Arbeiten nichtsdestoweniger auch eine Exegese des Sinnes. Seine "integrale" Stilistik sei somit als eine "entwicklungsfähige Vorform der Textlinguistik" zu würdigen[36].

Um der Stilforschung Spitzers tatsächlich den Status einer Linguistik des Sinnes verleihen zu können, sei jedoch eine Erweiterung notwendig, die folgende drei Komplexe umfassen sollte:

1. "die Aufstellung einer umfangreichen Liste sinnkonstituierender Verfahren, die Bereitstellung eines deskriptiven Instrumentariums";
2. eine "Theorie der Artikulation des Sinnes", d. h. eine Klärung des Zusammenspiels jener Elemente, die den Sinn – gleich Bausteinen – aufbauen; dabei könnte man ansetzen bei den kleinen Elementen (z. B. Abschnitt, Kapitel etc.) und über die zunehmend größeren Elemente die Gliederung und Komplexion des Sinnes untersuchen;
3. die Berücksichtigung auch nicht-literarischer Texte, da die in ihnen vorfindlichen Muster ebenfalls für eine Feststellung der sinnkonstituierenden Verfahren aufschlußreich sein können[37].

Coseriu hat zweifelsohne Recht, die Stilistik Spitzers grundsätzlich dem Typus der "Linguistik des Sinnes" zuzuordnen, wenn Spitzer selbst auch nicht den Sinn als eine dem Text spezifische Weise des Bedeutens verstanden hat. Die Durchführung der von ihm geforderten Analyse des Ausdruckssinns im Anschluß an die Analyse der für einen Autor bzw. für ein Werk charakteristischen sprachlichen Fakten erfolgte – und dies gilt weniger für die späteren Interpretationen denn für die Motiv- und Wortstudien – oftmals bloß in der Form einer Paraphrase, einer Klärung der Referenz des jeweils analysierten Passus im Zusammenhang des Textes. Die Auslegung des Sinnes, sofern sie die sprachwissenschaftlich diagnostizierten Textstellen eines Werks oder auch mehrerer Werke betraf, wurde hier mehr oder weniger in die Mutmaßungen über die der Sprachverwendung des Autors zugrunde-

35 Cf. ib., 117.
36 Ib., 122.
37 Cf. ib., 123ff.

liegenden psychischen Motive zurückgenommen. Die frühen Studien könnte man auch, um den Schwerpunkt ihrer Zielrichtung noch einmal mit einem Begriff der Sprachtheorie Coserius zu präzisieren, als Studien zur *Rede* charakterisieren, da mit ihnen die Texte vor allem in Hinblick auf die Besonderheiten ihrer einzelsprachlichen Realisierung untersucht wurden. Den Begriff der Rede bestimmt Coseriu als konkrete Sprachtätigkeit, die entsprechend den innerhalb einer Sprachgemeinschaft bekannten Traditionen erfolgen, aber auch – in Abweichung von diesen – die bloß virtuell vorgegebenen Möglichkeiten einer Sprache ausschöpfen kann. Die Ebene der virtuellen Möglichkeiten nennt Coseriu das "System", die der traditionell vorgegebenen Sprachtechniken die "Norm" einer Sprache. "System", "Norm" und "Rede" bezeichnen verschiedene Abstraktionsstufen in der Untersuchung des Funktionierens der Einzelsprache[38].

Der Begriff der Rede stimmt mit dem des Textes darin überein, daß er wie dieser – wenn auch aus einer anderen Perspektive – das Sprechen qua individueller, konkreter Tätigkeit bezeichnet. Während mit dem Begriff der Rede das konkrete Sprechen gemäß den Traditionen und Möglichkeiten einer historischen Sprache, also seine einzelsprachliche Konstitution in den Blick kommt, wird mit dem Begriff des Textes ein ganz anderer Aspekt der Sprachtätigkeit pointiert: Der Text meint das Sprechen in einer konkreten Situation, das Sprechen mit konkreten kommunikativen Absichten, das Sprechen mit der ihm eigenen Weise des Bedeutens, den "Sinn". Daß dabei der Gesichtspunkt seiner einzelsprachlichen Realisierung in den Hintergrund tritt, da der Text Elemente auch aus anderen Sprachen enthalten kann und er vor allem Traditionen folgt, die unabhängig von der Einzelsprache gegeben sind, hat Coseriu in der Bestimmung seines Textbegriffs verdeutlicht (cf. S. 230f.).

Mit den frühen Interpretationen hat Spitzer insofern einen Beitrag zur Linguistik der *Rede* geleistet, als er hier besonderen Wert auf die Beschreibung der einzelsprachlichen Techniken eines Autors legt, wobei allerdings eine Bezugnahme auf die entsprechende *Norm* und das *System* zumeist ausgespart bleibt. Im Vergleich zu den oft übermäßig langen Listen, die er dabei zur Dokumentation eines Stilmerkmals angelegt hat, nahmen sich seine Ausführungen zum "Ausdruckssinn" – in welcher Form diese immer auch erfolgten – in diesen Studien recht knapp aus. Man denke z. B. an den Aufsatz über Philippe, in dem Spitzer – ausgehend von der Verwendung der Konjunktion "à cause de" – weitere vom Autor genutzte sprachliche Möglichkeiten des Französischen diagnostiziert, die in gleicher Weise wie die kausalen Konjunktionen "pseudoobjektive Motivierung" ausdrücken. – Ebenso

38 Cf. Coseriu, *Sprache – Strukturen und Funktionen*, bes. 78ff. und 207ff.

sei an die Arbeiten über Morgenstern und Romains erinnert; in der ersteren analysiert Spitzer die von Morgenstern innerhalb des Deutschen geschaffenen, jedoch von den sprachlichen Traditionen abweichenden Ausdrucksweisen, die seiner Interpretation zufolge den Sprachskeptizismus dieses Autors dokumentieren; und mit dem Artikel über Romains will Spitzer schließlich zeigen, welche sprachlichen Möglichkeiten den französischen Expressionisten (im Vergleich zu denen ihrer deutschen "Gesinnungsfreunde") zu Gebote standen.

Erst mit den späteren Interpretationen kommt Spitzer, so scheint mir, tatsächlich der Vorstellung einer Textlinguistik des Sinnes nahe, da hier weniger die sprachwissenschaftliche Diagnostizierung der besonderen Stilmerkmale eines Autors als die "integrale", gerade auch auf den Gesamtsinn abzielende Auslegung eines Textes bzw. Textstücks auf dem Programm steht. – Mit der von Coseriu geforderten Erweiterung der Spitzerschen Stilistik wird diese allerdings in ihren ursprünglichen Zielsetzungen und Intentionen erheblich modifiziert, denn über die Feststellung der Individualität eines Stils bzw. eines Werkes hinausgehend, sollte der Stilforscher ja auch sein Beschreibungsinstrumentarium bereitstellen sowie eine Theorie der Artikulation des Sinnes erbringen. Diese Forderungen Coserius beruhen auf der Annahme,

> "daß der Sinn etwas Objektives ist, daß er objektiv durch die betreffenden Verfahren im Text ausgedrückt wird und daß alles, was man als Sinn des Textes verstanden hat, einschließlich der Kontexte, auf die sich der Text bezieht, objektiv gegeben ist".[39]

Durch die von Coseriu vorgeschlagenen Erweiterungen wird so etwas wie eine Beschreibungskapazität der Stilistik als einer Linguistik des Sinnes überhaupt erst möglich. Wollte man die Spitzerschen Stilanalysen in Hinblick auf die Erstellung einer Liste der sinnkonstituierenden Verfahren sowie der ihnen entsprechenden Beschreibungskategorien auswerten, so hätte man zunächst einmal grundsätzlich von denjenigen Verfahren und Kategorien, die, über die Einzelsprache hinausgehend, Möglichkeiten der Sinnbildung überhaupt bezeichnen, jene Verfahren zu unterschieden, die zunächst bestimmte Realisierungsformen innerhalb der Einzelsprache betreffen. Zum ersteren Typ wäre das von Coseriu diskutierte Beispiel der, wie Spitzer es nennt, "Polyonomasie der Eigennamen" in *Don Quijote* zu rechnen[40], dem letzteren Typus könnte man etwa die Sprachschöpfung Morgensterns, die zum Ausdruck der "pseudoobjektiven Motivierung" gewählten

39 Id., *Textlinguistik. Eine Einführung*, 116.
40 Cf. ib., 122ff.

expressiven Mittel Philippes zuordnen. In einem weiteren Analyseschritt wären die in den zweiten Typus aufgenommenen Sprachtechniken dahingehend zu überprüfen, ob entsprechende Verfahren auch in anderen Sprachen vorfindlich, die sie bezeichnenden Kategorien für die Textanalyse schlechthin sinnvoll sind.

Von der praktischen Handhabbarkeit und dem Nutzen einer solchen Liste darf man sich allerdings nicht erhoffen, den Sinn des einzelnen Textes erschöpfend interpretieren zu können: Aufgrund seiner Individualität wird der einzelne Text Aspekte bieten, die im Ausgang von den für andere Texte bereits festgestellten Verfahren und Kategorien diese nur unvollständig oder auch unangemessen zu deuten gestatten[41]. – Die Auslegung der Dimension des Sinnes kann zudem nicht mit Kategorien der Sprachwissenschaft allein erfolgen: Neben den Kenntnissen des Sprachlichen bedarf es aufseiten des Kritikers ebenfalls Kenntnisse z. B. des kulturellen Kontextes, in denen der jeweilige Text entstanden ist: "In dem Maße, in dem der Sinn in den Texten nicht nur sprachlich, sondern auch außersprachlich ausgedrückt wird", schreibt Coseriu, müsse die Linguistik des Sinnes *"über das Sprachliche hinausgehen"*[42]. Auch Spitzer hat die Grenzen einer rein sprachwissenschaftlichen Textauslegung erkannt und aus dieser Erkenntnis entsprechende Konsequenzen gezogen; in der Unterordnung der sprachwissenschaftlichen unter die literaturwissenschaftliche Textanalyse, in der Integrierung der Stilistik in die Literaturwissenschaft liegen für ihn die Voraussetzungen für eine integrale Textauslegung beschlossen.

Die von Coseriu geforderte Anwendung der sprachwissenschaftlichen Analyse auch auf nicht-literarische Texte hat Spitzer zumindest an einem Beispiel exemplifiziert. In seinem Aufsatz über die Sprache der amerikanischen Werbung untersucht er am Beispiel der Reklame für den Orangensaft "Sun-kist" die sprachlichen und die graphischen Darstellungsmittel, die die amerikanischen Werbespezialisten gewählt haben, um dem Käufer die Ware schmackhaft zu machen[43]. Die diesen Aufsatz leitende Perspektive konzentriert die Untersuchung allerdings nicht so sehr auf die Analyse der sinnkonstituierenden Verfahren denn auf die Erfassung der dem Werbeplakat eigenen ästhetischen Dimension, die es als ein Stück "Gebrauchskunst" erscheinen läßt.

Mit dem Entwurf einer Linguistik des Sinnes und mit der Kritik an Spitzer hat Coseriu die Möglichkeiten und ineins die Grenzen sprachwissen-

41 Cf. ib., 151.
42 Ib., 153.
43 Cf. Spitzer, *A Method of Interpreting Literature*, 102–149.

schaftlicher Textanalyse aufgezeigt: die Möglichkeiten, die darin bestehen, die sprachliche Objektivierung des Sinnes im Text und Typen solcher Objektivierung zu diagnostizieren, die Grenzen, die angesichts der Komplexität der im Text vermittelten sinnstiftenden Verfahren die sprachwissenschaftliche Arbeit allein als unzureichend markieren.

4. SCHLUSS

Angesichts des ungeheueren Reichtums seiner stilanalytischen Forschungen und der durch sie vermittelten Anregungen, und angesichts einer Persönlichkeit, die auf Freunde, auf Kollegen und auf Schüler gleichermaßen faszinierend wirkte, mag es verwunderlich erscheinen, daß Leo Spitzer so etwas wie eine Schule nicht begründet hat. Die Ursachen dafür sind, so scheint mir, in dieser Persönlichkeit selbst zu suchen: Die durch Intuition gelenkte Betrachtungsweise, die sprunghaften, unkontrollierten, zumeist freilich brillanten Einfälle, der Mangel an synthetischem Denken, all dies gereicht dem im Umgang mit literarischen Texten wenig geübten und sich nach Anleitung umschauenden Interpreten kaum zur Hilfe; ein methodisches Sicherheitsnetz, das ein Abstürzen in den Dilettantismus aufzufangen vermöchte, hat Spitzer ihm nicht zu bieten. Auch die theoretischen Überlegungen werden ihm nicht weiterhelfen, da sie durch Spitzers Persönlichkeit unmittelbar geprägt sind[44].

Spitzers Vorstellungen zur sprachwissenschaftlichen Textanalyse, die ich in der Form von zwei Modellen aus seinen sporadischen methodologischen Reflexionen zu rekonstruieren versucht habe, gründen sich auf die Forderung, die Subjektivität des Forschers als maßgeblich für seine Arbeit anzuerkennen, und auf das Bemühen, die Individualität sei es eines Personalstils, sei es eines Werkstils angemessen zu beschreiben. Spitzers Ansatz rechtfertigen zu wollen, heißt, das Recht auf Subjektivität nicht allein zu verteidigen, sondern auch zu begründen. Der Versuch, die bei ihm bloß autobiographisch aussagbare Instanz des Kritikers durch Anleihen bei der Philosophie, namentlich der Phänomenologie, auch in allgemeiner Hinsicht zu klären, sollte allenfalls als ein kleiner Schritt in diese Richtung verstanden werden; in angemessener und vor allem konkreterer Form wird eine solche Begründung

44 Zweifelsohne – diesen Hinweis gab mir Prof. Christmann – sind in diesem Zusammenhang auch die zeitgeschichtlichen Umstände zu erwähnen, die dem Zustandekommen einer Spitzer-Schule im Wege standen. Der häufige, z. T. durch die politische Situation bedingte Wechsel der Universität hätte Spitzer in der Bildung eines festen Schülerkreises – wenn er dies überhaupt hätte anstreben wollen – sicherlich Schwierigkeiten bereitet. Von der Existenz einer Spitzer-Schule kann folglich nicht die Rede sein, allenfalls von "Anfängen" bei H. Friedrich und W. Beinhauer.

nur im Rahmen einer philosophischen Theorie zur Erkenntnisleistung endlicher Subjektivität erfolgen können; neben einer theoretischen Rechtfertigung der Position Spitzers im grundsätzlichen könnte man als eine andere Form von Würdigung die praktische Auswertung der einzelnen Stiluntersuchungen im Hinblick auf die von Coseriu vorgeschlagene Heuristik von Verfahren zur sprachwissenschaftlich geleiteten Texthermeneutik vornehmen. Daß man sich von dieser Heuristik allerdings keine verbindlichen Direktiven erwarten darf, die den Gegenstand der Stilistik in jeder Hinsicht zu klären gestatteten, liegt in der Natur dieses Gegenstands, der Individualität des Textes, beschlossen.

Spitzer selbst hat am Ende seines Lebens den Wert der Stilforschung – besonders im Hinblick auf die Interpretation literarischer Texte – zurückhaltend beurteilt. Wie ein salomonisches Urteil klingen die Schlußworte seines letzten Vortrags: "Ainsi beaucoup de chemins mènent vers la Rome de la stylistique et la stylistique elle-même n'est pas la porte d'accès unique au paradis de la bonne critique littéraire"[45].

45 Id., "Les études de style et les différents pays", 38.

BIBLIOGRAPHISCHES

Abkürzungen

Im laufenden Text werden folgende Abkürzungen benutzt:

1. Croce

Cart.	*Carteggio Croce – Vossler* (1899–1949)
Est.	*Estetica come scienza dell'espressione e linguistica generale*
Log.	*Logica come scienza del concetto puro*
NS	*Nuovi saggi di estetica* (= Saggi filosofici V)
Poesia	*La Poesia. Introduzione alla critica e storia della poesia e della letteratura* (= Saggi filosofici VIII)
Probl.	*Problemi di estetica* (= Saggi filosofici I)

2. Vossler

GA	*Gesammelte Aufsätze zur Sprachphilosophie*
GK	*Geist und Kultur in der Sprache*
PI	*Positivismus und Idealismus in der Sprachwissenschaft*
SSE	*Sprache als Schöpfung und Entwicklung*

3. Spitzer

CM	"Die groteske Gestaltungs- und Sprachkunst Christian Morgensterns"
HB	*Studien zu Henri Barbusse*
LLH	*Linguistics and Literary History*
LP	"Language of Poetry"
RLS	*Romanische Literaturstudien*
RSLS	*Romanische Stil- und Literaturstudien*
SS	*Stilstudien. I. Sprachstile. II. Stilsprachen*

Literatur

Mit dem Literaturverzeichnis wird Anspruch auf Vollständigkeit weder in Hinblick auf die Schriften Croces, Vosslers und Spitzers noch hinsichtlich der sonstigen bibliographischen Angaben zur Stilistik und sprachwissenschaftlichen Texanalyse erhoben.

1. Schriften von Croce

- *Filosofia dello Spirito*
  1. *Estetica come scienza dell'espressione e linguistica generale,* Palermo 1902, Bari 1973 (12. Aufl.).
  2. *Logica come scienza del concetto puro,* Bari (1905) 1958 (8. Aufl.).
  3. *Filosofia della pratica, economia ed etica,* Bari (1908) 1973 (9. Aufl.).
  4. *Teoria e storia della storiografia,* Bari (1917) 1973 (10. Aufl.).
- *Problemi di estetica* (= Saggi filosofici I), Bari (1910) 1966 (6. Aufl.).
- *Nuovi saggi di estetica* (= Saggi filosofici V), Bari 1920.
- *Ultimi saggi* (= Saggi filosofici VII), Bari (1935) 1948 (2. Aufl.).
- *La poesia. Introduzione alla critica e storia della poesia e della letteratura* (= Saggi filosofici VIII), Bari (1936) 1946 (4. Aufl.).
- *Carteggio Croce – Vossler* (1899–1949), Bari 1951.
- "Karl Vossler, *Positivismo e idealismo nella scienza del linguaggio*", *La Critica* 6, 1908, 292–296.
- "Contributo alla critica di me stesso" (1915), in: id., *Etica e politica,* Bari 1973.
- "Leo Spitzer, 'Wortkunst und Sprachwissenschaft'; 'Sprachwissenschaft und Wortkunst' ", *La Critica* 24, 1926, 293–295.
- "Karl Vossler, 'Der Kampf gegen den Abstraktismus in der heutigen Sprachwissenschaft' ", *La Critica* 27, 1929, 217.
- "La filosofia del linguaggio e le sue condizioni presenti in Italia", *La Critica* 39, 1941, 169–179.
- "Definizione della linguistica", *Quaderni della 'Critica'* IV, 11, 1948, 124.
- "Filosofia del linguaggio e studi linguistici", *Quaderni della 'Critica'* V, 15, 1949, 119f.
- "Sulla natura e l'ufficio della linguistica", in: id., *Letture di poeti e riflessioni sulla teoria e la critica della poesia,* Bari 1950, 247–258.
- "Estetica e linguistica", ib., 254–258.
- "Entstehung und Erkenntnisse meiner Philosophie", *Universitas* 7, 10, 1952, 1009–1020.

2. Schriften von Vossler

- *Positivismus und Idealismus in der Sprachwissenschaft. Eine sprach-philosophische Untersuchung,* Heidelberg 1904.
- *Sprache als Schöpfung und Entwicklung. Eine theoretische Untersuchung mit praktischen Beispielen,* Heidelberg 1905.
- *Gesammelte Aufsätze zur Sprachphilosophie.* München 1923.
- *Geist und Kultur in der Sprache,* Heidelberg 1925.
- "Benvenuto Cellinis Stil in seiner Vita. Versuch einer psychologischen Stilbetrachtung", in: *Beiträge zur romanischen Philologie. Festgabe für Gustav Gröber,* Halle 1899, 414–451.

– "Benedetto Croce, 'Di alcuni principii di sintassi e stilistica psicologica del Gröber'". *Literaturblatt für germ. und rom. Philologie,* 1900, 25–29.
– "B. Croces Ästhetik als Wissenschaft des Ausdrucks", *Allgemeine Zeitung,* 10. Sept., Beilage Nr. 207, Augsburg 1902, 481–484.
– "Giuseppe Lisio, *L'arte del periodo nelle opere volgari di Dante Alighieri e del secolo XIII, saggio di critica e di storia letteraria*", *Zeitschrift für Romanische Philologie* XXVII, 1903, 352–363.
– "B. Croce, *Per la storia della Critica e Storiografia letteraria*", *Literaturblatt für germ. und rom. Philologie,* 1904, 72f.
– "Das System der Philosophie des Geistes (Croce, *Filosofia dello Spirito*)", *Deutsche Literaturzeitung* 31, 1910, 1541–1550.
– "Spitzer, 'Die Sprache als Kampfmittel'; *Anti-Chamberlain; Über einige Wörter der Liebessprache; Fremdwörterhatz und Fremdvölkerhaß. Eine Streitschrift gegen die Sprachreinigung*", *Die neueren Sprachen* 26, 1919, 272–278.
– "Spitzer, *Aufsätze zur romanischen Syntax und Stilistik*", *Literaturblatt für germ. und rom. Philologie,* 1919, 242–246.
– "Sprachwissenschaft und Zeitgeist", *Deutsche Literaturzeitung* 43, 1922, 1041–1045.
– "Der Kampf gegen den Abstraktismus in der heutigen Sprachwissenschaft", *Die neueren Sprachen* 36, 1928, 322–333.
– "Leo Spitzer, 'Zu Góngoras Soledades'", *Deutsche Literaturzeitung* 52, 1931, 16–18.
– "Zur Philosophie der Geisteswissenschaften", *Süddeutsche Monatshefte* 28, 1931, 798–805.
– "Puristische und fragmentarische Kunstkritik", *Logos* 22, 1933, 203–209.
– "Dialektik und Charakter (Über B. Croce)", *Corona* 6, 1936, 175–179.
– "Benedetto Croce zu seinem 70. Geburtstag am 25. Februar", *Frankfurter Zeitung,* 25. Februar, 1936, 10.
– "Benedetto Croces Sprachphilosophie" (1941), in: id., *Die Romanische Welt,* München 1965, 306–321.

3. Schriften von Spitzer

– *Die Wortbildung als stilistisches Mittel exemplifiziert an Rabelais. Nebst einem Anhang über die Wortbildung bei Balzac in seinen 'Contes drôlatiques'* (= Beihefte zur Zeitschrift für Romanische Philologie Nr. 19), Halle 1910.
– *Über einige Wörter der Liebessprache,* Leipzig 1918.
– *Fremdwörterhatz und Fremdvölkerhaß. Eine Streitschrift gegen die Sprachreinigung,* Wien 1918.
– *Aufsätze zur romanischen Syntax und Stilistik.* Halle 1918.
– *Studien zu Henri Barbusse.* Bonn 1920.
– *Die Umschreibungen des Begriffs 'Hunger' im Italienischen* (= Beihefte zur Zeitschrift für Romanische Philologie Nr. 68), Halle 1920.
– *Italienische Kriegsgefangenenbriefe. Materialien zu einer Charakteristik der volkstümlichen italienischen Korrespondenz,* Bonn 1921.
– *Hugo Schuchardt-Brevier. Ein Vademecum der allgemeinen Sprachwissenschaft.* Zusammengestellt und eingeleitet von L. S., Halle 1922.
– *Italienische Umgangssprache.* Bonn und Leipzig 1922.
– *Puxi, eine kleine Studie zur Sprache einer Mutter,* München 1927.

- *Stilstudien. I. Sprachstile. II. Stilsprachen,* München (1928) 1961 (2. Aufl.).
- *Meisterwerke der romanischen Sprachwissenschaft,* hrsg. von L. S. (2 Bde), München 1929–1930.
- *Romanische Stil- und Literaturstudien* (2 Bde), Marburg 1931.
- *Die Literarisierung des Lebens in Lopes 'Dorotea',* Bonn und Köln 1932
- *Essays in Historical Semantics. Testimonial Volume in Honor of Leo Spitzer on the Occasion of his Sixtieth Birthday,* New York 1948.
- *A Method of Interpreting Literature,* Northampton (Mass.) 1949.
- *Linguistics and Literary History. Essays in Stylistics,* Princeton 1948.
- *Critica stilistica e storia del linguaggio.* Saggi raccolti a cura e con presentazione di A. Schiaffini, Bari 1954.
- *Marcel Proust e altri saggi di letteratura francese moderna.* Con un saggio introduttivo di P. Citati, Torino 1959.
- *Romanische Literaturstudien* (1936–1956), Tübingen 1959.
- *Interpretationen zur Geschichte der französischen Lyrik,* hrsg. von H. Jauss-Meyer und P. Schunck, Heidelberg 1961.
- *Essays on English and American Literature,* hrsg. von A. Hatcher, Princeton 1962.
- *Études de style,* Paris 1970.
- *Studi italiani,* hrsg. von C. Scarpati, Milano 1976.
- und J. Brody: *Approches textuelles des 'Mémoires' de Saint- Simon.* Tübingen – Paris 1980.
- "Stilistisch-Syntaktisches aus den spanisch-portugiesischen Romanzen", *Zeitschrift für Romanische Philologie* XXXV, 1911, 192–230 und 257–308.
- "Vossler, Karl: *Frankreichs Kultur im Spiegel seiner Sprachentwicklung. Geschichte der französischen Schriftsprache von den Anfängen bis zur klassischen Neuzeit*", *Zeitschrift für französische Sprache* XLII, 1914, 2. Teil, 139–150.
- "Matilde Serão (eine Charakteristik)", *Germanisch-Romanische Monatsschrift* VI, 1914, 573–584.
- "Karl Vossler, 'Form und Bedeutung (Die Grundfragen der Sprachwissenschaft)' ", *Literaturblatt für germ. und rom. Philologie,* 1917, 145–149.
- "Die groteske Gestaltungs- und Sprachkunst Christian Morgensterns", in: *Motiv und Wort. Studien zur Literatur- und Sprachpsychologie,* Leipzig 1918, 55–123.
- "Karl Vossler, 'Über das Verhältnis von Sprache und Religion' ", *Literaturblatt für germ. und rom. Philologie,* 1921, 81–94.
- "Zur Interpretation Morgensternscher Gedichte", *Euphorion* 23, 1921, 95–99.
- "Eine Strömung innerhalb der romanischen Sprachwissenschaft", *Archiv für das Studium der neueren Sprachen* 141, 1921, 111–131.
- "Aus der Werkstatt des Etymologen", *Jahrbuch für Philologie* I, 1925, 129–159.
- "E. Winkler, 'Die neuen Wege und Aufgaben der Stilistik' " *Literaturblatt für germ. und rom. Philologie,* 1926, 89–95.
- "Karl Vossler, *Geist und Kultur in der Sprache*", *Literaturblatt für germ. und rom. Philologie,* 1926, 81–97.
- "Der Romanist an der deutschen Hochschule", *Die neueren Sprachen* XXXV, 1927, 241–260.
- "Zur Methodik der etymologischen Forschung", *Zeitschrift für Romanische Philologie* XLVIII, 1928, 77–113.
- "Diskussion mit Max Kuttner", *Archivum Romanicum* XIII, 1929, 195–203.
- "Karl Vossler", *Der Lesezirkel* 17, (6. Heft), 1929/1930, 59–63.
- "Erhellung des 'Polyeucte' durch das 'Alexiuslied' ", *Archivum Romanicum* XVI, 1932, 473–500.

– "L'état actuel des études romanes en Allemagne", *Revue d'Allemagne* 6, 1932, 572–595.
– "Racine et Goethe", *Revue d'histoire de la philosophie et d'histoire générale de la civilisation* I (1933), 58–75.
– "Die 'Estrella de Sevilla' und Claramonte", *Zeitschrift für Romanische Philologie* LIV, 1934, 533–588.
– "Zum Kommentar Villons", *Neuphilologische Mitteilungen* 36, 1935, 207–211.
– "Une habitude de style – le rappel chez Céline", *Le Français Moderne* III, 1935, 193–208.
– "Explication linguistique et littéraire de deux textes français, *Le Français Moderne* III, 1935, 315–323; IV, 1936, 37–48.
– "Pour le commentaire de Villon (Testament v. 447)", *Romania* LXIV, 1938, 522–523.
– "Mes souvenirs de Meyer-Lübke", *Le Français Moderne* VI, 1938, 213–224.
– "Le 'Bel aubépin' de Ronsard, nouvel essai d'explication", *Le Français Moderne* VIII, 1940, 223–236.
– "Étude ahistorique d'un texte", *Modern Language Quarterly* I, 1940, 7–22.
– "History of Ideas versus Reading of Poetry", *Southern Review* 6, 1940, 584–609.
– "Rassisch-nationale Stilkunde", *Modern Language Notes* 55, 1940, 16–24.
– "A Linguistic and Literary Interpretation of Claudel's Ballade", *French Review* XVI, 1942, 134–143.
– "Why Does Language Change?", *Modern Language Quarterly* 4, 1943, 413–430.
– "Geistesgeschichte vs. History of Ideas Applied to Hitlerism", *Journal of the History of Ideas* V, 1944, 191–203.
– "Answer to Mr. Bloomfield", *Language* XX, 1944, 245–251.
– "Das Eigene und das Fremde", *Die Wandlung* I, 1945/46, 576–594.
– "The State of Linguistics: Crisis or Reaction?", *Modern Language Notes* 61, 1946, 497–503.
– "The State of Linguistics: Reply to a Mechanist", *Italica* 23, 1946, 237–240.
– "In memoriam Elise Richter", *Romance Philology* I, 1947/48, 329–338.
– "Erlebnisse mit der Adoptiv-Muttersprache", *Die Wandlung* III, 1948, 167–171.
– "Wiederum Mörikes Gedicht 'Auf eine Lampe' ", *Trivium* IX, 1951, 133–147.
– "Explication de texte Applied to Three Great Middle English Poems", *Archivum Linguisticum* III, 1951, 1–22; 137–165.
– "Dámaso Alonso, *Poesía española. Ensayo de métodos y límites estilísticos*", *Romanische Forschungen* 64, 1952, 213–240.
– "Les théories de la stylistique", *Le Français Moderne* XX, 1952, 160–168.
– "The Works of Rabelais", in: *Literary Masterpieces of the Western World*, hrsg. von F. H. Horn, Baltimore 1953, 126–147.
– "Language – the Basis of Science, Philosophy and Poetry", in: *Studies in Intellectual History*, hrsg. von G. Boas, Baltimore 1953, 583–590.
– "La mia stilistica", *La Cultura moderna* 17, 1954, 17–19.
– "Stylistique et critique littéraire", *Critique* XI (Heft 2), 1955, 597–609.
– "Herbert Seidler, *Allgemeine Stilistik*", *Comparative Literature* VIII, 1956, 146–149.
– "The Individual Factor in Linguistic Innovations", *Cultura Neolatina* XVI, 1956, 71–89.
– "A New Synthetic Treatment of Contemporary Western Lyricism", *Modern Language Notes* 72, 1957, 523–537.

– "Risposta a una critica", *Convivium* 25, 1957, 597–603.

– "Language of Poetry", in: *Language: An Enquiry into its Meaning and Function,* hrsg. von R. N. Anshen, New York 1957, 201–231.

– "Zu einer Landschaft Eichendorffs", *Euphorion* LII, 142–152.

– "W. Kayser, *Das Groteske*", *Göttinger Gelehrte Anzeigen* CCXII, 1958, 95–110.

– "Stephan Ullmann, *Style in the French Novel*", *Comparative Literature* X, 1958, 368–371.

– "Sviluppo di un metodo", *Cultura Neolatina* XX, 1960, 109–128.

– "Matthias Claudius' 'Abendlied' ", *Euphorion* LIV, 1960, 70–82.

– "Les études de style et les différents pays", in: *Langue et Littérature. Actes du VIIIe Congrès de la Fédération Internationale des Langues et Littératures Modernes,* Paris 1961, 23–29.

4. Sonstige Literatur

Abbagnano, N: "Croce: Vita e scritti", in: id., *Storia della filosofia* II, 2, Torino 1952, 471–486.

Albrecht, J.: "Friedrich Nietzsche und das 'sprachliche Relativitätsprinzip' ", *Nietzsche-Studien* 8, 1979, 225–244.

Almeida, V. de: "Leo Spitzer", *Revista de Portugal.* Série A: Lingua portuguesa XXV, 1960, 438–439.

Alonso, A.: "Carta a Alfonso Reyes sobre la estilística", in: id., *Materia e forma en poesía,* Madrid 1969, (3. Aufl.), 78–86.

– "The Stylistic Interpretation of Literary Texts", *Modern Language Notes* LVII, 489–496.

Alonso, D.: *Poesía española. Ensayo de métodos y límites estilísticos,* Madrid 1962.

Antoine, G.: *Les Cinq Grandes Odes de Paul Claudel ou la poésie de la répétition,* Paris 1950.

Antoni, C.: "B. Croce und die deutsche Kultur", *Archiv für Kulturgeschichte* 36, 1954, 129–144.

Arens, H.: *Sprachwissenschaft. Der Gang ihrer Entwicklung von der Antike bis zur Gegenwart,* München 1969 (2. Aufl.).

Aschenberg, H.: *Phänomenologische Philosophie und Sprache. Grundzüge der Sprachtheorien von Husserl, Pos und Merleau-Ponty,* Tübingen 1978.

Auerbach. E.: "Leo Spitzer, *Romanische Stil- und Literaturstudien*", *Deutsche Literaturzeitung* 1932, 360–363.

– *Mimesis. Dargestellte Wirklichkeit in der abendländischen Literatur,* Bern 1977 (6. Aufl.).

Bally, C.: *Précis de stylistique,* Genève 1920.

Traité de stylistique française, Genève 1963 (4. Aufl.).

Baraz, M.: "Leo Spitzer, *Romanische Literaturstudien* (1936–1956)", *Modern Language Notes* 78, 1963, 60–74.

Bàrberi Squarrotti, G.: "Paragrafi su Spitzer", in: id., *Metodo, stile, storia,* Milano 1962, 139–167.

Barth, A.: "Leo Spitzer, *Stilstudien. I. Sprachstile. II. Stilsprachen*", *Zeitschrift für französische Sprache* LIII, 1930, 487–509.

Berchem, T.: "Satztypen bei Marcel Proust. Eine Auseinandersetzung mit Leo Spitzer", in: *Mélanges d'histoire littéraire, de linguistique et de philologie romane offerts à Charles Rostaing par ses collègues, ses élèves et ses amis,* hrsg. von J. de Calluve, J. M. d'Heur, R. Dumas, Liège 1974, 65–80.

Bianchini-Fales, A.: "Leo Spitzer", *La Cultura Moderna* 16, 1954, 14–17.
Buck, A.: "Benedetto Croces Literaturkritik", *Romanistisches Jahrbuch* 5, 1952, 322–335.
Cases, C.: "I limiti della critica stilistica e i problemi della critica letteraria", *Società*, febbraio 1955, 46–63.
Cassirer, E.: *Philosophie der symbolischen Formen* (3 Bde), Darmstadt 1973 (6. Aufl.).
Castellano, G.: *Benedetto Croce. Il filosofo – il critico – lo storico*, Bari 1936 (2. Aufl.).
Chiappelli, F.: "Lingua – stilistica – letteratura", *Lingua Nostra* XVI, 1955, 51–53.
– "Sul rapporto fra lingua e cultura", *Lingua Nostra* XI, 1950, 1–10.
Christmann, H. H.: *Beiträge zur Geschichte der These vom Weltbild der Sprache*, Akademie der Wissenschaften und der Literatur. Abhandlungen der geistes- und sozialwissenschaftlichen Klasse, Jahrg. 1966, Nr. 7, 441–469.
– *Idealistische Philologie und moderne Sprachwissenschaft*, München 1974.
– "Sprachwissenschaft, Literaturwissenschaft, Stilistik. Rückblick und Ausblick", *Sprachkunst. Beiträge zur Literaturwissenschaft* XI, 1980. 2. Halbband: *Stilistik und Sprachkunstforschung*. Wien 1980, 173–191.
– "Idealism", *Trends in Romance Linguistics and Philology* 2, 1981, 259–283.
Cione, E.: *Benedetto Croce ed il pensiero contemporaneo*, Milano 1963.
Citati, P.: "Introduzione", in: Leo Spitzer, *Marcel Proust e altri saggi della letteratura francese moderna*, Torino 1959, VII–XXX.
Claudel, P.: *Poésie* (= *Oeuvres complètes*, Bde 1 und 2), Paris 1956.
Contini, G.: "Tombeau de Leo Spitzer", in: id., *Varianti e altra linguistica*, Torino 1970, 651–660.
Coseriu, E.: *Einführung in die Stilistik* (unveröffentlichtes Vorlesungsmanuskript), Tübingen WS 1963/64.
– *Sprache – Strukturen und Funktionen*, Tübingen 1970.
– "Thesen zum Thema 'Sprache und Dichtung'", in: *Beiträge zur Textlinguistik*, hrsg. von W. D. Stempel, München 1971, 183–188.
– *Einführung in die Geschichte der Sprachphilosophie von der Antike bis zur Gegenwart. Eine Übersicht. I. Von der Antike bis Leibniz. II. Von Leibniz bis Rousseau*, hrsg. von G. Narr und R. Windisch, Tübingen 1970 und 1972.
– *Zur Lage der Linguistik*, Innsbruck (Institut für Sprachwissenschaft der Univ.) 1973 (= Innsbrucker Beiträge zur Sprachwissenschaft, Vorträge 9).
– "Estilística y estilísticas. Reseña de: G. Devoto, *Studi di stilistica*", in: id., *El hombre y su lenguaje. Estudias de teoría y de metodología lingüística*, Madrid 1977, 208–213.
– *Sincronía, diacronía e historia. El problema del cambio lingüístico*, Madrid 1978 (3. Aufl.).
– *Teoría del lenguaje y lingüística general. Cinco estudios*, Madrid 1978 (3. Aufl.).
– *Textlinguistik. Eine Einführung*, hrsg. von J. Albrecht, Tübingen 1980.
Cressot, M.: *Le style et ses techniques*, Paris 1947.
Curtius, E. R.: *Französischer Geist im zwanzigsten Jahrhundert*, München und Bern 1965 (3. Aufl.).
Delas, D.: "Préface", in: M. Riffaterre, *Essais de stylistique structurale*, Paris 1971, 5–24.
De Mauro, T.: "Origine e sviluppo della linguistica crociana", *Giornale Critico de Filosofia* 33, 1954, 376–391.
– "Linguaggio, poesia e cultura nel pensiero e nell'opera di Leo Spitzer", *Rassegna di filosofia* 5, 1956, 148–172.
– *Introduzione alla semantica*, Bari 1965.

De Simone, C.: "Die Sprachphilosophie von Benedetto Croce" (Forschungsbericht), *Kratylos* 12, 1967, 1–32.
De Vito, J.: "Style and Stylistics. An Attempt at Definition", *Quarterly Journal of Speech,* 1967, Nr. 3, 248–255.
Devoto, G.: *Studi di stilistica,* Firenze 1950.
– "Vossler und Croce. Ein Kapitel aus der Geschichte der Sprachwissenschaft", *Bayerische Akademie der Wissenschaften, Philosophisch-historische Klasse, Sitzungsberichte,* 1968, Heft 1, 3–26.
Diderot, D.: *Oeuvres romanesques,* hrsg. von H. Bénac, Paris 1962.
– *Oeuvres philosophiques,* hrsg. von P. Vernière, Paris 1964.
Dilthey, W.: *Das Erlebnis und die Dichtung,* Göttingen 1970 (5. Aufl.).
Dittrich, O.: "Karl Vossler, *Positivismus und Idealismus in der Sprachwissenschaft;* id., *Sprache als Schöpfung und Entwicklung*", *Zeitschrift für Romanische Philologie* XXX, 1906, 472–484.
Dufrenne, M.: *Phénoménologie de l'expérience esthétique,* 2 Bde, Paris 1967.
Enders, C.: *Motiv und wort, studien zur literatur- und sprachsoziologie. I. Motiv und wort bei Gustav Meyrink* von Hans Sperber. II. *Die groteske gestaltungs- und sprachkunst Christian Morgensterns* von Leo Spitzer, *Zeitschrift für deutsches Altertum* 40, 1921, 140–142.
Enkvist, N. E.; Spencer, J.; Gregory, M. J.: *Linguistics and Style,* Oxford 1978 (5. Aufl.).
Enkvist, N.: "On the Place of Style in some Linguistic Theories", in: *Literary Style. A Symposium,* hrsg. von S. Chatman, New York, London 1971, 47–64.
Erlich, V.: *Russian Formalism,* The Hague 1980 (4. Aufl.).
Feist, H.: "Benedetto Croce. Gestalt und Werk", in: B. Croce, *Ästhetik als Wissenschaft vom Ausdruck* (übers. von H. Feist und R. Peters), Tübingen 1930, VII–XLVIII.
Fowler, R.: "Linguistic Theory and the Study of Style", in: *Essays on Style and Language. Linguistic and Critical Approaches to Literary Style,* hrsg. von id., London 1967 (2. Aufl.).
Fransen, J.: "Leo Spitzer, *Romanische Stil- und Literaturstudien,* Bd 1", *Museum* XL, 1933, 158–159.
Freeman, D. (Hrsg.): *Linguistics and Literary Style,* New York 1970.
Friedrich, H.: "Croces Ästhetik und Vosslers Sprachphilosophie", *Zeitschrift für französischen und englischen Unterricht* 31, 1932, 201–228.
Fubini, M.: "Legittimità e limiti di una critica stilistica", in: id., *Critica e poesia,* Bari 1956, 95–121.
– "Critica stilistica e storia del linguaggio di Leo Spitzer", ib., 508–516.
Funke, O.: *Studien zur Geschichte der Sprachphilosophie,* Bern 1928.
Gadamer, H-G.: *Wahrheit und Methode,* Tübingen 1965 (2. Aufl.).
Gamillscheg, E.: "Karl Vossler", *Österr. Akademie der Wissenschaften: Almanach für das Jahr 1949,* Jg. 99 (Wien 1950), 263–277.
Gazdaru, D.: "Influjos de Benedetto Croce sobre la lingüística contemporanea", in: *Homenaje a Benedetto Croce* (1866–1952), Buenos Aires 1945, 118–145.
Geiger, M.: "Phänomenologische Ästhetik", *Zeitschrift für Ästhetik und Allgemeine Kunstwissenschaft* 19, 1925, 29–42.
Giachery, E.: "Leo Spitzer (1887–1960)", *Belfagor* 16, 1961, 441–464.
– "Prospetto e postilla per Leo Spitzer italianista", in: *Critica e Storia Letteraria, Studi offerti a Mario Fubini* II, Padova 1970, 764–779.

Gilman, S.: "A Rejoinder to Leo Spitzer", *Hispanic Review* XXV, 2, 1957, 112–121.
Gonnelli, P.: "Un volume die critica stilistica", *Convivium* 23, 1955, 359–364.
– "In memoria di Leo Spitzer"' *Convivium* 29, 1961, 96–101.
Gray, B.: "The Lesson of Leo Spitzer", *Modern Language Review* LXI, 1966, 547–555.
Gregory, T.; Sapegno, N.; Schiaffini, A.; de Mauro, T.: "Testimoni e interpreti del nostro tempo: Leo Spitzer", Terzo Programma 1, 1966, 157–164.
Griera, A.: "Leo Spitzer", *Boletín de Dialectología Española* 39, 1963, 112–113.
Guiraud, P.: "La stylistique", Paris 1970 (6. Aufl.).
Gullace, G.: "Gentile versus Croce: A Comparison", *Symposium* XI, 1, 1957, 75–91.
Hall. R. A. Jr.: "Benedetto Croce and 'Idealistic' Linguistics", *Studies in Linguistics* 6, 1948, 27–35.
– *Idealism in Romance Linguistics,* Ithaca N. Y. 1963.
– *Stormy Petrel in Linguistics,* Ithaca N. Y. 1975.
Hatzfeld, H.: "Leo Spitzer, *Stilstudien. I. Sprachstile. II. Stilsprachen*", *Literaturblatt für germ. und rom. Philologie* 1928, 420–426.
– "Romanistische Stilforschung. Ein Rückblick auf die letzten Jahre", *Germanisch-Romanische Monatsschrift* XVII, 1929, 50–67.
– "Leo Spitzer, *Romanische Stil- und Literaturstudien*", *Zeitschrift für Romanische Philologie* LXII, 1932, 624–628.
– "Karl Vossler (1872–1949)", *Comparative Literature* I, 1949, 188–189.
– "Stylistic Criticism as Art-Minded Philology", *Yale French Studies* 2,1, 1949, 62–70.
– *Bibliografía crítica de la nueva estilística aplicada a las literaturas románicas,* Madrid 1955.
– und Le Hir, Y.: *Essai de bibliographie critique de stylistique française et romane* (1955–1960), Paris 1961.
– "Necrology: Leo Spitzer (1887–1960)", *Hispanic Review* 29, 1961, 54–57.
– "Points de repère dans l'évolution de la stylistique romane, 1886–1962", in: *Mélanges de linguistique romane et de philologie médiévale offerts a M. M. Delbouille. I. Linguistique romane,* Gembloux, 1964, 325–340.
– "Léon Spitzer et la littérature française", *Études Françaises* II, 3, 1966, 251–263.
Heiss, H.: "Vom Naturalismus zum Expressionismus", *Die neueren Sprachen* 29, 1921, 91–129.
– "Leo Spitzer, 'Der Unanimismus Jules Romains' im Spiegel seiner Sprache', id., 'Zu Charles Péguys Stil' ", *Literaturblatt für germ. und rom. Philologie,* 1926, 231–235.
– "Leo Spitzer, 'Die klassische Dämpfung in Racines Stil' ", *Literaturblatt für germ. und rom. Philologie,* 1931, 121–124.
Heidegger, M.: *Sein und Zeit,* Tübingen 1967 (11. Aufl.).
Herzog, E.: "Neuere Literatur über allgemein sprachwissenschaftliche Probleme", *Zeitschrift für französische Sprache* XXXIII, 1908, 2. Hälfte, 1–45.
Holmes, U. T.: "Leo Spitzer (1887–1960)", *Romance Notes* 3, 1961, 2, 1–2.
Humboldt, W. von: "Ankündigung einer Schrift über die vaskische Sprache und Nation nebst Angabe des Gesichtspunktes derselben" (1802), in: *W. von Humboldts Gesammelte Schriften,* hrsg. von A. Leitzmann, III, 1904 (photomech. Nachdruck Berlin, 1968), 288–299.
– *Werke in fünf Bänden,* hrsg. von A. Flitner und K. Giel, Darmstadt 1972.
Husserl, E.: Logische Untersuchungen, 2 Bde, Tübingen 1968 (5. Aufl.).
– *Ideen zu einer reinen Phänomenologie und phänomenologischen Philosophie,* 1. Buch, hrsg. von W. Biemel, Haag 1950 (Husserliana Bd. III).

Hytier, J.: "La méthode de M. Leo Spitzer", *Romanic Review* XLI, 1950, 42–59.
Ingarden, R.: *Das literarische Kunstwerk*, Tübingen 1965 (3. Aufl.).
Iordan, I.: "Der heutige Stand der romanischen Sprachwissenschaft", in: *Stand und Aufgaben der Sprachwissenschaft. Festschrift für W. Streitberg*, Heidelberg 1924, 589–596.
– *Einführung in die Geschichte und Methoden der romanischen Sprachwissenschaft*, Berlin 1962.
Ipsen, G.: "Besinnung der Sprachwissenschaft. Karl Vossler und seine Schule", *Indogerm. Jahrbuch* 11, 1926/27, 1–32.
Isella, D.: "La critica stilistica", in: *I metodi attuali di critica in Italia* (hrsg. von M. Corti und C. Segre), Torino 1970, 159–177.
Jaberg, K.: "Idealistische Neuphilologie", *Germanisch-Romanische Monatsschrift* XIV, 1926, 1–25.
Jakobson, R.: "Concluding Statement: Linguistics and Poetics", in: *Style in Language*, hrsg. von T. A. Sebeok, Cambridge (Mass.) 1960, 350–377.
Janssen, M.: "Leo Spitzer tegenover de geesteshistorische methode. Aan de nagedachtenis van de Nestor der stilistiek", *Spiegel der letteren* 4, 1960, 273–292.
Jung, C. G.: "Über die Beziehungen der analytischen Psychologie zum dichterischen Kunstwerk", in: *Psychoanalyse und Literaturwissenschaft*, hrsg. von B. Urban, Tübingen 1973, 18–39.
Kant, I.: *Werke in zwölf Bänden*, hrsg. von W. Weischedel, Frankfurt 1968.
Kayser, W.: *Das sprachliche Kunstwerk. Eine Einführung in die Literaturwissenschaft*, Bern und München 1967 (12. Aufl.).
Klemperer, V.: "Karl Vossler", *Jahrbuch für Philologie* II, 1927, 3–7.
– "Leo Spitzer, *Studien zu Henri Barbusse*", *Archiv für das Studium der neueren Sprachen* 142, 1929, 155–158.
Klesczewski, R.: "German Research on Style in the Romance Languages and Literatures", *Style* (Fayetteville, Arkansas) 3, 1969, 102–132.
Klotz, V.: "Leo Spitzers Stilanalysen", *Sprache im technischen Zeitalter* 12, 1964, 992–1000.
Knauth, A.: "Racines 'Récit de Théramène' und Corneilles 'Récit de Rodrigue'", *Archiv für das Studium der neueren Sprachen* 205, 1969, 352–360.
Köhler, E.: "Zur Bibliographie Spitzers", *Romanistisches Jahrbuch* V, 1952, 38–40.
– "Leo Spitzer, *Romanische Literaturstudien*", *Romanistisches Jahrbuch* 12, 1961, 151–152.
Körner, J.: "Psychoanalyse des Stils", *Das literarische Echo*, 21. Jg., Heft 18, 1919, 1089–1095.
Koppen, E.: "Benedetto Croce als Theoretiker der Dichtungskritik und Literaturgeschichte", *Die neueren Sprachen* 62, 1963, 241–252.
Kröll, H.: "Leo Spitzer (1887–1960)", *Revista Portuguesa de Filologia* 11, 1961, 639–643.
Kuttner, M.: "Leo Spitzer, *Stilstudien. I. Sprachstile. II. Stilsprachen*", *Deutsche Literaturzeitung*", 1928, 2159–2162.
– "Leo Spitzer, 'Die klassische Dämpfung in Racines Stil'", *Zeitschrift für französische Sprache* LIII, 1930, 322–345.
Lapp, J. C.: *Aspects of Racinian Tragedy*, Toronto 1964.
Leo, U.: "Historie und Stilmonographie", *Deutsche Vierteljahresschrift für Literatur und Geistesgeschichte* 9, 1931, 472–503.
– "Leo Spitzer, *Romanische Stil- und Literaturstudien*", *Archiv für das Studium der neueren Sprachen* 162, 1932, 246–251.
– *Stilforschung und dichterische Einheit*, München 1966.

Lerch, E.: "Leo Spitzer, *Studien zu Henri Barbusse*", *Literaturblatt für germ. und rom. Philologie* 1923, 109–117.

Leroy, M.: "Benedetto Croce et les études linguistiques", *Revue Internationale de Philosophie* 7, 1953, 342–383.

Levin, H.: "Two 'Romanisten' in America: Spitzer and Auerbach", in: *The Intellectual Migration. Europe and America* 1930–1960, hrsg. von D. Fleming und B. Bailyn, Cambridge (Mass.) 1969, 463–484.

Levin, S.: "Internal and External Deviation in Poetry", *Word* XXI, 1965, 225–237.

Levy, R.: "A New Credo of Stylistics", *Symposium* 3, 1949, 321–334.

Lovejoy, A.: "Reply to Professor Spitzer", *Journal of the History of Ideas* 5, 1944, 204–219.

Lynes, C. Jr.: "A Defense of the 'Récit de Théramène' ", *Modern Language Notes* LIX, 1944, 387–391.

Malkiel, Y.: "Necrology: Leo Spitzer", *Romance Philology* 14, 1960/61, 362–364.

Marouzeau, J.: *Précis de stylistique française,* Genève 1941.

Marti, M.: "La ricerca stilistica", *Nuova Antologia,* n. 1912, 1960, 504–514.

Martínez Bonati, F.: *La estructura de la obra literaria,* Chile 1960.

Meillet, A.: "Leo Spitzer, *Stilstudien. I. Sprachstile. II. Stilsprachen*", *Bulletin de la Société Linguistique* XXIX, 1929, 10–15.

– "Leo Spitzer, *Romanische Stil- und Literaturstudien,* Bd. 1", *Bulletin de la Société Linguistique* XXXII, 1932, 14–17.

Mönch, W.: "Leo Spitzer, *Romanische Literaturstudien*", *Zeitschrift für französische Sprache* 71, 1961, 100–110.

Morgenstern, C.: *Werke. Jubiläumsausgabe in vier Bänden,* hrsg. von C. Heselhaus, München 1979.

Mukařovský, J.: "The Esthetics of Language", in: *A Prague School Reader on Esthetics, Literary Structure and Style,* hrsg. von P. L. Garvin, Washington D. C., 1964, 17–69.

Nencioni, G.: *Idealismo e realismo nella scienza del linguaggio,* Firenze 1946.

Niedermayer, F.: "Leo Spitzer, *Romanische Literaturstudien*", *Die neueren Sprachen* 61, 1962, 529–531.

Oestermann, T.: *Verzeichnis der Schriften Karl Vosslers 1897–1951, Sitzungsberichte der Bayerischen Akademie der Wissenschaften, Philosophisch-historische Klasse,* Jg. 1950, Heft 11.

Pagliaro, A.: *Sommario di linguistica arioeuropea,* Fasc. I., *Cenni storici e questioni teoriche,* Roma 1930.

Pasolini, P. P.: "Nota su Spitzer", *Palatina* X, 1959, 53–55.

Peyre, H.: "Avant-Propos", in: *Studia philologica et litteraria in honorem Leo Spitzer,* hrsg. von A. G. Hatcher und K. L. Selig, Bern 1958.

Philippe, C. L.: *Bubu de Montparnasse,* Paris 1968.

Pittau, M.: "La concezione crociana del linguaggio", *Humanitas* 9, 1954, 549–562.

Pongs, H.: "Zur Methode der Stilforschung", *Germanisch-Romanische Monatsschrift* XVII, 1929, 256–277.

Pouillart, R.: "Leo Spitzer, *Romanische Literaturstudien*", *Lettres Romanes* 16, 363–367.

Pos, H. J.: "Karl Vossler, *Gesammelte Aufsätze zur Sprachphilosophie*", *Neophilologus* X, 1925, 310–312.

Principe, Q.: "Il metodo circolare di Leo Spitzer e la figura dell'armonia del mondo", *Vita e pensiero* 51, 1968, 343–353.

Proust, M.: *A la recherche tu temps perdu* (3 Bde), hrsg. von P. Clarac und A. Ferré, Paris 1954.

– *Contre Sainte-Beuve,* hrsg. von P. Clarac und Y. Sandre, Paris 1971.

Puppo, M.: "Stilistica e linguistica di Leo Spitzer", in: id., *Croce, D'Annunzio e altri saggi,* Firenze 1964.

Racine, J.: *Théâtre complet,* hrsg. von M. Rat, Paris 1960.

Reichenberger, G.: "Leo Spitzer, *Romanische Literaturstudien*", *Hispanic Review* 29, 1961, 135–137.

Richter, E.: "Leo Spitzer, *Stilstudien. I. Sprachstile. II. Stilsprachen*", *Die neueren Sprachen* 37, 1929, 344–346.

Rickert, H.: *Die Grenzen der naturwissenschaftlichen Begriffsbildung,* Tübingen 1913 (2. Aufl.).

– *Kulturwissenschaft und Naturwissenschaft,* Tübingen 1926 (6. Aufl.).

Rieder, G.: "Leo Spitzer, 'Der Unanimismus Jules Romains' im Spiegel seiner Sprache' ", *Die neueren Sprachen* 32, 1924, 451–455.

Riffaterre, M.: "Réponse à M. Leo Spitzer", *Modern Language Notes* 73, 1958, 474–480.

– "Criteria for Style Analysis", *Word* 15, 1959, 154–174.

– "Leo Spitzer, *Romanische Literaturstudien*", *Romanic Review* LII, 1961, 48–52.

– "Vers la définition linguistique du style", *Word* 17, 1961, 318–344.

– *Essais de stylistique structurale,* Paris 1971.

Rohlfs, G.: "Idealistische Neuphilologie", *Zeitschrift für französische Sprache* XLVIII, 1926, 121–136.

Rogger, K.: "Idealismus und Realismus in der Sprachwissenschaft", *Zeitschrift für Romanische Philologie* LXXV, 1959, 403–438.

Romains, J.: *Mort de quelqu'un,* Paris 1949 (39. Aufl.).

Roncaglia, A.: "Ricordo di Leo Spitzer", *L'approdo letterario* VI, 11, 1960, 37–46.

Saarima, E. A.: "Leo Spitzer, *Studien zu Henri Barbusse*", *Neuphilologische Mitteilungen* 21, 1921, 156–158.

Salinas, P.: "Introduction: Esquicio de Leo Spitzer", in: L. Spitzer, *Essays in Historical Semantics,* New York 1948, XV–XVIII.

Saporta, S.: "The Application of Linguistics to the Study of Poetic Language", in: *Style in Language,* hrsg. von T. Sebeok, Cambridge (Mass.) 1960, 82–93.

Sayce, R. A.: "The Definition of the Term 'Style' ", in: *Proceedings of the Third Congress of the International Comparative Literature Association 1961,* The Hague, Paris 1962.

Scarfe, F.: "Leo Spitzer, *Linguistics and Literary History*", *Archivum linguisticum* 1, 1949, 76–78.

Scarpati, C.: "Leo Spitzer e le ragioni del testo", in: L. Spitzer, *Studi italiani,* hrsg. von C. Scarpati, Milano 1976.

Schalk, F.: "In memoriam Leo Spitzer", *Romanische Forschungen* 73, 1961, 132–135.

– "Leo Spitzer (1887–1960)", in: *Marburger Gelehrte in der ersten Hälfte des zwanzigsten Jahrhunderts* (Veröffentlichungen der Historischen Kommission für Hessen 35,1) Marburg 1977, 523–535.

Schiaffini, A.: *Momenti di storia della lingua italiana,* Roma 1953 (2. Aufl.).

– "El lenguaje en la estética de Croce", *Nueva Revista de Filología Hispánica* 7, 1–2, 1953, 17–22.

– "Presentazione", in: L. Spitzer, *Critica stilistica e storia del linguaggio,* hrsg. von A. Schiaffini, Bari 1954, 1–26.

– "Leo Spitzer", *Giornale storico della letteratura italiana* CXXXVII, 1960, 653–656.
Schlegel, F.: *Charakteristiken und Kritiken* I, hrsg. von H. Eichner (= Kritische Friedrich-Schlegel-Ausgabe, II) München, Paderborn, Wien 1967.
Schleiermacher, F. D. E.: *Hermeneutik,* hrsg. und eingeleitet von H. Kimmerle, Heidelberg 1974 (2. Aufl.).
Schmidt, J.: "Zu Spitzers Studie 'Die klassische Dämpfung in Racines Stil' ", *Zeitschrift für französische Sprache* 52, 1929, 388–390.
Schuchardt, H.: "Individualismus", in: *Festschrift für Bernhard Seuffert* (= Euphorion, 16. Ergänzungsheft), Leipzig 1923, 1–8.
– "Christian Morgensterns groteske Gedichte und ihre Würdigung durch Leo Spitzer", *Euphorion* 22, 1915, 639–655.
Schultz-Gora, O.: "Alfred de Vignys 'Le Cor' ", *Archiv für das Studium der neueren Sprachen,* 153, 1928, 69–87.
Seidler, H.: *Allgemeine Stilistik,* Göttigen 1963 (2. Aufl.).
– *Grundfragen einer Wissenschaft von der Sprachkunst,* München 1978.
Seifert, E.: "Leo Spitzer, *Romanische Stil- und Literaturstudien*", *Zeitschrift für Englischen Unterricht* XXXI, 1932, 249–250.
Siebenmann, G.: "Leo Spitzer (1887–1960)", *Vox Romanica* 19, 1960, 409–418.
Solmi, S.: "Appunti sulla critica di Leo Spitzer", in: *Critica e Storia letteraria. Studi offerti a Mario Fubini,* II, Padova 1970, 755–763.
Stackelberg, J. von: "Racine, Pradon und Spitzers Methode", *Germanisch-Romanische Monatsschrift* 19, 1969, 413–434.
Stankiewicz, E.: "Linguistics and the Study of Poetic Language", in: *Style in Language,* hrsg. von T. Sebeok, Cambridge (Mass.), 1960, 69–81.
Starobinski, J.: "La estilística y sus métodos: Leo Spitzer", *Eco* 11, 1965, 396–423.
– "Leo Spitzer et la lecture stylistique", in: Leo Spitzer, *Études de style,* Paris 1970, 7–39.
Starr, W. T.: "Leo Spitzer, *Romanische Literaturstudien", Italica* 38, 1961, 329–333.
Stefanini, L.: *Arte e critica,* Milano 1942.
Stepanov, J. S.: "Dokazatel'stwo i aksiomatičnost' v stilistike, Metod L. Spičera", *Vestnik Moskovskogo Universiteta Serija VII. Filologija.* Moskva VMU XVII, 1962, No. 5, 43–50.
Terracini, B.: *Analisi stilistica. Teoria, storia, problemi,* Milano 1966.
Todorov, T.: "The Place of Style in the Structure of the Text", in: *Literary Style. A Symposium,* hrsg. von S. Chatman, Oxford 1971, 29–39.
Trabant, J.: "Poetische Abweichung", *Linguistische Berichte* 32, 1974, 45–59 und 65–67.
Tugendhat, E.: *Der Wahrheitsbegriff bei Husserl und Heidegger,* Berlin 1970 (2. Aufl.).
Uitti, K. D.: *Linguistics and Literary Theory,* Englewood Cliffs, N. J., 1969.
Ullmann, S.: "Psychologie et stylistique", *Journal de psychologie normale et pathologique* 46, 1953, 133–156.
– *Style in the French Novel,* Oxford 1957.
– *Language and Style,* Oxford, 1964.
Vallone, A.: "Gli studi danteschi di Leo Spitzer", *L'Alighieri* 2, 1961, 35–49.
Vaz Leao, A.: *Sôbre a Estilística de Spitzer,* Belo Horizonte 1960.
Vossler, O.: "Einleitung", in: *Briefwechsel Benedetto Croce – Karl Vossler,* Frankfurt 1955.

Walzel, O.: *Gehalt und Gestalt im Kunstwerk des Dichters,* Berlin 1923.
– "Das Wesen des dichterischen Kunstwerks", in: id., *Das Wortkunstwerk,* Leipzig 1926, 100–122.
Walter, J.: *Sprache und Spiel in Christian Morgensterns Galgenliedern,* Freiburg, München 1966.
Wechssler, E.: "Karl Vossler, *Positivismus und Idealismus in der Sprachwissenschaft*", *Literarisches Zentralblatt für Deutschland* LVI, 1905, 137–140.
Weisgerber, L.: "*Faust.* Eine Monatsschrift für Kunst, Literatur und Musik. 2. Jg., Heft 6: Sprache", *Indogermanische Forschungen* 44, 1927, 310–314.
Wellek, R. und Warren, A.: *Theory of Literature,* New York 1956 (3. Aufl.).
Wellek, R.: "Closing Statement", in: *Style in Language,* hrsg. von T. Sebeok, Cambridge (Mass.), 1960, 408–419.
– "Leo Spitzer (1887–1960)", *Comparative Literature* 12, 310–334.
– "Stylistics, Poetics and Criticism", in: *Literary Style,* hrsg. von S. Chatman, Oxford 1971, 65–76.
Winkler, E.: *Grundlegung der Stilistik,* Bielefeld und Leipzig 1929.
– "Die neuen Wege und Aufgaben der Stilistik", *Die neueren Sprachen* 33, 1925, 407–422.